山东省社会科学规划2018年度重点项目
"习近平新文艺思想体系研究"
阶段性成果，立项号：18BZWJ01

庄 庸 杨 丽 君 / 主 编
吴金梅 安迪斯晨风 / 执行主编

中国网络文学阅读核心书目 (第1季)：

中国本身就是一部正在形成而尚未完成的"网络"小说

华语国际编剧节组委会	联
中国青年智库论坛	合
中国青年阅读指数	编
网络文学网生评论家委员会	撰

中国青年出版社

图书在版编目（CIP）数据

　　中国网络文学阅读核心书目. 第1季, 中国本身就是一部正在形成而尚未完成的"网络"小说 / 庄庸主编. —北京：中国青年出版社，2018.12
　　ISBN 978-7-5153-5423-1
　　I. ①中… 　II. ①庄… 　III. ①中国文学－当代文学－
网络文学－图书目录 　IV. ① Z88：I

中国版本图书馆CIP数据核字〔2018〕第 280984 号

书　　　名：中国网络文学阅读核心书目(第1季)
主　　　编：庄　庸　杨丽君
责任编辑：陈　静　王　昕
助理编辑：张佳莹
特约策划：张瑞霞　庄锋妹
出版发行：中国青年出版社
社　　　址：北京东四十二条 21 号
邮　　　编：100708
网　　　址：www.cyp.com.cn
门 市 部：(010) 57350370
印　　　刷：北京中科印刷有限公司
经　　　销：新华书店
开　　　本：710mm×1000mm　1/16
印　　　张：28.25
字　　　数：500 千字
版　　　次：2019 年 7 月北京第 1 版
印　　　次：2019 年 7 月北京第 1 次印刷
印　　　数：0,001~5,000 册
定　　　价：98.00 元

本图书如有印装质量问题，请凭购书发票与质检部联系调换。
联系电话：(010) 57350337

目录

下卷 · 阅论

从"阅读网文"到"阅读中国"

中国本身就是一部正在形成而尚未完成的全球"网络"小说

从「中国网络文学二十年」

到「华语网络文学三十年」

新时代为什么亟需网络文学智库？

2017~2021年，中国网络文学横跨两个时代的门槛——

从中国网络文学二十周年，到华语网络文学三十年；从改革开放四十周年，到五四新文化运动 100 周年；从中国共产党建党 100 周年，到未来两个奋斗一百年……大势所趋，大事已至，中国网络文学发展正在进入"新时代"。

历史成就未来。对未来最好的预测，就是立足于当下，去创造它。（这是我们近年来在各种会议和著述中都用滥了的字句。但确实是找不到更好的词句来替代它。这也是一件很"尴"的事情。）过去对于未来很重要，但是未来能不能"为我而来"，取决于当下我们的洞见、决断、行动。

特别是新时代中国网络文学发展，面临三个根本性的契机和挑战。

第一，缺乏中国网络文学二十年发展史（更遑论向前追溯的华语网络文学三十年发展史）的"公共知识产品"，以致诸多研讨与争鸣缺乏基本的共识、常识与前提，就连"二十年"／"三十年"也是取最大公约数的暂定概念。

第二，重构新知识谱系、见识谱系和智识谱系迫在眉睫，以介入中国网络文学当下从超级 IP 时代到全媒体时代（融媒体时代）、从泛文娱全产业链到大文创全业态链、从新文艺全生态系统到网络青年全球价值链……重塑新主流文艺的形态、业态和生态系统。见识比知识重要，工匠精神和智匠时代并行，精控技术标准和国民价值观体系重塑势在必行。

第三，探索和实践新时代网络文学"发展新范式"：直面中国进入新时代的重大判断，以 ABCQ（人工智能、大数据、云计算和量子革命）等为代表的新一轮重大科技与产业革命，以及中国青年世代更迭与需求升级新一轮人口周期运动……这"三势"（大势、趋势和形势）的叠加效应，为新时代中国网络文学发展带来新的变局。

世界正处于百年未有之变局中，既有的知识谱系已经不足以应对当下和未来的变革，中国、全球甚至整个人类都亟需"发展新范式"——何况新时代中国网络文学的发展与研究？

"发展新范式"需要全局性、系统性、战略性和前瞻性的新研究作为基础与前提。但是，问题由此产生——面对如此大势、趋势和形势，当下中国网络文学的研究，能否取得"具有决策参考性、现实针对性、理论突破性"的"三果"（结果、成果和效果），以满足新时代中国特色社会主义文艺的发展趋势和重大需求？

新时代中国网络文学的研究，需要以问题为导向，特别是以新时代中国特色社会主义发展的重大现实攻关问题、新时代中国特色社会主义文艺发展趋势的时代课题，以及新时代中国—全球青年新一轮新文艺潮流、新文创符号和新文化运动的未来发展趋势问题为导向——这种"研究新范式"，取决于连接时代、连接世界、连接未来的"思想新范式"。

这都在倒逼新时代"网络文学智库"的筹建。现在比任何时候都需要各方的群策群力、头脑风暴、思想碰撞，搭建从学术到应用的综合平台，贯通产学政研用，融合决策/管理层—网文界—商业、行业、产业、资本—业内外公共舆论—评论专业群体——粉丝、用户与土著社群意见等几大体系力量……以此构建科学化、专业化、智库化的网络文学研究新范式，提供具有决策参考性、现实针对性、理论突破性的"三果"：结果，成果和效果。

新时代网络文学发展新范式，亟需能够提供具有"三性"（决策参考性、现实针对性、理论突破性）之"三果"（结果、成果和效果）的研究新范式；而新时代网络文学发展新范式，又必须具有"三见"能力（看见、定见和远见）、重构"三识谱系"（新知识谱系、新见识谱系、新智识谱系）、重建"思想新范式"的超级智脑——新时代中国网络文学，亟需华语"网络文学智库"。

寻找和建构发展新范式、研究新范式、思想新范式，成为新时代中国网络文学的"主旋律"；筹备和创建华语"网络文学智库"，提供"三性"、"三果"、"三识"，成为新时代中国网络文学重构三大范式的基石与前提——从2011年至2019年，我们一直如是研判和预判、呼告与预警、参与并行动。

从2019年至2021年，"华语网络文学智库"将成为中国青年出版总社、北京名赫集团联合各方战略资源智造华语国际编剧节、重塑新文创集群形态业态和生态系统、构建国民主流新文艺超级智脑的重要战略抓手。

第一章　发展标尺：

从"中国网络文学二十年"到"华语网络文学三十年"

经过二十多年的飞速发展，中国网络文学凭其迥异于传统文学的写作范式和独特的审美品位，成为文艺大家族中一颗璀璨的明珠，并且已经成为互联网全媒体平台、泛文化娱乐全产业链等的核心内容源和国内用户人数最多的文娱产品之一。

从业内基本达成共识的说法来看，如下两个"标志性事件"，揭开了中国网络文学发展的序幕：第一，1997年第一部网络小说现代启蒙之作《风姿物语》的发表，彰显了中国网络文学在"全球网络阅读潮流"中的诞生，并且影响了大量早期网络作家作品；第二，"榕树下"个人网站于1997年成立，并于1999年转为公司化运营，被视为中国网络文学原创平台创建的标志，揭开了中国网络文学初期"内容平台创建潮"的序幕……从1997年至2017年（或1998年至2018年），中国网络文学发展历程，溯源究流，被概括成"二十年"。

于是，2018年，"中国网络文学二十周年"成为业内外特别是传统主流界梳理、盘点和总结中国网络文学发展史的热点议题——我们在贯穿全年的各种"网文二十年"活动中，特别是对于二十年网文史的大事件、关键词和代表作品评选活动之中，旗帜鲜明地提出"程咬金三板斧"的方法论，以此提取网络文学发展史上的关键节点，发掘其标志性意义。如以"网文二十年大事件"为例：

第一，要提出一个（或者可以归成一串）具体、有"标志性"的事件——而不能是抽象的。这个事件虽"小"，却的确可以"大"到揭开某种序幕。比如，"榕树下"网站创立，就是一个标志性的事件。

第二，要对这样的事件进行定义，"它……"标志着网络文学史揭开了什么样的序幕或者浪潮。如：榕树下揭开了中国网络文学原创内容平台开创的浪潮。

第三，要用一连串的"干货"事实，来支撑这个事件所开启的标志性意义。比如，以榕树下个人网站创立并且公司化为代表，以起点等为代表的原创个人网站，以新浪读书频道为代表的门户网站，以及龙的天空、天涯社区等BBS论坛……中国网络文学原创发表、阅读和分享平台纷纷创建，由此揭开了网络文学的"创世纪"。

第四，要挖掘网络文学发展的根本力量和关键因素，研究建构网络文学评论评价、评选评奖体系的"发展基因"。

如以业内公认的第一部网络文学启蒙（亦即影响了大量早期网络文学作家作品）之作《风姿物语》（罗森，1997年）为标志性作品，将揭示同人创作这个中国网络文学发展史上的重要因素之一：

《风姿物语》主要人物、角色和设定借鉴了日本的作品，开启了"全球网络阅读潮流"之中原创网络文学的同人文脉流；

中国本土第一本入史之作《悟空传》（今何在，2001年），脱胎于中国经典名著《西游记》，却承传于香港电影周星驰主演《大话西游》的精神，赋予了早期网络文字以思辨的"文青"（文学青年）气质；

在中国网络文学二十年里"最具有同人版权标杆意义"的《此间的少年》（江南，2000年）——因为袭用金庸作品中的人物，于2018年被法院宣判赔偿上百万元，背后"版权博弈"的意味和内涵颇堪寻味……

以上溯源，可以看到：网络文学的发轫时代，批量出现向经典致敬、向大师致敬、向流行致敬的同人作品。如金庸同人、西游记同人、红楼同人，哈利·波特同人、魔戒同人等。

同人创作，不但培养了中国早期网络作家，而且一直贯穿网络文学二十年发展史，成为网络文学阅读与创作的基本面之一。正确评价同人创作，是正确评价网络文学的基础。[①]

---

① 这是我们在第二届中国网络文学+大会二十年盘点项目中系统提出的观点，未曾公开发表。参见庄庸、王秀庭著《中国网络文学发展新时代：从"现实题材"到"书写新史诗"》（暂定名）相关章节内容。课题入选中国作协网络文学理论与评论计划扶持项目（2018年）；专著尚在修订润色之中，拟于2019年年内收入"华语网络文学智库丛书"，由中国青年出版社出版发行。

回顾过去，是为了研判和洞穿当下，预判和开创未来。假若说网文"二十周年"是席卷中国的"造词运动"①造出来的又一个重要关键词，用以标志主流化、社会化和管理化对于网络文学"收编"的集大成者和阶段性成果，并且同时造出了两个衍生"硬币词"——即一个硬币之两面——"优秀网络文学"和"评奖文"②；那么，在近五年里中国网络文学"两大造词"运动和潮流——其一就是上述主流化、社会化和管理化的"二十周年"，其二就是市场化、商业化和资本化的"IP"③——之后，我们禁不住问：下一个五年，有关网络文学最重要的"造词"，会是什么？无论是市场化还是主流化，其实都需要造出新的关键词，以此作为重要概念，成为"市场化的新刺激点"，或者"主流化的新抓手"，或者"网络文学自身发展的新增长极"——从某种意义上，网络文学就是一个"题材股"，

---

① 参见庄庸、王秀庭著《国家网络文艺战略研究：中国文化强国新时代》，福建教育出版社，2018年9月版。"第4章：中国青年'造×'时代——从'得粉丝得天下'到'得下一个全球世代得天下'"，P111~152。在本章中，我们专门分析了中国"造词"运动，以及从中国青年"形塑"自我、中国和世界的造词运动肇始的阅读潮流、舆论情报和思想潮流。网络文学、网络文艺甚至整个网络文化中的"造词热"，不过是这种庞大的中国造词运动之一种分支潮流。

② "评奖文"是我们在2018年中国网络小说排行榜内部评审会议上提出的关键概念，用以描述和形容近年来在传统主流界主导的"优秀网络文学"评论评价、评选评奖过程中出现的某种现象与作品：在以"优秀网络文学"为名，筛选网络文学中的优秀作家作品过程之中，也催生了扭曲甚至畸形的情况，如专门为"主流化"网文评奖标准量身定做，削足适履，急功近利，甚至鱼龙混杂、泥沙俱下、混淆身份——甚至出现"非网文"评奖文挤压、挤兑和驱逐"纯网文"参评作家作品的情况，成为"网络文学界界标杆之作"的怪象。我们把评奖文、流量文、IP文和次元文，列为当下"网络文学四大文"；且认为需要将"流量文"和"导流文"做进一步的区分，亦即区分与界定一种"文学形态"或"类型、题材和潮流"文艺形态、自身产生"流量"并转化为"付费收入"（仍然是内容消费收入）的流量文，以及另外一种在"业态"中关联文体或语体、以吸睛（吸引眼球和注意力）并最终吸金（吸引广告收入或其他收入）、将"流量"转化为"留量"的广告、软宣、荐读、植入等性质"导流文"——其间虽尽量持论公允，但褒贬之义自显，我们的态度和立场也难以自抑。相关内容请参见本篇"评奖文"部分内容，以及庄庸、王秀庭著《中国网络文学发展新时代：从"现实题材"到"书写新史诗"》（暂定名）相关章节内容。

③ 参见庄庸、王秀庭著《网络文学评论评价体系构建：从"顶层设计"到"基层创新"》，福建教育出版社，2016年9月，P211。我们对此做了如下描述：从2016年到2017年，当下这个核心利益和重大问题的拷问已经非常尖锐了。尤其是——如我在2016年第二届全国网络文学论坛上所指出的那样：IP，网感，泛文化娱乐全产业链……一系列"造词"席卷全产业链，甚至裹挟了全民阅读潮流和主流舆论生态，彰显商业资本已经具备娴熟的"重大议题设置"能力，可以通过"造词"操作泛文化娱乐全产业链的形态业态、心态生态，改变受众需求和作品产品的制造与生产，并且左右主体网民和主流媒体的舆论与舆情导向，更别说"绑架"网络文学/网络文艺的评论评价、评选评奖体系，甚至在一定程度上影响着中国话语、中国故事、中国思想理论体系的构建运动……

需要不停地造词、造概念、造出新兴奋剂。

这就又需要立足当下、回溯过去、展望将来——在中国网络文学"二十周年"未热已冷之际，我们曾经在内部会议上半开玩笑半认真地说，"华语网络文学三十年"，或许会成为"未来变局三年"（2019 年至 2021 年）一个极其重要的过渡性"关键词"。

为什么？从中国网络文学海外传播热到中华文化国际战略，"中国"网络文学，必须要从内涵和外延，延伸至"华语"网络文学——这不仅仅是一种地域、空间的拓展。一如我们在 2018 年 10 月 18 日"华语国际编剧节"战略发布与启动仪式上，做《中国青年"华语国际编剧"熠星时代》主题阐述时所说，"华语"并不仅仅是个区域概念，如常用的"华语地区/华语世界"；它也指一种"语言/言语/话语"形态，如：我们在用"华语"讲述故事——言语即生产力，语言的边界就是世界的边界；编剧是在用什么"语言"讲故事？我们迫切地需要以"华语"为名，构建讲故事的中国话语体系。最重要的是，从"汉语"到"华语"，它也代表着"中国故事"的主体，所应该具备的"华夏题材、全球视野"：中国故事、华语编剧、世界IP、全球潮流——"华语国际编剧节"旨在重新定义、定性和定位"华语国际编剧"："华语"故事话语体系，"国际"化，"编剧人"。作为重塑形态、业态和生态系统之中的结果、成果和效果，我们自然而然地，也将原拟的"中国网络文学智库丛书"，调整为"华语网络文学智库丛书"。

但是，从"华语国际编剧节"到"华语网络文学智库"，调整名称以相互匹配，并不是一种权宜的行为，而是一种战略视野上的顺势而行、取势而为，找准"工作的切入点与着力点"：研判大势、预判趋势，"中国"网络文学必须要适应从海外传播到国际战略，成为"全球"网络文学的发展趋势和战略需求——"华语网络文学三十年"，或将成为未来三年"新主流网文"[①]、未来三十年"中国网

[①] "新主流网文"是我们在华语国际编剧节·首届华语网络文学年度TOP100盘点（2018~2019）之时，研判大势、预判趋势，就中国网络文学发展新时代"近未来"（亦即未来三五年）变局与格局所提出来的一个重要概念，用以描述已经、正在和即将发生的网络文学现状与发展趋势。我们将在庄庸、王秀庭著《中国网络文学发展新时代：从"现实题材"到"书写新史诗"》中进行专题分析与研究，并拟在"华语网络文学智库丛书"中进行主题研究，已列入出版计划的有：《"新主流网文"发展趋势研究 1：跨界网文》《"新主流网文"发展趋势研究 2：灵气复苏流》《"新主流网文"发展趋势研究 3：硬核网文》……均为暂定名，拟于 2019 年下半年，由中国青年出版社序列出版。

络文学发展新时代"以及"众创中国本身这部正在形成而尚未完全成形的全球网络小说"的重要节点概念——不管这个词是否能够造出来,重新"三定"(定义、定性、定位),并且像网文二十周年、IP两大关键词被造出来,成为裹挟业内外一切力量的潮流。

中国网络文学在IP化、主流化两大造词(亦是"扩张")运动之后,必然要走向"全球化"——否则无力解决新的"第一发展动力引擎"问题。这是网文界自身发展的基层创新和逐利逻辑驱动,亦是国家顶层设计的思路和战略所需——这两大根本利益是一致的。这既是为了解决网络文学自身发展的困境,也是国家战略新增长极构建的试点和试错之举。

我们曾经分析过"2017~2018年"中国网络文学发展的三大行业性根本问题:用户滞胀,IP泡沫化繁荣与破裂,发展新范式亟缺。也以此为轴心,拉开时间、空间和格局的分析框架,聚焦从2011~2017年砥砺奋进的五年和"超级IP时代"中国网络文学重装突围的三次结构性、板块性的嬗变:第一次,是IP化,试图打开从传统网文时代到无线移动时代已经僵化的估值空间;第二次,是次元化,往"二次元经济"集体转向,试图在主流化、IP化之后,构建第三架马车,但并没有取得预期的三果(结果、成果和效果)。第三次,便是中国网络文学海外传播热:

第三次嬗变,中国网络文学海外传播热,突然在2016~2017年间成为热点,并成为各方要合力拓展的生存和发展新空间。为什么?就是当网络文学IP化遇到了瓶颈以后,转向二次元也找不到生存和可持续发展的更强动力时,整个行业亟需拓展一个更大的发展空间。因为只有这样,才能让一个作家、一个作品、一个版权继续"估值化"的旅程。只有当整个海外市场拓展了,才能满足从网络文学作家作品到整个中国网络文学行业、从50万到5000千万、从50个亿到5000亿的估值和想象空间……①

因此,从"中国网络文学海外传播热",到"华语网络文学"国际战略,再

---

① 参见庄庸、王秀庭著《国家网络文艺战略研究:中国文化强国新时代》,福建教育出版社,2018年9月,P41~42。

到众创中国这部"全球"网络小说的时代潮流……就成为一种符合逻辑、情理和利益诉求的发展趋势。

关键是，不忘本来方能开辟未来——网络文学"发轫"之初的渊源，似乎足以支撑"华语网络文学三十周年"这个概念；且，未来三年大事频繁、大势所趋，网络文学处于几大重要时间节点，深受大事大势的影响和支配，似乎也应当寻找"华语网络文学三十周年"这样一个支撑点，来支撑中国网络文学寻找和确立自我意识、身份和位置的根本问题与解决方案——在国家顶层设计的思路、逻辑和智慧之中，如何能够成为从海外传播到全球网络阅读潮流的重要抓手？

中国作协网络文学中心首席网文专家肖惊鸿博士，就曾旗帜鲜明地提出：网络文学二十年的研究起点，至少应该向前追溯十年，研究华语网络文学"前史"——并且还邀请到网络文学初代的标志性人物少君，加入我们相关"课题"的深度交流与研究：少君不仅创作了在华语网络文学史上第一部有据可查的小说《奋斗与平等》（1991 年），也是华语网络文学研究的开拓者；同时，还是一个典型的"跨界网文人"。作为跨界网络文学中人，他的加入，和本"课题组"其他跨界网文者一起，弥补和改变了国内"网络文学研究主体"的单一性，打破了以高校学者为主体的网络文学研究群体的壁垒，为本课题提出的"华语网络文学史"的研究增添了价值。

本部分主要研究网络文学"华语史"的来龙去脉，在华语网络文学史料、史实、史识的史料库建设研究中，寻找基于历史基因、在当下去创造未来的动力源。本子课题追根溯源，以少君 1991 年 4 月在《华夏文摘》上创作的、被学界称为迄今为止发现的全球第一篇"华语原创网络小说"《奋斗与平等》为原点，发掘被遮蔽的华语网络文学史及其史料，建设成库；在历史基因之上，展望未来三年中国网络文学海外传播新趋势，从而在 1991~2021 年建构一个"华语网络文学三十年"的历史、现在和未来发展尺度，来研究资料库建设，如何能"历史成就未来"——从当下的作家、作品、类型、题材、潮流、风格出发，厘清创作的内涵和外延，从内容中找出规律，用数据引领网络文学创作，创作引领大众审美和思想潮流的"华语网络文学、中国故事题材、国际传播潮流"。①

研究"前史",是为了筹划未来"发展":从 1991 年至 2021 年,"华语网络文学三十周年",就有可能取代"中国网络文学二十周年"的造词和概念,成为衡量网络文学过去、当下和未来发展尺度的"新标尺"。

立足于这三年(2019~2021 年),溯源过去三十年(1991~2021 年),展望未来三十年(2019~2049 年,从两个奋斗十五年到两个奋斗一百年)……华语网络文学三十年,在未来全球阅读潮流之中,将如何承担新时代与新文艺、新文脉与新国脉、新文运与新国运的重责大担、责任与使命?文运同国运相牵,文脉同国脉相连。新时代,新文艺,必然要重塑新文脉、重系新国运——新时代中国特色社会主义文艺发展趋势,也必然要重塑"主流新文艺""主流新文学""网文新主流":"新主流网文",从当下到未来三年成形呈态,或将成为新的主流态势。

我们把这种"新主流网文"、整个泛文娱全产业链、大文创全业态链、中国—全球青年特别是网络青年全球价值链之中的"新主流电影""新主流影视""新主流文艺"等发展趋势研究进行横向比较;且建构起变革的时代、变革的中国、变革的文艺三重同心圆研究结构,来探讨"网络文学"的形态与业态和"主流生态系统"的冲击—回应—自调整与自适应过程;放置于 2019 年五四新文化运动 100 周年、2021 年中国共产党成立 100 周年、2049 年中华人民共和国建国 100 周年……三个 100 周年、两个奋斗一百年目标以及两个奋斗十五年(社会主义现代化强国之旅)的过去—现在—未来时间轴之中,考察从"新青年"到"网络青年",在席卷中国—全球青年的新一轮新文艺潮流、新文创符号、新文化运动之中,何以中国网络文学、华语网络文学和全球"网络小说"的发展演变,会成为社群—社会治理体系创建、国家治理体系现代化、全球治理体系变革的试验田,以及从"全球网络青年制脑权之战"到为美好生活而奋斗、"构建人类命运共同体"、书写新史诗的新征程——最后再一次得出结论:新时代中国网络文学

---

① 内部课题设计内容,未公开发表。参见庄庸、王秀庭著《中国网络文学发展新时代:从"现实题材"到"书写新史诗"》(暂定名)相关章节内容。

亟需发展新范式、研究新范式和思想新范式；而这，将从新的"造词运动——中国话语体系构建"肇始。①

　　网络文学不应该只是面对过去式进行"总结性研究"，而应该立足于当下进行时进行"对策性研究"；最重要的是，要面向未来已来进行连接时代、连接世界、连接未来的"趋势性"研究——研究新范式，才能构建思想新范式，促进发展新范式：新时代中国网络文学的发展，亟需"现实针对性、理论突破性和决策参考性"的智库研究。新时代亟需"网络文学智库。"

---

　　① 　参见庄庸、王秀庭著《中国网络文学发展新时代：从"现实题材"到"书写新史诗"》（暂定名）相关章节内容。这两三段话，其本可以视为"写作大纲"和"内容摘要"。我们试图对此进行全面地阐述和梳理。

第二章 浙江模式：

从"华语网络文学座谈会"到"国际网络文学节"

我们为什么需要网络文学智库？

提出好的问题，就成功了一半。

事实上，这个问题我们第一次提出的公开场合，是 2014 年 7 月 9 日浙江"华语网络文学座谈会"上——就浙江"华语网络文学"三大事（《华语网络文学》丛刊、首届华语网络文学双年奖、华语网络文学高峰论坛）的愿景、目标、理念和策划方案，我们旗帜鲜明地提出：网络文学亟需智库；浙江应成为网络文学智库第一家。

时至今日，已历五年。浙江从《华语网络文学》创刊、华语网络文学双年奖举办，到连续举办两届中国网络文学周，成立中国网络文学研究院、中国网络作家村，并于 2019 年 5 月举办第二届中国网络文学周时，还举办了首届网络文学博览会。业界传言，2020 年或将升格举办"国际网络文学节"或"中国网络文学国际节"。从"华语网络文学座谈会"到"国际网络文学节"，浙江的力度不可谓不大。

业内外甚至早就认真思考"把杭州打造成网络文学之都"、"网络文艺发展的浙江模式"的可能性和可行性。而我们的身份，从"浙江网络作家协会的特聘会员"、"华语网络文学双年奖终评委"到"中国网络文学研究院特聘研究员"，似乎也一直在朝向"智库"的角色演化：2018 年，我们的智库研究专著《国家网络文艺战略研究：中国文化强国新时代》，就被列入中国网络文学研究院的重点扶持项目。

回过头去，重温我们在浙江"华语网络文学"座谈会上的万字长言，仍有一种穿越时空的感觉：不可谓不发自肺腑，不可谓不忧患而锐思——以至于现在，我们仍需扪心自问：提出这样的问题，是否过于前瞻？建言的思路，是否期望过高？寻找的答案，是否仍在路上？该来未来，或已来未至，咫尺天涯？

来参加这个会前，我又增加了一个称号：浙江网络作家协会特聘会员。

我想说的是[①]，我把自己当成了自家人。所以，在这里想说一说自家人的话。这些话，如果把自己当外人，可能就说不出来了。

昨天夏烈兄把这浙江"华语网络文学"三大事（《华语网络文学》丛刊、首届华语网络文学双年奖、华语网络文学高峰论坛）的策划案给我……我对这个策划案的文本，进行了庖丁解牛。这个策划文本，处处可见的亮点，就像触媒一样，不断激发我所谓的"思想的火花"，以及反复推敲的"谨慎的思考"——你看，我在这上面圈圈点点，做的就像天书一样的批注——特别有话想说。

第一、定位：给谁看？——这决定了我觉得它最重要的定位应该是"智库"！

先从刊物说起。

给谁看，就决定了浙江"华语网络文学"的出发点：他们想看什么——你必须要能满足他们的需求，要"有用"。

在我看来，这本刊物要有四个层面的"有用"：对决策层和管理层有用；对产业界有用；对评论界有用；对作家作品有用……

有用，决定了它最重要的定位，应该是"智库"。

第二、官方智库——为国家顶层设计和各个层级对网文的决策与管理建言献策、咨政议言。

这个定位是压倒性的，是紧迫的、亟需的。

---

① 摘自庄庸《在浙江"华语网络文学"座谈会上的发言：我们为什么需要"网络文学智库"？》，2014年7月9日，有删改。本文原为万字长言，除了网络非正式地发帖，未曾全文公开发表。部分关键观点与内容，经编撰修订后，收录于庄庸、王秀庭著《网络文学评论评价体系构建：从"顶层设计"到"基层创新"》，福建教育出版社，2016年9月。如：网络文学的重点是"网络性"（网文场域，作品之变、物变与人变），P149~150；建构网络文学评论评价"四性标准"（经典性[精品性]、当下性[流行性]、导向性[主流化]、预判性[前瞻性]），P171~174；从传统网文评论家到网文界土著评论家、从中生代到网生代评论家的代际传承，P174~192；诸多观点（有些甚至可以追溯到2010年之前就在小范围内提出）为业内外首发，但后来诸多提者或引者不知其源。

为什么？

从 2013 年 8·19 讲话，到 2014 年"打黄扫非、净网 2014"的网络文学清理整顿和主流化趋势……

一系列的言论和行动，彰示着执政党/国家"顶层设计"的决心、思路和路径越来越清晰。

第三、国家/执政党的"顶层设计"趋势和难题。

我们预判：当下互联网和网文界正在发生的事情，只是一个"引子"。后面一系列的"决策"和"管理"正在酝酿之中。

但是，正如我们所研判的那样，当下决策层和管理层对网文的"顶层设计"并没有成形、形成和成熟：决心很大，思路却并不清晰，并没有具体可行的路径。

这样就容易"一刀切"，甚至"粗暴化执法"，对于网文中最有原创和生命力的部分，可能造成"误伤"。

这个时候最需要什么呢？就是"智库"。十八届三中全会说，要强化智库建设。

第四、网文缺乏"智库"的整体角色。

如果把这三个"点"串成一条线："8·19 讲话"—智库建设—当下和下一步网络文学的主流化趋势……我们能看到什么？

就是：在网文界的基层探索和决策层管理层的顶层设计之间，最缺的，就是这种作为沟通、中介和桥梁的"建言献策"！

在国家经济、政治、社会、民生……各个层面，重大决策和管理出台之前，都有强有力的"智库"支持；但是，网文这里呢，几乎是一个空白！

网络文学研究本来就紧缺，网文界自身如何健康发展的"策论"又隐藏得很深，并不为外界所知……所以，你如何能够扮演强有力的"智库"角色？

第五、浙江"华语网络文学"来填补这个空白，为什么"很有优势"？

危机也正是契机。现在并没有"网络文学智库"这样一个整体的角色，浙江"华语网络文学"为何不来填补这个空白？

因为，在我看来，浙江做这件事是很有优势的。

就像夏烈兄所总结过的一样：第一，浙江网络作家群已成雏形，有了扎实的基础；第二，从组织上已经形成了"浙江模式"；第三，已经形成代际传统的"文脉"传统……

最重要的是，在我看来，浙江做这件事情，有着得天独厚的资源禀赋与政治优势。当你做出一个"试点"时，全国的眼光很容易看过来。

当文艺的问题最终演变成政治问题，政治的最佳实验田是文学，浙江为何不做这个试验田里的先锋和试点？

第六、"网络文学智库"建设有可能关系到未来？

用我的话来说，如果真的能够做到"网络文学智库读本"，哪怕你只印五千册，这五千册哪怕没有一本流行市场，全部当作"内参"摆到各个层级决策层和管理层的案头，它也能充分发挥支点和杠杆的效应——能够撬动下一个伟大的网络文学时代。

因为，现在关键的关键，就在于如何"决策"和"管理"。这个智库的定位，是要"影响最有影响力的人"。

没错。我认为，当下，网络文学正在遭遇发展史上前所未有的"历史性的拐点"。网络文学能不能健康发展，能不能可持续地大繁荣……就取决于决策层和管理层的顶层设计和网文界的基层需求之间的良好沟通和有效互动。

在两者之间现在就像是金星和火星一样，有着无法跨越的距离和鸿沟的前提下，网络文学，现在特别需要"中间者"和"转译者"。这种需要已经达到了"生死存亡"的关键时刻。

所以，我说，浙江"华语网络文学"的"智库"定位，比什么都重要，比什么都急迫。

第七、从"网评家阵地"到"超级大脑"——群体、跨界和代际评论家与"智脑"重塑。

这一点亦是重点和关键点。

一本刊物要有灵魂，重要的是要有"自己的理念和旗帜"，组织和重塑起"新评论家群体"，发现、影响和培养"同时代的作家作品"。

一个平台，最重要的，就是能够汇聚"超级大脑"，重塑"智脑"，形成"中国智慧"。

我觉得，浙江"华语网络文学"智库，应该成为重塑从浙派新评论家到超级外脑的"组织"。

首先是要把浙江省内的评论家群体"组织"起来，集体攻坚，重塑"浙派新评论家群体"，推动浙江网文作家作品的评论、提升；然后，才是说跨省、跨际、跨海内外把相关的"超级大脑"组织起来，借助外脑，打造"新评论家俱乐部"和"新智脑平台"，解读这个时代之网络文学，开创网络文学之时代。

现在评论家普遍正在失掉"理论自信、道路自信和制度自信"。评论的价值和作用被低估至历史低潮。但事实上，从一个区域/地域到一个时代，评论家都不可或缺。

就像我在中国作协发言中所说，评论家说到底，就是要领先时代半步，发现、发掘甚至是培养站在时代左右、能够左右这个时代的作家和作品，一起开创"中国好时代"。

一个地域/区域能不能"文化×军"崛起，其实三足鼎立缺一不可：作家作品"集群效应"；评论家集团军作战；平台机制（大奖赛事/重要刊物、发表阵地）……

从浙江本省来看，作家作品"文脉"的世代传承是优势，但是短板，却是评论家和平台机制一直缺席；所以，近年来在传统意义上的文学评奖（如鲁奖、茅奖）和文化浙军的集团崛起，有点不尴不尬（我对这个只是感性的认识，没有系统的研究。如果有不当和不妥之处，看在我是当自家人说话是为自家人好的份上，敬请原谅）。

但是，浙江网络文学作家作品群的打造，却能改变这种现状和未来。如果能够通过这"三大事"快速地解决"新评论家群体"和"新平台/机制"两个短板，则"文化浙军"或"浙江模式"强势崛起，可以预期。

因为，说到底，现在别说浙江及其他各地，就连整个网络文学界，都没有"新评论家群体"的成建制、成批量出现和重塑，更别说"网络文学智库"的构建与发挥作用。这真的是一个亟待填补的空白。

第八、做从传统意义上的网文评论家到网文界土著评论家①**的跨界平台。**

浙江《华语网络文学》应该成为"第一家"兼容并蓄、跨越网文界与传统界、重塑"新网文评论家群体"的平台——"人"的问题解决了，"评论"的问题也就解决了，则网络文学理论的构造和重建也就是可以预期的了。

在后面两大事（华语网络文学双年评奖和华语网络文学高峰论坛），我也强烈建议邀请网文界的"土著评论家"到场——不然，老是传统意义上的评论家和网络作家作品的大神对话，怎么看，怎么像是变了一种味道。

不如，专门搞一种"传统界和网文界的评论家对话论坛"如何？

第九、代际传承：接过"父辈的旗帜"，做好"桥梁和铺路者"，培养新生代的准评论家群体——他们才是"网络文学时代的理论旗手"。

浙江"华语网络文学"智库，还有一个定位，我觉得特别重要，就是在"父辈的旗帜"和"准新生代学人"之间："我"们中生代，且战且"接力"。

也就是说，这本刊物当下核心的"骨干作者"，将会以"中生代"网文评论家为主。

无论是传统意义上的评论家，还是网文界的评论家，都面临着一个"补课"的问题：传统意义上的评论家，进"场"进到"网中央"，需要跨越互联网思维的知识体系和所经验与想象的世界；而网文界的评论家，现在也意识到土著评论的碎片化和不成体系，所以，也在"自学成才"批评的框架和评论的模式——虽然，现在还多半局囿于剧作理论和文本分析的层面，但向传统补课，却是毋庸置疑的趋势之一。两者"合流"，都需要"补课"，跨越一定的知识和思维鸿沟，才有利于网络文学理论的土著构造和跨界重建。

---

① 这也是我们第一次在公开场合表示，要重视、组织和培养"网生评论家"——我们一直在用不确定的概念，来"命名"这些确定的网络评论群体：2014~2016年，网文界土著评论家；2016~2017年，粉丝评论家；直到2017~2018年，在业内外各种会议和我们本身的著述文章之中，最终确定了"网生评论家"的概念：按照从史前创世神话到互联网时代马甲匿称的"真名法则"，名字其实蕴含着某种神奇的力量；命名其实就是通过那个"最真的名字"，揭示出内藏于名称之中的力量。自我们提出并开始"有组织"地重组网生评论家后，他们野蛮生长却又充满活力和冲击力的力量，就开始有序地浮出庞大的海底冰山之上。主要内容参见庄庸、王秀庭著《网络文学评论评价体系构建：从"顶层设计"到"基层创新"》，福建教育出版社，2016年9月，P183~185。

......

当下，并没有一个"真正的平台"来培育"新生代学人群体"。……所以，浙江"华语网络文学"智库的使命和责任就在于：把散落于各个角落的准新生代学人"组织"起来，与他们一起求解困惑与迷茫的路径，面向当下和未来打造最有希望和潜力的"网络文学时代的新评论家集群"！①

第十、发掘并实现网文作家作品的真正"价值"。

在我看来，浙江"华语网络文学"智库，还有一个最重要的定位和功能，就是在作者和外界读者（尤其是非网文读者）之间能够搭起桥梁：

一是，能发掘并实现（尤其让外界了解和接受）网文作家作品的"价值"。

二是，能够在创作上，帮助网文作家不断突破和超越，"没有最好，只有更好"——甚至，能够登堂入室，进入当下和未来的"文学史"。

比如，小白文也能传递核心价值观：如何发现和发掘网文作家作品的"价值"？

我在即将举行的全国网络文学研讨会上拟发言"理论要有用"的最后一部分，就是想谈这个问题：从"值钱的作品评论"到"有价值的时代理论"。②

2014年，《中国企业家》在《网络作家首富：把JK罗琳当目标 达成全部商业企图》这篇文章里说，唐家三少把J.K.罗琳当作自己的目标。

"要达成如此宏愿，唐家三少还缺两人。'一个是评论家，一个是经纪人。评论家实现价值，经纪人实现利益。'"

为什么这样说？别说"外界"对唐家三少等所谓"中原五白"（五个写小白文的当红大神）有偏见、误解和误读，就连网文界内部，对此的评论和评价都有很大的冲突。

小白文的"价值"到底在哪里？"中原五白"及其作品的"价值"到底在哪里？亟需得到系统的发掘和实现。

---

① 主要内容请见庄庸、王秀庭著《网络文学评论评价体系构建：从"顶层设计"到"基层创新"》，福建教育出版社，2016年9月，P186~192。

② 主要内容请见庄庸、王秀庭著《网络文学评论评价体系构建：从"顶层设计"到"基层创新"》，福建教育出版社，2016年9月，P172~174。

我对这个做过一点反思。在《网络文学创意写作为什么需要"网文思维"？》的随笔中，我说我正在/或者不如说打算从所谓"中原五白"的文本分析入手，来阐述和研究我的一个公式：语文教科书+通俗文学传统+三化（全球化、互联网化、市场化）中的"言语生产力"和"经验与想象的世界数据库"（也就是我所说的"网文思维"之一）=小白文就是王道。

我总是隐约觉得，现在无论是网文界还是传统界，对"小白文"还是没能正确地评估。

当千篇一律都是经典的爱国故事时，我在"少儿主题出版物创意写作研讨"中，设想，能不能选择网络文学中的精品作为"中小学生爱国读本"？[①]能不能梳理和引导网络文学创造核心价值观？

于是，在为中小学生们讲述了"精忠报国"的汉语故事后，我设计了一个解读所谓"网文四大文青"之一的猫腻作品《将夜》的研讨题：阅读著名网络文学作家猫腻的小说《将夜》，分析一下小说中"举世伐唐"的危机和应对措施，把自己"代入"进去，写一篇"穿越文"：假若"我"面临这样的国家和周边问题，如何像岳飞一样，践行"精忠报国"？

这都是想在网络文学主流化的大势中，试图发掘和发现网络文学作家作品的"价值"。

不要说不可能。真正优秀的网络文学作家，难道不正在做这样的事情——用中小学生都能理解的"小白文"，在讲他们深受其影响的核心价值观或社会主流价值观念？

第十一、评选"中国网络好小说"（"中国好网文"）：构建让外界了解网络文

---

① 2019 年 5 月，我在重温这篇万字长言，修正其中某些可能比较偏颇的观点时，正好同时正在阅读知白《长宁帝军》——这是一部架空历史小说——当我不由自主地被贯穿整部作品的"为宁国而战、身为宁人而战"那种观念和情绪绑架，从而在热血与爽点的感受之中跌宕起伏时，忽然再次在脑海中"燃爆"这个问题：网络文学阅读塑造价值观——网络文学中大量穿越救国、工业强国、弥补历史缺憾、架空假设历史的作品、题材和潮流，难道不正在唤起我们爱国的激情、骄傲和自豪？网络作家作品，难道不正是在用自己独特的方式，重塑着我们的世界观、人生观和价值观？……当简单、直接、粗暴地"剪切"网文时，网文重塑主流价值观的作用和影响，难道不正是当下我们需要正视和重视的吗？

学作家作品整体价值的专业评判体系。

这里涉及我对浙江"华语网络文学"智库很重要的一个预期：就是能够系统地发掘和实现网文作家作品的"价值"，尤其是能够让"外界"能够深入地了解这种"价值是什么"——当然，说"扫盲"或许有点过了，但确确实实，许多对网络文学的低估、偏见甚至是"妖魔化"，都源自这种"不了解"。

所以，对于这本刊物是否要赢取网文界的读者，比如，大神们的粉丝——我是有一定异议的。比起赢得网文读者，这本刊物最重要的角色，是应该成为"外界"掌握网文作家作品"价值"的"专业读本"。

毫无疑问，这也是浙江构建"华语网络文学"智库、想打造浙江网文作家群时绕不过去的一个功能。你想整合这个群体，并提出浙江模式，发掘和实现他们的"价值"，就势在必行：这不仅仅是一个个大神，如烽火戏诸侯、天蚕土豆等的单独"价值"，而且是整体的价值，1+1+1……就大于111……。

只有发掘和实现这种个人与群体的"价值"，整个网络文学作家作品才有可能续写当代文学史，并开创下一个伟大的文学时代。

在这个前提下，才是面向"读者"——尤其是从不读网文的外界读者和网文读者中的未成年人——如何"阅读"网文中的优秀作品以及作品中的优秀之处，其实是一个问题！

在这方面，我对致力做专业网文评论的山坡网"发现下一本好看的书"的理念和实践，充满期待。虽然，我认为，他们的格局还可以更大一些——

从"发现下一本好看的书"，到"发现下一本中国网络好小说"……必须要发现"好看"在哪里，"好"在哪里，网络中的"中国好小说"（"中国网络好小说"

或"中国好网文")到底是什么。①

浙江"华语网络文学"智库或许可以和网文专业评论网站等诸多方面跨界合作，共同发现和实现"中国网络好小说"，重建新的"中国好网文"评论评价、评选评奖体系。

第十二、抢占三大事的制高点和风向标：做整个华语网络文学在"中国故事－中国话语—世界大理论建设"大格局中的旗帜和风向标。

从这些前提和基础出发，浙江"华语网络文学"刊物、双年奖评选以及华语网络高峰论坛，应该三位一体，联动运作，举办成"高规格、权威性、最具影响

---

① 山坡网创建之初，就定位于"帮助网络小说读者找到一本好看的书，并且构建能够交流的社交网络"，但由于种种原因，一直没有发展壮大。2014 年时，安迪斯晨风正在山坡网做编辑负责人。他在 QQ 上问我是否可以做山坡网"总顾问"之类的，以"指导山坡网建构起网络小说好看的评选评价体系"。然而，我想做的事情更大、更多，比如，从发现"中国网络小说好看榜"到评选"中国网络好小说"。显然，当时山坡网的体量和属性，不足以支撑我如此"宏大抱负"（好高骛远）的战略设计。加上我当时和北大网络文学课程项目正处于"蜜月期"，自然而然，很多设计，想通过北大网络文学论坛来实现。但是，我和安迪的"网络研讨"，对于我们后来的合作，仍然奠定了良好的基础。2015 年年底，在帮助完成了"中国网络文学北大排行榜"（亦即中国网络文学年选）的理念、原则和体例设计之后，我彻底退出了北大。蛰伏了半年，思考"WHY、WHAT、HOW"等等一系列 W 之后，于 2016 年中，我问安迪是否愿意落实此前探讨的思路，跟我一起"搭伙"，组建团队，创办一个网络文学"土著"（亦即粉丝、网生）评论家排行榜？于是，从 2016 年 11 月起，在中国青年出版社新青年读物工作室和光明网文艺评论编辑室合作的"网络文艺日报"微信公众号（wlwyrb）上，我和安迪斯晨风联手组建了后来被命名为"中国网络文学网生评论家委员会"的主创团队，开始了为期近两年的"中国网络小说好看榜"：2016 年 11 月 23 日，《网络文艺日报》创办；2016 年 12 月 23 日，推出《【中国网络小说"好看榜"】"书荒君"为什么都愿意来这里？》的开篇词；2016 年 12 月 24 日，推出第一篇：《【中国网络小说"好看榜"】年度"脑洞"炸裂小说<末日乐园>，<西部世界>后"末世女主文"的世界怎么滴》……直至 2018 年 6 月 29 日，发布最后一篇《【中国网络小说 IP 估值榜】<蜀山的少年>，懵懂的青春》——在这近两年的时间里，"中国网络小说好看榜"推出成百部好看的网络小说作品，后来还细分为"好看类型榜""好看年度榜""好看经典榜"——"好看"成为我们评选评价的第一标准（1.0）。而"中国网络好小说"（"中国好网文"）是我们打算在第三个阶段（3.0）推出来的评选榜单和评价体系——从"好看"到"好网文"，需要一个完整的框架体系设计，以来发现与评选、评价和评估中国网络文学的价值。我和安迪带领主创团队的小伙伴们，在两年多的"中国网络小说好看榜"里，不断探索和实践"好看"标准和评价体系——请参见拟出版的《中国网络文学核心阅读书目（第 2 季）：爽文时代》（暂定名），在前言里我们拟系统梳理一下"好看榜"的来龙去脉。但"中国好小说"或"中国网络好网文"的评选一直没有推出来，因为我们一直在思考网络"好小说""好网文"的评选标准和评价体系是什么。或者不如说，是我本人一直在犹豫和纠结。时至今日，面对种种之怪现状，深觉未能及时推出，殊为可惜。

力"的网络文学盛典。

要么不做，要做，就要做大的。

就像我们说的，小切口，大格局。起步要小，便于操作，可以寻找到支点和杠杆；但是，格局要大，胸怀全局——梦想有多大，舞台就有多大；思想有多远，路就能走多远。

1. 从浙江地域文脉到整个华语文学：潮流风向标。

浙江是有底蕴来做这样的事情的。

就像夏烈兄曾经做过"浙江文脉"的梳理：不要说以鲁迅兄弟、朱生豪（我正好2013年出版了《莎士比亚朱生豪原译本全集（31部）》、《朱生豪情书全集（手稿珍藏本）》和《伉俪：朱生豪宋清如诗文选》，重新认识了这个大师及其伉俪情深）……为代表的一系列民国大师；若论籍贯，金庸、高阳、倪匡（卫斯理）、亦舒等也都是浙江人——而这一点尤其重要。

在整个全球华文市场，金庸、亦舒等曾经是华语文学不可替代的阅读潮流和风向标；但是，现在这一点正在发生改变——中国网络文学正在"替代"他们成为新的全球华语文学潮流风向标！

2. 从"文化逆袭"到"理论逆袭"——浙江试点。

这不但带来了"文化逆袭"的契机——当全球文化潮流是从好莱坞影视、日本动漫与青春剧"西风东渐"，香港、台湾等华文潮流"侵袭大陆"……几成改革开放三十年的定式时，中国网络文学正在实现"文化的逆袭"，比如，"陆流"之于台湾。

这也给我们带来了"理论逆袭"的挑战——就像我在研讨浙江《华语网络文学》中"全球"这个版块和栏目时所说，当这种"文化逆袭"正在发生时，我们能否系统地梳理和研究《甄嬛传》《中国好声音》之"陆流"进入宝岛台湾等全球华文市场，电视剧《媳妇的美好时代》、网络小说《失恋33天》之进入非洲等"非西方的第二条战线"，《舌尖上的中国》之进入纽约"西方文明的心脏"……的现象及其背后的需求潮流，研究和思考中国网络文学在全球华语市场、非西方第二条战线甚至是进入西方文明主流社会中的"话语、故事和思想理论"路径？

这正是配合当下"走出去"国家战略的重要策略：网络文学是最具有自动自发"走出去"潜力、能力和势力的新文艺样式；在"中国话语/中国故事/中国思想"全球化大格局中，这亦是一个最可操作的起点、切入点和着力点。而这一切，都事关中国话语的构建运动和中国土著理论的崛起，以及参与世界"大理论"和"元概念"建设的中国国家战略意图。

3. 华语网络文学的"中国名片"：浙江模式，中国标杆，全球视野。

当"网络文学（中国故事）"——"走出去"（中国话语/中国理论的全球战略）——参与"世界大理论和元概念建设"的大趋势越来越清晰时，浙江"华语网络文学"何不借势而为？

从小处说，可以在从金庸/亦舒等华语潮流风向标，到浙派网络文学作家群新华文潮流风向标的重心大转移之中，重建浙江文脉的"代际传承"；

从大处讲，则是将自己置身于中国故事—中国话语—世界大理论建设的大格局中，取势而为——这"三大事"完全可以提供一个良好的至高起点，开好局，起好步。

亦即——立足于浙江本土的优势，放眼全国，进入到整个华语潮流和全球视野之中，打造一张"浙江模式"的最佳名片，并且成为全国、全华语、全球"网络文学"潮流的标杆。

十多年前，西湖"华山论剑"上，与金庸对话，让浙江站在了潮头浪尖；十多年后，浙江为何不同样借势而为，乘时而行，"与世界对话"，做一个华语"网络文学"的扛旗人？

这也是我作为一个自家人，对浙江"华语网络文学"发展趋势与智库定位的预判和期待。

路漫漫其修远兮，吾将上下而求索。

2018 年，在申报中国网络文学研究院扶持项目时，我们对《国家网络文艺战略研究》进行如下的课题定位和目标设计：

这是第一部系统分析、深入研究并全方位建言新时代中国网络文艺国家战略的智库专著，为新时代国家网络文艺战略，提出具有现实针对性、理论突破性和决策参考性的探索思考、咨政议言，填补了国家文艺治理体系研究中的相关空白。本课题在决策参考性、现实针对性、理论突破性等方面的预期目标，是期冀重置并构建起"新概念（起点设计）—试点（点—线—面布局）—新思想体系—理论—实践—产学政研用一体化"的框架、路径和探索与实践良性循环图。

在此总体研究框架之下，我们把《国家网络文艺战略研究》的课题设计为三卷本：第一卷就是已出版的《国家网络文艺战略研究：中国文化强国新时代》；第三卷命名为《国家网络文艺战略研究：新时代网络文艺"浙江发展新范式"》，将其研究目标阐述为：

本卷研究浙江网络文艺发展的事实与成就、现状和未来发展趋势，建言献策，启动"第一个"中国网络文艺区域发展战略，探索新时代中国网络文艺"浙江发展新范式"。

中国网络文艺的发展，已经不仅仅是企业、行业、产业发展的问题，而是如何融入新时代中国区域和城市发展"大文创时代"转场升维，重塑形态、业态和生态系统的问题。

整个世界正在发生新一轮"人口重心"大挪移。这将造就新的国际中心城市与城市群。浙江直面构建人才新磁场的重大契机与挑战。

中国进入新时代，从顶层设计到基层创新，整个区域发展的思路、出路和道路，正在形成以城市群驱动的三大新发展思路：城市协同发展模式；赢取青年认同和治理问题；"城市协同发展模式"和"赢取青年认同和治理"的接口，就是"科技＋文创＋旅行"等超级文创IP——整个城市就是一座面向青年讲故事的IP。

问题倒逼供给侧的结构性改革——本项目建议浙江抓住机会，率先出台一系列配套的政策决策和体制机制改革与创新，启动"第一个"中国网络文艺区域发展战略，打造新时代中国网络文艺"浙江发展新范式"。

我们研判大势，预判趋势，认为："科技＋文创IP＋旅行"已经构成当下城市发展的三核驱动力。但是，这三核驱动，能否有效运作，关键却在于中国青年的"创造之辏"——比如创业和创新，创意与创造。

然而，中国青年的创造之犁，推动时代车轮向前发展：下一站——就是"众创"。这就是核中之核。我们正在进入众创美好生活，众创中国这部正在形成而尚未完成的"小说"，众创世界新秩序、人类命运共同体、书写新史诗的中国青年"众创时代"。

因此，浙江——新时代最佳的发展新范式，就是成为中国青年的"众创之城"。

就此，我们建议"上游配政策（政府扶持政策）、中游配资源（整合社会资源）、下游配资金（市场化、商业化和资本化运作）"的方式，共建、共享一个中国青年"众创"浙江IP模式——浙江，应该、也能打造一个新时代中国网络文艺"浙江发展新范式"，成为"青年众创、中国智造、全球潮流"的文化风向标。[①]

不忘初心，方得始终。

这篇前言问世之际，或许正是浙江从"中国网络文学周"升格为"国际网络文学节"（或"中国网络文学国际节"）的传说尘埃落定之时。

不知道，我们念兹思兹了五年的"华语网络文学智库"之建言献策、咨政议言，是否也能水落石出?!

没错——水落，石出。

大浪退潮，方显奇石峥嵘。

---

① 摘自庄庸《中国作协网络文学研究院扶持项目立项申报表：国家网络文艺战略研究（三卷本）》，未公开。参见庄庸、王秀庭著《中国网络文学发展新时代：从"现实题材"到"书写新史诗"》（暂定名）相关章节内容。

第三章 超级大脑：

从"网络文学讲政治"到"中国智库全球大脑"

向前追溯，早在 2013 年 10 月，受邀为"广东网络文学院网络作家高级研习班"讲课时，我们其实已经思考：为什么亟需网络文学智库？

当时广东作协的联系人要我提供讲课题目，并且希望我能锁定创作技巧和方法；我说，比起这些具体的技能技术技法，我希望讲大势、讲趋势、讲形势——研判文艺政治大势，分析全民阅读潮流，把握网文发展趋势，切问网文创作脉动，网络作家是时候"讲政治"了。

最终，我们将主讲题目定为《网络文学如何"讲政治"：2013 年网络作家切身利益的 3 大趋势研判》。毫无疑问，面对当时网文界整体的漠然、抵触甚至反感，我们选择这样的题目过于"硬核"——就像硬石头一样，砸碎的不是网文界的壳；碰出血的，却可能是我们的"智脑"。

网络文学为什么要讲政治？

讲政治，跟"我"写网络小说有什么关系？

各位网络作家朋友，抱歉让大家久等了。刚才作协小梁先生让前台叫我起床时，我正在做梦！一看，哇塞，九点半了！脸都没洗，就一路喘着过来了。

不是我不上心，实在是太悲催。昨天下午血酬兄讲课时，我坐在下面旁听，偷看了一下学员须知——清一色的 80 后 90 后，大多数还都是女生——立刻觉得有一块大大的板砖正在前面等着我。

我想我如果还坚持讲"网络文学如何'讲政治'"，估计得站着进来，躺着出去——你们当中肯定有不少的人，只看这个标题，就遏止不住冲动，想把我一板砖拍晕。

怎么办呢？我还是坚持要讲这个主题！

唯一的办法，就是在你刚举起板砖时，一声喝止——看，标题党来了！"2013年网络作家切身利益的3大趋势研判！"

切身，切身，总得让你琢磨了吧？于是，为了这一行字，我昨晚从八点钟起到凌晨两点钟，花了整整四个小时，重新做了一个完整的PPT。但是，悲催的是，电脑非正常死机。更悲催的是，我又花了两个小时，百度了各种办法，只恢复了文档的十分之一……

趁着这会儿PPT还在调试之中，给大家解释一下我迟到的原因，请大家原谅。我将尽可能将我想到的东西都讲给大家听。

讲之前我跟大家约法三章：第一，我事先为大家准备的内容很庞杂，如果真要一一讲来，讲到我下午上飞机前，都未必能讲完梗概。所以，我只能先串讲一下。如果你对其中某一点感兴趣或觉得有用，可以立即举手打断我——我可以根据你们的需要，来重点讲述某一部分的内容。不要怕打断我的思路。我的思路如流水，抽刀断水水更流。

第二，别看我现在很冷静，但如果讲着讲着状态来了，我就很可能陷入狂想或癫狂状态，一股脑儿想把我脑海里的东西都倾泻出来，也不管你们爱不爱听。如果你们烦了，请打断我！

第三，我最初纯粹是因为喜欢读网络小说才慢慢"有话说"，写了一些读后感——有做网络小说实体出版的朋友拿去给他的编辑当指南，我才开始形成为"评论"的。直到现在，亦是如此。所以刚刚扬克老师将我称为"粉丝学者"——我首先是一个粉丝；然后，才是一个学者。我从不认为我的评论有多么高深。我只是在讲出我看到和想到的东西——就像我在评论猫腻的系列作品时，说：他写他的，我评我的；即使我评论出的东西，是我强加于他的作品之中——但那不正是评论的价值和意义么？！

所以，这里面没有对与错、是与非；有的只是仁者见仁，智者见智。今天，我将我的看法毫无保留地说出来，并不是要获得你们的认同和赞同，而是在表述我的观点，仅此而已。因此，我欢迎你们提出问题；同样，也欢迎你们对有争议的话题或观点提出质疑。哪怕，我们为此当场激辩——这无关风度，只是我们都有自己的看法。

但有两点我是坚持的：第一点，我反对人身攻击。第二点，我反对张口就来——就像我在北大网络文学讨论课上，针对一个文学博士"比起经典名著来，你不认为网络文学就是垃圾吗"的提问，问他：你读过多少部网络小说？他说还没有读。我就说，我给你列一个书单！当你读了50部网络小说后，仍然认为它是"文化垃圾"，那我认为，这至少代表着你是有自己的判断和看法的。但是，在没读一本网络小说的前提下，就拿起棒子一顿散打，断言网络文学是垃圾，我认为是不负责任的。这样的人，我没有兴趣辩论。

嗯，PPT已经调试好了。我们可以进入正题了。在讲的过程中，我会列举很多的网络作家和作品——但老实说，我读得很杂，不爱记名字，现在又懒得考证，所以，很可能会出现张冠李戴或模糊混淆的情况。你们就包容地一笑了之吧。

我们这个民族，有些传统还是值得传承的，比如，尊老爱幼。对于一个人到中年已经开始走人生下坡路的老男孩，你还指望着他有黄金般的记忆？那不是让老天扯淡吗？

第一部分，就是反问："我"为什么要讲政治？

估计在座大多数人看到我的讲课题目时，第一反应就是："我"为什么要讲政治？

政治跟我有啥关系？我只是一个码字的。讲政治，跟"我"写网络小说有什么关系？

不能说大家对政治"冷漠"。也不用先辨析我所说的"政治"跟大家理解的有什么差异。我先以《后宫·甄嬛传》为例，来说网络文学为什么要"讲政治"。

这就像农民种庄稼，靠地种粮，靠天吃饭，打雷下雨都是你没法预料和抗拒的事情。写网络小说其实也是如此。除了低头找路，抬头看看天，也是很有必要的。

《后宫·甄嬛传》是部什么样的网络作品，不必我再废话，是个中国人都知道。但是，现在看《后宫·甄嬛传》有哪几个角度，则不是每个人都很清楚的。我把它分析成四个：现在看《后宫·甄嬛传》有四大视角——1.自身畅销；2.网文界争议；3.官方歧议：批评与维护；4文化逆袭(文化领导权之争)——每一个视角背后都牵涉到关键性的"政治问题"

第1个视角，是其自身畅销的轨迹。从网络小说到实体出版畅销书，从影视剧再到大众文化中的语言游戏"甄嬛体"，又到现在"越剧版甄嬛传"……在跨界传播中，"那条看得见的抛物线"，让我们见证了其在大众消费和娱乐的文化狂欢。但在这个过程中，大多数人关注的，都是它在商业链条的每一个成功的关键环节，却没有注意到这个"关键环节"的取舍，对作品自身最有价值和意义的地方的消解。比如，《后宫·甄嬛传》在拍成电视剧时，从"架空世界"落地为"清代剧背景"，不但把朝代定为清朝，把男主角改成雍正，在楔入大众审美趣味的同时，也消解掉了其"重构秩序"的努力，还削弱了作品对现实处境的关照和人自身感觉的刻画——而这种对"人"的生存状态和集体境遇的关切，恰恰正是这种类型文学中有价值和有意义的地方。

……

第4个视角，文化逆袭(文化领导权之争)。这其实是一种新的文化领导权的争夺。因为，在这个时代，以意识形态作为主导和单一的叙述模式，正在转变成以个人化叙述为核心的多元化叙述模式，语言革命将会引导社会阅读潮流的革命——国家如何掌握这种文化领导权？从西方思维语言的叙述模式，转向中国主导的叙述模式时，文化领导权的争夺又是如何发生的——中国又如何能够主导这种话语权？

下一个十年的中心任务，就是打一场"文化战"！"利用西方舞台讲中国观点"——2012年以来的讲话风格，无疑展示出中国新一代的清晰意识：与西方打交道必须运用中外融通的话语体系去表达。"以中国的话语体系制造世界中国风"——在全球话语权竞争激烈的时代，在国际文化舞台上进入与西方政治文化进行竞争的核心领域。

文艺的问题最终将演变成政治问题，政治的最佳实验田永远都是文艺领域！网络作家需要及时、全面、到位、妥善地了解、理解、掌握、领会、贯彻党和国家的各种关于文艺舆论导向的政策方针和尺度、动态，研判新文艺政治纲领的趋势，在其文学作品中构建社会主义核心价值体系，重塑国民意识形

态，创立中国文化新范式（中国式话语体系），重建文化软实力，并掌握文化领导权。^①

  在这趟"发新声"的网文课上，我们研判了整个国家顶层设计"固本强基"的大势之后，"两手就变得极端重要"：第一手就是"MONEY 核变力"——对于国家和社会来说是经济建设，对于个人来说就是赚钱；第二，就是意识形态建设创新——从舆论管理到国民价值观重塑等。既要让中国人的腰包鼓起来，又要让国民的大脑充实起来。

  我们也分析了 21 世纪以来的发展趋势——整个中国面临一个巨大的转折点：从朝外奋斗/进取（实际上就是"MONEY 攻略"为核心），转向朝内/转（比如，以个人身心安放和国民思想意识形态体系重塑为核心）。

  然后，我们研究了网络文学对人的思想、大脑、三观（世界观、人生观和价值观）以及整个国民意识形态体系重塑的影响。认为，网络文学，就得关注这两个抓手：2013 年对于网络文学两个最显著的特点：一手是"钱"——如何写、怎么写，才能赚钱，才能效益最大化——如版权致富。2013 年最大的行业格局变局的核心，就是中国式造富时代：版权致富成为下一个时代的"MONEY 核变力"。第二手，就是"思想舆论"导向、价值观重塑和文化领导权之争——网络文学是时候"讲政治"了。

  事后事件和事态的发展，确实证明我们还是"有先见之明的"："网络文学在发展过程中发生的文化建构、价值观和意识形态危机与契机——触及了党和国家的底线，更激活了对未来时代构建的期待。2014 年 4 月以后发生的网络文学'净网运动'，便是对这种状况最直接的反应。在这个事件的评判中，我们如何站在制高点上，超越网文界和非网文界的各种壁垒，站在更高的层面，让大家对整个网络文学发展、当下网络文学'清理、整顿和规范化运动'和下一步'主流化'

---

  ① 摘自庄庸《网络文学如何"讲政治"：2013 年网络作家切身利益的 3 大趋势研判》，2013 年 10 月"广东网络文学院网络作家高级研习班"讲课笔记，未公开发表。

的大势，获得一种'大局观'——网络文学要讲政治？"①

　　但凡事都有两面。网络文学从"应该"到"必须"讲政治，来得过于迅猛和仓促，也导致了硬币另一面的问题：2014年，"'净网运动'和'主流化'趋势不过是这种新文艺政治顶层设计的引子而已，后面一系列的决策和管理甚至奖惩措施正在酝酿之中。正因为是引子，所以这次'政治正确'的强力介入，也略显仓促——并没有形成成形、成熟的顶层设计思路和执行路径，所以难以区分：哪些是必须禁止的，哪些是需要区别对待的，哪些是要给予保护——以保护网络文学中那些最有生命力却有可能是'突破式创新'的火种……最大化的'政治考量'，最小化的'文学考量'，导致了只能一刀切，使得在一刀切除肿瘤的同时，也对网络文学原创生命力造成误伤。这就造成了当下对'网络文学讲政治'的隐忧和疑虑、矛盾和冲突。"②

　　在系统分析了2014年"净网运动背后的大势研判与趋势预判""网文界在净化与主流化运动中的震荡与焦虑"和"决策层/管理层对网络文学的顶层设计"之后，我们直接将对"网络文学讲政治"的隐忧和疑虑界定为："网络文学会不会'被控制'，成为'第二作协体制'？甚至，造成网络文学窒息式的生存和发展？就像当初商业化被提到桌面上拷问一样：商业化是不是网络文学再无原创力的罪因？网络文学'主流化'是不是变成完全'以政治的逻辑为导向'？这两个问题合二为一，终于形成了一个没有被明确提出来，但已经成为网络文学发展中'最重大而现实'的社会问题：这是不是说明网络文学在未来其实不是发展得更好，而是更没有原创力，更不能'如其所是'地发展？"③

　　结论是什么？我们的结论就是：必须提供当下性、对策性和趋势性的研究成果，建言献策，咨政议言——"网络文学智库"迫在眉睫："当下，网络文学成为不容忽视的一种文学现象，但也到了一个历史性的拐点。这个拐点，以

---

　　①　庄庸、王秀庭：《网络文学评论评价体系构建：从"顶层设计"到"基层创新"》，福建教育出版社，2016年9月，P110。

　　②　庄庸、王秀庭：《网络文学评论评价体系构建：从"顶层设计"到"基层创新"》，福建教育出版社，2016年9月，P112。

　　③　庄庸、王秀庭：《网络文学评论评价体系构建：从"顶层设计"到"基层创新"》，福建教育出版社，2016年9月，P114~115。

2014 年 4 月起'突如其来'的'扫黄打非，净网 2014'为标志，揭开了当下网络文学'清理、整顿和规范化'运动和下一步'主流化'大势的序幕，也提出了如何引导网络文学健康发展的时代问题——网络文学理论的'智库化/智囊化'以及评论评价、评选评奖体系土著构造和跨界重建，也因此成了迫在眉睫的问题。"①

这种迫切需求，源自这一系列的事件、事态发展，暴露出"网文界的基层探索和决策层的顶层设计之间有着深深的鸿沟"："网文界的普遍焦虑和集体震荡需要'有力的看法'疏导，决策层'主流化'的重责大担也需要'有用的说法'来诠解……政策误判与应激反应是最糟糕的情况。网络文学/网络文艺智库的需求前所未有的强烈。"②

在"有力的看法"和"有用的说法"之间，亟需"有智的想法"和"有效的做法"：想法决定看法，看法决定做法，做法决定说法。但是，谁能作为中介和桥梁？又能成为摆渡者？谁又能在网文界和决策层的两岸，成为两种迥然不同的想法、看法、说法和做法之间的对接者、桥接者和衔接者？"毫无疑问，这个时候，在网文界的'基层创新'和决策层/管理层的'顶层设计'之间，最缺的也正是这种作为沟通、桥梁和转译的'建言献策'和'智囊'作用！……

在国家经济、政治、社会、民生等各个层面，重大决策和管理出台之前，都有强有力的智库支持。但是，网络文学这里呢，几乎是一个空白！而网文界这边呢，也完全没有'路径'捕捉、切中和把握决策层与管理层的思维模式，以及应对当下网络文学正在发生的'国家治理模式试点'危机与契机……

所以，当下网络文学理论亟须'智库化'和'智囊化'。'智库化'相对于决策层管理层的顶层设计而言；'智囊化'相对于网文界的基层探索创新而言，尤其是在'主流化'的大势和移动互联网的新媒体化趋势中。"③

---

① 庄庸、王秀庭：《网络文学评论评价体系构建：从"顶层设计"到"基层创新"》，福建教育出版社，2016 年 9 月，P110。
② 庄庸、王秀庭：《网络文学评论评价体系构建：从"顶层设计"到"基层创新"》，福建教育出版社，2016 年 9 月，P111。
③ 庄庸、王秀庭：《网络文学评论评价体系构建：从"顶层设计"到"基层创新"》，福建教育出版社，2016 年 9 月，P139~140。

谁来做智库？谁能成为"网文界的超级大脑"？

我们先是吁请评论家出场："在这个过程中，评论界应率先发挥'智库'作用，推动新公共话语空间的社会主流力量，来探索和实践一系列的规划、规范和规则。

由此出发，来承接自上而下的管理条例和顶层设计，才能更大化地保护网络文学的权益和可持续的发展空间。"①

其次，我们设计项目与课程之中，试图培训、培育和培养"网文智脑"的有生力量："北大网络文学论坛，需要汇聚各方面的智慧和力量，来为这种可操作、可持续的方案建言献策。

"北大网络文学论坛下分辖媒后台、女频周报、男频周报、原创与研究报……从某种意义上说，就是从我们自己做起，来做这样一个智库平台，构建相应的资源禀赋。

……

"我们可以借此真正深入内部庖丁解牛，并且拓展自己的'资源禀赋'——有资源禀赋才有发展的路径。我们亟须构建'网络文学智库'。"②

种种努力，旨在将"把自己的格局做得太小"的既有网络文学研究"撑大"，以原创型、领先型、对策性与趋势性的"网络文学智库研究"，成为决策层/管理层和网文界这两个极点之间链接的支点、杠杆和对接的通道；并且，"小文章，大时代"，成为"中国智库全球大脑"的探路者。

"我们做的是很小很细看似很微不足道的小事情，但怎可否认我们宏大的视野、抱负和野望？……要借此把我们自己做成支点，以此为杠杆，撬动起我们自己的大格局。

……我们要在互联网+时代，为传统文学引渡，让网络精灵飞翔，重塑整个时代。文学是时代的风向标。我们要做中国时代的亲历者、见证者和开创者。

---

① 庄庸、王秀庭：《网络文学评论评价体系构建：从"顶层设计"到"基层创新"》，福建教育出版社，2016年9月，P117。

② 庄庸、王秀庭：《网络文学评论评价体系构建：从"顶层设计"到"基层创新"》，福建教育出版社，2016年9月，P194~195。

这才是我们应该具有的风骚和野望。从互联网+时代到中国好时代,网生代就是世界秩序重建中国方案的未来领导者、领袖者、领秀者。即使生而如蚁,即使事细如斯,也要有此担当。"[1]

是的,小切口,大格局:切口要小,格局要大,中间需要好杠杆——网络文学的"超级智脑"!

① 庄庸、王秀庭:《网络文学评论评价体系构建:从"顶层设计"到"基层创新"》,福建教育出版社2016年9月,P197~200。

我们要在互联网＋时代，为传统文学引渡，让网络精灵飞翔，重塑整个时代。文学是时代的风向标。我们要做中国时代的亲历者、见证者和开创者。

小切口，大格局：切口要小，格局要大，中间需要好杠杆——网络文学的『超级智脑』！

第四章 第三只眼：

从"成长问题"到"发展潜力"

然而，越是亟需什么，就越是匮缺什么。

又一个五年过去。"网络文学智库"建设几无建树——不能说没有"丝毫起色"，但是，面对网络文学基层探索的现实痛点和国家顶层设计的战略需求，可曾有真正"具有现实针对性、理论突破性和决策参考性"的智库研究成果？

这里没有要打谁脸的意思——因为，想啪啪打别人的左脸，必须有伸出右脸被别人先啪啪打的觉悟。我们只是在描述、思考甚至是反思：问题在哪里？我们为什么也没有做到——建设成一家"有自己担当和作为"的网络文学智库？

应该说，我们是"第一个"呼吁建设网络文学智库的；并且，也是最早研判与预判中国网络文学智库的战略需求和发展趋势的。如从 2015 年至今年，我们在业内外各种场合，都在摘要发布相关的观点：

研判大势，预判趋势，决断形势，现在，从顶层设计到基层创新，出现"大合流"的趋势，强烈需求"有公信力的第三方"，提供权威、专业、系统的网络文学智库研究。

1. 从决策层到管理层：大力发展网络文艺、网络文学是重要抓手，已经成为国家文艺顶层设计的重要思路、逻辑，亟需正确认知和评估，尤其是要建构起各个层级官员"网络文艺尤其是网络文学是文化自觉和文化自信重要力量"的国家文化治理观念与模式，成为国家/国民"超级IP战略"中的重要抓手。

预判 2018 年下半年到 2019 年一整年，会有一系列密集的政策、措施和管理活动出台。这将会对整个网络文艺特别是网络文学的整体格局产生重大的影响。

尤其是"网络文艺管理办法""网络文学评论评奖活动""网络文学精品扶持

工程""网络文艺人才建设工程"……一系列重大的活动将相继出台。

甚至，未来三到五年，对文化口的领导干部、官员和工作人员进行大规模的"轮训"将势在必行，从行政管理到文化治理，整个国家治理模式的改变将会以网络文艺为试验田。

因此，从决策层到管理层，现在都亟需一个"有效的媒介"，对网络文学进行"正确"的认知和评估，才能制定更为明智、更加良性和更为前瞻的政策。

中国网络文学智库研究报告，无疑是最好的媒介，也是对各个层级的官员进行"轮训"、科普网络文学与网络文艺、重塑从行政管理到文化治理的最好教材。

2. 从全产业链到社会公众：超级 IP 热让网络文学成为"爆款"，但也让其站在风口浪尖，亟需从根本处重塑对"网络文学的触感"——特别是从超级 IP 时代到超级科技文创时代，中国网络文学"发展新范式"成为拷问的焦点。

超级 IP 热，带动了全产业链的"爆款效应"，同时也让网络文学 IP 再一次站在风口浪尖，为社会公众"科普"了网络文学的概念与力量，同时又再一次诱发了其对整个社会主流价值观尤其是对青少年思想价值观念引领与影响的疑虑与观望。

这两方面的力量，现在也已经开始合流，开始渗透到相关的产业运作、商业模式、国家决策与管理，重塑社会媒体与公众的"触感"——对网络文学的触感，将会在未来相当长的时期里，成为一股缓慢、却庞大的影响力量。

中国网络文学亟需从根本处改变和重塑全产业链与社会公众对网络文学的触感，并由此出发，从超级 IP 时代迈向超级科技文创时代，探索和实践中国网络文学"发展新范式"的新跃层。

3. 从高校新文艺学科与专业建设，到重建文学评论评价、评选评奖体系：现在整个"文学"领域面临三大需求暗流——重写"当代文学史"，重建文学理论与评论评价、评选评奖体系，重构创意写作体系与人才培养方案——均需"从真正认识和鉴定网络文学出发"。中国网络文学精品（中国网络好小说、中国好网文）作家作品的评选与评价，将提供这样的原点。

换句话说，中国网络文学发展未来最重要的前景之一，是将会成为整个高校文艺学科转型和新文艺学科（如网络文学研究）与专业建设（如创意写作）的重要资源：整个师资培训、课程方案设计以及学生培养，将毫无疑问，都应该以中国网络文学精品作家作品为原点。

以此为原点，网络文学将真正改变"当代文学史"，重构文学理论与评论评价、评选评奖体系，重构创意写作体系与人才培养方案，将真正有可能"入流""入典""入文学史"；并成为国家"变道超车"、真正构建与好莱坞电影、日本动漫、韩剧等国家文化竞争的"中国故事"与"中国理论"力量；从而改变整个文学格局，重新开创网络文学新的历史地平线和未来发展空间。[①]

查看当时命名为《"网络文学封神榜"实施方案》的文件纪录，可以旗帜鲜明地看出这样的理念和宗旨——

本计划拟对网络文学经典/流行/红文作家作品进行一次系统的梳理、鉴定和评论研究，向决策层/管理层、学界、社会公众和全产业界"全面、系统、持续、深入"地展现并剖析网络文学的巨大成就、事实和未来发展趋势。

基本规划分为：一是评选出"中国网络文学精品作家作品"；二是对入选的中国网络文学精品作家作品进行评论评价；三是对中国网络文学精品作家作品进行类型、集体和个案的深入与系统研究；四是推动构建中国网络文学评论评价、评选评奖的价值评判体系，以及优秀内容创作和生产技术标准，引导机制体制和重大理论问题研究。

这次计划旨在全面推动网络文学作家作品入"流"（主流化）、入"典"（经典化）和入"史"（文学/文艺/文化史），"第一次"提供专业、独立、第三方的中国网络文学精品作家作品文本、版本和选本，以及"第一次"对有代表的精品

---

① 摘自庄庸《我为什么要做"网络文学封神榜"：从上一代大神到下一波造神时代》，2016年9月23日。当时应该在微博或者微信公众号上发过，后来删除了。如果查证当时的文档记录，当下能够追溯并确定的文档是庄庸、肖惊鸿《"网络文学封神榜"实施方案》（2016年8月17日）。但事实上，我、惊鸿和起点高层团队筹划"网络文学封神榜"事宜，比这还要早至少半年。因为有关"网络文学封神榜"的主体内容与阐述文字，最迟在2015年12月前就已经成形。在庄庸、王秀庭著《网络文学评论评价体系构建：从"顶层设计"到"基层创新"》（福建教育出版社2016年9月）中，还专门开辟一章《网络文学封神榜：以猫腻作品解读"中国我"》（P250~277）——这本专著编校出版历时一年有余。所以，实际上是从2015年下半年开始，在思考"中国网络小说好看榜""中国网络好小说""中国好网文"时，我们就开始考虑做"中国网络文学封神榜"。

作家作品深入、系统和全方位的评论研究与解读。

本计划旨在为决策层/管理层"大力发展网络文艺,以网络文学为重要抓手",为高校新文艺学科与专业建设如网络文学研究与创意写作课系列提供建议,为社会重建文学评论评价、评选评奖体系,网络文学推荐与阅读提供参考,为泛文化娱乐全产业链"打造下一波超级IP",为整个国家/国民超级IP战略巩固"文化逆袭"、增强"文化自觉"、重构"文化自信"提供"标杆"和"范本"。

本计划拟增强决策参考性、理论创新性和现实针对性研究,小切口、大格局、好杠杆,撬动一个全新的发展地平线。

归根到底,本计划旨在通过汇聚诸多名家、精英,大家的见识、智识和知识新范式,评选评价中国网络文学发展史上的精品作家作品,推动中国网络文学评论评价、评选评奖体系的构建,加速重大理论、现实和决策问题的研究,为中国网络文学新时代更好更快地发展贡献出自己的力量。[①]

因为,从当时到现在,对于中国网络文学发展的基本成就与事实,还缺乏"科普",更别提达成共识。而且,对于网络文学的过去和现在,到底是发掘它的"发展潜力",还是聚焦它的"成长问题"?是揪住问题,进行"粗暴管理";还是着眼于"发展潜力",探索新型的"文化治理"?……都需要理清思路,咨政议言。

我们甚至当时就研判和预判——四大国家战略布局渐成雏形;战略需求倒逼供给侧的结构性改革;网络文学甚至整个网络文艺都亟需四大战略卡位[②];"网络文学封神榜"若由三方联手打造,将会赋予如下的价值和意义——帮助中国网络

---

① 庄庸、肖惊鸿《"网络文学封神榜"实施方案》,内部方案,2016年8月17日,略有删改。关于"网络文学封神榜",我和惊鸿曾有无数温和或激烈的讨论,但核心共识都是:现在需要这样一个精品出版工程,作为网络文学智库建言献策的第一步。后来,因为"网络文学封神榜"这个名字,容易引起不必要的麻烦,就逐渐淡化。后来,由惊鸿主导,我们另起炉灶,策划和出版了"名家名作导读丛书",第一辑推出五种。从"网络文学封神榜"到"名家名作导读丛书",名称不同,形态各异,主责主导的也不一样,但是,那种发现"中国网络小说好看榜"、评选"中国网络好小说"(中国好网文)的"智脑"理念和内涵,却是相承相传。

② 庄庸、王秀庭:《国家网络文艺战略研究:中国文化强国新时代》,福建教育出版社,2018年9月,P330~334。这部分内容就是基于这个方案的主题阐述,略加修改而成,并更名为"中国网络文艺智库:打造下一个全球战略的国家大脑"。省略掉了原方案中"网络文学封神榜"的内容。

文学在四个重大战略中卡位，并力争卡到一个好位置。

这不是智库应该做的事情，又是什么？

具体说来，我们设想的"网络文学封神榜"，如何扮演起智脑角色，帮助中国网络文学"卡位"四大国家战略？

1. 以达致网络文学亟需的"国家/国民主流文艺重塑"战略卡位。

而目前，我们正好处于从上到下、由内到外各个"联系"的关键环节上，可以通过"网络文学封神榜"，全面推动网络文学卡位"国家/国民主流文艺重塑"战略。

2. 以达致网络文学亟需的从"文化逆袭"到"文化自信"国家文化战略卡位。

网络文学成为这个大格局最佳的切入点、着力点和试点。

而目前，我们正在参与这一系列的政策咨询和管理试点之中，可以通过"网络文学封神榜"，全面推动网络文学卡位从"文化逆袭"到"文化自信"的国家文化战略。

3. 以达致网络文学亟需的全民阅读战略，尤其是"赢取年轻世代（下一代）的战争"战略卡位。

大力发展网络文艺、以网络文学为重要抓手，就是这场"赢取年轻世代（下一代）的战争"最重要的试点。

现在已经启动。

而我们所在的"组织"恰恰是从战略到战术到战役最重要的组织者和实施者。所以，我们完全可以通过"网络文学封神榜"，全面推动网络文学卡位全民阅读战略尤其是"赢取年轻世代（下一代）的战争"国家战略。

4. 以达致网络文学亟需的在泛文化娱乐全产业链中、以国家级大项目重建"文化领权导权"的战略卡位。

这就很好地解释了为什么网络文学领域会成为"试点"——这也是要"卡位"整个泛文化娱乐产业链的咽喉。

而我们，将会是这整个项目过程中，最重要的"基层探索"者。所以我们完全可以通过"网络文学封神榜",全面推动网络文学卡位泛文化娱乐全产业链中、以国家级大项目重建"文化领权导权"的国家战略。①

我们以为,遴选出一批能够代表网络文学二十年发展史"最高成就"的标杆作家作品,就能让别人以"第三只眼"看到网文的"发展潜力"而非"成长问题",从而着眼于未来、着眼于时代、着眼于世界,在国家战略的顶层设计之中,为网络文学预留出充足的、包容的、多元的发展空间与位置,使其真正能够承担起"先锋"的角色、责任和使命。

然而,我们错了。网络文学遇到的形势,远比"作品有问题"复杂。自中国网络文学诞生以来,就一直"被争论":网络文学"是不是"文学?——似乎网络文学"不是"文学,就自带劣根性和原罪。

在整个超级IP时代(2011~2017),这个问题不但没有被弱化,反而被强化,甚至妖魔化。甚至,溢出"文字"问题,从作家作品到网文IP,从企业行业到整个产业舆论生态……网络文学遇到大面积的"污名化"。

2017年,对中国网络文学的污名化运动,有五个阶段的层次性递进特征:

第一阶段,网络文学都是"垃圾作品";

第二阶段,网络文学"是或不是"文学;

第三阶段,网络文学带来垃圾IP——网络文学是IP化不成功的替罪羊;

第四阶段,小鲜肉有罪——批判小鲜肉成为"政治正确";

第五阶段,"这一届观众垃圾"——彻底否定"九千岁"这个所谓的新主流受众,以及他们所带的"新造星时代"。②

2018年至2019年,这种"污名化运动",出现新趋势和新特征——请参见下

① 庄庸、肖惊鸿《"网络文学封神榜"实施方案》,内部方案,2016年8月17日,略有删改。省略的主体内容请参见庄庸、王秀庭著《国家网络文艺战略研究:中国文化强国新时代》,福建教育出版社,2018年9月,P330~334。

② 庄庸、王秀庭:《国家网络文艺战略研究:中国文化强国新时代》,福建教育出版社,2018年9月,P83。

一节的新时代中国网络文学发展"三定"（定义、定性和定位）之争。

"事实上，在网络文学每一个被污名化的地方，都有潜在的正能量，可以被正名：网络文学形成为新的造星机制、创富模式、逐利冲动和估值空间；网络文学是映射了中国青年的青春潮流与思想生态——新文学，新时代，新青年，新能量；网络文学的海外传播，为中国'文化逆袭—文化自觉—文化自信'国家战略带来了充分的想象和发展空间……这才是中国网络文学亟需的'赋能'运动。"[1]

然而，谁为网络文学"赋能"？

如果没有脑子，手脚只会乱动。

---

① 庄庸、王秀庭：《国家网络文艺战略研究：中国文化强国新时代》，福建教育出版社，2018 年 9 月，P84。

研判大势，预判趋势，决断形势，现在，从顶层设计到基层创新，出现『大合流』的趋势，强烈需求『有公信力的第三方』，提供权威、专业、系统的网络文学智库研究。

第五章　网文智库：

从"新主流网文"到"书写新史诗"

党的十九大报告指出：中国特色社会主义进入新时代。并明确要求：加强互联网内容建设；加强现实题材创作，不断推出讴歌党、讴歌祖国、讴歌人民、讴歌英雄的精品力作。

这是继十八大开启新时代，在全国文艺工作座谈会上讲话与《中共中央关于繁荣发展社会主义文艺的意见》第一次将网络文艺（含网络文学）、网络作家、新文艺群体等新概念诉诸中国特色社会主义文艺之后，党和国家首次将"现实题材"单独作为一个顶层设计提倡互联网内容建设、文化产业和内容创作与生产，甚至整个中国特色社会主义文艺的发展方向与重点。

这只是一个起点和引子。我们研判和预判，新时代，新文艺，未来三到五年，国家文艺三大关键词就是：现实题材、英雄重塑、书写新史诗。

这必将对中国特色社会主义文艺的现状和未来发展趋势带来重大影响——中国特色社会主义文艺正在进入新时代；新时代中国特色社会主义文艺新思想体系及国家文艺管理体系正在形成，必将给新时代中国特色社会主义文艺的发展趋势，包括但不限于网络文学、网络剧集、网络电影、网络动漫、网络综艺、网络视听、网络游戏等新兴文艺类型及其网络文艺形态、业态和生态系统重塑，以及新时代中国网络文学的创作、阅读、传播等发展问题，带来深远的影响。

新时代，直面社会需求并适应时代未来发展趋势，从中国特色社会主义文艺到中国网络文艺，特别是中国网络文学，亟需供给侧结构性改革，寻找新时代发展新范式、研究新范式和思想新范式——其落脚点必然在于强化顶层设计思路、逻辑和智慧，直面再全球化（中国和世界对话新视角）、世界秩序重组、网络空间战和国家文化安全战略等全球新浪潮新趋势，对接人工智能、虚拟现实、量子技术等新一轮重大科技和产业革命，及 90 后、00 后等人口周期运动中的年轻世代更迭与需求升级，推动每个中国人特别是 4 亿青年成为"下一个伟大时代中国主角"，众创中国这部本身正在形成而尚未完成的"网络小说"，为美好生活而奋斗、追求中华民族伟大复兴和构建人类命运共同体，书写新史诗。[①]

在如此时代大势和未来发展趋势之中，中国网络文学正在进入"发展新时代"。也就是说，从两个奋斗十五年到两个奋斗一百年目标，开启了网络文学"新奋斗时代"的新征程：科学化、学科化、专业化的"网络文学智库"建设，成为基础和前提；因为，从"发展新范式"到"研究新范式"和"思想新范式"，都需要"超级智脑"。

但是，问题由此产生——面对如此大势、趋势和形势，当下中国网络文学的研究及其成果，能否支撑其成为新时代中国网络文学发展的"超级大脑"？

我们于 2018~2019 年度，系统盘点和梳理了一下既有的研究成果，发现：从单篇或单项来看，既有的观点和成果，或学理性很强，或体验性很重，或专业性很深，或有探索性、启发性和实验性，为中国网络文学研究范式建构提供极为丰富和宝贵的经验与教训。但从全局性、系统性、前瞻性来看，中国网络文学研究还缺少"顶层设计"式的研究课题。特别是针对新时代中国网络文学发展的重大现实攻关问题、时代课题和未来发展趋势问题，尚没有一个战略规划的国家级课题，并提供"具有理论突破性、决策参考性、现实针对性"的研究成果。

我们将其要提炼和归结为"新时代中国网络文学发展研究"的 4 大痛点。[②]

第 1 大痛点：研究滞后于发展二十年，严重匮缺对策性和趋势性研究。

中国网络文学庞大领域的创作实践、发展需求和体量极小的研究群体与成果，存在着巨大的断裂和鸿沟。

当下，中国网络文学研究的最大问题，仍是跟在"过去"二十多年网络文学

---

① 参见庄庸、王秀庭著《中国网络文学发展新时代：从"现实题材"到"书写新史诗"》（暂定名）相关章节内容。

② 本部分内容摘自我们对相关课题的设计，除了引注之外，未公开发布。拟系统收入庄庸、王秀庭著《中国网络文学发展新时代：从"现实题材"到"书写新史诗"》（暂定名）。

的事实、成就和问题之后进行分析与总结；对于"当下性"创作、阅读、传播的"痛点"，以及发展的根本性问题，仍缺乏"现在进行时"的介入、干预和即时应对的力量，更遑论面向未来预判和研判趋势，构建系统性、规划性、预见性和引导性的中国网络文学研究。①

研究不应该只注重过去，还能关切当下，创造未来。

第 2 大痛点：无力干预现实，融合建构网络文学评论评价、评选评奖体系。

当下，围绕中国网络文学发展问题，一直存在着两大体系力量（引导和自主）交锋、交流和融合：焦点在于"以网络文学有问题"还是"以网络文学有潜力"，作为中国网络文学发展的立场、基础和前提；且由于一直缺乏专业、权威、有公信力且精细、精密和精益标准体系，从而导致整个中国网络文学发展的混乱、嘈杂、双重标准等"杂音多声部"……这是网络文学研究最应该致力于解决的重大现实攻关问题。

第 3 大痛点：从"文学性"到"媒介革命"，"自嗨研究"无力回答"时代问题"和"时代课题"。

从对策性研究到趋势性研究，新时代中国网络文学的发展，都迫切需要以重大现实问题为主攻方向，回答这个时代最重大的时代课题。

但是，为何网络文学传统研究者做不到呢？因为，当下诸多中国网络文学研究，均是以"网络文学是/不是文学（新/旧文学）"作为问题导向起点，让其研究对象和内容框架都发生了重心偏移——构建的其实是狭义中国网络文学研究体系，并不能真正有效解决中国网络文学发展需求问题。

还有一种流行的所谓"研究新理论"，是引用"媒介革命"的理论，来研究网络文学"网络性"创作实践、阅读潮流和传播机制。

但这带来三个问题：第一，基于早期信息革命之实践的媒介理论，是否适用于当下颠覆性的信息变革？第二，国外的理论，是否能够剪裁中国的事实？第三，时代是思想之母，实践是理论之源，这一时代之网络文学实践，何以不能创新和创造这一时代之理论和思想？

---

① 庄庸、王秀庭：《国家网络文艺战略研究：中国文化强国新时代》，福建教育出版社，2018 年 9 月，P364。

针对网络时代的创作实践，创新理论话语体系，建构网络文学的研究新范式，是学理介入、应对并提出前瞻预判最重要的路径。

第4大痛点：资料库建设完全空白，更遑论超级大脑的智库和智脑化发展趋势。

当下，中国网络文学发展史上尚未创建一家具有国家战略高度、全球发展视野，且符合并能介入和引领其历史、现状和未来发展趋势的中国网络文学资料库——亦即建设一种真正的"中国网络文学发展智库"：以"智脑"为关键词，以新时代国家战略顶层设计、新一轮重大科技与产业革命、中国—全球青年世代更迭与需求升级潮流为"金三角"坐标体系，并聚焦于三者"连接世界"的核心新理念和新技术方式，研究中国网络文学"资料库建设"的历史—现在—未来发展标尺、大数据—算法—指数和智脑化趋势，最终为中国"第一个"国家级、战略性、前瞻性、全局性和系统性的网络文学智库建设，提供"超级大脑"的理念、路径、技术、目标、功能等课题研究与解决方案。

比如，在十九大第一次将现实题材作为国家层面倡导的创作方向的大势和趋势影响之下，现实题材成为中国网络文学"主流化"的2017~2018年度旗帜和风向标。

以此为旗帜，中国网络文学深耕现实题材，其年度发展表现出如下显著特征：以主旋律为基调，中国网络文学现实题材开始出现"重点主题、基层写实和重大题材"蓝海领域自主创作和生产引导型趋势。[①]

但是，在实际执行过程之中，"现实题材"一刀切，简单、直接、在某些方面值得商榷的做法，也带来如下几类关键问题：当用传统现实题材的滞后标准，剪裁网络文学"新现实题材"创作实践和创新风潮，是否有"用理论剪裁事实"之嫌？

无视"时代是思想之母、实践是理论之源"，无视网络文学中"幻想现实主

---

① 这是我们为中国作协网络文学研究中心《中国网络文学蓝皮书（2017）》起草的内容与文字，被采用公布后，成为媒体报道的常用句。摘要版以《中国网络文学进入现实题材新时代》（庄庸、王秀庭）为名，发表于《中国出版传媒商报》（2018.4.27）。完整版请参见庄庸、王秀庭著《中国网络文学发展新时代：从"现实题材"到"书写新史诗"》（暂定名）相关章节内容。

义"、"虚拟现实主义"、"虚—实融合主义"、"建构现实主义"①等的发展特质和趋势，生搬硬套、削足适履，一味将网络文学庞大体量的作品创作和题材实践，硬往传统现实题材的"靴子里套"，甚至"做增量、灭存量"，带来的必然是对网络文学形态、业态和生态系统的破坏。

这也将自我否定主流化过程中"优秀网络文学"的传统评选与评奖方式——当你按照那种不能与时俱进的文艺学理，或者僵化停滞的标准体系，来筛选文本时，你其实选择的是传统评奖评价体系之中的"准范本"——这些准范本被包装成"网络"模型，削足适履，被塞入评奖之靴时，其实已经失掉了它作为网络文学"范本"的意义。短期内，看来没什么关系；但拉长了时间看，却不仅仅是个笑柄问题——特别是把"非网文"作品，甚至在传统文学评价体系内都"不入流"的作品，通过"评奖"包装成"优秀网络文学"的标杆与范本时，就会对真正的"优秀网络文学"评选和"新主流网文"的建构，产生戕害。

也就是说，由于这种简单化的"现实题材"剪裁，使得网络文学评论评价、评选评奖体系出现了某种程度的"扭曲"——涌现了大量为评奖而评奖的"评奖文"。

我们在百家争鸣、百花齐放的评奖内部会议上，尖锐地提出了"评奖文"正在借势崛起，并带来三大"评奖文"体制机制性问题，有可能造成"劣币驱逐良币"的效应。

当网络文学主流化，带来"优秀网络文学"的主流评选与评奖标准体系时，"评奖文"就借势崛起，成为与流量文（指近年来"能制造大流量"或"追求流量经济"的新文类、潮流和特定作品——它基于传统互联网时代"VIP付费文"之上和之外出现，与移动互联网"无线文"相伴而生，并且与超级IP时代捆绑较密）、IP文、次元文三大版块并驾齐驱的第四大文。

但是，评奖文泥沙俱下，鱼龙混杂。甚至有部分评奖文，存在如下三种不良

---

① 有关"评奖文""建构现实主义""新主流网文"等新概念，均是我们造出来的"新词锐词"，以概括和描述我们对网络文学发展现状与未来趋势的观点与看法。此处并不展开。具体内容请参见庄庸、王秀庭著《中国网络文学发展新时代：从"现实题材"到"书写新史诗"》（暂定名）相关章节内容。

的动机和意图：

一是在网文发展史上曾经"有问题"的作家作品，通过评奖文的追认体系，进行我们所谓的"洗白"。

二是评奖文客观上带来了网络作家作品在主流化中的话语权、政治与社会身份认同甚至是利益的重新分配。

有部分在网文发展史上不入流的作家作品，期冀借助评奖文，重塑"大神地位"，争取在市场化、商业化、资本化（最典型的就是IP化）的议价能力，以及社会身份认同。

三是非网文基因的作家作品，甚至是传统文学场域的边缘、另类或"不入流"文本，持续甚至批量地"进场"，经过有意识地系统包装，"变身"成为网络文学作品，通过评奖，期冀分享网络文学的政策、市场和舆论等其他红利。

这客观上带来对网文更深层的质疑：这就是网络文学？这在传统文学场域都会被淘汰的作品，居然能够代表网络文学"获奖"？那网络文学还谈什么"精品"可言？

在那些"垃圾引流文"（我们将其称为"导流文"，并认为它和"流量文"是两个概念）——指通过三俗标题或者内容，将注意力吸引到电商等消费的网文与非网文——已经客观上造成了对网文的部分社会恶劣形象和公众负面影响之下，这种"劣质评奖文"，进一步消解着"网络文学生产精品力作"的正面形象。

它给我们带来如下现实而严峻的问题：如何防止"评奖文"的泛滥、投机和"劣币驱逐良币"效应，以及"评奖文"的表面化现象、遮盖网络文学发展的发展实际，从而影响评奖方的声誉，甚至破坏主流化评奖引导网络文学健康良好发展的初衷？①

一如我们在头脑风暴之中尖锐地提问：评奖是为了什么？并不仅仅对既成事实（作家作品的成就与问题）进行确认，最重要的是要把握住其发展的脉动、逻辑和趋势，介入到当下的创作、创新和内容创生之中，"建构优秀网络文学作家

---

① 我们在有关内部会议上的发言，未曾对外公开发表。具体内容请参见庄庸、王秀庭著《中国网络文学发展新时代：从"现实题材"到"书写新史诗"》（暂定名）相关章节内容。

作品创作和内容创生自主发展与价值引导机制体制",从而真正地能做到对下一波潮流进行"引领",否则何谈"优秀网络文学"特别是"现实题材"精品力作的创作导向?

正是缘于此,我们旗帜鲜明地提出:内容供给侧的结构性改革,第一个根本点,就是要从实践和理论出发,重新定义、定性、定位中国网络文学的现实题材和现实主义,在此基础上,方能重新定性中国网络文学+发展的大文创,重新定位中国网络文学发展的新时代。

以蠡测海,以斑窥豹,虽有以偏概全之嫌,但仍然让我们可以从"评奖文""建构现实主义""新主流网文"等一系列的"小切口",捕捉、勾勒和描绘出新时代网络文学发展亟需解决的"大格局"问题——特别是 2019 年 5 月"网文风暴""网文大地震"等,让整个网文界又一次"草木皆兵""风声鹤唳""哀鸿遍野"之际,我们意识到:2014 年我们提出来的顶层设计和基层创新之间亟缺"智库桥梁"的根本问题,到了 2019 年仍然没有解决;"历史正在重演"——有关网络文学的"腾笼换鸟"、运动式的清理与整顿、治理与管理,仍然被"简单、直接和粗暴"地锁定在了具体问题的"泛化"打击上,而无力精准、精确、精益地求解发展的现实痛点问题;更重要的是,对具体问题、表层问题,甚至边缘、另类和特殊问题的过度"聚焦",反而让真正的主流化、结构性和深层次的重大根本问题极其"失焦"。

我们将其提炼和概括为"三定之争":这是继 2017~2018 年度席卷整个网络文学的"污名化 PK 正名化"运动之后,在当下与未来必将影响、改变和重塑网络文学发展趋势与格局的重大现实、理论和政治问题。

1. 定义之问:中国网络文学是"人民币的文学"或"人民性的文学"? [①]

这是事关中国网络文学主体、性质和出发点的交锋,亦是各方评判网络文学"谁来写""写的谁""对谁写"的根本标尺——是以人民为中心创作导向,抑或以人民币为写作准绳?

---

① 本部分内容摘自我们对相关课题的设计,除了引注之外,未公开发布。拟系统收入庄庸、王秀庭著《中国网络文学发展新时代:从"现实题材"到"书写新史诗"》(暂定名)。

"华语网络文学智库"应解决中国网络文学是"人民币的文学"或"人民性的文学"的定义之问，力图重塑"网络文学的人民性"定义的价值引领体系，从而将"人民币驱动"的网络文学发展动力，统一于网络文学"以人民为中心"的创作和生产导向与自主发展机制体制中。

2. 定性之争：中国网络文学"是不是"新时代中国特色社会主义文艺的重要组成部分？

这是事关中国网络文学决策管理、创作生产引导机制、评价技术标准制订及创生实践等一系列争议的"主要矛盾"。

"华语网络文学智库"应解决中国网络文学"是不是"新时代中国特色社会主义文艺的重要组成部分的定性之争。中国网络文学"是"新时代中国特色社会主义文艺的重要组成部分，意味着网络文学可以获得与所谓传统文学相同的合法身份和地位，并纳入一视同仁的评价标准范围和视野，且可以纳入全球化、互联网+和中国化的新文艺潮流之中，考察其发展前沿和趋势，并探索在新一轮文化软实力之战、中华文化全球传播战略新理念新特征（如软战争、叙事战、制脑权等）中的责任与使命。

3. 定位之辩：中国网络文学"能不能"承载新时代"书写新史诗"（中国梦和命运共同体）的责任与使命？

这事关中国网络文学顶层设计的思路、逻辑和智慧，以及基层创新的前途、命运和路径，且是迄今为止网络文学最核心的争议和辩论。

"华语网络文学智库"应解决中国网络文学"能不能"承载新时代"书写新史诗"（中国梦和命运共同体）责任与使命的定位之辩。力图重建中国网络文学"书写新史诗"的国家价值导向（责任与使命）和"自我需求驱动写作"（权利与义务）的个体快乐诉求融合发展道路。

直面并求解这个现实重大攻关问题，将导致中国网络文学创作、阅读、传播和智库建设研究，真正切中行业之痛、国家之需，融合引导（价值引领）和自主发展两大力量体系，走向时代课题和未来发展趋势研究，建构新时代中国网络文学"研究新范式""思想新范式"和"发展新范式"。

按照我们的设计，按照这种"问题导向"的思路、逻辑和结构，以新时代中国网络文学发展的"三定"重大现实问题为主攻方向，新时代华语网络文学智库，应以"提出问题—分析问题—解决问题"为思维框架，进一步界定和分析新时代中国网络文学发展现实、理论和政治的"时代课题"和"未来发展趋势问题"，进行中国网络文学指导思想、创作实践、阅读潮流、传播战略和智库建设研究，重新擘画新时代中国网络文学发展的理念、愿景、目标和路径。

新时代中国网络文学发展的时代课题和未来发展趋势问题，是什么？就是：研究中国网络文学真正的"网络"特质——"连接性"：网络文学是"互联网+"连接时代的"人"学。这不仅仅是网络文学的重新定义、定性和定位问题，而且也是关涉到新时代中国网络文学发展、中国网络文艺发展甚至整个新时代中国特色社会主义文艺发展的一系列重大理论、现实和政治问题：从诞生起处于全球"网络"阅读革命，到网文出海、阅读软战争、全球叙事战，网络文学何为？在"再全球化"中，中国自身就是一部互联互通互成网络的全球"网络小说"，作为主角的四亿中国青年何为？从网络空间战到制脑权、构建人类命运共同体，中国-全球青年如何抉择……这没有任何现存的理论和研究模式、话语体系、理论方法、表达方式等，都必须基于实践进行创新和创建。

研判大势，预判趋势，中国网络文学发展正在进入"连接时代"[①]：网络作家和作品成为"接口"，把自我和家·国、中国和世界、时代和未来连接起来。

它倒逼我们重新定义、定性和定位网络文学："人"是新时代中国网络文学发展最好的切入口和着力点，网络文学是"连接时代"的"人"学。

从此出发，网络文学主动或被动地"连接"上了中国特色社会主义新时代的重大现实攻关问题、时代课题和未来发展趋势问题。

1. 重新定义网络文学：核心概念。

网络文学是什么？这是有史（有网文）以来最有争议的基本问题之一。

---

① 本篇引自庄庸《网络文学连接时代》，系周西篱主编《网络文学评论》杂志约稿，尚未发稿。完整内容请见庄庸、王秀庭著《中国网络文学发展新时代：从"现实题材"到"书写新史诗"》（暂定名）。

《关于推动网络文学健康发展的指导意见》（2015年）曾第一次做出"官方释义"：网络文学是依托互联网创作和传播文学作品的新形态。

以此为基础，我们从网络文学的既成事实、特征和内在机制体制等实践探索，及其发展直面的时代问题与重大需求出发，旗帜鲜明地重新定义：网络文学是"互联网+"连接时代的"人"学。

2. 重新定性网络文学：研究新范式。

应该如何"研究"网络文学？这是有史以来第二个争论不休的基本问题。

当我们将中国网络文学放置于包括但不限于网络文学、网络剧集、网络电影、网络动漫、网络综艺、网络视听、网络游戏等新兴文艺类型所组成的网络文艺形态、业态和生态系统变化中考察时，就会发现，相比"文学性"的作品之变和媒介革命的"物变"，最应考察的核心是"人变"——"人"及新关系、新组织、新属性：网络文学是"连接人"的文学。

3. 重新定位网络文学：时代课题。

一时代有一时代之文学。文艺工作者"要把握时代脉搏，承担时代使命，聆听时代声音，勇于回答时代课题"。

新时代的网络文学能够或应该回答什么样的时代问题，承担什么样的时代课题，求解什么样的未来发展趋势问题？这是新时代网络文学发展第三个仁者见仁、智者见智的核心问题。

从网络化、全球化和市场化到"再全球化"，中国和世界关系，甚至整个人类的秩序都正在被重组；从第二代互联网到物联网，从5G到区块链，从虚拟现实到人工智能，从大数据到云计算，从人工智能到整体宇宙都"超级大脑"化……新一轮重大科技与产业革命，正在重新定义、定性与定位人与人、人与物、人与世界的关系——我们正面临着重要的抉择：是"连接一切"，还是"断开孤岛"？

基于如此大势研判、趋势预判和形势决断，在由中国青年出版总社和北京名赫集团联合主办的"华语国际编剧节·第一届华语编剧黄金周大会"上，中国青年智库论坛和北京名赫文化有限传播公司联合各方战略资源方，合作承办了"连接宇宙——首届华语网络文学IP价值论坛",力邀各位业内外大咖、机构组织、企业产业及其他重磅嘉宾头脑风暴,智造见识,分析IP案例,研判潮流趋势,一起为华语网络文学超级IP新时代,寻找新的思路、出路和道路,共创"网文IP、华语编剧、中国故事、世界潮流"的璀璨未来。

从改革开放四十周年,到中国特色社会主义新时代,华语网络文学正直面时代的拐点。

从泛文娱概念战略布局,到新文娱全产业链,再到大文创全业态链,超级IP时代正在进入风口重心的大转移。

从大泡泡被捅破、凛冬已至,到暖春孕育、重生夏花之璀璨,华语网络文学IP化之旅,正在经历从"人""从"到"众"连接世界的IP宇宙变革……

上一轮风向标由"机"转"危",下一轮潮流直面"契机"和"挑战"——怎么看?如何办?

特别是,人工智能、量子革命、大数据、云计算、超级大脑——制脑权之战……新一轮重大科技与产业革命,以及秩序重组的契机与挑战,正在给中国-世界、每一个中国人甚至整个人类,带来生活方式、价值观念以及连接网络的颠覆性变革。

我们正跨在一个时代巨变、剧变和遽变的门槛之上。

从"人""从"到"众",我们"连接"在一起;从一个人的"独孤星球",到众众网乐的"社群世界",倒逼着我们主动或被动转场升维,跃入"连接宇宙"的新世界。

我们还没有做好准备,却准备一脚迈过那道门槛,探索那未知的星辰大海。

您,收到了"请予连接"的熠星信号了吗?[①]

在这个论坛,我们率领一支由网生评论家和IP评估分析师融合而成的新锐团队,充分发挥中国青年阅读指数"大数据"和"中国青年智库论坛"网文智脑

---

① "华语国际编剧节·第一届华语编剧黄金周大会"会刊手册:《连接宇宙——首届华语网络文学IP价值论坛》,2019年1月8日。

的连接优势，启动了"中国青年阅读指数·首届华语网络文学年度 TOP100 盘点（2018~2019）"，推出十大 TOP10 榜单：年度网络作家 TOP10(综合榜)、年度网络作品 TOP10(综合榜)、年度网络文学 IP 影视剧 TOP10(副榜：年度网络文学 IP 衍生榜 TOP10)、年度网文(界)风云人物 TOP10、年度网络文学关键词 TOP10、年度网络文学年度大事记 TOP10、年度网络文学女频文 TOP10、年度网络文学新物种(跨界网文)TOP10、年度网络文学内生趋势(硬核网文)TOP10、年度网络文学爆款潮流(灵气复苏流)TOP10。

"中国青年阅读指数·首届华语网络文学年度 TOP100 盘点"公布之后，我们继续进行主题思考、专业研究和数据分析，并在此基础上策划、编撰和出版"华语网络文学智库丛书"——这是"华语国际编剧节·第一届华语编剧黄金周大会""三果"计划的落地和实施：把一件事情做成，要做出"结果"；结果要变成"成果"；成果要最大化"效果"。

"华语网络文学智库丛书"（第 1 辑）已列入出版计划的有：《中国网络文学核心阅读书目（第 1 季）：中国本身就是一部正在形成而尚未完成的"网络"小说》,《中国网络文学核心阅读书目（第 2 季）：爽文时代》,《"新主流网文"发展趋势研究 1：跨界网文》,《"新主流网文"发展趋势研究 2：灵气复苏流》,《"新主流网文"发展趋势研究 3：硬核网文》,《中国网络文学发展新时代：从"现实题材"到"书写新史诗"》……均为暂定名，拟于 2019 年下半年，由中国青年出版社序列出版。

"华语网络文学智库丛书"秉承和践行、探索和实践"华语网络文学智库"的理念与方法：以中国青年阅读"指数"为标尺，重估华语网络文学（含超级 IP）的新价值；以中国青年网络"智脑"为平台，发掘新时代中国故事革命的新理念；

"网络青年"成为"华语网络文学智库"的核心关键词。

一如我们作为专家库成员，回答"学习强国"的网络文学问题时，所作的研判与预判——

网络和青年是新时代国民思想生态重塑的两大焦点。

网络文学又是将网络和青年这两大焦点"连接"成一个整体的新文学：网络

文学以新的语体、文体和文学形态、业态与生态，以及创作、阅读和传播方式，充分体现了中国人口周期运动中年轻世代更迭和需求升级中不同世代的青春阶层呼唤和创造自己时代的"年轻的力量"，并且成为形塑中国青年价值观念、重述国民意识形态体系，重建中国话语权、舆论权和文化领导权的主要场域。网络文学已然成为"解读一代青年、塑造一代青年、提升一代青年"的"新青年"文学。

特别是以2018~2019年为拐点，从中国网络文学发展二十周年到华语网络文学三十年，从五四新文化运动100周年到两个奋斗一百年的强国新时代，我们亟需将国家顶层设计的价值引领体系和网络文学基层创新的自主发展模式对接起来，融合建构优秀网络文学作品创作和内容生产机制体制，制定和实施"新时代中国网络文学精品创作规划工程"和"中国青年网络作家孵化重点项目"，引导广大网络作家，特别是那些有实力、有潜力、有能力创作与生产新时代精品力作的中坚力量，创作出能够形塑新时代中国青年形象特性、价值取向、民族与国家认同、文化建构等的重磅力作，推动四亿中国青年众创中国这部正在形成而尚未完成的全球"网络小说"，书写"为美好生活而奋斗、构建人类命运共同体"的新史诗。

2019~2021年，乾道变·化，龙气复苏，华语网络文学源流潮变，渐成"接口"，将我们与整个世界连接成一个整体，沟通世界，连接宇宙。

华语网络文学智库，应该致力于成为接口中的接口：超级大脑，连接"人"、连接"从"、连接"众"、连接"众众成网"，连接时代、连接未来、连接世界……连接一切，从"我"开始。

（本卷执笔：庄庸　杨丽君）

庄庸：华语国际编剧节组委会秘书长，中国青年智库论坛执行秘书长，中国青年阅读指数首席阅读专家，中国文艺评论家协会网络文艺委员会秘书长。

杨丽君：华语国际编剧节创始人，华语国际编剧节组委会秘书长，北京名赫集团副总裁。

我们研判和预判，新时代，新文艺，未来三到五年，国家文艺三大关键词就是：现实题材、英雄重塑、书写新史诗。

在如此时代大势和未来发展趋势之中，中国网络文学正在进入「发展新时代」。

从『讲了一个好故事』
到『把故事讲得更好看』

中国网络小说好看榜

早在从传统互联网时代到移动互联网时代转型之际，我们就在考量中国网络文学评论评价体系的建构问题：从发现"中国网络小说好看榜"，到评选"中国网络好小说"。

　　但事实上，直到 2016 年 11 月，在中国青年出版总社新青年读物工作室和光明网文艺评论编辑室合作的"网络文艺日报"微信公众号（wlwyrb）上，我们才联手组建了后来被命名为"中国网络文学网生评论家委员会"的主创团队，开启了为期近两年的"中国网络小说好看榜"：

　　2016 年 11 月 23 日，《网络文艺日报》创办；

　　2016 年 12 月 23 日，推出《【中国网络小说"好看榜"】"书荒君"为什么都愿意来这里？》的开篇词；

　　2016 年 12 月 24 日，推出【中国网络小说"好看榜"】第一篇：《年度"脑洞"炸裂小说<末日乐园>，<西部世界>后"末世女主文"的世界怎么滴》；

　　直至 2018 年 6 月 29 日，发布最后一篇《【中国网络小说IP估值榜】<蜀山的少年>，懵懂的青春》……

　　在这近两年的时间里，"中国网络小说好看榜"推出成百部好看的网络小说作品，后来还细分为"好看类型榜""好看年度榜""好看经典榜"——"好看"成为我们评选评价的第一标准（1.0）。

　　从 2018 年至 2019 年，我们一直没有停止"寻找下一部好看的网络小说"、"网络小说'好看'在哪里"和"什么是中国网络小说的'好看'标准"的思考。

　　特别是对中国网络文学超级IP时代（2011~2017 年）的泡沫化繁荣，以及对中国网络文学的"IP价值重估",我们认为,"好看"都是一个关键环节——IP化的成败得失,均在于:是不是一个"好故事"?有没有把一个好故事讲得"很好看"?这个故事好看得有没有戳中人的痛点——扎心窝?!……

毫无疑问,很多网络小说作品IP化之旅,都没有遵循这个基本和基石性的规则——别说把一个故事讲得"很好看",就是把一个故事讲明白、讲清楚、讲完整都没有做到:"讲故事"也是一门技术活。从"把故事讲好"到"把故事讲得很好看",很多IP化的影视作品连这门基本的技术活都没有过关,却把所有的黑锅都甩给网络小说原作。

在近五年网络文学主流化、次元化、IP化"三驾马车"发展态势之中,对网络文学评选与评奖、评论与评价之议渐成大潮,甚至重新定义、定性和定位中国网络文学的需求暗流席卷而来——但毫不夸张地说,大多数言论都忽略这一个基本的前提和基础:网络小说是"好看"的文学!

缘起于此,2019年1月4日至9日,中国青年出版总社和北京名赫集团联合主办华语国际编剧节·第一届华语编剧黄金周大会期间,我们举办了"连接宇宙——首届华语网络文学IP价值论坛",启动了"首届华语网络文学年度TOP100盘点":立足当下,回顾过去,展望未来,发现"中国网络小说好看榜",评选"中国网络好小说"。

第一章　何以评选评论中国网络"好看"小说？

在 21 世纪以来互联网带来的故事革命之中，中国网络文学是重新恢复中国人讲故事的本能和冲动，追求"把好故事讲得很好看"并取得成功的文学。

离开了"好看"这个基本属性和核心特质，怎么评选评论评价、定义定性定位网络文学，都会少了"那一道味"。

因为，从"好看的中国网络小说"到"中国网络好小说"，固然是网络文学进化、进击和进取的应有之道；但是，"好看"仍然是"好小说"的基础和前提——没有"好看"的网络小说，哪来"中国好网文"的催生？

当然，没有最好，只有更好，从"好看"到"好小说"的进化、进击和进取之姿和最佳路径，仍然是整个网络小说都需要考量的重大问题。

一、挺好看：
从"海量作品"筛选"代表作"

在你的眼里，中国现在最为流行的文学作品——网络小说——是什么？

是一些描写玄奇神怪的玄幻世界、打打杀杀的历史争锋，或者你侬我侬的男女情爱的一次性快消品（快餐消遣品）？

还是有文学价值的、可供我们细细赏玩的艺术作品？

抑或具有互联网思维、在满足娱乐需求的同时，亦能表达当下中国人特别是年轻人对于这个时代问题回应的"互联网产品"？

......

不管你怎么看待它，都无法改变一个事实：

伴随着主流化、IP 化和次元化的浪潮，中国网络文学通过影视、游戏等改编途径，进入了千家万户的视野，由小众欣赏的玩物，变成了通俗的文学大餐。

据统计，2017 年度中国网络小说读者已经超过了 4 亿，而且每一天、每一刻、每一秒都有新的网络小说被写作出来！

如此庞大而繁复的"海量作品"，我们怎么选择？

据相关方面统计，2017 年度在起点中文网上发布并开始连载的网络小说就多达数万部。如果算上那些之前就在写、2017 年度继续更新的作品，称得上"新书"的网络小说，仅起点就多达十几万部了。

这还仅仅是起点中文网一家。如果算上创世中文网、纵横中文网，以及以女频作品为主的晋江文学城、红袖添香小说网、潇湘书院……以及这两年兴起的"白熊阅读""欢乐书客"和"不可能的世界"，本年度的网络小说数量只怕已有百万之巨。

乱花渐欲迷人眼——时间成本、选择成本、机会成本，成了困扰我们的问题。

普通读者如是，专业评论者更如是。中国网络文学已经成为世界一道奇特的景观。要从这浩如烟海的中国网络小说世界中选择出最具代表性的作家作品，无疑是一件既十分困难又很有争议的工作。选都选不出，还如何评如何论？

介于这两者之间，对于我们这些"嗜书如命"的网络文学资深阅读者来说，这是一个最好的时代，但也是选择成本难以支付的时代——我们集体深陷于"阅读饥渴重症"，而无力自拔！

不是无书可读，而是选择成本太大——误入百花深处，沉醉不知归路！不知道哪一朵才是最值得采撷的花！

网络小说的世界实在是太浩瀚了！

哪一本网络小说才是值得下筷的菜？

哪一本网络小说才是值得 IP 化改编的作品？

哪一本才是值得评选和评奖的中国网络小说？

什么才是值得评论和评价的中国网络文学？

……

都很难。

因此，选出值得读的网络小说，特别是好的中国网络小说，再给它们加上合适的评价和评论，才是现在我们最需要的"中国筷"。

必须指出的一点是，网络文学在发展过程中，仍然存在着小说质量良莠不齐、粗制滥造的作品充斥市场等问题；而且，更重要的是，尽管网络文学在快速发展，但是直到今天，仍然缺乏一个公平、公正、公开的评论和评价体系。

特别是 2015 年以来，伴随着网络文学入流（主流）、入典（经典化）和入史（文学史）的大势，和超级 IP 热、全产业链热、现象级、爆款热的趋势，越来越强烈地需求推出权威、专业、有公信力的中国网络文学排行榜，并推动网络文学评论评价、评选评奖体系的重新构建。

所以，有了中国作家网的"中国网络小说排行榜"，有了浙江的"华语网络文学双年奖"……它们都很高、大、上，也在网络文学主流化、经典化和精品化中成了一定的风向标。

当然，还有各个网络文学网站的商业榜，各个著名网络论坛的阅读榜，各个微博、微信公众号的点评榜，以及各个资深阅读者的兴趣榜……多元化，多样性，多格局，对于我们选书评书，都有非常有益的借鉴作用。

这个世界最不缺的就是榜单。

榜单最不缺的就是争议。

但是对我们来说，只想找一本"好看"的网络小说啊！作为一名普通的阅读者，作为一类资深的粉丝，作为一种跨界的研究者——我们想找到那些"好看"的中国网络好小说！

直到目前为止，还没有一个能体现哪本小说好看的"中国网络小说好看榜"——这无疑是一件非常让人费解的事情。

世上本没有路，走的人多了，就成了路。这网上本没有"好看"的网络小说排行榜，但是，问的人多了，于是，就有了"中国网络小说好看榜"。

不管这些网络小说百类十型，千姿百态，它们有而且只有一个共同的核心特点：这些书看起来，还都挺好看！

二、"好看"为王：
从"阅读理念变革"到"海外传播热"

对于网络小说来讲，好看为标准，爽点为中心，阅读要"带节奏"……只要这些本质和核心的机制与模式处理得当，那么类型和题材是很难限制作品成为爆款的。

我们所处的这个时代，读者和受众，几乎都是一副嗷嗷待哺的样子——这个时代永远都在呼唤爆款；所有读者都在期待下一个爆款。

从"大众爆款"到"圈层爆款"，"好看"是核心驱动力。

这是不是很难理解？这个时代具有如此的复杂性、不确定性、模糊性和变化性，以至于我们无法找到一个定海神针似的东西，来把这种百年未有的变局时代确定下来。

小说映照现实。从某种意义上，网络小说的海量、庞大和繁杂，其实就是对这个"变局时代"的映射和重组。但是，当我们理解到，这个时代的变化特质、这种读者的需求特质以后，我们或许才能真正明白：越是复杂的时代，越需要一种简洁的概括；越是不确定的社会，越需要某种确定性的东西；越是百年未有的变局时代，越需要一种以变应变的针尖……

"好看"其实就是一种时代文学的定海神针。

如是观之，我们才能理解到网络文学到底是一种什么样的文字；它对阅读好看、爽点和节奏感的追求，并不是流于表面且肤浅的东西；相反，这其实还是一种更本质化、更切合时代潮流、更符合读者所需的创作技法与理念。

读者们想读到的到底是什么？这个时代所需要的到底是什么？

我们嗷嗷待哺的青年们，其实自己都在回答这个问题了。

在豆瓣上，在知乎上，在网易云阅读里，在许许多多的阅读会和书评 APP 里……统计和分析"中国青年网络阅读大数据"，异口同声、众口一词，都被定量和定性为一种标准：好看——好看的小说，好看的影视，好看的视频，好看的作品……

读者们对作品的终极要求，就是这样的简单，也是这样的不简单——最本质的，要好看。

中国网络小说发展这么多年，对爽点和节奏感极致的追求，其实就是在追求怎么让故事更好看。

"好看"这种标准，绝对是放之四海而皆准的。正是因为好看，中国网络文学海外传播热潮渐起：中国的网络小说，其影响力不仅局限在大陆，而是早就超越了两岸三地、日韩东南亚的范畴，飘到了大洋的对岸和地球的另一面去了。

截至 2017 年底，仅阅文集团一家，就向海外多个国家和地区，共计以 7 个语种，授权输出 300 余部作品。而起点国际站已上线 200 余部翻译作品，近 9 万章，覆盖东方幻想、言情等 13 个受读者欢迎的类型。

除了翻译作品外，还有多达数千名的欧美创作者们，正在采用中国网络小说的创作形式，去创作属于他们的原创作品。这股创作、阅读和分享"好看的小说"风潮，还在变得愈来愈火热。

我们完全可以想见，伴随着网络小说在全球范围内的传播，"好看"成为通行的语言——当它从不同文化里汲取到更多素材和能量的时候，一定会越来越好看，甚至产生更加独具魅力的佳作。

这也带来网络文学"评论与评价"体系的变化。

我们看到，不少没有深入研究网络文学的评论家们，面对海量的网络文学，没有进场、在场，更别说在场中央并身在主场，就非常武断地认为网络小说只是些无意义的重复文字；还有人抱缺守残、固步自封、以偏概全，干脆批评：网络小说就是不讲究营养的"快餐小说"——这大概还是评论家克制了一下自己，没有直接说是垃圾食品。

但问题是：当网络小说越来越受到读者们欢迎的时候，谁还能继续以"优越的心态"，认为不仅中国的读者，甚至是全世界的读者，都是没有什么鉴赏能力的群体吗?!

到底谁才是没有鉴赏能力的群体？因为，这个时代，鉴赏力其实成为一种稀缺的专业品质——除了文本的鉴赏，还有时代的鉴赏；除了审美的鉴赏，更重要的，还有切中时代意义和价值的鉴赏……

还是保留"没有调查就没有发言权"的优良传统吧！是时候该去承认网络

小说并不是不讲究营养和味道，而是它讲究营养和味道的地方，尚待我们多做发现、研究和讨论！

"好看"既是一种味道，也是一种营养。

如果非要做一个比较："好看性"侧重于味道，"文学性"侧重于营养。但是，"好看性"与"文学性"并不相悖；好看性甚至是文学性的基础和前提。

但是，近年来，"文学性"成了评判、裁判甚至是审判网络文学的唯一标准了！当拿着"文学性"这把标尺去裁量网络文学时，很多人甚至忘了——文学性并不是"文学"的唯一标准；甚至，拿着"文学性"这把标尺裁量文学的"中国本土潮流"，本身就是与全球范围内的文学、文艺和文化发展趋势"逆向运动的"——当从中国到全球，都越来越关注"小说映照生活、文学重组现实"时，"文学性"是而且只是一把尺子而已！

从今天的市场环境来看，网络小说对中国文学来说，已经是一次不下于明清小说革命、五四新文学革命的空前大变革了。

在过去的几十年里，中国的文学越来越阳春白雪。哪怕是描写最为乡土、最为农村的小说作品，也充斥着隔离感。创作者们似乎欠缺了对读者阅读体验的感受。

而网络小说革命，既是真正地把中国文学市场拉入到市场经济的竞争环境里，也是发起了一场阅读体验革命——它们将读者的阅读体验，放到了文学创作中一个更高的位置上。

客观地说，"文学性"的确是小说中不可或缺的一部分，语言、情节、悬疑、伏笔、描述等，都是小说中的重要元素。但也不应该本末倒置——文学来源于生活；供给被需求倒逼。不论多么高明的文学技法，最终也要得到读者的反馈，与小说本身形成一种互动，才能算是完成了一个完整的文学作品。

对网络小说的创作来说，这种互动尤为重要。小说的好看，不仅仅是本身的好看，而且是要让读者阅读时真真切切感受到的好看。

但我们强调网络小说"读起来好看"的畅快感和舒适感，却不是要单纯去强调和要求：小说的创作，一定要简单迎合读者的需求，一定都要围绕"开挂""金手指""爽点"展开。

实际上，单纯无脑地给读者堆叠大量爽点元素，反而很难让读者产生阅读的爽快感——对读者们来说，并不仅仅是想读到充满爽快内容的作品，而是要让阅读的整个过程、整体感受都充满爽快感。

这也就是前面我们为什么要强调对节奏的把控力了——如何张弛有度、劳逸结合、详略得当，为读者打磨出完美的阅读体验，是今后网络小说创作者们所需要特别注意的地方。

越来越多的网络小说作者，也都越来越意识到了这个问题：他们在把握阅读"好看"的节奏感这一点上，在创作上已经非常自觉了。在一个网络小说作者较多的论坛里，经常能看到一些小有名气的作者在讨论如何更好地掌握和控制文字的节奏感、怎么调节读者阅读时的紧张和放松状态。

这种对阅读节奏感的极致追求，已经渐渐呈现出了一种实践探索和理论提升双向互动的态势；越来越多的创作者，意识到了好看的小说，不仅是静态的好看，还是在创作、阅读、分享和传播的过程之中，形成的一种动态的、互动的好看。

这一点很重要。网络文学正在越来越走向主流和中心的位置，舞台和关注度也越来越大，商业成绩更是屡创新高。越是这种时候，我们也越应该提醒创作者和读者们，不要忘记初心，更不要本末倒置——网络小说的核心到底是什么？网络小说创作、阅读和传播的核心到底是什么？

问题的本质是如此简单，但也是如此具有终极性质。

答案只是好看而已。

三、好看榜：
从"选作品"到"评标准"

我们做中国网络小说好看榜，就是从这浩如烟海的巨大网络书库中，为读者们挑选出"好看"的网络小说来。

好看、好看、好看！重要的事情重复三遍：这就是一个最简单也最终极的目标。在这个榜单里，我们阅读和讨论了许多候选书目，写出成千上万字的书评，目的也是和读者们一样，追求一个简单又终极的目标：评选和评论"好看"的网络小说。

上榜的小说，大多数并没有什么一目了然的"共同点"；我们也很难用一套高屋建瓴的说辞和理论，来彰显这个榜单有怎样的风格。

但无论这些上榜作品的差异有多么巨大，榜单本身怎么多元化，都有一个唯一而核心的标准：作品要好看，甚至足够好看！

所以我们一再强调：这个榜单和评价最重要的一个基准，就是好看。这种好看建立在阅读感、爽点和节奏感的基础上。也就是说，这种"好看"，包括阅读感体验——如爽点——节奏感上的努力和追求。

现在不少网络文学作品都会强调作者对节奏的控制。这种对节奏的控制，实际上就是"阅读带节奏"的一部分。它可以把很多作品带来的阅读价值化用进来，打磨雕琢，变得更加圆润、更加容易被读者接受。

好看"不分新旧、国别、界别和类型"。如《孺子帝》是一部具有传统味道的历史小说，但它读下来为什么令人欲罢不能，又总能在一个点上让人畅快十足呢？

就是因为它和美剧相似——美剧作为美国文化输出的一个顶级产品，其对悬念的把控能力、对节奏的掌握能力，极其强大；网络小说在好看、爽点、阅读节奏感这些方面极致的追求，其实就很接近于美剧了。《孺子帝》最重要的一个特点，其实就是张弛有度的节奏感，和美剧非常相似。

一方面是故事情节密度极高，让人在猝不及防间，陷入它所营造的环境和氛围里；

另一方面就是张弛有度——当读者将要被密度极高的故事情节击垮的时候，作者骤然收手，留下一丝疑问和惦念；这让读者的情感既被点燃，又留有余地；既感到畅快，又对情节未来的发展充满好奇心。

《孺子帝》在情节把握上极有控制力。作者总能把弥漫在文字中的情感流收束好。而且这种收束"情感流"的做法，使得读者在阅读的过程中，也形成了一种情绪和情感上不断积累的过程。当它们积累到一定程度的时候，自然就像大河决堤一样，"飞流直下三千尺"，或是"奔流到海不复回"，充满震撼感和冲击力。

这种把控能力，真的是网络小说演化史上一个需要特别关注的问题。在当下这个诸神并起的"白金时代"里，正有越来越多对情节把控能力超强的作者浮现出来。他们又将继续不断地打磨网络小说的阅读感，把这个领域的平均水平，再拉高到更高的地方去。

除了作者对阅读节奏感的极致追求外，把《孺子帝》放到传统文学和出版图书里面，也不会有任何的违和感。作品本身的风骨和气质，很有两汉风韵；甚至在内核思想上，由于它反映了一些更新的学术理念和更符合时代的人文关怀，相比过去那些较传统的历史小说，还有更大的进步。

但《孺子帝》不光是重复过去历史小说的那些优点。它化用了历史小说的阅读体验感，把这种体验感融合进来，形成了自己的网络小说"好看"特质。

好看"不分圈层"。如《琥珀之剑》和《异常生物见闻录》，都是相对比较网络化的作品——亦即所谓的"圈层"作品；它们本身从中国的移动互联网、电子游戏和社交网络里，汲取了非常丰富的创作素材，标志着一种基于互联网和读者实现高度互动的新创作方式。

好看更"不分男女"。

在网络小说的读者受众里，性别比例是非常均衡的，基本上达到了男女各占一半的比例。实际上，虽然在网络上，男频网络小说的"声量"似乎比较大一些；但在线下，还是女频网络小说"声量"相对更大。而且近些年来网络小说普遍进行IP影视改编，比较成功的作品也大多出自女频。本卷中就评选出了许多女频网络小说中的好看精品。

像《同生》就是结合了公路冒险与言情题材的作品。作者同样是张弛有度，对情节密度和节奏具备一种极强的把控力——这点在公路冒险题材的作品中，更能加倍得到体现。因为公路冒险的题材，特别是像《同生》这样以异国逃亡为背景的故事，天然更具备"紧张感"——作者有更多的时机，插入大量冲击性的情节，以震撼读者。

在这种情况下，如何适当地维持情节的舒适感，既保证整体的紧张氛围，又不至于让读者阅读过度疲惫，就成了重要的技能点——如《同生》利用一些喘息片段，巧妙塑造角色的形象；更将言情片段，插入到这些山峰之间的谷地里。

《同生》非常成功地控制好了小说本身的剧情流。网络小说最主要的受众群体是青年学生。这部小说的类型题材，也正好戳中了青年受众的舒适区，将横跨亚欧非三大洲，穿行土耳其、法国、意大利、埃及、苏丹五国的绝命之恋，和生死攸关、惊险刺激的逃亡之旅紧密结合了起来。既有马不停蹄、极限翻盘、逃出生天的异国风情和冒险，又有细腻温暖、跌宕曲折的情感线发展。

《同生》的作者御井烹香和《孺子帝》的作者冰临神下一样，一半是冰山，一半是烈焰；一只手拿火焰燃烧情节，一只手用冰雪塑造让读者喘息的平地——优秀的网络小说，能够让读者真正通过阅读获得"爽"感。

这并不是一味的轻松、开挂和无节制的爽快，也不是过分深沉的压抑和过分深入的探讨，而是维持好一条边界线，将紧张和轻松的界限，平衡到完美的地步。

所以中国网络小说好看榜现阶段的主旨也是非常简单的，就是挑选出足够好看的网络小说来，推广和介绍给还没阅读过这些作品的新读者们。

它并不是一个最权威的东西，也无意成为一种高屋建瓴、带有指导性的东西，而是和你一样，更多地处在一个阅读者的位置，就像身边的朋友，给你推荐一部好看的小说——就只是这样一种特别简单和单纯的目的。

不谈对网络小说的发展起到什么贡献和推动作用，最重要的是解决"书荒"的问题——让更多的人读到更多好看的网络小说，让更多的读者拥有更舒适的阅读体验，让更多作品能够获得更多读者亲身感受的阅读感，仅此而已。

四、网生"评"好看：
从"做产品"到"做理念"

但这样就够了吗？

显然不够。

在当下和未来全面推动中国网络文学主流化、IP化、海外传播化和全价值链化的进程中，歧异、交锋、多元和冲突越来越频繁与显著的状态之下，中国网络小说好看榜，希望通过聚焦于"好看"的故事标准，为各方重新认识中国网络小说，评选中国网络好小说，重构中国网络文学评论评价体系，提供有益参考和建设性意见。

于是，从评选好看的中国网络小说作家作品，必须要提升到系统地提炼和总结"评价标准"——甚至构建中国网络小说"好看"的评论评价体系。

然而，"好看"这件事并没有确定的标准。

评判一本小说是不是好看，无法套用一个具体的规则，或者说，规则制定得越是详细，就越是可能出现漏网之鱼。但我们仍然可以从自己的主观评价中，抽离拆分出一些"好看点"：

第一种好看，是简单流畅的叙述和清晰明白的故事，让人很容易就读进去——这是表层意义上的"好（容易）看"。

第二种好看，是用紧张激烈的剧情和千回百转的悬念抓住读者，让人不由自主地想知道后文，比如一本推理小说很难读不完，除非它实在太没有悬念。这是深层的结构性的"好看"。

第三种好看，是凭借读者感同身受的代入感，让他们对小说里的角色产生感情，让他们随着剧情的发展而开心或者流泪，所以这类小说的吸引力不是作者要怎样，而是读者要怎样。实际上我们认为现实题材的娱乐消遣小说，如果不能让读者代入角色，那一定就是失败的。这就是从"引爆情绪"到"制造共鸣"。

第四种好看，恰好相反，是凭借现实中绝不可能出现的幻想世界，光怪陆离的奇幻背景，宛如梦境的想象空间……让读者产生抽离物外的快感；宏大而又细腻的世界架构，让人目眩神迷的想象，才是这类小说的基本盘。

第五种好看，和第三种有点相似，但是吸引读者的并不是感情而是理念。也就是说，这类小说并不单纯是小说，而是作者的布道场所。读者如果能够深刻理解并接受作者阐释的想法、理念、三观（世界观、人生观、价值观），那么一定就会觉得这种小说妙不可言，哪怕这类小说在其他方面并不如何出色。甚至，这种思想理念、三观是由作者和读者"共塑"的：共生，共融，共建，共享。

第六种好看，才是文学意义上的好看：详细推敲的遣词造句，准确精妙的比喻和类比，华美精致的语言运用……这些从"文字表达"到"艺术创造"上的好看，同样也可以吸引读者。

第七种好看，是信息量上带来的突袭，撕开了重构新知识谱系、见识谱系和智识谱系的口子。读者随着小说故事的进展，跟随作者的脚步，可以了解到以前从来没听说过的新知识、新信息、新趣闻——这样的阅读进程也会让那些有"信息渴求症"的人感到满足，也能让在"集体知识焦虑"中的人，通过另一种方式确定和应对当下时代的进化、进取和进击。

第八种好看，乃是作者能够通过幽默风趣的语言，或者搞笑的段子，把读者逗笑，让读者觉得好玩、有趣、互动的喜剧化写作与宣泄——特别是那种以"现实痛点"为核的好看作品。

第九种好看，是读者对小说的题材、人物、情感有特殊偏好后，有动力为其创作扩展（或同人）内容的好看。这也是验证一部小说是否在青年群体中有潜力形成亚文化圈层的属性。

易读性、故事性、体验性、幻想性、思想性、技术性、信息性、喜剧性和扩展性……这九个"好看"维度，相对独立又互相关联。

它们互相缠绕在一起，相辅相成又相克相生。有些好看点又是天生矛盾的：比如你不能既想要在小说里读到超脱现实的幻想，又在小说里读到坚不可摧的事实。但很多好看点又可以相互渗透，相互包容，从中激发出融合在一起的好看。

想例举和穷尽中国网络小说"好看"的具体标准还真的很难呢！而且，每列一条具体的标准，我们都能想象出你满天拍出的砖，能把我们拍得脑洞大开。每一条标准，你能找出无数的马蜂窝"漏洞"，一捅就是一个大窟窿，在上面插上你"好看"标准的小旗帜。

不过无论如何，以下这三条最基本的东西，都不应该被忽略：

第一，它是一个"好故事"。

第二，它把一个好故事讲得很好看。

第三，这个好看的好故事能够贯通全价值链。

这就如同程咬金的三板斧一样，简约而不简单。如果你还觉得复杂，那就再简化成两个字：好看！

从"产品"到"标准"再到"理念"，"好看"这个词就足够了。

中国网络小说"好看榜"也是一种产品——但我们并不仅限于"做产品"，也是要"做人"（网生评论家），更重要的是，"做理念"。

再宏大的格局，其实都要有一个细小的切入点和着力点。"中国网络小说'好看榜'"所有的出发点和回归点，其实只有一个：请相信，我们就是一群网络文学的"粉丝"；我们这些生于网络、长于网络、阅读网文的"网生评论家"，就是想把那些自己深深觉得"好看"的中国网络小说推荐给更多的人。

同时，期冀并推动更多的网络文学作家创作出更多的"好看"作品，让我们人人不再是"书荒君"——仅这一点，其实就已经足够了。

吾道不孤，诚邀你同行！

本篇执笔：庄庸、安迪斯晨风/中国青年智库论坛网生评论家没有最好，只有更好，从「好看」到「好小说」的进化、进击和进取之姿和最佳路径，仍然是整个网络小说都需要考量的重大问题。

对于网络小说来讲，好看为标准，爽点为中心，阅读要「带节奏」。

第二章 御井烹香《同生》:

"两性博弈" 公路悬疑小说

"同生"一词在巴黎中有了体现:一同生存下去,一同走到最后,一同回到原来的生活。然而只是如此吗?同生,不单单是性命的同生、物质意义上的同生,更是精神上的同生、信念的同生。

作者简介

御井烹香,晋江文学城驻站作者。于 2009 年 3 月开始进行网络文学创作,至今已有多部作品。主要创作领域为言情小说领域,背景则涵盖了近代言情、古代言情、架空穿越等多种形式。

作品切合网络文学创作的热点区域,受到读者欢迎。如 2011 年的《庶女生存手册》、2012 年的《豪门重生手记》、2014 年的《制霸好莱坞》、2016 年的《时尚大撕》,都结合了时下的热点话题进行创作,均有不错的成绩。其中《制霸好莱坞》的晋江文学城积分高达 13 亿,此书也可谓是御井烹香的封神之作。

代表作品

《皇后别闹了》:已完结;

《庶女生存手册》:已完结,已出版,已签约影视改编;

《萌系大陆》:已完结,已出版;

《妃常难搞》:已完结,已出版;

《嫡女成长实录》:已完结,已签约影视改编;

《出金屋记》：已完结，已出版；

《盛世反穿手札》：已完结；

《制霸好莱坞》：已完结，已出版；

《只因暮色难寻》：已完结，已签约影视、游戏、动漫、有声读物改编；

《时尚大撕》：已完结；

《同生》：已完结；

《女为悦己者》：已完结；

《天秀》：连载中。

内容梗概

《同生》是御井烹香 2017 年在晋江文学城创作的现代言情小说。

本书讲述了一个发生在现代都市里的公路爱情故事，故事世界与《时尚大撕》的世界一脉相承，但内容却完全不同。

对傅展来说，李竺是个怂女。对李竺来说，傅展又何尝不是个讨人厌的变态。这两个互相看不顺眼的金领高管，在土耳其伊斯坦布尔机场遭遇了惊心动魄的政变现场。

而在机场卫生间内无意获得的U盘，更让他们接下来的旅途变成了生死攸关、惊险刺激的逃亡之旅。横跨亚欧非三大洲，土耳其、法国、意大利、埃及、苏丹五国的绝命之恋，就此开始。

引文节选

※ 第 2 章　伊斯坦布尔（2）※

▲土耳其伊斯坦布尔 阿塔图尔克机场长廊▶

该怎么形容混乱的扩散？该怎么去形容一滴水是如何变成大海？一场暴风

雨，总从水汽氤氲开始。它一定酝酿了很久，处处展现出暧昧的蛛丝马迹。可若从听到雷声算起，听风就是雨，那可就真是一瞬间的事。

首先是人，不知从什么地方钻出来、长出来、冒出来的人。所有的航班信息变成Delay之后不过五分钟，空旷的候机厅里一下就塞满了旅客。他们聚在一起焦虑地探听着，在大屏幕上查找着、谈论着，在宽阔的候机楼里巡梭着、侦查着，像是被困在玻璃杯里的苍蝇，绝望地寻找着出路——看，最让人讨厌的一点是，国际机场本身就包含了隔绝内外的设计目的。而那些无所不在的标识里，可没有哪一条能告诉你，在迷宫一样的停机坪里，有哪条路能通往机场外头。

"Mama——"

小孩儿哭了起来。这哭声当然此起彼伏。人们开始慌张了，但理智依然还在。一个显著的证据，就是洗手间内并没有太多人进来躲藏。是有点可悲。这诚然是十分蹩脚的藏身处。但，面对现实，这可是在机场，除了洗手间以外，没有更好的藏身地了。

"应该是政变。"

傅展回身张望了一下，转身把故障检修牌摆好，小心地避开地面上淌着的水洼，走到设备间前查看了一下情况。李竺已经把矿泉水和饼干在行李箱上码好了，现在正收拾着设备间内的杂物，拾掇出足以容纳两个人的空间。"难以想象任何恐怖袭击的节奏会有这么缓慢——恐袭的话，在航班改消息前早就该爆炸了，枪声也不至于只响几下。当然更难以想象的是，这么多本地人都能在恐怖袭击发动以前收到消息，而情报人员却一无所知。从种种迹象判断，这应该是一次由下而上、酝酿许久、富有土耳其特色的传统军事政变。"

他的语气很温和，似乎意在安慰她。李竺有点想笑，这番话好像更适合在大学课堂上讲。但她也不得不佩服傅展的镇定——在一开始短暂的凝重和惊愕后，他很快就恢复了镇定，有条不紊地带着她采购干粮，寻找栖身地。娴熟得好像这机场就是自家地盘——他当然不可能在这里逗留多久，那就只能归功于出众的观察力了。

门外的脚步声忙乱纷杂，各国语言和行李滚轮一起隆隆地碾过洗手间门口。混乱无疑在扩大，但中文媒体却还是风平浪静，BBC也还没发布消息。两个人各自低头摆弄了一会手机。过一会傅展率先走进设备间里，示意她也进来，把设备间的隔间门虚扣上。"事态已经进一步扩大了。"

他判断的凭据应该很简单——李竺同时也发现机场 Wi-Fi 断网了。

"现在还能用数据流量上网。"她说，扶着矿泉水瓶坐下来，半开玩笑地说，"等信号都没了，就把隔间门锁上？"

"差不多。"两个人都还算镇静。李竺主要是因为傅展的镇定——这么说人真的有点可笑。即使在这么混乱的情况下，只要有个人能脚踏实地地带着另一个人做事，不管这事多小，居然都能让人找到锚点，在这大规模布朗运动中保持清晰的方向。"是政变至少比恐袭好。土耳其政变经验丰富——都是有规矩的，不会乱，就是我们的行程得耽搁几天了。"

他把袖子挽起来，坐在杂物桶上，"政变嘛，都要控制机场。不过不管什么势力上台，一般都不会为难旅客。等一等，靠机场储备撑几天，差不多就都能走了——就是睡觉是个大问题，地方一般不够。但再怎么样吃喝都能保证。卫生间也还行。除了受点惊吓，出不了大事。土耳其更是政变的老手了。一切顺利的话，我们要不了几小时就能走。"

土耳其的确政变频仍。这个国家的军队以守护世俗化为己任，一旦认定政府执政方针偏离世俗化，就会发动政变迫使首相下台，直到下一任政府当选后才抽身离去。这些政治常识李竺是清楚的。她懂的远远比很多人的刻板印象更多，只是大多时候维持一个较白痴的形象，对职场社交更有利——尤其是和男人打交道的时候，伪装无知几乎是基本礼仪。也因为这些知识，还有傅展定海神针般的冷静，她还不至于陷入恐慌，但也比平时更怕安静，止不住想要说话——或者是多听傅展说话。

"那两条基里姆织毯就是为防万一买的？"

"不，我只是忽然想多带两条地毯回去当手信。"傅展瞟她一眼，"是，当然是为了万一要过夜买的。"

Wi-Fi 虽然断网了，但氛围还不错，至少很久没听到枪声了。洗手间里水声潺潺，被刻意堵上的洗手池已经装满，水不断往外溢出；配合着门口的黄色三角牌，效果拔群——不断有人推开门往里看，但随即却步。傅展侧耳聆听了一会，过去拧小龙头，但仍留下一线细水，维持着滴落声。李竺跑到门口看了几眼，"我们要一直待到什么时候？机场广播恢复？"

"差不多，什么时候开始有大喇叭喊'中国旅客请往某某登机口集合'，就可以出去了。"傅展看看她，有点解释意味地说，"政变最危险的就是刚开始冲击场地的时候，浑水摸鱼的人很多，秩序没有恢复，可能会有极端分子想闹事——这时候和人群待在一起最危险，目标大，容易陷入群体性恐慌。这就和恐怖分子挟持人质是一回事，一般活到最后的都是躲在角落里的人，被恐怖分子纠集到大厅里的一般都挺惨——一遇到危险就想和大部队待在一起，是人的本能，打祖上传下来的。那时候我们还是被掠食动物，就和牛马一样，集群最有利，按概率算，死亡风险会低很多。不过文明社会，相信本能一般没好结果。"

他是看透了她心里的小骚动。其实理智上知道他说得都对，但这种时候本能就想和人群待在一起——一般的外国人还不行，最想和说一样语言的同类待在一起。李竺还是有点不安，但看一眼傅展，不敢作——他还是笑眉笑眼的，看不出什么不耐烦。但仔细想想，现在是他顾着她，她又不是乔韵，两个人没什么交情，要说恩怨还有点。傅展狠狠坑过她一次，谁知道会不会撒手把她丢下一次？

情况还不是很危险，他还保持风度，但如果恶化下去呢？傅展虽不理想，但人真的从众，尤其是熟人，再怎么样也想待在一起，这会儿她得表现得有用。李竺坐回设备间里，伸手拢拢卷起来的织毯，没话找话，"其实想想，这里挺理想的，有水，有厕所，除了得坐着睡没什么缺点了。"

"一个好厕所必须是坏了的厕所，"傅展说，"不然等人多了你再看看。"

李竺忍不住笑出来，"别说了行吗，你这话太味儿了。"

两人相视一笑。但氛围没轻松多久，门外忽然传来了成片的惊呼声。远远地像是又有人在炒豆子，嘎嘣嘎嘣的声音透着脆劲。

"Tank！"有个美国口音在门外气急败坏地喊，"上帝啊，Jim，他们带来了坦克！"

似乎有几千人忽然开始热情地奔跑，轰隆隆的脚步声响成一片，连楼板都开始共振。间着玻璃清脆的碎裂声，李竺和傅展对视一眼，默默地把设备间的门合拢，划上了锁舌。

"别说话。"傅展低声说,"脚抬起来。"

在昏暗的灯光里,这个豺狼一样冷酷、眼镜蛇一样恶毒的男人轻声保证,"我们会没事的。"

李竺抬起手机看了一眼:无信号。对外联系的最后窗口也没了。

身处于政变中的机场里,是怎样的一种感觉?

慌乱当然是最主流的情绪。在机场这样凝聚着文明结晶的场所体验政变,多少带了点解离式黑色幽默的感觉。动物本能与文明公约的鲜明冲突,让人总在人性的弱点和伟大中左右为难。恐惧是自然的,即使旅客的人数倍于示威者,只要他们不能彼此沟通组织,就一样被这些手无寸铁、只是拿着口号和旗帜的年轻人吓得四处奔逃。文明的重要性再次不言而喻,而因各国语言无法交流的旅客,则是巴别塔寓言充满了细节的再现。旅客和示威者隔着落地玻璃互相窥视。但这层屏障很快被破坏,玻璃被敲碎,外头有人冲了进来。也有旅客拉着行李箱茫然地走上停机坪。更多人死命地推着洗手间的门,阻拦着示威者,不让他们入内查看。整个二楼在枪声后已空无一人,人们全冲向一楼,仿佛更接近大地就更安全,这反倒把示威者更吸引去了一楼。远远地传来爆炸声,每一声都促使人群的活动更无规律,蜂群一样在大厅里穿梭,所有能藏身的处所都挤满了人。柜台下、长椅下,英语、德语、日语、广东话、俄语、法语……语言和狂热的口号声混杂在一起,没有人死,但这里倒比真正的战场热闹了几倍。

一间坏掉的洗手间当然也未能幸免,虽然满地的积水让它成为最后的选择,但当恐慌发生时,没人会挑挑拣拣。随着局势的变化,几小时内它挤进过许多旅客,有人在他们旁边的厕格里抽烟——这很正常,上厕所——这有些尴尬,确实如傅展所说,相当的味儿。很多人用不同的语言在水池边大声交流,俄国人的声音最小最稳定,德语和法语听起来像是在吵架,还有外头时不时响彻的土耳其国歌。最挤的时候这里反而没人说话,充满了齐心协力、使劲发出的吆喝声——旅客努力顶着门板,不让暴徒进来。但随后宣告失败,人们被呼喝着赶到楼下去。当地人嚷着嘈杂的土耳其语,把洗手间巡视了一圈,确保每个厕格都没人逗留。这期间还发生了不少小规模的勒索案件,还有俄罗斯人瓮声瓮气的质问,与肢体碰撞声。

人是赶不光的。这一波刚离去不久，一对情侣再度造访，在两个厕格之外低声呻吟。他们说的不是英语，只有名字能依稀听清，不过情绪颇富感染力。女人叫起来带着颤，和外面的枪声节奏居然很像，蹦蹦蹦蹦蹦，啊啊啊啊啊……

李竺就和傅展这样默默地坐在设备间里，不说话，腿盘得和东北大炕似的；眼睛间或一轮，对视一下又撇开。土耳其人来了又走，把厕格都查遍了，居然谁也没对设备间起什么猜疑。

傅展说得对，陷在外面的人群里，就会被情绪裹挟着慌乱，即使明知无益也会跟着乱扑。跳出来藏在设备间里，反而越来越淡定，心就像是和身体分开，全抽离出来。枪声最近的时候仿佛就在十米开外，但从尖叫声来判断，并没有人见血：这确实应该只是政变。中间手机信号曾短暂恢复，他们抓住宝贵的窗口期查过了新闻。

门关着，保险起见他们谁也没说话，手机电量需要节省。李竺无聊得想打哈欠。门外的动静不再让她心跳。她偷眼打量傅展：很奇怪，这男人有一种气质，让他总和周围的环境显得很协调，不像是秦巍那么出众——他完全是秦巍的反面。就这么说，秦巍穿着背心裤衩坐在胡同口的下马石，一样能吸引所有路人的注意。而傅展即使是西装革履坐在秦巍身边，也一样会让人觉得很自然。

就像现在，他穿着定制西服，卷起袖子坐在杂物桶上，居然仿佛也没什么不对，半眯着眼，头一点一点的，好像在打盹。墙外的世界怎么万花筒一样地乱转，他也都一点也不受影响，还是这么平平淡淡——傅展其实不帅。他的长相和气质一样，只能说是非常自然。但某些时刻，你也不能不承认，他确实很有魅力。

李竺忽然意识到自己的想法有点长他人志气灭自己威风，赶紧埋到坑里填点土。她想问问傅展，等枪声不再响、手机信号再度恢复以后，是不是应该加入大部队——别的不说，隔壁厕格绝对是个老毛子，他用过以后实在有点味儿……

一声熟悉的闷响，洗手间大门又被打开了。她无声地叹口气，把目光移到脚尖——得，啥也别说了，等着吧，估计这又是一波了。

从脚步声判断，这应该是一个单身旅客。进了门以后他没说话，而是来回不断地踱步，激起阵阵水花——有意思的是，前后进来的数百人里，有很多都过来推摇设备间的门锁，但居然没有一个人想到去关那个完好无损的水龙头。现在洗手间已堪称水乡泽国。这也让所有人都待不了太久，所有人的动静都无所遁形——李竺想，这是不是也是傅展一开始弄堵那个洗手池的用意？

她瞥了傅展一眼，却发现他不知什么时候已经睁开双眼，留心着门外的动静：这个来回踱步的焦虑男人竟比枪声更吸引他的注意。而他一专注，她的心也跟着提起来，不知不觉间收窄了呼吸。

"有什么问题？"她用手机打字问他。

"他在等人。"傅展简单地回。

怎么猜到的？他没解释。李竺想想，应该是从步伐——躲藏进来的旅客不会踱步，只会在门边徘徊观望。从水花判断，这男人在水池边来回走动，动作也很大……他甚至还逐个检查了厕格，还疑心地推了推设备间的门。很有自信，并不怎么惊慌，踱步并不是犹豫的表示，而是不耐——他的确应该是在等人。

他们的判断是对的，外面的男人并不是旅客。又有人哼着国歌走过，过来查看了一番。他用娴熟的土耳其语轻松地打发走了对方，也许他手里也摇着小旗。过不多久，第二个人走进洗手间，合上了门。他们开始长时间低声又急促地交谈。李竺侧耳聆听，掺杂着汩汩的水声。她真辨别不出这是什么语言：法语？德语？二者混杂？无论如何，那不是土耳其语。

这也许是两个间谍在交流情报，也许是不幸被卷入的旅客在等待自己的同伴……不论如何，两个人对下一步的行动都有严重的分歧，交谈很快变成高声争吵。李竺从未有这一刻想要快速学会另一门语言——说她八卦，她承认，但这就像是一出精彩的戏剧正在面前上演，却因为听不懂而错过大部分精华。

他们在吵什么？她瞟傅展一眼，傅展沉着地摇摇头，对她比个噤声的手势。他一手撑在门板上，肩膀处有肌肉隆起来，像是随时准备发力应对突发情况。这让他在闲适外又多了几丝蓄势待发的优雅，也令人不自觉更警惕：争吵的结果是什么？

还好，争吵并未升级为斗殴，它结束得就像是开始一样突然。一个人转过身打开门，哗啦啦地走了出去。另一个人依然逗留未走。从踱步的频率判断，他是最开始进门的那个——他依然在来回踱步，步伐比开始更大，也更吵嚷。

他不离开，设备间里的两人都只能保持寂静。李竺感到很渴，也有点饿。她渴望地瞟了行李箱一眼，请示性地看看傅展。傅展微微点点头，无奈地吐口气，手压一压。李竺心领神会，拈起一片饼干，小心地用口水润湿着它，含在嘴里抿着吃。

她有些过分小心。其实水声把呼吸声和杂音掩盖得很好。很快洗手间的门也被再次打开，哗啦啦的水声和两双黑皮鞋出现在隔间门下沿那条窄小的视野里。

"James，原来你在这。"这一次来人说的是英语，有点儿美国南方口音，"ei"音拖得老长，"伙计，你可让我们费了好一番工夫。"

他的傲慢和洗手间内晦暗紧张的氛围格格不入。这让李竺多少有点尴尬，含着饼干不知该吃还是该听。James也说起了英语，"噢，是吗？真让人同情，你这混蛋红脖子——但你们想找的东西，不管那是什么，它已经不在了。"

红脖子没再说话。门外响起一阵嘈杂的水声、衣物摩擦声和拳头触肉的声音。两个男人都在闷哼。厕格不断传来轻微的颤动，应该是有人压在门板上被打。红脖子和James不知谁占了优势，猜测应该是红脖子，James发出痛呼的次数较多。很快，有个人倒在地上，红脖子把他扶了起来。一阵零碎的声音以后，一件破破烂烂的西装外套被丢到水里。从边缘看得出来，刚才的布帛撕裂声就是红脖子在耐心地划开它的内衬。

"它在哪？"红脖子问。James费劲地咳嗽着，笑声中透着喘息。他没说话。

三记重拳，沉闷的噗噗声在天花板上激起回音。红脖子的声音还是那么傲慢又轻快，"它在哪？老伙计？"

老伙计咳嗽了半天才缓过劲。他有点被打怕了，"它被拿走了，它已经不在了。你现在走快些还能追上。"

红脖子似乎拒绝采信，撕拉一声，一条裤子被扯了下来。如果不是这场面已经十分暴力，它其实应该能登上B站的哲学投稿区。红脖子可以争取当上新一代比利王什么的。他看起来对脱掉同性的衣服有不寻常的爱好。

搜索很仔细。衬衫和内裤紧随其后，鞋袜也被扔到设备间隔门前，挡住了一大部分视线。红脖子对布料的搜检绝非敷衍了事，但最终他似乎也只能接受现实，"它去哪了？"

"Jakes拿到了它。"James一直在咳嗽。他喉咙里要么有痰，要么有血，喘息得很费劲，"我没骗你，它……它已经不在了。"

他又笑了起来，笑声中透着些狡黠。水里的阴影发生变化，红脖子从他面前站了起来。"它已经不在了，它始终会自由的。哈哈，哈哈，哈——"

一声响亮的咳嗽，或者说，一声清脆的抽击——就像是一条鞭子从虚无中蹿了出来，用尽全力抽打着孱弱的空气。

James 笑声突兀地停住，门外前所未有的寂静。

李竺无声地呛了一下，饼干碎屑卡到了喉咙里。

傅展递来警告的一瞥，眼神从没有这么严肃森冷过。

James 死了，可红脖子没走。他手里还有一把冒着烟的枪。从声响判断，正从最里面一格开始，展开对厕格的搜寻。

※ 第 3 章　伊斯坦布尔（3）※

▲土耳其伊斯坦布尔 阿塔图尔克机场洗手间▲

该怎么去辨识枪声？这其实是一门学问。生活在芝加哥贫民窟的住户，来到中国喜宴现场，第一反应是找个掩体；而刚从婚宴现场穿越到芝加哥街头的中国居民，则可能闲庭信步，若无其事地和一个街口以外的冲突擦肩而过。单纯的声音不代表什么，得结合环境去理解。就像是现在，李竺和傅展飞快地就学会了一个全新的冷知识：狭小空间内的枪声听起来和鞭炮声真的很像。

但这技巧学会了就不会忘，生活真是最好的老师。太多丰富的细节一起烙进回忆里。血是第一条线索。傅展刚开始的布置此时反而增添了惊悚感。血浆顺着积水迅速地漫开。从地面的窄缝看出去，还能发觉细碎的红色血肉，还有白生生的骨头渣子。鲜明的铁锈味儿盖过了厕所内常见的消毒水味道，叫人忍不住想抽抽鼻子，把它记得更深一点。红脖子在厕格翻找的声音很琐碎，又过分的响亮，和这些细节汇合成一股洪流冲击着理智。现实生活在这样超现实的五感冲击中片片碎裂，即使不理智，这依然让人发自内心地想喊想尖叫——人脑接受太多超出处理能力的信息，下意识地采取了对抗性策略。

但，设备间里的两个人却谁都没有发出声音，甚至都还保持着原本悠闲的盘腿坐姿没变，仿佛泥塑木雕。傅展面如寒冰，知觉明显张扬到极限，侦测着外头的动静，双眼却死死地盯着垂头不动的李竺。他的手缓缓上移，像是要落到李竺身上——都抬起了一半，犹豫了一下，注视着李竺通红的脸庞，盈满泪水的双眼，几度反复，却终究还是慢慢地放了回去……

李竺呢，她不如傅展，她是怕的。这还是她第一次和谋杀如此近距离地接触。如果没有那粒调皮的饼干碎，也许现在她反而早忍不住，用惊叫宣泄着惊恐，让她和傅展成为厕板后的人肉靶子——从这个角度来说，那枚饼干碎倒是她的福星了。现在，她什么也顾不上想，更没恐惧的余地，一心一意，只惦念着一件事：不能呛出声。

绝不能呛咳出来，呛出来就死了。这认知和喉头的瘙痒剧烈地撕扯着身体，让她瞬间臻入了心外无物的超凡境界。红脖子逐渐接近，沉重的脚步声好像就响在脖颈后头……他把每间厕格都检查得很仔细，也应该不会放过设备间。他手里有枪，而她和傅展手无寸铁，只能沦为射击道具……这些沉重的现实就和脚步一起逐渐逼近。但李竺完全没在想的，她甚至没系统地设想过自己的死亡。现在她能想到的就只有喉咙口一颤一颤的瘙痒：好想咳嗽，但不能咳，死也不能咳，咳出来就输了……

那碎屑还没落入气管，黏在悬雍垂底部，随着呼吸的动作搔动着气管。死亡算什么，血腥味有什么要紧，杀手就在一米之外又何妨，那奇痒才是对理智最有力的挑战。她捂着嘴，视线渐渐模糊，所有意识全集中到一个点，时间感也随之蒸发。门有模糊的响动，哦，红脖子来敲门了。随便吧，Who cares，他打不开的。这种门都有特制的锁，要用三角钥匙才能打开。傅展也是在门后找到了和执勤登记表一起挂着的钥匙才能开门。钥匙已经被他拿进来了，要开门的话得靠砸才行……

也许也是想到了这一点，红脖子的脚步短暂离开。应该是去门后找执勤表和钥匙了，但很快再度接近。他很有耐心地这敲敲那敲敲，像是要判断门后是否掩藏着James的小秘密。从水面的倒影可以看到他模糊的身影。他趴下来看门内的虚实。但这也没关系，傅展之前已经看过了，所以他把地毯放在门边，要求她把脚抬起来。地毯浸了水看起来都差不多，也许就像是清洁工收藏着的礼拜毯。

James 走进厕所的时间不会太久，厕格上空顶着天花板，不把钥匙随身收藏，无法从外头锁门。红脖子没在他身上发现三角钥匙，俯首检查，确认他没把钥匙藏在门下后，显然打消最后一丝怀疑。随着几声无线电的躁响，他含糊地嘟囔了几句。沉重的脚步声逐渐远去，洗手间内，迎来了久违的宁静。

李竺松口气，忍耐许久的咳嗽声就要冲出喉咙，却被一只手掌捂住——她涨红了脸，无声地呜咽着，抓狂地用眼神无声地央求着。但傅展硬是又压着她忍耐了一分钟。他没很用劲，但她却根本无法挣脱。

"咳吧，小点声。"最终，在她泪流满面地活活窒息前，手总算松开了，天籁般的许可飘下。

咳咳咳咳咳，李竺大喘一口气，简直涌上幸福感，捂着嘴拼命地咳，不咳出血都感觉不够本。把那片该死的饼干碎咳出来，又泄愤地灌半瓶水，大口大口地喘半分钟气，李竺这才有活过来的感觉。她长舒一口气，由衷地说："活着真好！如果刚才被发现，我也要求他让我咳嗽完再死。"

一阵窸窸窣窣的响动，设备间的门打开了，两个光鲜的金领小心地踩着血水跳着走出来。其中一个人手里还拿着 RIMOWA 闪闪发亮的箱子。牛津鞋跳过破碎的肢体，李竺回望满室狼藉，有点想呕，尽量把视线转开，又看看傅展。他没走，而是在水槽边不知端详着什么。"你干吗？"

傅展从镜子里看她。从刚才起，他的脸色就一直沉得可怕。这男人从来没给人看到过自己烦躁的一面，但现在却仿佛有些控制不了自己，不再那么游刃有余。他的眼神，阴郁又凌厉，就像是翻滚的雨云。李竺忽然想，如果一开始他就是以这一面和乔韵接触，她的艺人还能不能继续把恋爱谈到现在？

"你知道什么叫作倒霉吗？"傅展说。他像是在对她说又像是自言自语，"倒霉就是你坐个飞机遇政变，躲到藏身处见证谋杀，倒霉就是——"

他把手从水池里抽出来，攒了半天的水打着旋儿地涌进下水道，轻微的嗝声就像一个人刚喝了个饱。傅展拿着水槽塞对她一扬手。这是公共场所很常见的那种水池塞，活动栓可以受龙头后方的活塞控制。在水池盖和活动栓之间，一个银色小盒子正散发着幽幽的金属光泽。它正好卡在了两个单位之间。

李竺倒抽一口冷气，"你——怎么——"

你怎么知道？你为什么要取出来？太多问题一拥而上。这东西是什么他们还不知道，但几乎可以肯定，这就是红脖子想从James手上得到的东西。一个人已经因此死去（轻易地），一旦被发现，李竺想不到红脖子他们不开第二枪的理由是什么。

质问堵在唇边，太多话想说反而一时组织不出来。现在外面兵荒马乱。网断了，电都断了一小会。现在出去，谁也不会知道他们进来过。航空管制一恢复，立刻拍拍屁股飞走，外头的麻烦不管多烂都和他们无关。只要傅展——只要他别手贱——话说回来，他又是怎么猜到James把东西放在这的？他知不知道这是什么东西？

她的结巴倒取悦了他，他扬扬唇角，把银色装置收入西装口袋，提起箱子干巴巴地说，"走吧。"

门开了，又掩上，两个人就像是两滴水，迅速地融入了门外惊慌奔走的旅客洪流里。

玻璃碎了。停机坪上的坦克附近不断有人走动。电力断了，网没了，手机相继没电，和外界沟通的渠道越来越少。但，说真的，人真是很容易适应环境的生物。反而在这时候，群体情绪有所缓和。人们开始自发地按国籍抱团分队：俄罗斯人、华人、美国人……人们都想和同胞待在一起。有些神通广大的领事已经出现在机场内，安抚国民情绪，开始分发矿泉水和压缩饼干。土耳其人依然像是打量动物一样打量着异国人。但这一次已有很多人敢于自信甚至是怒气冲冲地挑衅回视，人找到了组织就什么都有了。俄罗斯人占据了二楼的两个登机口，日本人在一楼来回乱蹿。不断有离群的孤鸟从某处钻出来，想知道自己该去向哪里。

"你应该去一楼C12。"有人好心地告诉这个小姑娘。黄种人总是很难分辨年纪，两条麻花辫，鸭舌帽反戴，宽大的T恤和黑色紧身裤，看起来像是偷穿男朋友衣服，年纪应该不大，"中国人都在那里，你去那里能得到保护。现在这里太混乱了。"

"好的，好的。"小姑娘连声说，她看起来还有点懵，"请问您一下，现在有飞机起飞吗——"

她胡乱打听了一阵，但路人知道得不多，好心也有限度。最终知道得不多：飞机肯定没有，现在还在乱，但风波已有所缓和；据说政变失败了；听某个理事说，乐观估计，十二小时后应该可以恢复少量通航……

这个白生生的清秀小姑娘连声感谢过路人，但并没马上跑向C12，而是徘徊着绕了个大圈，在岔路口徘徊许久，似是举棋不定，最后才下定决心，贴着墙根走了一段，又从一间商店拉起一半的卷帘门底下钻了进去。

"怎么样？"灰暗的商店下了百叶窗，光线穿过叶片，带出一道道飞舞的灰尘，气氛陡增诡秘。但傅展却依然气定神闲，仿佛这里是安闲隐逸的大堂，他已经套上牛仔裤，正在解衬衫，白皙的胸膛越露越多，"恢复通航了吗？"

"没有。"李竺把信息复述一遍。眼前一黑，傅展把一件"我爱伊斯坦布尔"的文化衫扔到她头上。她脱掉T恤，不在意地把上半身暴露在傅展目光中。不是豪放，只是对这程度的刺激已麻木，"现在去C12？"

"去C12。"傅展蹲在RIMOWA跟前挑拣着行李，把护照和钱包塞在后腰。整个行李箱推到货架底下，他也套上相同花式的文化衫，"扎个马尾，这里走。"

商店正门没锁，只是用衣架卡着。移开衣架，一对中国小情侣自然地出现在候机厅里。周边旅客许多投来眼神，都随意滑开。躲够了，感觉乱象平息了就出来，这很正常。他们一走到C12，就迅速化在了黄皮肤黑眼睛的海洋里，很快被分配到两瓶水。

"中国人？"

人太多，椅子全被占了，很多人靠着柱子坐。小情侣刚坐下就有人问，还热心地递来饼干。不过女孩子嘴角抽搐一下，拒绝了。"本来是去哪里？"

"回国。"男孩子说。他很呵护女朋友，主动牵住她的手，把她搂进怀里。女孩子也不说话，就这么靠着，一副惊魂未定的样子。"出来玩，在这转机……结果这一闹，吓死我们了，钱包和登机牌都丢了，就剩护照。"

他的话激起一片同情的叹息，零零星星有人搭话：中国大使馆已经有人到现场，联系食水去了；说是已经调了飞机在邻国机场候着，伊斯坦布尔一开放通航就来接人。

"就拿护照过去登记，就给你算人头。"中国旅客的情绪大致都稳定下来。搭话的中年人腰间一条LV皮带，很唏嘘的样子。话里透着深深的疑虑，先指点迷津，又伸长脖子看一眼人流最密集的地方——领事应该就在那里……

"早走早好……"

"也不知道什么时候能走。"

零零星星有人附和。男孩子也嗯了一声，眼神不动声色地打量着四周。C12附近现在都是黄种人，偶然有白人过来上厕所倒很引人注目。他的眼神似是无意地落到一个白人男性身上，揽着女朋友的手微微收紧。

女朋友稍微动了一下，含混地嗯了一声。男朋友怜爱地低下头，在她耳边喁喁细语，想来是在安抚着受尽惊吓的心上人。这份温情似有神奇力量，抚平了这一小角的疲惫与惊慌。人们看了，纷纷露出会心微笑，默契地移开眼神，给他们留一点隐私。飞机始终是会飞的。这场风波，终究是快过去了。余下的，只有尚未完全安全难免的一点点焦虑。

"James的同伙也完了。"

谁也猜不到这对情侣间轻声细语说的居然是这样的内容。傅展的声音很小，嘴唇压在李竺耳廓上。声波困在唇耳之间，潮热又冰凉，"他们正在找我们……这一次，我们麻烦真大了。"

"如果第一班飞机飞往纽约，而且不限美国公民，我就打算丢掉护照，立刻动身逃走……"没做任何解释，他忽然抛出了又一个重大选择，"到时候，你是和我一起，还是留下来？"

从政变开始到现在，他一直独断专行，几乎从不解释，也没给她任何发言的余地，现在忽然把选择权双手奉上。李竺却并不欣喜，反而遍体生寒，就是红脖子在摆弄厕格门的时候，都没这么害怕。

※ 第 14 章 东方快车号（2）※

▲东方快车号通往保加利亚的路上▲

李竺的年龄比大多数人想得要小。她从没和秦巍说过。不过他的竺姐叫得有点亏心——她没比他大多少，只是入行早。而经纪人这行越成熟越好，被人叫姐总比叫妹妹强。一个成功且成熟的职业女性，30岁刚开始，在俊男美女扎堆、富豪云集的演艺圈拥有不大不小的权势。理所当然，她的感情生活也很活跃。她交过不少男朋友，也在时机恰当的时候有过几段露水姻缘。和那些懵懵懂懂的女人比，对自己的身体与偏好了如指掌。她知道自己喜欢温柔点，喜欢红酒、音乐、泡泡浴、充满柔情蜜意的亲吻，耳边闪烁着语无伦次的情话……

她和傅展之间丝毫也不存在一点温柔。他们是温柔的相反。这与其说是欲望的宣泄，倒不如说是压力的宣泄、情绪的宣泄。太多尖锐的东西掺杂其间，反倒带来全新不同的体验。两个人都快被冲昏头脑，这失控才是整趟列车上最昂贵的奢侈品。没人体贴，他们都在全力向对方掠夺自己想要的东西，又想要快点结束，却又想要拖长这不用忧虑的极乐时间。傅展抱起她把她压到窗边，横冲直撞，捏着她手腕的力道不加掩饰的凶狠，充满控制欲，冷酷无情。过一会李竺又反过来控制住他。这从未有过的感觉，让她边笑边哭，泪水扑簌而落，已经没有足够的注意力凝结思绪，但却不能不去想。恐惧如影随形，随着对方的身影逐渐明确也就更盛。故国远在千万里之外，他们能逃走吗？有多少胜算？什么时候才能回家？

哈米德、James、那个金发男人，那天在伊斯坦布尔机场回荡的外语口号……太多音画细节混着尘土血腥味，把太平浮世冲得凄凉黯淡。他们还能回得去吗？人生还能和从前一样吗？枪沉甸甸的手感，开火后像是被人猛拍一下的后坐力，一颗头忽然间爆成血雾，什么都没了。她闭上眼忽然放开了声量呻吟，比刚才浮夸的表演还更大声。傅展还在动，受不了了，过多了，她不能承受。

他们有4个小时的时间。48小时没睡，傅展的汗珠滚过粉底。他花了妆，隐隐露出颧骨上近黑的淤青。一个人要有极好的化妆技术，才能遮住这大块大块的青紫。她的化妆品全落在机场的箱子里。奇怪她对那个行李箱有些不同寻常的惦念。它被孤零零地抛弃在机场某处店铺里，推到货架底下，不知要多久才会被清理出来。它让她想到自己，带上了奇怪的象征意义。

李竺翻过身落到傅展身边，和他一起大口大口地喘气。他们弄脏了自己的衣服、地毯（希望它本身不要太脏），给列车员增添了工作量。但此时此刻她不在意这些。她感受到的只有纯粹的、平静的放松与满足。

傅展的手还搭着她的腰。她的手按上去，他没动，她也没移开。在以前这不可能发生。他们彼此厌恶又看不起。正因熟悉对方的轻视，所以不会给予一丝把柄。和他/她？怎么可能。

此时此刻，仍说不上有什么温情与爱意，就只是贪恋这皮肤相接片刻的温存。他们一起望着天花板，直到那红木纯粹的光泽放大又缩小，融合成光怪陆离的万花筒。

不知不觉，朦胧中相叠的手变成在相拥而眠。他们蜷成婴儿的姿势，在细致致密、花色鲜艳的土耳其织毯上睡着，身躯赤裸，外衣凌乱地纠缠。像是一张偷拍照片，在高速运动中截出一帧，充满了动感的静止。

距离晚餐还有四小时。在这薄暮时分，时间可被无限拉长，每一秒似都可以走上一年。

"先生。"

"太太。"

"欢迎来到餐车。"

"今晚的推荐餐点是来自安纳托利亚的小羊排。土耳其人有很好的羊肉，也许您在伊斯坦布尔已经尝过一些了。如果是那样的话，我们还有鲈鱼、龙虾与牛排。"

"这是您要的罗曼尼康帝。"

东方快车号素来以完善的餐厅服务闻名，每位宾客都被请求穿上晚礼服出席晚餐会。每晚7点，在餐车开始晚宴。用过晚饭后，人们可以在沙龙车厢享用茶点，也可以前往酒吧车厢品尝东方快车号闻名遐迩的鸡尾酒。还有钢琴师现场演奏。人们啜饮美酒，享受音乐。回到包厢后，列车员已经将床铺好。豪华客舱附带淋浴间。这是19世纪未能享受的便利。不过，客人们并不介意这一点小小的不还原。

"两杯酸橙马丁尼。"今晚的东方快车号人烟冷清，空间宽敞。五舱客人用过晚饭，都来到酒吧。傅展解开西服纽扣，在李竺对面坐下，"有个单身客人一直在看着我们。"

"你担心他是他们的人？"李竺问。鸡尾酒很快送上，她举起来呷了一口。

"他去年就定了这节包厢。不！"傅展说，他抻抻袖口，"我担心他看出我的西服并不合身，不属于这种场合。"

"你穿的是 HUGO BOSS。"

"这里是定制西装的世界。"

在东方快车上，无论穿着多么正式都不过分。对男士来说，最低限度是一件黑色西装。女士亦谢绝 T 恤与牛仔裤。公司用这种仪式感筛选自己的客户。晚礼服与小礼服、鸡尾酒裙是得体的穿着。李竺拢了一下胸口。他们的置装预算有限。她穿着一件简单的鸡尾酒裙。这是在 H&M 买来的。

"这就是女生占便宜的地方，西服容不得丝毫敷衍——但女人的裙子可以。"她说，陷入沉思，"唔，不过，你的确占用了最多的置装预算。化妆品也主要是为你来买。"

傅展扬起眉，看她一眼，有一点点轻微的白眼。李竺嬉笑起来。他们在悠扬的钢琴声中凑近了，亲密地低语。说的是中文，靠得很近，有音乐的遮掩，别人怎么都听不清，只看得到一对快乐的爱情鸟。两对老夫妇对他们遥遥举起酒杯。还有一对中年夫妻，欣赏地看看他们，又相视一笑，握着手向酒保续了两杯。

五舱客人里有四对情侣。这也很正常，独自旅行的人很少把时间花费在这种行程上。这几对看起来都很正常，年迈、殷实。和他们只剩傅展手上的百达翡丽撑场面不一样，老夫妇佩戴的宝石耳环与项链，处处透露着身家。其实，圈内人望过去，贫穷与富有真是一望即知。李竺不认为有什么特工能伪装好衰老的富人。即使化妆与配饰都做到天衣无缝，也还会有生愣的气质，与华服格格不入。

"他看起来的确有点怪。"她同意道。剩下的第五舱客人是单身旅客。他大概在 30 岁后半，已经开始秃头，有点小肚子，穿着定制西服，戴一块爱马仕时装表，看起来有模有样，但落在内行人里槽点很多——他就是那种气质生愣、与华服格格不入的典型。他时不时扭一下，像不适应穿着西服的束缚。对表的选择也很奇怪，爱马仕表不是没档次，但更多是时尚先锋买来搭配用。奢侈品牌的时装表都比较年轻化，中年人还是爱戴传统名表。"他不适应这种场合……不过我也觉得他应该不是我们的敌人。"

"对特工有歧视？不许秃头肥宅做特工？"傅展举起鸡尾酒杯喝了一口，笑了。

李竺也跟着笑起来。他们都没怎么把那男人当真。出入奢侈场合的什么人都有。很多人其实不是没经济实力，只是没有从小进入这个阶层，即使发了财也缺乏进入新阶层消费的动力。谁知道？也许他是个发了财的小业主，刚离了婚，决定开始一段新生活；乍着胆子订好票，上车后却又懵了圈，只能不断观察同行人，决定自己的行止；东看西看地惹人讨厌，想交点朋友，打破独处的尴尬，却又不知道该怎么开始攀谈。

"你确定追着我们跑的人是特工？"她说，"说到底，我们对他们还一无所知——所以始终不能排除任何一丝可能。是不是？"

这是在开玩笑。他们现在此刻是安全的。但李竺担心的是到站布勒加斯特之后的事。个人和政府对抗听起来很美，但在现实里，通常个人只能被按在地上摩擦。一般说来，个人能在对抗中取得一点成就，那多少也是因为身后站着另一方势力，或是拥有逆天的专业技能。像他们这样半桶水的业余玩家，被政府盯上了，还不是屁滚尿流，被撵着追？现在每一天都是偷来的。第二天早上起来发现自己还能呼吸，属于需要感恩的小概率事件。

"应该是特工，但不是政府行为。"傅展说。他显然思量好久了，只是之前不屑于，或是没机会分享这份智慧，"还是有胜算，他们权限高，人手却很短缺。打好提前量，只要能进中国大使馆就安全了——以这点为目标，我们还是有点牌面。"

这是他们选择巴黎的原因。东方快车号在意大利的停靠站点是威尼斯，那里的交通太不方便，大使馆的规模也无法和巴黎比较。李竺思忖几秒，"你是说，接私活？"

……傅展低声笑，"原理都是一样的。想想看，你在欧洲分部做事——情报机构，游走在黑色地带，不可能什么事都报备。权限又高。乘出差机会做点私活。上司远在尼斯度假，对你的小动作睁只眼闭只眼。只要按时送点小礼就能相安无事。低风险，高报酬，为什么不做？找个拍档，出个小差，回来通话记录一抹，什么事也没发生过。特工也是人，也要攒养老金啊。"

高权限，权限是真高。伊斯坦布尔的监视网络是他们的后花园。首先在机场就是从监控找到的人。有门路带进那么多设备，除了政府背景，别的真没法解释。"但他们知道我们是两个人，却还是只派出一名打手。在蓝色清真寺那次可以说是巧合，可能人手分散开做搜索工作。但特洛伊城就只能解释为人手短缺了。如果是两名打手，我们没机会逃走的——政府没可能连两个人都找不到，所以这不是政府行动。"

傅展顿了一下，又说，"如果要我猜，我会推测他们是从侯赛尼那里找到线索。记得吗，土国千疮百孔的办公网络对棱镜来说不值一提。我们把侯赛尼绑在野外，但绳子不是太死，那里距离城镇也不远。当时的预计是，他应该一两天内能请求到援助。不过那里不是伊斯坦布尔，治安正在骚乱，警察效率不高。他自己背景也有问题，报警几率也不大。等他回到伊斯坦布尔，再找到黑市卖家，把一切串上线，我们应该已经到希腊了。"

"但是，也许当地的治安比我们想得好，已经从政变后的动荡中平复，当地的警察特别勤快——总之，他的警情录入系统的速度比我们估计得更快些，然后——"

然后怎么被抓到就不必说了。他们开的是侯赛尼的车，车牌号没有遮挡，来来往往的高速公路收费站总是有摄像头的。更何况他们在无数哨卡也留下了车牌号与护照信息。只要有一个哨卡电脑联网，棱镜就能追到他们的踪迹。伊斯坦布尔有直飞恰纳卡莱的航班，两个小时足以把打手运过来。两个中国游客，就算其中一个身手不错，轻松放倒侯赛尼又如何？那个战五渣根本不能拿来衡量战斗力。

"简单的计划，抓到我们，搜到U盘的话，现场灭口。没搜到，能带走两个就带走，带不走就减员一个，再把一个带走好好拷问。"傅展平静地说，"我们的计划出了差错，给了他们机会。不过他们的计划也出了差错，送了一个打手的命。计划总是会出错。"

是的，这不是小说。没人能算无遗策，计划总是会出差错。李竺的脚有点凉，像是踏进冷水里。傅展的解释合情合理，极大地打消了敌人无所不能的恐惧气氛。但这也指向一条简单的因果线——如果侯赛尼死了，计划就不会在这个点上出差错。

是她为侯赛尼说情。连哈米德都没说过。是她说杀了侯赛尼会让哈米德过分恐惧。这也许没错。但，侯赛尼没死，所以哈米德死了。

她垂下头没说话。傅展像是看穿她，宽慰她，"你只是还不适应——还在用常识看待我们面临的事情。你只是不知道，在这种领域，应该尽量避免人性的选择。"

他很自然地说。这里头蕴含的暗示会让一个普通人不寒而栗，却已无法再令李竺颤抖。她已经不会再用审判的眼神去看傅展——或多或少，他说的是实话。在她们如今被卷进的漩涡里，实在容不得多少人性。

李竺喉头发堵。她咳嗽一声，又露出虚假的笑容，维持着情侣细语的假象，"所以，谁能请到美国人来干私活？"

敌手不是政府，这当然让人松口气，对未来又燃起希望。但李竺不敢过分乐观，"黑手党？军火集团？那个U盘里到底装着什么？"

"不知道，什么都有可能。别老往黑道想。也许是公司机密。跨国公司的秘密是值得这么做的。他们有的是钱，最喜欢聘请专家解决问题，又够大胆——华尔街的那些跨国公司做的那些事你想也想不到。他们的手在动乱地区伸得很长，也有足够的机会和特殊部门攀上关系。"傅展对猜测幕后黑手的兴趣不大。范围的确太广泛了，"我们需要知道的是，他们也不敢过于高调。打手用格洛克19民用版，普通到根本没法追本溯源——他要是端出一把MP5，我看你也只能傻眼。"

这种杀伤力强大的枪支，在北美也不是平民能轻易接触到的，只有心怀叵测的人才会接受专用培训。

"大使馆，安全通话，这是破局的关键。"傅展一锤定音，"他们绝不敢冲击中国大使馆——现在已经不是1999年了。即使是政府行动也不可能走到这一步，更何况只是私活。大概率来说，后勤没法在这么短的时间内找到太多打手。一个打手一个后勤，这是惯例。他没法同时支援多个打手。要扩充队伍，这事儿就复杂了。即使他找到人手，现在也应该在希腊口岸转悠着找人。棱镜所有的注意力都集中在希腊。我们乘势偷渡到巴黎。只要能进入大使馆，游戏就结束了。余下的事会有该处理的人处理。我想……到时候惴惴不安的人，应该就不是我们了。"

后勤该怎么解释打手的死？对外号称是度假，或是低强度的渗透任务？但到末了却换来一具无头尸体！想想那文书工作也让人头疼。熟知官僚系统运作规律的李竺唇边不禁浮起微笑。这么多天以来，她第一次感到未来还有那么一线希望。"这么说，最大的危险就在这段火车路程了？"

"他们要搞定我们，也会选择在火车上下手。这里我们无处可逃。"傅展说，"但那也是建立在他们有足够的人手调用的基础上。算算时间，在希腊的搜索最多再持续个48小时，他们会开始想第二种可能：啊——傅展的信用卡买过两张火车票——"

"那时候我们在——"

"我们应该已经过了布达佩斯，或前或后，正往巴黎赶。这趟火车没有安保摄像头。记得吗？它的卖点是'全方位还原18世纪的风貌'。锡凯尔火车站，非常巧合地，也正在装修。"

傅展告诉她要坐东方快车号的时候，李竺觉得他在发疯。但现在娓娓道来，这趟车虽然时间慢，但已是他们最理想，也是唯一的选择。她不情愿地泛起一丝敬佩——总是这样，大家玩的分明是同一个游戏，但他在行的程度却好像开了作弊器。他们虽然光明正大地用着自己的护照，坐在全球最豪华的列车上，此时却也无异于遁入暗影，游走在敌人周围，叫他们无处可寻。

"怎么验证我们是不是在火车上？只能派人上来查看。我假设这个接活人的级别很高，能够跨国调派打手，那从布达佩斯上车也是更好的选择。因为火车只停两站，布加勒斯特与布达佩斯。我们明天下午就到布加勒斯特，他们很难凑上这个时间。"

"不管怎么说，今晚能睡个好觉了是吗？"李竺多少松口气。

傅展拥着她站起来，"不止今晚。这也意味着，从最谨慎的角度来看，如果在布加勒斯特无事发生，我们也可以等到了布达佩斯再担心安全问题。而在巴黎东——就这么说吧，就算有敌人，在那个人流量下能抓住我们，也算他们的本事了。"

他的语气很有信心。但这不是空虚的安慰。李竺想到他们做过的事，能做的事，也不由自主地微笑起来。她和傅展相视一笑，举杯向几位同车致意，随后依偎着走出酒吧车厢。会来这里，主要是为了观察他们的同车，现在嫌疑大体排除，没必要再多加逗留。

几位乘客都目送他们离开。

"幸福的一对儿。"佩戴江诗丹顿手表的老人对他的妻子说。

"让我想到我们年轻时。"他妻子同意道，"相配的一对。"

两位中年男人的眼神也黏在李竺身上。有妻子的那位很快得到教训，单身的那位却无人阻止。他几乎是痴痴地望着这相配的、快乐的、幸福的一对。他们看起来是如此无忧无虑，只是一对相配的情侣，享受着奢华的假期。他们看起来没有任何秘密、重担，没有任何焦虑。

他不禁流露出些许疑惑，但很快又注意到他人的眼神——他又有些不得体了，便赶忙转过头耸耸肩，若无其事地取出了手机，划拉起了屏幕。

走廊尽头，李竺有所感应，回头看了一眼。眼神和他擦过，她的眉毛微微皱了起来。

"怎么？"傅展观察得比她更不着痕迹，他从被打磨得锃亮的门把手和斜斜的车窗里看。

"我在想……"李竺若有所思地说，"你一直以来，都只计算到了红脖子一方——但……这个U盘，原本也属于另一个组织，James所在的那个组织……"

他们又对视了一眼，不约而同地通过自己的途径，再度回首仔细地观察了一番秃头肥宅。

半年前就订票了，没人会找这样一个没战斗力的人来当特工，他明显有社交窘迫症。

再交换个眼色，李竺挑起眉：是他吗？

傅展摇摇头：拿不准。

"我们会知道的。"他揽着李竺继续往前走，语调拖得很长，有些心不在焉，显然，早已陷入了自己的盘算里，"到巴黎还有四天，到底是不是，我们会知道的……"

※ 第15章 东方快车号（3）※

▲东方快车号通往巴黎的路上▲

"你杀过人吗？"

东方快车号在原野中飞驰。

晨雾刚散尽了，秋日东欧的荒野色彩斑斓。这里的纬度要比中国大部分地区更高，云层少，天空理所当然也更蓝。秋意在森林中是透明的，落在树梢上，闪着金黄色的光。泛红的枫树林安静地从车窗外滑过，不疾不徐，逐渐远去。茶杯碰撞托盘，发出轻微的声响。列车员的脚步和车轮的节奏一样不疾不徐。这晨光和67℃的大吉岭红茶很配，精心烹调的本尼迪克蛋在阳光中似乎也更加增色。东方快车号拥有特权。城市甚至会为它调整通车安排，确保列车能在最佳观景时段经过。这段完美的景观路程，也是公司为乘客精心安排的佐餐菜色。

李竺把茶杯放回去，给自己加满。瞄了傅展的茶杯一眼：几乎还是满的。她的同车人正埋头给手工活收尾。他一早起来就忙着调和色彩。这让雷切斯特误以为他是个好画家。不过傅展的手艺的确不错。她的土耳其入境章已做好了，正摆在窗口晾干。看起来和所有入境章一样普通无聊，带着颜色氧化后恹恹的暗红，连李竺自己都看不出什么不妥来。以她的眼光判断，这印章有90%的可能蒙混过关。"别告诉我这也是你小时候为自己的将来储备的技能。"

"只是出于兴趣。这一招现在适用的范围越来越小。30年前，这是特工的看家本领。但现在随着科技进步，大部分情况下它已经不再实用。"傅展头也不抬，提笔蘸了蘸颜料，仔细地修整印章边沿，"前二十年，混过边检的流行做法是，一个人执一本护照入关，把它交给另一个人。但现在，有了指纹、视网膜、人脸识别，'清洁护照'这个词也在退潮流。现在已经没有清洁护照了。你不可能用一本护照入境，另一本护照出境。除非有能黑进边检系统的技术人员做后勤。特工大多都规规矩矩地用掩盖身份出入国界——或者干脆就偷渡出境。"

他举起护照，吹了几口气，把它也放到窗边晒干，"现在已经没有孤胆英雄这概念了。国家的力量越来越强，特工不再是和另一个人做智力上的周旋——什么暗巷谋杀、酒吧里的遭遇战。没有了。这一行现在更像是奥运会赛场，两个运动员同场竞技，见不得光的比赛。但关注度一点不少，谁在什么时候做了什么，观众们几乎全都能知道。背后庞大的团队当然也必不可少。看似是个人成绩，但其实完全是科学训练的结果，少不了全方位的支持。"

纬度越高，日晒越烈，墨水很快被晒干。他把李竺的护照丢过来给她，"另外，回答你的问题——我以前没杀过人。恭喜你拿到 First blood。再加把劲，没事摸摸枪，这把争取拿个超神。"

李竺接过护照，皱皱鼻子，但没说什么。傅展瞄她一眼，收好东西开始吃自己的早餐。"昨晚做噩梦了？梦到谁？"

"谁也没梦到，睡得很香。"李竺喝下半温的红茶，失去温度，奶腥味儿浮现，隐隐约约，像她不肯承认的担心，"这也许正是问题所在。"

"你还巴不得噩梦连连。这么宝贵的回蓝机会都放弃，遇到敌人就崩溃？"傅展用不以为然的口吻说。他吃的速度比李竺快，但还奇异地维持着一份优雅。

他的刻薄并不让人意外。熟悉的人或多或少都能感受到傅展的绵里藏针。只是大多时候，这根针都藏在傅展身周那团礼貌的云雾里，不像此时这样直白。这或许是因为傅展心情不好，也可能是因为他们终究是更亲近了一点。李竺不再那么担心自己被抛下、被处理掉。这不仅仅是因为她表现出了强劲的战斗潜力。

"可能我宁可做几个应景的噩梦，"她说，"不要太多——太多的确会影响精神，但……"

但几个梦能让她觉得自己还有良心，自己依旧正常——她终究希望自己是正常的。

这话没说透。但在两人相逢的眼神里却心知肚明，他们正离这个"正常"越来越远。李竺的不安表现在外，傅展呢？他看起来若无其事，心底也是一样无动于衷吗？她的心理活动，在他眼里是不是依然很怂？

娱乐圈里打滚的人，看不透是没法混的。尤其以李竺的身份，持身再正，也不会把一次露水姻缘太放在心上。昨晚发生的事充其量算是催化剂。更重要的是他们把刀衔在嘴里共度的日日夜夜，把后背交给对方是一种特殊的经历，会让任何人的关系产生微妙变化。毕竟是共过生死，现在傅展面前，她不再害怕被轻视，多少有了点相依为命的感觉。

"你觉得你会怎么样？"对视持续了一会，李竺问，"如果你杀了人，你会怎么样？"

会做噩梦吗？会愧疚吗？最重要的，这种不断异化的感觉，会让你觉得孤独和不安吗？

傅展凝视着她，出乎意料，并没有回以嘲笑。

"我不会。"他说，"杀那样的人，我不会。"

这是他的真心话，但似乎还有些保留。说这话更多是为了安她的心——杀红脖子李竺并不后悔。那样的人的确死不足惜。但傅展是否只对那种人杀伐果决？他会杀侯赛尼吗？

如果时间倒转，明知走向，她会阻止吗？她……会亲自动手吗？

她可以不问，傅展也可以不回答，但要蒙骗过自己，没那么容易——下一次，遇到下一个侯赛尼时，她会动手吗？

他们彼此对视着，似在进行无声的对话，又像是和自己的另一面对峙。窗外是不断掠过的金黄树叶。太阳升起来了。曙光穿过五彩斑斓的原野，穿过玻璃，刺入双眼，让视网膜上闪出一圈又一圈的金星。

傅展忽然笑了起来。

"干吗？"

"这就是人性——总想回到从前的生活里，不分轻重缓急。才刚休息一晚上，就开始迫不及待地摸索人生的意义。"其实他的语气并没有太多讽刺，更多的是冷静的观察，"如果你想有所成就的话，我劝你还是尽快摒弃这种爱思考的恶习。它对你的天赋是严重的阻碍——至少在这样的游戏里，靠着本能，你会更好地活下去。"

李竺不否认，傅展言之有理，但这仍无法消解她心头的阴霾。

"这就是你想要的生活？"她问，语气有点尖锐，"所以，你一点也不想回到原来的生活？"

她已不再是受气包，在两人组中的作用日趋重要。这改变两人都感受得到。但傅展似没想到李竺的态度会变得这么快。他顿了一下，像是在消化她凌厉的攻势，片刻后才又露出含蓄暧昧的微笑。

"重点是不要思虑过多。"

他说，"想太多没有用。这终究不是游戏。局势的变化很快。你总会遇到容不得思考的时刻。到时候，你的天性自然会随机应变，代替你做出选择。"

李竺眯着眼看过去。这一刻坐在金色阳光里的，似乎又是从前那个油滑斯文的傅先生，合作起来叫人恨得牙咬碎，滑溜得一丝丝话柄也留不住。社交时间马上就要开始了。她是那个去干活的人。他却怎么也不肯告诉她：如果秃头肥宅真是U盘的原主人，那么迎接他的，到底会是怎样的命运。

湛蓝色、金黄色与火红色、深绿色，这些高饱和的色彩组合在一起，令你不难明白为何油画艺术诞生在欧洲——但，原野逐渐被更黯淡暧昧的工业色彩取代，火车慢了下来，边境检查站到了。

来自中东的压力越来越大，欧盟正因叙利亚内战焦头烂额。难民取道土耳其作为跳板，从海上、陆上通道源源不断地进入欧洲。当局有意加强边检，却受限于人手短缺与国内力量的掣肘。在罗马尼亚边境火车站，每天都有难民成功蒙混过关。他们不是有钱就是有运气。有钱人买来能用的护照，而有些难民仅仅是凑巧撞上了罗马尼亚混乱不堪的警察系统失灵的那么一瞬间。不过，再怎么疏漏的大网，总也能起点作用。平时人烟稀少的边境大厅现在排起了长队，大量列车因此延误。旅客们往往得排上一小时才能通过边检——这还是一切顺利。如果遇到一个贪婪的边检官员，不是"高贵"国籍，又恰好没准备一张蓝钞票，那可就有得烦恼了。

东方快车号不在此列。这趟列车乘客稀少，财力与品行也深受当局信任。既然如今边检大厅的不便势将长久延续下去，当地政府在服务精神（一份丰厚的礼物，两瓶上好的波尔多红酒）的驱使下，为列车成员安排小小的特权礼遇：边境警察登上列车，检验护照与签证。理所当然，东方快车号的乘客都拥有无懈可击的出入境记录。这趟列车上搭载的名流通常拥有多国签证，使用过的护照摞起来能有半人之高。

本周的班次也不例外。列车的九名乘客全都拥有无懈可击的清白护照，而乘务员也都是熟面孔。边警稍微翻开签证页，对土耳其的出入境页只是漫不经心地一瞥，便断定自己完成工作。他笑呵呵地喝了一杯茶，祝福诸位旅途愉快，并如愿得到丰厚小费；随后一分钟也不浪费，转身赶回边检大厅去挣他应得的外快。而东方快车号则继续前行，于午后顺利抵达布加勒斯特。乘客们下车在布加勒斯特稍作游览，并用下午茶。当晚，他们会返回火车包厢享用丰厚晚餐，继续启程前往布达佩斯。

这是很显眼的一群人。不但因为他们有衣着光鲜的专职导游陪同，也因为所有人都衣冠楚楚。即使是便装游览，Polo衫也依旧一尘不染。男士们都穿着锃亮的皮鞋。

"当然，如果能去锡纳亚，那将更好。整个欧洲遍布着教堂。我得说，锡纳亚的修道院会是非常好的调剂——它在深山里，风景非常秀丽。我和我丈夫年轻时曾去过一次。那时我们惦记着修道院后的崇山峻岭。阿蒙，'等战争结束后，我们一定要来这里露营'。是不是？但战争结束以后，这里成了社会主义国家。等我们再次来到这里，我和阿蒙已经爬不动了。"

东方快车号素来鼓励乘客互相交际。这也是乘坐体验的一部分。旧时的富豪旅客善于把一切公共场所变作沙龙。这多半是因为他们那时代没发明智能手机。老太太对傅展仔细地讲述着锡纳亚的故事，"阿蒙"负责坐在轮椅里时不时庄重地点头。他能走，但老人在公共场合总希望有点特权。"我们预定这次旅行时还以为能去锡纳亚。这让人向往又遗憾。但女儿又告诉我们，很遗憾，因为种种原因，行程有了调整。种种原因，我知道什么是种种原因，从布加勒斯特往锡纳亚的路上建了个好几个难民营……"

"天气真好，是吗？"

傅先生被老夫妻缠住，傅太太自然落了单。她脚步有些慢，不知不觉间就和唯一一名单身旅客落在了一起。对方也因此鼓足勇气，对她友善地一笑，"罗马尼亚的秋天只要不下雨就非常好。"

他们在游览议会宫。这是个新景点。壮观的社会主义建筑，内饰有强烈的莫斯科风格——对称、庄重与华丽的美。不过，这样的景点远远不足令见多识广的乘客们惊呼。对他们来说，这是一次带着些迁就的歇脚式随喜。傅太太本来正出神地打量一副古典油画，听到施密特先生的搭讪，便回过头笑一笑，"这是我第一次来罗马尼亚，非常美的国家。"

她穿着简单的米色套装，只有头戴的宽檐帽透出度假色彩，妆容得体，画着两道弯弯的眉毛。傅太太身材窈窕，走起路来摇摇摆摆，仪态优雅，虽然不是惊艳美人，但却很有韵味。在她含笑的眼神里，施密特先生猛地有些脸红。他结结巴巴地说，"是的，非常美，非常动人——的国家。"

美丽、动人、宝贝儿，这是西方游客的三大口头禅。傅太太的称赞更多是出于礼貌。被施密特先生这一说，她勾起兴趣，微笑望着他等待下文，又启发性地说，"您之前是因为——"

"因为——因为公干来过这里，短期出差。"施密特先生有些手忙脚乱。

"噢，这么说，您一定是个大忙人了。"

"还——还好，我——我自己开间公司，有时不那么忙碌，我就自己出来旅行。"

他对傅太太很好奇也很有好感，明眼人都看得出来。中年夫妇组投来过几次戏谑的瞥视，也识趣地给他们让出空间。太太的仰慕者，这好像是每本维多利亚时代小说必备的配角。就像是中国故事里的梅香红娘，这种仰慕之情无伤大雅，可以说是氛围的一种调剂。傅太太专心地听他说，不时发出"啊""噢"的单音。她打量施密特的眼神也含着笑意，很亲善的样子。

"听说过反审讯吗？特工被捕后的自救技巧。通过对话掌握对方不欲透露的信息。这说明什么？只要是对话，信息的交流就一定是双向的。"

脑海中回响的却是傅展的叮咛，"特工潜伏不是过家家。不存在完美的伪装，不存在复杂的变装。老年人不可能装成年轻人，年轻人装扮成老年人也一定会露出破绽——会上新闻，特工的意图一定很明显。这世上也不存在真正被骗得团团转的目标。更多的时候，特工和目标的接触充满了心知肚明的暧昧气息。而特工和特工之间——其实氛围也比你想的和平不少。枪战是极少数情况。大多数时候特工聚会就像是商业谈判，大家都玩命收集更多信息。"

"信息是这行的生命。他们做的大多数都是为了获取更多的信息。审问出来的、收集到的、观察所得的，每句话都可能蕴含当事人没意识到的巨大信息量。

你要做的就是玩命的冷读。别怕猜，信任直觉，在心底画出素描图。"

　　这是她第一次"审讯"。傅太太当然有点畏难，但并没感到很难上手。一个经纪人的日常工作就是"玩了命的冷读"：他说以前来过罗马尼亚，这是假话。"因为公干来过这里"，这是现编的，有不必要的停顿，可能是下意识的谎言——很多男人在女人面前表现得都笨拙而浮夸。不过自己开公司是真的。他说那句话的语调相当自信。

　　"您一定走过很多地方。"

　　"啊，对——对，我去过不少地方。美国、日本、韩国，当然还有中国——您的祖国。"

　　假话，施密特真不擅长骗人。他谈论这些地名的语气显得对它们缺乏了解，也没有感情。这个宅男恐怕没有出过欧洲。

　　"真是太厉害了，那么您平时居住在？"

　　"德国，我在伊斯坦布尔有生意。"

　　真话。他谈起德国的语气充满了感情。

　　李竺暗自皱皱眉。磨人的点就在这儿。施密特很笨拙。他的喜怒哀乐几乎不加掩饰。很难想象有哪个组织会派出这样的办事员来追踪重要资料。但他谎话连篇，对他们兴趣强烈。而且李竺的直觉总感到他并非真的对她有好感。像他这样的宅男，遇到真正感兴趣的女人，恐怕害羞得一句话也说不出来。

　　像这样羞怯的人怎么开公司？他不修边幅，但很有钱，对上层社会的社交礼貌很生疏，甚至可以说对社交礼貌很生疏，什么行业能容许一个人不与社会接触也获得成功？傅太太一边听施密特说着罗马尼亚的历史一边想。无论如何，他是个历史爱好者，对政治也颇热心，对于二战后欧洲局势的变迁非常熟悉。

　　"所以，这就是罗马尼亚的梦醒时分。"他们走过大会堂时，施密特总结说，"从苏联脱离以后，迫不及待地投入西欧的怀抱，所有人都在欢呼民主。但 25 年来，国家依然贫穷、混乱与腐败。罗马尼亚向西欧输出了大量妓女和廉价劳工。他们在别国名声不太好。但有谁生下来就是恶棍？这就是人们应该去思考的问题。从 30 年前到现在，罗马尼亚、捷克、匈牙利、突尼斯、埃及、利比亚、叙利亚——这出戏一次又一次地上演，套路从没有任何改变。但问题到底出在哪里？"

他的语气激动而自信。这是他真正擅长的领域。傅太太有些崇拜地望着他，聚精会神地听着，小嘴微开，惊讶又钦佩地不断点头，"我从没有从这个角度看待过问题——所以，问题到底都出在哪里？"

她当然有。傅太太发现自己具备这层次的智慧，可以不费吹灰之力地理解施密特的提问，只是她从前很少去想。

施密特在崇拜的眼神中潮红了双颊，忽然又羞怯起来。他喃喃地说，"呃，我想……腐败的利益集团脱不了关系，不是吗？"

开始他还有些不敢肯定。他的声音渐渐变大。说到最后时，忽然盯住傅太太，像是要从她这里索取正面回应。傅太太不禁微讶，随后点点头，"是的，当然，这自然是最大的问题。"

乍得附和，施密特顿时喜笑颜开，"是的，是的——"

但转瞬间，他又像是意识到了傅太太的敷衍，又似乎是想起了什么，一下顿住了，开朗的脸上又笼上了愁云与疑惑。这让傅太太发出了一声疑问又关切的"嗯"。她恳切地望着施密特，像是不这样没法表达出自己的关心。

施密特的心防被这样的眼神打得摇摇晃晃。他犹豫片刻，踌躇着想说些什么。傅太太的手指甲陷进了掌心。她暗恼于自己关键时刻掉了链子，但面上依然带着平静的微笑，"怎么了，施密特先生？"

话到了嘴边，施密特张开嘴——但，不知想起了什么，他又放弃地叹了口气，怏怏地摇了摇头。

"没什么，我只是想，我永远不了解你们中国人——尤其是你们东方女性。"这绝不是他刚开始想说的话，而且也实在不那么礼貌。也因此可以判断，这是他的真心话，"你们太善于伪装了，非常具有迷惑性，叫人难以断定真假。"

傅太太皱起眉头，不太开心。这是她唯一合理的反应，"这可有些种族歧视，施密特先生。"

施密特也回过神，吓得连声道歉。他像是被自己失态的表现惊着，一边道歉一边溜走。整个旅途都不再同别人搭话，只是落落寡欢地徘徊在人群尾部，低头玩着手机。

"亲爱的。"

回程路上，情侣们当然一起坐。可以容纳二十多人的小巴非常宽敞。傅先生坐在车尾，对傅太太招手，"怎么样？玩得开心吗？"

"议会宫非常美，但我有点累了。"李竺挨着他坐下来，语气有些浮夸。但这也是实话。她整个下午一直在试图接近施密特，同时避开所有肉眼可见的摄像头。这是一项高度复杂的工作，她从前的工作经验派上极大用场——有很多次她都在不动声色间带着施密特走位，就像是在典礼上带艺人晃开那些爱搞事的记者。"你呢，开心吗？"

说给别人听的英语已经够了，傅展还带着笑，声音却低了下来，"没收获，四个人都很干净。"

他四她一。任务分配不能说不厚道。而且施密特也不是难应付的目标，他的可疑几乎是明摆着的，她只需要为他下个结论——是？不是？倘若她没法回答，少不得会被傅展鄙视。但要说她对自己的推测十拿九稳，李竺也真没有这样的信心。她从没做过这样的事，当然也不知道自己是否擅长。

"我的推测是——"尽管止不住地苦笑，但她回答的语气却仍很坚定。就像是流水，她把自己的推测全滑出来，"他不善社交，事业却成功，经济宽裕，对智能手机也很擅长。自己开公司，空闲时间很多，但不喜欢四处旅游。我推测他从事高新科技行业。也许是 20 年前那批 IT 弄潮儿，开个公司，然后卖掉。当年资本的狂热让很多人过上了财务自由的生活。与此同时他仍是个宅男，'Talk is cheap, Show me the code' 的那种。也只有这样才能解释他的性格怎么能管理一个公司，管公司不善沟通可不行，这道理我们都清楚。"

傅先生微闭着眼，没说话也没打断她。李竺继续说，"一个 IT 宅男，财务自由，闲暇时间大把，却很少出门，智能手机中毒——应该花费大把时间上网冲浪，又关心政治，很有正义感——告诉我他很可能会做什么？"

他们两人交换了一个眼神，答案都写在里面：黑客。

"他们对世界的看法也许很幼稚，但破坏力却不容任何人小视，在网络上几乎无所不能。雷切斯特告诉我们，施密特半年前就订了这个包厢。他是怎么知道的？"

"电脑告诉他的。"傅展说。

李竺点头,"电脑是会说谎的,东方快车号的服务器对施密特来说根本不堪一击。"

"这帮黑客,不闹得天下大乱他们不会罢休——政客的确最恨他们。21世纪最大的变数。"傅展悄声细语地说。他的呼吸声吹拂过李竺耳朵,"笑一笑。"

李竺发出低沉又短暂的笑声,打了傅展一下,就像是被他喁喁低语的笑话逗乐了。他们打情骂俏了一会才又窝到一起,无障碍继续交流。

"如果是黑客组织,他们会派出施密特也就不奇怪了。这种基于幼稚的政治理想黏合的组织,某方面特别强大,但另外一方面则可能不堪一击。他们的组织往往特别松散,来自天南海北。这在被追捕时是优点,但也让他们很难影响到现实世界——也许James和他的那个同伴是他们在中欧地区能找到的全部打手。这两个人全死在红脖子手上。他们找不到别人,只能在网络上搜寻你我的足迹——"

"他们只找到了我的订票记录,所以施密特——也许受冲动驱使,混上了火车。他出不了外勤,但也许可以随机应变。不管怎么说,这里总是离U盘近一些。"傅展当然不费吹灰之力就理解了她的推测,和他讨论确实不失为一种享受,"他没出手,理由是什么?我们有两个人,看起来都不好惹?还是他不能肯定U盘在我们身上?"

这二者当然都有可能。说实话李竺也觉得施密特的决定很明智。她根本不知道他打算怎么对他们用强。即使她和傅展束手就擒,估计他也不知该怎么办。这男人在网上也许很能干,但在现实中几乎可算是低能儿。"也许是不知道从何下手——但我觉得,他是不能肯定东西是否在我们手上。"

回想起施密特刚才真情流露的控诉,她感到有些荒谬,几乎要笑出来。"他可能是被我们的演技骗了,甚至不能肯定我们是不是就是洗手间里的那两人。"

"哦?"傅展的眉毛也高高地挑了起来。他慢吞吞地说,"这……"

这样一想,倒也不是不合理——正常人看过洗手间里的横尸现场,经历过伊斯坦布尔机场的政变惊魂,甚至(如果这些黑客够会挖的话),还在特洛伊古城被枪击威胁,被殴打得遍体鳞伤——这还是保守说法,甚至很可能他们亲手杀了一个人……两个正常人经历过这些，怎么可能视若无睹，装作没事？多少都会在脸上留下痕迹。施密特看到这对欣快的小情侣，可能三观都被颠覆。就算一大堆直接间接证据都显示他们有强烈嫌疑，但感情上始终无法肯定。这也是完全有可能发生的事。

如果是这样的话……

好吧，这不是不能理解，在正常生活中极有可能发生，更是对他们演技的肯定。傅展捏了一下李竺的下巴，侧过脸好像要亲上去，其实是在她耳侧低语，"他又在看了——你说我们是不是入错行了？如果一开始就往演艺圈发展的话，如今的影坛哪有秦巍的份。"

这真是个笑话，触着她心底不敢去碰的旧生活。但这一次的痛没那么深了。人的适应性真的很强。眼下的生活，习惯了也就麻木了，像是泡在冰水里，久了真能拿从前来开玩笑。李竺夸张地笑起来，语气却不那么热切，"那你也得有一个我这样的经纪人。"

她不等傅展回答就继续说，"要听我对他整个心态的判断吗？我想，施密特的行动应该受背后那个组织的多方支援，当然也因此受到多方制约。他一直没有和我们正面接触，表达对U盘的诉求，也许不仅仅是因为对我们身份的怀疑，对自己的不自信，还因为——组织的判断。"

"你是说？"傅展的语气已隐隐若有所悟。

"组织没有人手。他们也希望我们把U盘运往下一个目的地——总比施密特抢夺后运送的想法要靠谱。东方快车号上没多少电脑，他们的浑身本事都无用武之地。施密特刚才好像试图布我的教，叫我为他们的信仰感动。"

"结果如何？"

"想装作感动的样子，但当时想得太多，没装好，他看出来了。"

她是有被嫌的准备的，但毒舌却迟迟未至。李竺闭眼等了一会，禁不住去看傅展——出乎意料，傅展却没有丝毫斥责她的打算。恰恰相反，他正搓着下巴，意味深长地打量着李竺，眼神里闪着她捉摸不透的情绪。

"喂？"她闪出问号。

"没人能滴水不漏，你表现得已经很不错了。"傅展说。他的赞赏含着迟疑——这像是他们第一次对彼此表达正面情绪。李竺也有点不习惯,"你比我想得更有天赋,你自己没感觉吗?"

她没说话,但一脸懵逼,想也知道那回答毫无新意:我不知道,我没经验,你说我有天赋是否只是客气?傅展看着她的怂样忍不住翻个白眼,又笑起来,"没客气——恕我直言,李小姐,你要早发掘出自己的才能,那也就不会……"

不会被他瞧不起?被他玩得团团转?被他正手反手地用,要得像把小提琴?

前尘往事,现在看就像是孩子斗气般无意义。李竺扯扯唇角,算是回应。她干巴巴地问,"接下来,该怎么办?"

这是个横亘已久了又了无新意的话题,实际上还牵扯着侯赛尼。施密特就是第二个侯赛尼。他们该怎么对待这个侯赛尼?怎么对待之后会接触到的千千万万个侯赛尼?

目光再次接触,仿佛还闪着今早阳光的余晖。一方仍是含笑圆滑,遮掩着真实考量。但另一方的眼神,也比今早更坚定。很容易就看得出来,李竺并不想处理掉施密特。只是今早她还没足够的自信,随着她的天赋逐渐浮现,她也变得越来越强硬。对这样的人,一味压制恐吓可不行。再高压下去,下一次她拿起枪打死敌人(倘若足够幸运)之后,瞄准他的枪口可未必那么容易就会降低。

傅展心头掠过无限思绪,最终化为意味深长的笑。

"我不知道,这不由我一个人决定——"

说话间,车辆已经到达火车站。东方快车的乘客享受特殊待遇,小巴直接开到专用候车室门口。乘客逐一下车,傅先生傅太太排在最后。他们很清楚地观察到,施密特正频繁低头查看手机,同时观察着在候车室用茶的新旅客。

查人头,无需解释,两人同时心领神会:后勤正源源不断地给他供应大量信息。

施密特不是太熟练,没法做到仔细观察的同时若无其事。他鼻尖沁出汗珠,不久后发出如释重负的叹息。傅展和李竺对视一眼,都看出彼此的放松:布加勒斯特没有问题人物上车。

"他的命运会怎么样。"傅展把话说完,"就得看布达佩斯有谁上车了。"

他们的眼神对在一块儿。有那么一瞬间,时间似乎停滞了半秒。这半秒间,月亮从议会宫尖顶后头探出了半张脸。列车在林间飞驰，驶过剧变后萧条破败的东欧。从布加勒斯特到布达佩斯并不远，其实它去往威尼斯也很近。一转眼间，一天车程如飞而逝。在布达佩斯的浏览风平浪静，已经进入欧盟区，没人会来查护照。再说，东方快车号的乘客也一向受到特别礼遇。薄暮时分，他们又来到了另一座火车站。他们依然躲在人群后，交换着爱情鸟的轻拥与喁喁低语，落得比所有人都后。没人感觉出不对。施密特尤其不能（他们都是若无其事暗中观察的高手，但这主要是因为他太不擅长此道）。他们也依然在交换着含义丰富的眼神。

这一次，施密特的鼻尖一直在滴汗。他看起来比昨天紧张十倍。

布达佩斯有人上车。

阅读评价

小时候，我一度十分喜欢《007》这类特工片，紧张、刺激，又不失幽默。然而随着年纪渐长，这类型的故事却渐渐淡出了我的视野，皆因这种故事实在是太难写了。它需要作者有相应的知识储备，还要时刻掌握好情节的发展、人物的变化，松弛有度，又不能脱离现实。久而久之，我都忘记了还可以去找这类型的小说来看，直到今年有人给我推荐了御井烹香在晋江文学城写的《同生》。

最开始，我即便知道这是一部男女主角搭档逃亡的故事，但依然单纯地以为这只是一部紧张的"公路片"。但没等我翻开几页，便发现自己已经停不下来了——剧情的紧凑和张力出乎我的意料，文字所承载的重量和深意也令人神经跳动，让我仅仅读了一万字就能听到本能在尖叫：这是一篇我从未见过的好文！

第一好看点：精致利己主义者的传奇

李竺和傅展本相看两厌，只是出于职业习惯相互维持虚假的礼仪。然而伊斯坦布尔的政变却让他们首度紧密地联合在一起，带着一个意外得到的U盘开始逃亡。

他们从土耳其逃到了欧洲，从巴黎逃到意大利的米兰、佛罗伦萨、罗马，又一路马不停蹄地去往开罗，在茫茫沙漠中与敌人短兵相接，落入下风，极限翻盘，最终逃出生天。

而在这个过程中，两人的关系，乃至于他们对世界的看法，也在不断发生微妙的转变。直至实现如书名所说的"同生"，实现这段注定不会有多少人知道的传奇。

用现在常有的话说，原本的李竺和傅展，无疑都属于那种"精致的利己主义者"。只是相比之下，李竺作为一个普通人，更依赖于通过法律和道德约定俗成的框架，始终心存一份对现实的顾虑和恐惧。这落在傅展眼中，就是"怂"。而作为男主角的傅展，实际上是一个环绕着谜团，并且足以称为心狠手辣的人。当他是世俗中的成功人士、公司副总时，他彬彬有礼，至少维持着基本的客套和礼貌。但到了这层皮必须丢弃的时候，他便冷漠地计算着自己如何才能逃生，不顾他人死活——最开始，他甚至想在关键时刻先杀了很可能拉后腿或落入敌手的李竺，以免她对敌人吐露自己的信息。

李竺也许不够狠，也没有接受过相关的教育，但她很快就领悟到了傅展的这层意思，为了活命而想方设法证明自己的用处。在这段时间中，两人的关系是紧张甚至隐隐带着敌意或是——杀意的。这种敌意隐藏在同心协力之下，只要横在两人之间维持立场的弦崩断，立刻便是你死我活，甚至无需敌人出手。

第二好看点：同床异梦的逃亡爱情

如此不同的两个人被迫一起逃亡，甚至"同床异梦"，难怪许多读者都表示过"难以想象他们该怎么在一起"。

事实上，本文虽秉承御井烹香一贯的"事业为主，恋爱为辅"风格，感情戏不多，但每一次的出现却都代表了一个重大的转折点。

最开始，两人都承受着莫大的压力。在终于登上东方快车后获得了喘息的时间。长时间的紧张和恐惧得到了释放的空间和渠道，感情成为了他们发泄的出口。而这不仅仅只是一次放松，更代表着傅展和李竺这两人，成为了足以平等交流的战友，而非领导者和一个累赘——这在之前的只言片语中就有所体现：傅展最开始近乎独断专横，但发现李竺展现出令人意外的才能后立刻调整，并明确表示要征求她的意见。

这是在用傅展迅速的态度变化表现李竺上升的能力，更是隐隐勾画出了傅展此人的一个性格侧影：冷静、识时务、懂大局，并且翻脸如翻书。这种双方之间的对照一直贯穿全文，如同一个跷跷板。在外部施加的压力下，两人强弱不断转换，在紧凑的剧情中不动声色地显现，随着感情线一同爆发。在东方快车上的这次发泄，仅仅只是一个开始。

紧接着，两人在东方快车上接触到了另一方势力：黑客组织"盗火者"。他们开始周旋于这二者之间，又时刻从中抢夺主动权。这一部分的舞台放在了欧洲，从半路上的威尼斯到巴黎，再从巴黎到意大利。这一段可谓是我作为读者看得最为舒服的一段。

李竺与傅展强强联手，在极狭窄的空间中释放出了令人惊叹的能力，不但逃脱，而且给敌人施加了极为沉重的心理压力，牢牢主导了节奏。而在中途，感情线的第二次爆发，则源于他们冒险之后的死里逃生。若说上一次含有极重的发泄意味，那么这一次，则多了激情、振奋和高昂的兴致，甚至多了一丝——温情。这说明了他们关系的微妙转变，两人之间的壁垒出现了裂缝，很多读者也同样具有这种感受。

然而，欧洲段也让沉重初露端倪。敌人并非铁板一块，参与者也并非具有为国捐躯的热情。行动的负责人K实际上是骑虎难下。他获得了前所未有的权力，却也承担着前所未有的压力。若是失败，他将是现成的替罪羊，只有成功，方才有一线生机。他愤怒震惊于主角二人的能力，背后却是他对上级强硬要求的愤恨、对死伤同僚的兔死狐悲和无可奈何。比起背负着沉重现实的K，盗火者这个组织却充满了轻盈的理想化。他们认为他们需要揭露真相，改变这个充满了虚假和不公的世界。他们腼腆、害羞、不善交际，却愿意为此付出生命。

而一直与他们周旋、夺取主动权的主角二人呢？他们在此次欧洲行中，同样看到了世界的真实和那些他们以前很少会去想的事情——世界的格局、弱国的体现、没有办法找到工作只能无所事事的年轻人……他们甚至在伊斯坦布尔政变之后又接连遭遇恐袭和暴动,而这只是因为CIA需要找到他们——但又绝非为了他们。这些动乱早有预谋,只是因为他们的逃亡而被加速。

傅展冷眼旁观着这一切。他是如此冷静自持、熟视无睹。他洞悉世界运转的规律,轻描淡写地说出乱象背后的原因,对身边的灾厄袖手旁观、无动于衷。然而李竺,从来没想过这些事情、第一次看见这些事情的李竺,震惊、愤怒、悲哀。也正是在这一段旅途中,一个命题被抛了出来:你是否愿意相信?

第三好看点:从"相信"到"信念"

本文的题目是《同生》。同生一词在巴黎中有了体现:一同生存下去,一同走到最后,一同回到原来的生活。然而只是如此吗?同生,不单单是性命的同生、物质意义上的同生,更是精神上的同生、信念的同生。

如何体现信念?文中给出了这么一个命题:看你是否相信,是否愿意相信。看上去无所不能、家学渊源的傅展,在年少时曾经为了某个目标付出了极大的努力。然而家里的话事人并不认可他,因为他"不信"。愤怒的他转而投身于时尚行业。时过境迁,当年的训练竟然再次有了用武之地,让他和李竺有了逃出生天的本事,但他依然"不信"。或者说,他一直持有的理智让他不愿意去相信。

李竺曾经只是一个生活在纸醉金迷衣香鬓影中的经纪人。翻天覆地的改变让她只能去接收那些以前从来不曾获得过的信息。她学会了如何更好地运用自己的技能,非但不因此而睡不好觉,反而从中获得了刺激感。她的本能让她反感这样的变化,日复一日地迷茫着自己将会何去何从。

直到她看见了《创世纪》。梵蒂冈已然没落,不复当年荣光,不再是往日那般的圣地。是不朽的名作吸引着成千上万的游客继续来到这里,它的神性要比圣彼得的宝座更甚。这幅画的创作者死于数百年前,而他的才华、他的遗产、他画笔上承载的热情和力量,足以跨越生与死的界限,在世上达到永恒。

直到她在千钧一发中救出了亚当。事后她明白为何傅展任由自己将这个敌人和隐患救出，但在行动的那一刹那，她完全没有想到这些。

她与傅展一同走过人间地狱。她适应了自己的变化，却没有适应世界的真实。她想做些什么？她要做些什么？她不再是无奈地被命运裹挟着前进的平凡人。她拥有了如此的力量，她必须用这力量去做些什么，在世上留下些什么——因为她开始相信，她愿意去相信。

相信什么？

在尼罗河的月色下，亚当对傅展和李竺说："正是因为有你这种人，我这样的人才会试着去相信。我们心中依然充满了怀疑，充满了负面——我也曾经是很坏的人，我做过的事你甚至无法想象。但正是因为你这样的人，我才会试着去改变这世界，试着相信，这世界也许有一天的确可以变得好一点。"

相信什么？相信自己可以做出力所能及的改变；相信这个世界值得我们为之努力；相信我们做的不是无用功；相信这个世界也许有一天的确可以变得好一点。

亚当相信，所以他抛开过去，加入了盗火者，和整个国家机器敌对。刘工相信，所以他愿意抛弃唾手可得的优厚待遇，在茫茫的沙漠边缘为别国搞基建，看着这个地方在他主导的工程下日渐改变。劳勃或许也相信。他说着流利的英语却痛恨美国，恨这个将天堂建立在他国的地狱之上的国家。他离开"天堂"回到他处于"地狱"中的故土，成为了一个雇佣兵首领。他是否知道自己该如何努力？还是只是无望地等待、生活，只是为了可以一直亲眼见证这片土地上所发生的事？

甚至就连 K 也是相信的。虽然他疲惫、愤恨、无奈、绝望，但他仍然秉持着属于他的骄傲，即便知道自己即将面对的命运，也不愿去做一个逃兵。

如同互相缠绕的螺旋，在这场逃亡中，傅展和李竺都无法离开对方。命运将他们的这一段人生紧密交缠在一起，分别占据两极，一同上升。他们在这段旅途中被动或主动地接受着来自四面八方的洪流。这洪流改造他们的人生，塑造他们的精神，让他们回忆、思考、抉择。

他们的情感在沙漠中第三次爆发。不同于前面两次的激烈，反倒充满了小心翼翼的试探。试探在紧张和危机之后、激情和冲动之下，抛开外界的一切，他们是不是真的可以触碰到最真切的对方。对方愿不愿意，而自己又愿不愿意？

第四好看点：从"男强"到"女强"的性别重塑

三次改变，三次爆发，最终让傅展和李竺完成了近乎脱胎换骨的蜕变。作为读者，也同样恍若隔世。

李竺再也不是以前那个沉醉在奢华世界中的经纪人。她拥有了自己的信念。这信念从一个犹豫生成的胚胎到逐渐发展壮大，最终坚如磐石不可转移。而傅展也有了失控，有了向往，有了犹豫。他不愿意对这个世界抱有热情，抱有信心，可这段旅途带来的改变、李竺的改变对他的触动也不由得否认。他变得窘迫、尴尬、不服气，却又无言以对。在这段逃亡终于终结时，在马六甲海峡中，李竺轻声对他讲："现在我们到底谁怂？傅先生，你说说。"

这是本文最后一段强弱转变。从最开始傅展强而李竺弱，慢慢发展为两人在精神和能力上的势均力敌，再到最后李竺已然迈出了自己前进的步伐，反倒是傅展犹豫不决。"怂"这个字眼最开始在李竺身上，代表的是李竺的软弱和两头不着。但最后落到了傅展身上，却多了一丝彼此心知肚明的促狭与调侃，多了一丝释放的善意，多了一丝对对方的笃定。

如同一曲激昂澎湃的探戈，彼此试探，彼此交锋，彼此势均力敌，彼此耐心等待。傅展和李竺与敌人交锋时是如此，他们两人之间也是如此。若说刚开始这暗处的争斗还有那么几分敌意，那么到了最后，便多了对彼此的理解和包容，以及对世界的求索。"路漫漫其修远兮，吾将上下而求索"，需要求索的不仅仅是知识与真理，更是个人对世界的认知和对自我的追求。

令人惊讶，令人震撼，令人沉思，令人心潮澎湃、热泪盈眶。《同生》这本小说是我今年得到的第一份惊喜。这份惊喜之盛，甚至让我无从把它与任何一本小说比较。当然，我看过很多很好的作品，但这一份是如此与众不同。它仿佛打开了一个前所未有的新鲜领域，用浪漫的笔触描绘现实，又用沉重的现实托起沸腾的理想。它让人联想到《冰与火之歌》中著名的守夜人誓言，又远比这现实百倍，充满了无奈的背叛与体制的颠顶，仿佛戴着生活赋予的沉重镣铐，仍然渴望翾翾起舞。

　　个人的情爱在这片天地之中显得如此缥缈，但终归不再那么不可捉摸。是相信的重量让悸动和热情有了寄托。相信自己要去做些什么，要去改变什么，我可以去做，我愿意去做，这是我赋予自己的意义。

　　　　　　　　　　　　　　　本篇执笔：菜籽／中国青年智库论坛网生评论家

第三章　冰临神下《孺子帝》：

"王者成长"历史推演小说

　　韩孺子在整个过程中，都在一边应对各种危机，一边学习怎么当皇帝。对他影响最大的有三句话：一句是他母亲所说的"不要相信任何人"，一句是祖父武帝自叹的"朕乃孤家寡人"，还有一句来自神秘的杨奉，说皇帝能够掌握的距离只在"千里之内，十步以外"。韩孺子领悟到的所有帝王之术都离不开这三句话。

作者简介

　　冰临神下是一位创作类型多样的网络小说作者，也是起点中文网新晋大神级作者之一，作品类型包括武侠、仙侠、历史三大题材。

　　2012 年，他凭借在起点中文网创作的《死人经》一书开启了网络小说的创作，一年之后登上了起点首页的强力推荐榜。之后创作的《拔魔》《孺子帝》《大明妖孽》等凭借着稳定从容的文笔、曲折动人的情节和细腻的人物描写，获得了读者的认可，成为了新一代大神级的作者。

　　冰临神下创作作品，擅长将主角人物放置在一个充满冲突的环境中，而故事的看点也因主角的破局而变得引人入胜。

代表作品

　　《死人经》：已完结；

　　《拔魔》：已完结；

　　《孺子帝》：已完结；

《大明妖孽》：已完结；

《谋断九州》：连载中。

内容梗概

《孺子帝》是冰临神下于 2016 年在起点中文网创作的架空历史类小说，于 2017 年完结。本书发布后不久就登上了三江频道推荐，随后登上了起点封面强推。

本书讲述了一个发生在架空历史世界里的故事。在国力不断衰弱、边境时刻被匈奴威胁的大楚王朝，三任皇帝连续殒命。十几岁的韩孺子就在这种情况下当上了傀儡皇帝。他被选中的原因之一，就是其母没有家族势力，因此最适合当傀儡。

三位皇帝接连驾崩，从来没人注意过的皇子莫名其妙地继位，身陷重重危险之中。太后不喜欢他，时刻想要再立一名更年幼、更听话的新皇帝；同父异母的兄弟不喜欢他，认为他夺走了本属于自己的皇位；太监与宫女们也不喜欢他，觉得他不像真正的皇帝……

孺子帝唯有自救。

引文节选

※ 第三章　聪明的孩子 ※

被困在太后寝宫里的第三天夜里，韩孺子蜷在椅榻上，默默回想连日来的经历。夜色越来越深，他没有半点困倦。东海王独自躺在大床上，翻来覆去。没能如愿在进宫当天登基称帝，这让他非常生气。

"肯定有奸臣从中阻挠。杨奉？他是个坏蛋，可他职位太低。肯定是右巡御史申明志。难道宰相殷无害和兵马大都督韩星也叛变了？"东海王自言自语了好一会，没敢抬高声音。

终于，东海王老实了一会，然后小声说："瞧不出你胆子挺大，竟然不害怕。"

"嗯？"韩孺子连中午和傍晚吃过什么饭都想了一遍，虽然没有得出任何结论，心里却踏实不少，"因为——我没想当皇帝吧。"

"嘿，蠢货，你不知道当皇帝的好处。当了皇帝就能……就能为所欲为，想做什么就做什么，想有什么就有什么。'普天之下莫非王土，率土之滨莫非王臣'。只有皇帝是天下的主人，其他人都是佃户，要向皇帝上交租税。"

"我只想跟母亲在一起。"

"傻瓜，只有皇帝才能心想事成。你们只能盼望皇帝的恩赐。你想回到母亲身边，得有皇帝——也就是我的允许才行。"东海王转身睡去，没一会就响起了轻微的鼾声。

韩孺子也困了，闭上双眼，侧耳倾听门外的声音。不知是幻觉还是确有其声，他觉得自己听到了抽泣声。

皇帝是天下的主人。可是除了他的母亲，没有人再为他的死感到真正的悲伤。韩孺子想到这里，开始同情那位早夭的皇兄。他们曾经共同住在同一座府邸里将近十年，却从未见过面，至少在韩孺子的记忆里没有。

他刚睡着不久就被晃醒了。迷迷糊糊地以为这是自己的家，嗯了两声。突然觉得气味不对，立刻睁眼。在一片黑暗之中，隐约辨识出一道身影。

"你还真能睡得着。"是东海王的声音。

韩孺子起身，一边揉眼睛，一边打哈欠。

东海王坐上来，将韩孺子推开一些，然后低声说："我想过了。咱们毕竟是亲兄弟，都是韩氏后裔，流着武帝的血。等我当上皇帝，不会杀你，还会封你为王。如果你能一直老老实实，或许我还会让你们母子离开京城，去一个小小的郡当一个小小的王。"

"谢……谢。"韩孺子实在想不出该说什么。

"兄弟齐心，其利断金。咱们得齐心，得加深了解，先随便聊聊吧。"

"嗯。"

兄弟二人坐在黑暗中，半天谁也没想出合适的话题。东海王又恼怒了，"你真是块木头疙瘩，连话都不会说。这样吧，咱们轮流提问题，你先来。"

韩孺子想了一会，"你为什么总说'我们崔家'呢？你应该也姓韩吧？"

"废话，我当然姓韩，可是——"东海王的声音本来就很低，这时压得更低了，"韩家的子孙太多了，根本不把皇子当回事，大家只盯着皇帝一个人。在崔家，每个人都喜欢我。即使我只是东海王，他们也喜欢我。所以我更喜欢崔家人。"

或许是不小心说了实话，东海王突然改口，"但我的确姓韩，叫韩枢，毫无虚假的皇子。大家都说我跟武帝长得最像。你叫孺子吧？为什么起这样一个怪名字？这肯定不是真名。咱们这一辈的名字都是木字边。"

"我……就叫孺子。"韩孺子不太确定地说，"母亲说……武帝见过我，称赞我'孺子可教'，所以……"

东海王大笑出声，急忙闭嘴。听了一会儿，发现这一笑并未引起外面的注意，才笑道："你娘真会编故事，你信吗？"

韩孺子不吱声。

东海王在韩孺子肩上重重推了一下，"没意思，你娘是宫女出身，没教过你怎么讨好别人吗？"

韩孺子仍然不吱声。东海王颇觉无趣，跳下椅榻，回到大床上，倒下接着睡。

韩孺子睡不着了。他想念母亲，一点也不喜欢皇宫，更不喜欢共处一室的同父异母兄弟。慢慢地，他的思绪转到了杨奉身上，幻想着那名太监正在某处与一群敌人战斗，为的是……韩孺子希望杨奉能赢，可他真的不想当皇帝。

东海王蹑手蹑脚地又来了，摸上椅榻，朝窗而跪，忧心忡忡地说："事情不对头，非常不对头。皇帝已经死了，有资格继位的就咱们两个人。太后应该一早就立我为帝。她在等什么？"

"太后在哀悼皇帝。那是她的亲生儿子。"

"呸，怎么会有你这么笨的家伙？就算伤心欲绝，太后也得先立新帝。这是惯例，这是……这是太后的职责。而且她将咱们两个都软禁在身边，表明她的神智非常清醒。"

东海王轻轻地推窗，"过来帮忙。"

"啊？"

"我要逃出去，大臣们会立我为帝。我真后悔没在东清门跟那群太学弟子一块走。全怪他们，只会嚷嚷，就没有一个真敢上来动手。景耀那个老太监把我按得死死的。"

韩孺子跪起来，但没有帮着推窗，"你逃不出去的。这里是太后寝宫，前后有两道门户。如果你想走蓬莱门的话，还要经过三重门户和四条长巷，更不用说随处可见的禁军。"

"你……居然记得进来的路径？"东海王感到惊讶了。

"记得不是很清楚。"

东海王嘀咕道："虚伪的家伙，差点把我给骗过了。这种人怎么能留？"

暖阁的房门在响，东海王来不及回到床上，急忙转身在椅榻上坐好。灵机一动，又跪起来，扳过韩孺子的一条胳膊，将他压在窗台上。

韩孺子吃了一惊。可是东海王没有特别用力，他也就没有激烈反抗。

"你想越窗逃跑！"东海王大声喝道。门开了，外面的灯光照射进来。他叫得更大声，"快来人，孺子要逃跑！"

受到不公正指控的韩孺子开始反抗。可他的力量与东海王不相上下，失去先机之后没法扳回来，反而被压得越来越紧。

一个轻柔的声音说："都是亲兄弟，打什么架呢？"

东海王见好就收，松开韩孺子，跳到地上，"孩儿参见皇太妃。孺子要逃跑，被我抓住了。"

"你认得我？"上官皇太妃好奇地打量东海王。在她身边，太监左吉提着灯笼，还有一名捧着长木匣的宫女。

"父皇登基的第十天在宫中设家宴，孩儿向皇太后、皇太妃请过安。"东海王袖手站立，要多乖巧有多乖巧。

上官皇太妃展露笑容，"没错，我也想起来了，那时你才这么高。小孩子长得真快啊，现在跟我差不多一样高了。"

"母亲时常因为我个子高埋怨我呢，说就是因为我，她才不能每日给皇太后、皇太妃请安。"

　　皇太妃笑吟吟地点头,目光转到韩孺子身上,"那次家宴上,我好像没有见到你。"

　　韩孺子根本不知道家宴是怎么回事。东海王抢着回道:"三年前父皇登基,本应是普天同庆,王美人却在宫中暗自哭泣,被人发现,劾奉为大不敬,所以家宴的时候父皇根本没邀请他们母子。"

　　皇太妃点点头,收起一些笑容,问道:"你为什么要逃走?"

　　韩孺子抬手指向东海王,刚想说自己是被陷害的。东海王又一次抢在前头,"他想回到王美人身边。他从进宫那一刻起就哭哭啼啼地说想母亲。我说得没错吧,孺子,你是不是说过?"

　　韩孺子正想着怎么回答这句半真半假的提问,皇太妃笑道:"这么大了,还是小孩子脾气。跟我走,我带你们去另一个地方。"

　　"我们什么时候能见到皇太后?"东海王立刻警觉起来。

　　皇太妃笑笑,没有回答,转身走出暖阁。东海王无奈,只能跟上去。韩孺子其次。再后是捧匣宫女。左吉提着灯笼与皇太妃亦步亦趋。

　　正屋里有两名宫女,守在东暖阁门前。皇太后就在里面。她召见两名皇子,却一直没有露面。东海王和韩孺子忍不住都向那边望了一眼。东海王放慢脚步,突然冲向守门的两名宫女,大叫道:"皇太后!我是东海王,我要见您!"

　　捧匣宫女上前一步,伸手轻轻一拨。东海王不由自主地向门口跑去,脚步踉跄,差点被门槛绊倒。宫女扭头盯向另一位皇子。韩孺子自己加快脚步走出去,心中暗自纳闷,这名宫女长得很是奇怪,全身上下没有半分袅娜,倒像是……一名男子。

　　上官皇太妃转身笑道:"越聪明的孩子越不听话。"

　　东海王没有在意宫女,抽泣道:"孩儿也想母亲了,所以一时失态。皇太后才是我真正的母亲。"

　　上官皇太妃笑而不语。

　　宫外停着一顶轿子和十几名太监、宫女。皇太妃示意两位皇子进去,自己留在外面步行。

轿子颠簸前行，东海王推了推韩孺子，惊恐地说："你明白了吗？"

"明白什么？"

"皇太后迟迟没有露面，很可能……已经被杀死啦。咱们不是被软禁，是被绑架了，没准……"东海王紧紧靠着韩孺子，好像这样一来就挡住突然刺来的刀剑。

韩孺子想了一会，"咱们两个都死了，谁来当皇帝呢？"

"笨蛋，当然是上官家的人。"东海王自己也觉得这个回答太愚蠢了，急忙改口道，"他们会从宗室当中选一个傀儡当皇帝。咱俩的年纪太大了，他们要选一个两三岁还不会说话的婴儿。没错，这种事在从前的朝代中曾经发生过……天呐，我就要被杀死了！"

东海王紧紧抓住韩孺子的手腕，身子微微发抖。

韩孺子挣扎了几下，没能摆脱束缚，只好劝道："不会的，如果崔家真像你说得那么厉害，太后是不会杀死你的。"

"你肯定？哦，没错，杀死我就等于逼崔家起事。呵呵……"东海王松开韩孺子，心里还是不太踏实，一路上没再说话。

轿子落地，太监左吉掀开轿帘，探头进来，"太庙到了，请两位皇子下轿。"

东海王兴奋地又推了一下韩孺子，"太庙是祭祖的地方，我真要当皇帝了！"

※ 第六十四章 无人相信的真相 ※

"整整一天。"宰相殷无害感叹一声，"令太后和陛下受惊，臣等死罪。"

"众卿无罪，众卿护驾有功。"太后的这句话决定了一切。十余名大臣一块行礼谢恩。

韩孺子被送到太后身边坐下。他扭头看了一眼母亲。王美人冲儿子微点下头，表示一切安好。

韩孺子的心却没法全平静下来。太后正要说话，他抢先开口："谁能告诉朕究竟发生了什么？"

宰相殷无害从太后那里得到暗示，向皇帝微笑道："昨日皇太妃矫诏进入勤政殿听政，老臣侥幸逃出……"

"这些事情朕都了解。朕想知道昨天晚上的事情。"

殷无害又看了一眼太后，"昨日晚间，宫门郎刘昆升与前国子监祭酒郭丛找到老臣，出示太祖宝剑。老臣立刻带二人去见韩大都督。群臣当中唯有他最认得此剑。"

接下来的事情就简单了。兵马大都督手下并无兵马，却有调兵信符。但是没有兵部的公文，单独的信符没有用。韩星调不动正式的军队，于是持宝剑和信符，前往大理寺、刑部和京兆尹衙门，调集三处的官兵。

这三个衙门的官员是"广华群虎"的主力，对太后尤为忠诚，可是缺少上方旨意，不敢妄动。太祖宝剑给了他们急需的一道"旨意"，于是打破惯例，派出置中官兵追随韩星和殷无害。

两位大臣率领数百名将士直接攻入内宫。事情比预想得要容易。新任中郎将花缤半夜逃亡。宿卫群龙无首，早已人心惶惶，只是不敢轻举妄动。一见到宰相和兵马大都督，立刻开门，与两位大人一同闯入内宫。

混进皇宫的少量刀客寡不敌众，照面不久就被歼灭。几名刀客退至慈顺宫，想要杀死太后等人再做拼死一搏，却被罗焕章阻止。眼前大事已败，他选择了投降。

落网之后的步蘅如与此前判若两人，面对官兵磕头求饶，很快就被罗焕章说服，自愿做内应去救皇帝。

韩孺子问道："宫门郎刘昆升没说宝剑从何而来吗？"

"说了，宝剑是太后派人暗中送给他的。这的确是奇功一件。"殷无害答道。

"咦？"韩孺子简直不敢相信自己的耳朵。他冒着重重危险、牺牲了三名太监，才将宝剑带出内宫交给刘昆升。功劳居然就这么被抹杀得干干净净。正要说话，先扭头看了一眼母亲。看过之后，他闭嘴了。

王美人眯起双眼，正用极严肃的神情警告儿子不要乱说话。

韩孺子相信母亲，于是点点头，"原来如此，朕……没什么疑问了。"

宰相殷无害躬身退回同僚队列中去。太后对罗焕章说："罗师一生讲仁义，却行此不仁不义之事，可还有话说？"

罗焕章摇头，神情跟平时一样骄傲。

"念你最后一刻阻止逆贼喋血内宫，算是功劳一件，免你死罪，关入大牢，永不释放。"

宰相殷无害又上前道："太后，谋逆乃是不赦之罪，纵然立功也不宜宽恕。"

给谋逆者定罪可不容易，大臣们通常会再三提出反对意见，以揣摩上意。宰相之后，其他大臣也接二连三地表示罗焕章罪不可赦。太后坚持己见，众人这才平息议论。

罗焕章却不领情。两名侍卫要将他押下去时，他说："我阻止他们杀人，不是为了太后，而是不愿大楚无主，以致天下大乱……唉，百无一用是书生，我没什么可说的了。"

罗焕章被带走，太后看向皇太妃。这是她的亲妹妹，在过去的几十年里一直是她唯一信任的心腹，现在却成为背叛她最深的人。

大臣们面面相觑，都觉得自己不宜留在内宫旁听太后家事。可太后不准他们离开，冷冷地说："上官端，你贵为皇太妃，却勾结逆贼祸乱内宫，可知罪吗？"

皇太妃一直盯着地面，这时抬起头，看着自己的姐姐，"臣妾知罪，臣妾与太后同罪。"

大臣们全都保持沉默，更觉尴尬。

太后道："你说我有罪——先帝选定的顾命大臣都在这里，你有什么话，都说出来吧。"

皇太妃的目光在大臣们脸上一一扫过，"顾命大臣？只顾自己的命，哪还管皇帝的命？好吧，你让我说，我就说，是你毒杀了桓帝。"

在这种时候还不开口，就太不合适了，大臣们七嘴八舌地呵斥皇太妃。太后抬起右手，示意群臣噤声，"让她说。"

皇太妃比任何人都了解太后，冷笑道："你这是以攻代守，以为让我当着群臣的面说话，就能扫除谣言。但我还是要说出真相，即使暂时没人相信，日后也会有人想起。"

皇太妃再次看向群臣，目光没有停留，最后盯着皇帝，继续道："太后毒杀了桓帝，不，应该说是我和太后一块毒杀了桓帝。我们共同犯下弑君之罪。"她露出一丝不以为然的微笑，"她放药，我端汤，我们一块看着桓帝喝下去，看着他的呼吸越来越弱……"

韩孺子被盯得心里发毛，好像又被三柄利刃抵在了胸前。

太后不吱声。大臣们更不敢吱声。这种时候说什么都是错。那些没资格进入内宫的大臣才是最幸运的人。

皇太妃的笑容慢慢消失，目光仍然盯着皇帝，"陛下想知道我们为什么要做这种事？当然是为了我们共同的儿子，也是你的兄长，那个唯一有资格当皇帝、也最适合当皇帝的人。"

这个人当然是思帝。皇太妃对他的感情，似乎比王美人对儿子的喜爱更甚。

宰相殷无害咳了一声。他必须说点什么了，否则的话会显得失职，"思帝乃是桓帝嫡长子，继位只在早晚之间，太后又何必……做出那样的事？"

"因为桓帝改主意了。他刚登基的时候一心想要铲除外戚崔氏，可是经过一段时间的执政之后——"皇太妃的目光终于从皇帝脸上离开，冷冷地看向殷无害，"桓帝发现大臣才是最顽固的敌人。你们自成体系，互相荐举、彼此庇护，表面上忠君，暗地里却将皇帝架空。"

群臣尴尬不已。殷无害反而最为镇定，摇头道："皇太妃此言差矣。桓帝乃是一代明君，纵然与大臣们有些争议，也总能达成一致……"

皇太妃大笑，再次盯着皇帝，"'明君'——记住了，陛下，你若是还能继续当皇帝，以后也会被称为'明君'。这就是大臣用来架空你的手段。什么是'明君'？只有符合大臣要求的皇帝才是'明君'。"

殷无害摇头不语，用一连串的叹息表明自己的态度。

韩孺子道："你说桓帝改变主意是什么意思？他不想当明君了？"

"他要当明君，但不是大臣心目中的明君。所以桓帝决定铤而走险，先利用外戚压制大臣，再调头收拾外戚。为此，他做出决定，要废除皇后与太子，封崔贵妃为后，立东海王为太子。"

旁边的暖阁里响起一声诧异的尖叫，那是东海王。他没有跑出来，也没人理睬这声叫。

殷无害道："皇太妃越说越匪夷所思了。这么大的事情朝中必有闻，可桓帝在位时，从未表现出对崔家另眼相看的意思，甚至接二连三地压制……"

"先抑后扬的道理你不懂吗？桓帝必须先压制崔家，等他改立皇后与太子的时候，崔家才会感激涕零，甘心为桓帝所用。"

殷无害苦笑着摇头，与其他大臣互视，脸上的神情分明在说：一派胡言，无需辩驳。

兵马大都督韩星一直捧着太祖宝剑，上前一步说："如此说来，连崔家也不知道桓帝的想法了？"

崔家当然不知道，否则的话早就利用传言为自家造势。

皇太妃垂下目光，再抬起时看向了太后，"真相因为真，所以无人相信。你还是那么聪明，我终归斗不过你，可是有人能。你可以一次次废帝、立帝，可你心中的恐惧无法解除。因为皇帝稍微长大一点，总会生出野心，令你寝食难安。"

宫变失败了，皇太妃脸上却露出胜利的喜悦，"思帝对桓帝之死有所猜疑。他要调查真相，找你理论。你们吵了一架。思帝一气之下用匕首划伤了你的手腕，于是你对自己的儿子也动了杀心。你第二次弑君。这一次只有你。因为你知道我绝不会参与，还会想尽办法阻止你。"

喜悦变成了黯淡，皇太妃站在原地晃了两晃，"你杀死了思帝，杀死了自己的儿子。难道你不明白，从此之后再也没有可信之人当皇帝了？处死我吧，我宁愿去地下陪伴思帝，也不想活着看你作威作福。"

面对皇太妃的"危言耸听"，太后一直没有阻止，脸上的神情也一直不变。这时慢慢抬起右手，露出一截手腕，那上面的伤疤清晰可见，"左吉，告诉大家，这伤是怎么来的。"

韩孺子进屋之后还没看到过这名太监。只见他从侍卫身后膝行过来，双手被捆在背后，泪水、汗水混在一起，先向太后使劲儿磕头，然后努力用最大的声音说："思帝驾崩，太后悲不自胜，用匕首自伤手腕，我亲眼所见……亲眼所见……"

群臣点头，虽然不赞同太后的做法，但是慈母之心可以理解。

韩孺子之前却从左吉口中听到过另一种说法。他知道自己该相信哪一种。

皇太妃一败涂地，向皇帝笑了一下，说："当心，陛下。"

太后一挥手，两名侍卫走来，押送皇太妃走出房间。

没人敢问太后要如何处置皇太妃。

宰相殷无害轻舒一口气，"天佑大楚，扫荡逆贼，太后可以放心了。皇太妃妖言惑众，实则漏洞百出，不会有人相信的。"

"皇太妃自己相信。自从思帝驾崩，她就一直抑郁不乐。我以为过段时间会好些，可是她……非要找出一个原因，好让自己心安。"太后长叹一声，群臣跪下，向太后表示同情。

"先帝早逝，新帝年幼，身为太后，自然要以大楚江山为先。宰相要我放心，可城外南军一直没有消息传来，恐怕我还放心不下。"

※ 第一百九十七章　皇帝就是大势 ※

左察御史萧声承认自己输了一招，光想着速战速决，没有仔细了解北军这些天的变化，更小瞧了废帝——看来传言是真的，废帝正在逐渐显露锋芒。

但萧声并不承认全盘皆输。经过一天的休整与打探之后，他更有信心反败为胜。废帝的确有几分本事，几乎将半支北军拉拢到手，比冠军侯担任大司马一年的效果还要好。可北军毕竟是大楚朝廷的军队，不是占山为王的强盗。无论有多喜欢这位少年将军，他们还得服从朝廷的命令。

萧声认为他就代表着朝廷，唯一的问题是缺少圣旨，以致有些人不肯接受。

在询问了多名军中文吏之后——相比于武将，他们更害怕这位左察御史——神雄关、碎铁城的军情在萧声眼里变得越来越清晰。他感到懊恼。废帝在边疆自作主张，早已是漏洞百出，任何一条都足以定罪。他要是早点知道，绝不会在大堂上陷于无言以对的窘境。

到达神雄关的第二天下午，萧声设宴回请北军将领，还有一些他所认识的勋贵子弟。废帝受邀，但是没有来。昨晚的宴席他就没有参加。萧声明白这是蓄势待发，所以他也不着急出手，而是要排兵布阵，一切妥当之后，再发出致命一击。

在宴席上，萧声一反常态，只字不提匈奴人，与众人讲往事、论交情，提起京城如何重视北军，各家族又是如何挂念自家的子弟。

最后，他将话题引到了尚在关押中的"柴家人"身上。众人沉默，规避这个敏感话题。萧声也不强迫，宣布宴席结束，唯独留下柴悦。

在众人看来，萧声这是要向柴悦求情。柴悦不仅是柴家人，还是镇北将军亲信，由他开脱自家亲戚，理所应当。萧声算是找对了人。北军都尉刘昆升逃过一劫，离开时脚步都变得轻松。

可这只是掩人耳目，萧声才不在乎那些"柴家人"。他远道而来，不是为了挽救亲侄儿出狱。事实上，当他离京时，根本就不知道这桩事。他看得非常明白，只要从废帝手中夺回北军，放人无非是一句话的事。

争夺北军的关键不是掌印官刘昆升，而是连正式官衔都没有的柴悦。碎铁城的两战，令他取得极高的威望。

屋外寒风呼啸，萧声看着杯盘狼藉的几张桌子，说："今年冬天比往年冷。"

"久驻边疆的将士们也都这么说。"柴悦垂手站立，小心地回答。突然间，他又变成衡阳侯府无足轻重的庶子，在位高权重者面前谨小慎微。

萧声却不是那个冷眼看人的长辈，微笑道："或许这是件好事。寒冬凛冽，匈奴大军和各地暴民没准都会被冻死。楚军给养充分，不怕。"

这是文官才会说出的话。即使对方不是柴家的亲戚，柴悦也不会反驳。可他并不想闲聊，于是道："被在碎铁城的柴家人……"

"他们罪有应得，竟然在大军之中意图谋杀自家人！"萧声显得很愤慨，然后缓声道，"本官留下柴将军，是想听听你对天下大势的看法。"

柴悦吃惊地看了左察御史一眼，"末将人微言轻、见识浅陋，怎敢妄评天下大势？"

"哈哈，柴将军过谦，你可知道京城这段时间都发生了什么？"

柴悦摇头，站得越发谨慎，"末将不知。"

"坐。"

柴悦犹豫了一会，才在萧声对面的凳子上侧身坐下。

"实不相瞒，没人知道京城到底发生了什么，根源皆在宫中。陛下多日没有上朝。太后也只是偶尔前往勤政殿听政。对一切奏章都不肯发表意见，也不做批复。就是因此，本官才没有带来圣旨。"

柴悦模棱两可地嗯了一声。

"朝野人言汹汹，猜测陛下与太后皆染重疾，无力执笔。私下里说，事有异常。太后毕竟还能听政，不至于连奏章都批复不了。太后此举必有原因，只怕……太后又要挑起事端。"

直接议论皇帝与太后，乃是为官者大忌。柴悦自忖与萧声的关系还没有密切到可以无话不说的程度，连嗯也不发出了，只是盯着面前的一杯残酒。

"大楚经不起折腾了。"萧声叹息道，将柴悦当成了忘年交，"桓帝、思帝、废帝、当今圣上，这才几年时间，宫中动荡多变，将武帝辛苦奠定的家底儿都要败光了。这就是大势。柴悦，皇帝就是大势。"

"做臣子的能有什么办法？只能怀着一颗忠心，慢慢等待吧。"柴悦不得不说话。

"当然，臣子不可僭越。宫中无论发生什么，臣子都只能接受。可有些人身份特殊，不受臣子之礼的约束。这种人不多，眼下只有三位。柴悦，你觉得呢？"

由"柴将军"到"柴悦"，并非冷淡，而是亲切。

"冠军侯、东海王，还有……镇北将军。"柴悦答道。

"没错，宗室子弟虽众，唯有这三人与众不同，各有追随者。柴悦，你支持哪位？"

柴悦抬起头，"小小参将，与大势沉浮而已。萧大人从武帝在位时就是朝中重臣，您支持哪位呢？"

萧声笑了两声，冷冷地说："我是大臣，可我首先要为萧、柴两家着想。我支持谁？我支持最可能登基的那一位。"

"冠军侯？"

"这就是我要跟你说的大势。柴悦，在外人看来，朝堂风雨飘摇，其实大势已定。冠军侯最早得到消息，即刻返回京城，布局多日，脉络已成。我可以向你透露一句：冠军侯已经得到殷宰相的支持。"

宰相殷无害年高德重，在朝中影响极大，有他的支持，冠军侯的确已经远远跑在了前面。

柴悦沉默了一会,"东海王呢?"

"东海王正赶往京城,我们在路上遇见过。他还有几分希望。与他本人无关,而是因为外有崔太傅支持,内有其母周旋。我得到消息,一个月前,东海王之母被接入宫中。这或许意味着什么。没关系,冠军侯与东海王,无论谁登基,萧、柴两家都能安枕无忧。"

"还有镇北将军呢?"

萧声轻笑,"镇北将军?嘿,柴悦,你们离开京城太远、太久,连目光都变得短浅了,以为废帝就能再当皇帝吗?你们都弄错了,废帝恰恰是他不能当皇帝的原因。当他退位的时候,满朝文武没有一个站出来替他说话。这时候谁会支持他?等他重登宝座报复群臣吗?"

"镇北将军不会这么做。"

"镇北将军怎么做不重要,关键是大家认为他会怎么做。柴悦,你若想自立门户,首先得学会'自立'的想法。不要受镇北将军的影响,也不要受我影响。冷静地观察,你会得出正确的结论。"

"支持镇北将军的人不只我一个。"

"就算整支北军都支持又能如何?与京城相隔六百里,中间关卡重重,而且你们已经晚了。"

"晚了?"柴悦没太听懂。

"我从京城出发时,南军正在返京途中,这时候应该已经到了。当然,没有圣旨,南军不能回京。崔太傅是聪明人,很可能将大军驻扎在京北怀陵。离京城很近,又不算返京,而且还有一个好处。"

"掐断北军返京的道路。"柴悦的脸色变了。

"没错,只要南军横在怀陵,京城之事就与北军无关。"萧声顿了顿,"也与镇北将军无关。"

柴悦略显茫然,"既然如此,萧大人来神雄关究竟所为何事呢?"

"如今朝中大臣多半支持冠军侯,少量倾向于东海王。想要脱颖而出,就要做点实事。冠军侯第一希望北军能够击败匈奴人,为他增加威望。第二,他不希望有后顾之忧，一点也不想有。镇北将军是一忧，东海王是另一个。但是在解决崔太傅的南军之前，东海王不能动，所以就只能先从镇北将军这里下手。"

柴悦沉默不语。

萧声站起身，绕过桌子，站到柴悦身边，"不是每个人都有你这么好的机会。自立门户之后，你能与柴府平起平坐。所谓的出身也就不重要了。柴府上下谁不讨好你呢？"

"冠军侯……知道我吗？"

"现在还不知道。等你做出大事，天下闻名，再加上我的推荐，冠军侯必定重赏于你。"

柴悦缓缓起身，"大势真的已经确定了？"

"京城人所共知。"

柴悦毕竟年轻，改变主意时会脸红，"我得到消息，三天之后，会有几名匈奴使者来神雄关，与镇北将军继续和谈，这算是……"

萧声大喜过望，"大事已成，冠军侯无忧矣。柴悦侄儿，这几天你什么都不用做。三天之后，匈奴使者一到，先带他们来见我，即是大功一件。"

柴悦点点头，眉头紧皱，似乎还在犹豫。萧声拍拍他的肩膀，"你是大楚的将军、是柴家的子孙，为国尽忠、为家尽孝。除此之外，没有什么值得你当真。"

次日一早，萧声开始以左察御史的身份拉拢神雄关内的将官。他不求所有人都倒向自己。军人总是目光短浅，以为谁能带他们打胜仗就应该支持谁。萧声只想在发起致命一击的时候，身边的势力能与废帝相抗衡。

勾结外敌，这个罪名足够将废帝击垮了。如果说之前的和谈还有点理由的话，继续和谈就是明目张胆地背叛。

三天后的中午，柴悦遵守承诺，将刚刚赶到的几名匈奴使者直接带到了萧声的住处。

萧声早已做好准备，也不审问，直接带领大批将士前往衙门，以众将的名义请镇北将军出衙说话。

部曲营的头目晁化站在门口，向众人拱手，最后对萧声说："镇北将军不在。"

"不在？他去哪了？"

晁化看了一眼柴悦，向萧声微笑道："镇北将军数日前动身前往京城，现在——应该快要到了吧。"

在见过萧声之后，韩孺子立刻就明白过来：在神雄关与左察御史争斗，是在浪费时间。

※ 第四百八十章　谋自己的反 ※

韩孺子离开东海国，将后续事务全都交给瞿子晰和御史台。他总得依靠朝中的一股力量，不可能事事亲为。但是一路慢行，随时能够接到东海国传来的消息。

刚过东海国边界，巡狩队伍停下。名义上是要最后一次检阅地方军，实际上是给瞿子晰助阵。

就是在这里，韩孺子进行下一步计划，颁发一连串的圣旨，其中最重要的有两道。

一道是退兵归农。要求各地驻军进行一次彻底清理，允许士兵返回原籍或是前往新开荒地区落户；根据情况，免除若干年的租赋；并由官府贷给种子、耕具等物。

另一道是借奴垦荒。向天下的勋贵、富户"借"奴，按数量给予爵位补偿。无爵封爵，有爵提升，最高可到小侯。爵位已为列侯者，可以推恩给子孙，或者延续最多三代。

总之一切以农为本。

韩孺子没法将所有勋贵统统按燕家这样处理，必须恩威并施。这两道圣旨是"恩"，给勋贵们放行奴隶的机会；接来就是"威"，一是拿东海国做榜样，从重处置。不仅燕家落网，其他私自蓄奴者都被抓起来，不仅得不到爵位，还要自己拿钱给官府，为超额的家奴赎身。

圣旨一道接一道地发出。宰相卓如鹤接到命令，即刻准备。三个月后进行一次全国清查，再有私自蓄奴者，一律按东海国的办法处置。

兵部尚书蒋巨英接旨，要去洛阳迎驾。

消息传出，天下震动。

私奴不入户籍，不用交纳税赋，也不用服役当兵。对大楚来说，这是一群不存在的人，却是众多大家族的重要财富，自然不会轻易交出。即使皇帝"恩威并施"，大多数人仍选择观望。

但韩孺子的退却到此为止，不想再做妥协。为了保证成功，在暗中做了一些准备。

早在十多天前，韩孺子刚到东海国的时候，就向京城发布旨意，借口匈奴人有异动，将南军调往碎铁城、北军调往马邑城，共同防守北疆，宿卫军的绝大部分离京来与皇帝汇合。

当时大家都以为这又是皇帝好大喜功的一个表现，现在才明白，皇帝这是有意掏空京城，只留一批文官，手中无兵，与皇帝相隔数千里，没法反抗。

韩孺子的确紧张了一段时间。如此大规模的军事调动，万一出现意外，大楚又将陷入内战。

他留在东海国边界，也是为了观察事态变化。

这天上午，数名御史台的官吏来到皇帝军营中，带来一份右巡御史瞿子晰的命令，要带走巡狩前驱使者王平洋。

王平洋是临淄人。但是自从攀上皇亲之后，在东海国添置了大批产业，也拥有不少私奴。

王平洋被吓瘫了，当众大哭大叫，嚷着要见皇帝，被宿卫士兵直接架走。

一名御史奉命留在营中，向皇帝解释情况。

南直劲被打个措手不及，几天过去也没缓过劲儿来。当天下午，他受到皇帝的召见。

皇帝正与几名年轻的顾问共同拟定圣旨，还有东海王、崔腾等数名近臣守在外围，随时提供意见。帐篷里人不少，说话声音却都很轻。偶有争议，也都迅速解决，不会没完没了。

南直劲站在门口，看着这一幕，知道这就是皇帝一手制造的小朝廷。与勤政殿的风格截然不同，这里的人只为皇帝一个人服务。

他能认出大多数人。发现其中的勋贵子弟很少。经由吏部正常推荐上来的人更是一个没有。无一不是皇帝亲自选定的人。

规矩全坏了，南直劲心想。

整整一个时辰之后，众人散去。要将写好的圣旨交给随行的官员，分送各地。

朝廷失去了最重要的决策权，成为一个单纯的执行者。

众人经过南直劲身边，都好奇地看一眼这名老吏。南直劲谁也不瞧。等众人走光，只剩两名太监、两名侍卫的时候，他前趋几步，向皇帝磕头。

韩孺子很疲惫，但是也很兴奋，坐在桌后，说："平身。"

南直劲起身，拱手道："外戚王平洋违法蓄奴，御史台奉命捉拿归案。卑职特来告知陛下，请陛下裁决。"

"王子犯法与庶民同罪，外戚也一样，无需请示，照常执法即可。"

"是，陛下。"南直劲明白，皇帝将自己留下来还有别的原因。

韩孺子示意太监和侍卫离开。四人互相望了一眼，陆续退出，但是都守在门外，一有异常，立刻就能进来。

韩孺子一点也不担心南直劲会做出格的事，就像不担心一名饱读诗书的儒生，会突然拿起刀剑当刺客。儒生手中有笔，那才是他们最有力的兵器。南直劲的兵器则是朝廷的规矩与惯例。

"南直劲，朕这几天颁布的旨意，你都看到了？"

"看到了，陛下。"南直劲不愿撒谎。他现在是御史台的普通御史，没资格查看全部圣旨，可他的确都看过了，一份不落、一字不差。

"你替朕揣测一下，朝中大臣以及天下大族会遵从旨意吗？"

"微臣曾因揣测获罪，不敢再行此事。"

"朕赦你无罪。"

南直劲抬头看了一眼皇帝，"陛下这是要众人交出自家的'命'，大概不会得到太多遵从。"

"朕也是这么想的，所以还要问一句，按朝廷的规矩，这种事该怎么解决？放任自流？还是等大家幡然醒悟？"

南直劲无言以对，沉默良久，回道："微臣明白陛下意欲力挽狂澜的一片苦心。陛下不希望看到大楚慢慢衰朽。可是如此伤筋动骨，只怕大楚……衰落得更快。"

"这又为何？"韩孺子是在真心请教，从"敌人"这里，他能得到更多帮助。

南直劲将心一横，拱手道："百姓是乌合之众，他们的喜好与支持对陛下毫无意义。所谓以民为本，应该是以'治民'为本。万民不乱，朝廷无忧，陛下更无忧。可是靠什么'治民'？肯定不是陛下一人所能办到。陛下自行选用了一些人，他们是朝廷的雏形，却没有朝廷的稳定与经验。依靠他们，陛下能治一郡，却治不得天下。最终，陛下还是得用朝廷，京城的那个朝廷，正在被陛下打得七零八落的朝廷。陛下肯定能够击败朝廷，却也击败了自己的左膀右臂。陛下壮士断腕，等到无手可用的时候，悔之莫及。"

"即使双手已经不听使唤，也要忍受？"

南直劲轻叹一声，"权贵之家的腐败，的确出乎微臣的预料。可是坏手也比无手强，陛下……做得太急了一些。"

"不得不急，你刚才说得对，朕自行选用的这些人，数量太少，权力也太小，治理不了天下，只能治一郡。"韩孺子停顿片刻，"大楚共有郡国四十七处，朕一地一地治理，大概要用四年吧。"

南直劲惊得目瞪口呆，一个字也说不出来。

"当然，朕明白，这不符合朝廷的规矩。皇帝本应高高在上，通过朝廷治理天下。如此一来，才能事半功倍。可是朕不理解，开国太祖一生都在马上度过，即使称帝之后，也是马不停蹄。后世的皇帝却深居宫中，为何不肯效仿祖先？"

"大楚定鼎之初，天下不稳，各地常有叛乱，太祖不得不前往四处平乱，非其所愿。"

韩孺子探身，问道："南直劲，你觉得大楚今日的状况比定鼎之初更稳定吗？齐国谋逆、群匪作乱、匈奴入侵、宫变不止，凡此种种，不都是在要求皇帝离开皇宫吗？"

南直劲再度无言以对。

韩孺子挺身，"韩氏稳坐江山百有二十余年，已经够久了，朕要再度'夺'

得天下。"

南直劲跪下，惊讶至极，"陛下这是要……这是要……"

"嗯，我要谋自己的反。"

南直劲不敢相信自己的耳朵。

韩孺子笑道："也没有那么夸张，朝廷会得到保留。朕相信，不是所有官员全都沆瀣一气。下以猛药，朝廷还有得救。比如宰相，朕很想保留，希望卓如鹤能够明白朕的心意。"

南直劲终于明白自己为何没有受到处罚，又为何受到皇帝的召见。

皇帝要通过他给大臣们带个口信。

南直劲不知该如何回答。

外面突然有人说道："陛下，剑戟营副都尉王赫求见，说有要事。"

"宣他进来。"

王赫匆匆进帐，看了一眼南直劲，拱手道："陛下，外面抓到五名刺客。"

"嗯。"

"刺客来自海上，为首者名叫武游，正是栾凯……经过初审得知，刺客原本更多，中途散去了一大批。据称海上群盗决定释放黄将军，只是要提出条件。"

"除非见到黄将军本人，大楚不与任何人谈判。"

"是，陛下，卑职明白，卑职告退。"

王赫退出，韩孺子向南直劲道："朕的状况比当初的太祖要好多了，起码能保住十步之内的安全。有人对我说，皇权只在十步以外、千里之内。既然如此，朕要离天下更近一些。"

"恕微臣斗胆直言，皇帝不是这么当的。"

"朕不会坐视大楚衰落。"韩孺子冷冷地道，随后缓和语气，"不如这样，咱们打个赌吧。"

南直劲一愣。他曾经自以为摸透了皇帝，现在才发现他连皇帝最简单的想法都猜不透。

"赵若素之外，还有人向你告知朕的一举一动。不管还有几位，五天之内，朕必将他们找出来。到时候，你替朕向大臣传话。如果找不出来，你回御史台，朕也不处罚你。"

南直劲想了好一会儿，"还有一位，陛下若能找出来，微臣一败涂地，随陛下安排。"

阅读评价

历史，总在不断重复。

如果让你写一个以皇帝为主角的历史故事，你会怎么写？如果里面还包含权谋、夺权、军事等各种夺人眼球、紧张刺激的元素呢？如果这个皇帝颇具传奇色彩，从毫无根基到大权在握、文治武功无所不能呢？

我想，根据网文一贯的套路，大多数的作者都会这样写：不占优势的皇子通过心机天赋、他人襄助、开"金手指"等方法逐步建立自己的势力，在朝中获得权力，并且在经济、文化、吏治上分别有一番作为。这几个小高潮之后局面巩固，国力渐强，开始对外征战。首先是大战匈奴，从而解决北方边境的隐患；然后国家进一步强大，皇帝的声望和权力终于集中；然后就是扫荡南海诸岛；最后是征战极西方，战胜神鬼大单于，最后统一海内，八荒六合唯我独尊，等等。

这不是我胡诌的，很多历史小说都是这么一个路数。但是《孺子帝》没有这么写。故事并没有一味出新，作者也似乎并没有哗众取宠一路反传统到底，他的做法是上轨道合逻辑。于是就在那么一个特定的国力环境下，那么一些特定的人按照自己的性格、智慧和能力行事，构成了这么一个特定的故事。

第一好看点：平静克制的情节发展

在国力不断衰弱、边境时刻被匈奴威胁的大楚王朝，三任皇帝连续非正常死亡，十几岁的韩孺子就在这种情况下，当上了傀儡皇帝。他被选中的原因之一，就是其母亲没有家族势力，因此他最适合当傀儡。心思深沉、来历神秘的老太监杨奉开始辅佐皇帝，一步一步引导他如何以一个皇帝的立场和高度思考问题。在经历宫变、退位等一系列事件后，韩孺子在机缘巧合之下到了与匈奴交战的战场。在这里他如鱼得水，发挥了在军事方面的才能，得到部分军队支持，又经历一系列政斗，重新夺回皇位。接下来就是内忧未平，外患又起，在国内隐患重重的情况下匈奴再度来犯。

这也是本书的一个大高潮。

稍息片刻，因为内患迟迟得不到解决，皇帝以巡狩的方式，开始了治国理政，并且跟朝廷进行拉锯。如果看过《明朝那些事儿》，可能会对这样一句话记忆犹新，大意是说皇帝也逃不开历史规律，皇权、文官系统是铁定要维持一个平衡，才能有序运转。韩孺子面临的就是这样一种非暴力不合作的困境。眼看矛盾不可调和、官僚机构陷入瘫痪，又一场战争适逢其会地来了，极西方的神鬼大单于率军来袭。

一方面大楚面临最大危机，敌人兵临城下，不但边疆危急，连都城都岌岌可危；另一方面是皇帝的大机遇，打赢他会重树威望，也可以把与朝廷的拉锯战，快刀斩乱麻地解决掉。然而这场战争并没有让人觉得痛快，即便打赢了也一样，完全没有对战匈奴时那种热血沸腾的大高潮感。因为正如书里的皇帝所说，他本意是需要战争来缓解他在国内与朝廷拉锯的处境（只是没想到这场战争如此迅猛，带来的危机又是如此紧迫），书里关于这场战争的描写也完全符合这种定位。除了朝廷和官僚系统在战争中醒悟从而真正倒向皇帝，这场战争里并没有太多热血情节，就连皇帝出奇策看穿对手软肋的情节也一样。

有关战争的情节就这样匆匆结束了，整个故事铺开的线索——如南海海盗、传奇将军游击西方、国内的弊病治理，都一笔带过。而随着韩孺子领悟到，自己已经真正掌握了帝王之术，也可以像"老师"杨奉那样，成为别人（他的三个皇子）的帝王之师时，故事戛然而止。按照作者的说法，已经领悟了帝王之术的皇帝，解决这些问题都是必然的，已经无须赘述了。

作者表现出了极大的克制，也给故事留下了大片空白。于是在各个线索铺开来、观众们进入惯性的倦怠期，随着韩孺子突然的福至心灵，故事戛然而止。主人公想通了，不等于观众们也想通了。180万字的身临其境，追随着韩孺子面对一个个难题一团团迷雾，观众们此刻大概在击掌叫好时，伴随着一丝迷茫和一缕憋屈，也许还在臆测作者是否有一种残忍的快感。

不过，作者只是很平静地结束。他认为这个故事讲完了，因为开疆扩土也好，文治武功也罢，帝王心术也好，永远没有结束的那一刻。而当主人公韩孺子真正有了关于如何做皇帝的感悟时，这个故事就可以结束了。残忍的快感是没有的，但读者们也许感到了一丝残忍。

转念想想，读者没有看到的结局（国家政策的走向、对外征战的结果、各路人物的命运等），作为主人公的韩孺子也没有看到（对帝王之心的感悟除外）。读者除了能在大部分故事里切身体会到孺子的困境、无奈与冲破牢笼的快慰，在面对未知这个层面上也算是跟主角同呼吸共命运了，相当于读者们一直在用韩孺子的眼睛看世界。当然，孺子胸中之沟壑却始终在他本人胸中，不到事件解决的一刻，读者也不知道他之前是怎么想的。也许读者还是没办法产生彻底的"代入感"，也许非常聪明的读者能够推理出孺子的计策——像看推理小说那样，但揭晓谜底的痛快，也可以抵消之前的殚精竭虑了吧。

第二好看点：真实决绝的"皇帝之心"

不如我们来猜测一下，韩孺子到底领悟到了什么。韩孺子在整个过程中，都在一边应对各种危机，一边学习怎么当皇帝。对他影响最大的有三句话：一句是他母亲所说的"不要相信任何人"，一句是祖父武帝自叹的"朕乃孤家寡人"，还有一句来自神秘的杨奉，说皇帝能够掌握的距离只在"千里之内，十步以外"。韩孺子领悟到的所有帝王之术都离不开这三句话。他也一直在贯彻这三句话，而等到他自己认为已经懂得如何做皇帝，融会贯通，可以培养自己儿子学习当皇帝的时候，故事就可以告一段落了。

韩孺子拥有一颗帝王之心，体现在他不怕当皇帝。这种说法可能有点奇怪。但历史上有很多皇帝是"怕"当皇帝的。他们不敢面对治理国家的巨大难题，于是用各种方式来躲避。有的发展娱乐，有的躲进后宫，而把处理事务的权力交给他信任的人（多半是奸佞），只希望百官不要来"麻烦"自己。韩孺子却是迎难而上。从莫名其妙坐上皇位、对政事和朝堂形势一无所知开始，他就不怕做皇帝，几乎没有产生过逃避的念头。在两军对垒之中，他还找到了自己的乐趣所在。虽然他的乐趣不是来自大权在握，而是智斗的激荡、命悬一线的决绝与九死一生后胜利的叹息。

第三好看点：千姿百态的人物形象

韩孺子善"斗"。无论是庙堂之高还是江湖之远，无论是处理内政还是抵御外敌，无论是政斗还是战斗，韩孺子都表现出了极大的天赋和近乎顽固的求胜欲望。擅长争斗大概是学习帝王之术的先机。帝王之术，御人，而只能御人并不代表能做好皇帝。作为优秀的皇帝，他还要把国家治理好；而治理国家不能只靠皇帝一人，他还需要大量的人来做事——简单说，搭个优秀的班子，组建团队，也就是他的大臣们。

可是带领团队有多难，读者们大概也心里有数，特别是做过 HR 的。一个人究竟优秀不优秀，履历、面试都不能说明问题，一定是上手以后才见分晓。而有的人在 A 岗位非常平庸，换个岗位便会如鱼得水。找到合适的人、合适的位置，就要费一番工夫，但这才是万里长征第一步。人不能单打独斗，还需要组建一个优秀的团队。但是优秀的人未必能相容，即便相容，也未必能相互理解，在做事方法上未必能够相互协调。磨到团队都协调了，最后如果无法领会皇帝的意思，或者不同意皇帝的意见，或者要保住自己的利益，就又要以权谋拉锯。这就是皇帝的难处。

在故事中，作者用了大量篇幅写韩孺子如何挑选他的丞相、他的大臣、他的地方官……当然还写了他和大臣们的拉锯战——与群臣缠斗，简直是所有勤快皇帝永远逃不开的必经之路。不摆平他们，治国理政是无法推进的。

如果仅仅是"与人斗争其乐无穷"，像嘉靖帝那样只想把大臣玩弄于股掌之上就足矣，那也不是个好皇帝，只是个政斗之王罢了。韩孺子是一心一意想要做事、把国家治理好的。他跟大臣们的一切拉锯战，都是为了这个最终目的。作者克制，韩孺子也克制。他在跟群臣的拉锯战进行到一个阶段的时候，并没有一意孤行下去，没有觉得只有他自己才能把事做好，虽然前半程他一而再，再而三地证明了这件事。

他的平和并不是妥协，依然源于他的"想通了"——他所要的不是所有人的言听计从，而是他再也不怕面对任何人、任何事——捣乱的大臣、暗潮汹涌的边疆、不安的内政，他有自信能面对每一个问题。

问题是永远克服不完的。但只要拥有了强大的能力与建立在能力之上的强大自信，接下来的数十年，就可以这样过下去。

对帝王之术的学习根源来自神秘的杨奉。杨奉是一个暗线人物，出场不多。但是他的神秘贯穿了整个故事。他的人生是即使读遍全书也无法凑齐完整的拼图。他也是凝聚了最多谜团的人，从身世到行事，没有任何人能够解释得清。有趣的是，读者掌握的关于杨奉的信息和韩孺子是一样的，并不完全，一切都只靠片段的线索。不知道读者最终是否能像韩孺子那样，突然悟透了杨奉的目的和人生。

杨奉对韩孺子的巨大影响无人能比。但他对韩孺子的教导并不是手把手的，每次都是提出问题，让韩孺子自己去找答案。这个过程很辛苦，读者看得也很辛苦，并且全都是没有标准答案的问题。韩孺子领悟到的东西是否跟杨奉想要传授他的相同，不得而知。但如何做一个好皇帝，绝没有一个标准答案。所以韩孺子最后懂得的一切，是否跟杨奉想教他的一样，其实并不重要。重要的是他认为自己懂了，并研究出一套得心应手的理论。

结尾的一幕是韩孺子领悟帝王之心的最好印证，因为他可以教他的三个儿子怎么当皇帝了。他教的内容不是对杨奉所授内容的死板的传递，而是来自他的融会贯通。

结尾也是非常有趣，以韩孺子给三个皇子的引导式提问结束——就像杨奉当年对他做的那样。三个儿子分别由三个妃子所生。长子的母亲是他毫无感情的妃子。他也许最喜欢金垂朵所出的北皇子，但也许最不受大臣们支持。邓妃的孩子跟她一样优缺点很明显，个性鲜明可爱。而孺子感情最深的皇后小君没有儿子，虽然怀孕待产。但作者表示会再有一个女儿。这种安排非常有趣。如果阴暗地揣测，未来的夺嫡之战会非常激烈。虽然韩孺子对三个孩子一并教导，并且是用引导的方式，让他们自己领悟，但并不意味着三个孩子能永远情同手足。毕竟在皇位面前，一切感情都是虚妄。这是后话了，但走向我们是不难猜出的，虽然谁能胜出这点又是永远的谜。

第四好看点：锦上添花的情感流露

即便是最纯粹的历史权谋故事，本书中也少不了感情戏。韩孺子身为皇帝，真是不想开后宫也得开后宫了。但他跟两个优秀女性——皇后崔小君和贵妃金垂朵的感情却让人觉得那么真挚而自然。崔小君温婉贤淑却外柔内刚，有智慧有主见。她本是指定的皇后，然而两人却在相处中产生了感情，相濡以沫。金垂朵美貌无匹、箭法如神，极富个性。两人从欢喜冤家到并肩战斗，是一种水与火般的互相吸引。两种感情截然不同但毫不腻歪，让人完全不想去争谁才是真爱。

作者冰临神下善写权谋，善于设计悬念和层层叠叠、犬牙交错的复杂事态，善写主人公如何一步一步对抗困境。他写过的主人公都是性格极其坚韧，十分理性，没有丝毫的软弱，也决不退缩。从《死人经》《拔魔》到《孺子帝》，一贯如此。韩孺子比起顾慎为、慕行秋两位，多了一些温和，少了一些冰冷的感觉，但坚定到顽固的意志丝毫不弱。可能很多读者会觉得主角描写不够血肉丰满，不如配角群那么有趣，但对我来说刚刚好。这种意志坚定又理性的人恰好是我的憧憬。

《孺子帝》的配角群相比前两作不够丰富多彩。这部书的人物都是为故事服务的，因此没有刻意塑造人物的魅力。作者只是把人物白描，让读者自己去感受。神秘人物颇有几个——杨奉、孟娥、南直劲。一如既往地不讨我喜欢但个性鲜明颇有特色的也有几个，比如东海王、邓粹等。特别是后者，作者用寥寥数笔，就写出了一个无法用常理论断的传奇人物。

但本书明显没有构成令人过目不忘的配角群像。大概是篇幅所限，故事的情节没有充分展开，也就没有他们发挥的余地。总起来说，配角比主角好写。因为他们只需要有一两个性格鲜明的点，就可以勾勒出独特的形象；在后续情节里只要保持这个特点不掉线，就能维持住人物形象。东海王后来放弃争位，开始为某个正面目标奋斗，他那些有趣的人物特点——卖弄心机、容易胆怯和倒戈——就几乎消失不见了。而主角几乎要贯穿全部的情节，只有"意志坚定、理性、智商不掉线"是填不满读者的胃口的，虽然这个特色已经十分鲜明。

作者在读者访谈里说，他在努力迎合读者的喜好。从《孺子帝》对比前作来看，也确实有这方面的迹象。首先故事情节的密度强度，远不如《死人经》和《拔魔》——犹记看《死人经》西域篇看到凌晨三点，依然理不出头绪，丝毫没法松一口气的焦虑心情。网文重节奏，但是太过紧张没有缓冲点也不太美。《孺子帝》的节奏松弛下来，故事篇章之间留有余地，但情节铺展不够丰富，最后更是戛然而止，也很难让读者彻底满意。

我们能理解作者的克制，因为韩孺子对帝王之术的领悟，写出来并不一定好看。读者喜欢的还是充满戏剧冲突的场景和跌宕起伏的故事，换而言之，也就是暗潮涌动的政斗和刀光剑影、万马奔腾鲜血横流的战事。读者就是要看有冲突、有大场面、有快节奏的部分，最好每个场景都有新意。但再好的创意也架不住篇幅，打起仗来把东西南北的敌人打个遍。就算每场战争都写得很不一样，读者也是要疲倦的——各种无限流到中后程总是无限倦怠且激情不在，就是最好的佐证。

正如书中所说，皇帝热爱出奇谋，虽然总是有效，但一个皇帝，或者一个国家，绝不可能总靠奇谋维系下去。一本书也不能这么无止境地斗下去。这大概也是本书结束的原因之一吧。

今天是历史的延续，也终究会成为历史。而只拥有短暂今天的我，却能通过书本来触摸广阔的时间长河，感知无数灿烂的生命历程。这是一种幸福，一种延长生命、丰富自我的幸福。这本书让读者又一次深刻地感知到了这种幸福的感觉。

本篇执笔：萌拉/中国青年智库论坛网生评论家

第四章 Twentine《打火机与公主裙》:

"现实漩涡"青涩爱情小说

Twentine在本书中将爱情写到极致,又将亲情融进爱情里。双重情感的炸弹,让读者在阅读中的体验提到了极致。这双重炸弹的威力,犹如海啸一般,将读者的个人情绪吞噬并强行摧毁,燃爆全文。这就是独属于她的文字魔力。

作者简介

本书作者Twentine是晋江文学城的签约作者,读者昵称"T大"。自2012年在晋江文学城创作至今,已完成了多部言情、纯爱类作品。

Twentine由于连续创作作品逐渐积累人气,在2016年《打火机与公主裙》系列中达到了人气的小高峰,进入新晋的女频大神级作者的行列。新作《炽道》则是她出道以来的巅峰之作。

Twentine文笔犀利独特,擅长用平实的语言刻画现实中平淡的生活,于平淡的生活中写出与众不同、极富魅力而又引人入胜的不平凡。

代表作品

《一笔多情》:已完结,已出版;

《寂静深处有人家》:已完结,已出版;

《有生之年》:已完结,已出版;

《阿南》:已完结,已出版;

《打火机与公主裙》:已完结,已出版;

《炽道》：已完结，已出版。

内容梗概

《打火机与公主裙》是 Twentine 于 2016 年在晋江文学城创作的言情小说，分荒草园、长明灯两部。荒草园已于 2017 年出版。

本书讲述了一个发生在现代世界里的男女相恋、相爱、相守的故事。书名中打火机代表的是男主角——李峋，源自女主角为男主角买的 Zippo 打火机；公主裙则代表的是女主角——朱韵，源自李峋为朱韵买的一条公主裙。

上部《荒草园》，讲述的是男女主的大学时光，他们经历了从偏见到欣赏再到相恋，"我有我的国王，我是他不二之臣；我愿为他摇旗呐喊，也愿为他战死沙场"，但却因出离愤怒而付出惨重代价。

下部是《长明灯》，讲述的是男女主大学之后的时光。这段因代价而失去联系的爱情，再次经历考验，"百草园深处，长明灯微亮。这是他战无不胜的风光，是她奋不顾身的信仰，也是岁月静好，地阔天长。"

引文节选

※ 第九章（上部《荒草园》）※

"我可是你请来的。"

此话一出，周围四五个人都停下手里的活，一齐看向她。

高见鸿一脸笑意，柳思思嘟着嘴，静观其变。

李峋嘴里嚼着口香糖，面无表情。

朱韵暗自挺直腰板，难道你忘了之前邀请我的事？

别装。

对视一会儿后，李峋扣上笔记本，道了句："好吧。"

好什么？

李峋淡淡地吸了一口气，起身，一手卡在腰上，面向整个基地。

朱韵一见他那表情，内心条件反射地觉得要不妙。

干甚。

你要干甚？

李峋敲敲桌子，"来，都停一下。"

朱韵紧张起来。

李峋抬手，没什么腔调地介绍。

"这位，"他指朱韵，"是我们请来的公主。"

朱韵："……"

高见鸿直接笑出了声，柳思思也捂住嘴。其他同学不明所以，只能鼓掌配合。也亏得朱韵这么多年修炼有方，才能在这样的场面下稳如泰山。

李峋看了眼时间："等会我请客，给公主接风，愿意来的随意。"

朱韵忍住一把火燎了他满头杂毛的冲动，对李峋说："谢谢你，不用了。"

李峋看她："别，毕竟是请来的，委屈谁不能委屈公主殿下。"

我上辈子杀你全家了？

为何今生要遭此大劫。

柳思思兴奋地揽住李峋："哪儿聚？我也要去。"

李峋报了个名字，是学校附近的一家KTV。柳思思乖乖拿着手机去外面订房间。

再说什么都没用了，朱韵只能坐回去，等着其他人忙完正事给她"接风洗尘"。

七点多，一行六人从基地出发。

朱韵都不知道原来校外KTV这么火爆，周五晚上包房全部爆满。全靠柳思思跟店里伙计熟悉，才硬抢来一间。

KTV装修不错，但隔音效果不怎么样，朱韵被隔壁的公鸭嗓吼得头晕眼花。

柳思思准备了一下，开启麦霸模式上台献歌。柳思思不愧艺术学院出身，唱得好听，身段扭得也到位，专业得像个三流明星。

虽然这场聚会美其名曰是给朱韵接风洗尘，但酒已经喝了一箱了，朱韵还是丝毫没有体会到身为"主人公"的实感。她只能自娱自乐地在各种噪音里，努力分辨柳思思的嗓音。

没留神，一个高高的人影拎了两瓶酒过来了。

地方实在太小，李峋一屁股把朱韵衣服压住一半，递她一瓶酒。

朱韵摇头："我不喝酒。"

李峋也不勉强，将酒放到面前的桌台上，自己拿起另外一瓶喝了起来。

朱韵偷偷瞄了李峋一眼。

虽然这里很吵，但气氛真的不错。而且李峋貌似已经喝了不少酒，整个人看起来十分放松。

朱韵觉得这是个机会，是时候就自己将来的基地生活跟李峋聊上一聊了。

"那个，李峋。"

环境嘈杂，李峋完全没反应。

朱韵酝酿片刻，在他耳边大吼一声："李峋！"

李峋被喊得一口酒呛嗓子里，大骂："找死啊！"

"……"

朱韵决定先不道歉，把自己的事情说完要紧。

"下次你给她写作业吧！"

李峋看着她。

朱韵："给自己女朋友写作业天经地义！"

李峋笑了，说了句什么，朱韵完全没有听清。

"你说什么？！"

李峋又说了一遍，朱韵还是没有听清。

"你大声点！"

下一秒，朱韵感觉自己脖领子一紧，然后整个人被扯过去。

李峋的胸膛里有清淡的味道。

你说怪不怪。

他抽烟、喝酒、染发、纵欲，但身上的味道总是干净的。

耳边响起李老板不驯的声音——

"听我的话，才叫天经地义。"

你咋不上天呢？

朱韵无语地从他身上爬起来，结果起身的时候一不小心，手掌在他大腿上打了个滑。

呃……

朱韵抬眼。

李峋放松地坐在沙发里看着她，完全没有要动一动的意思。

包房里的彩灯转来转去，映得他的金发华丽而艳俗。

朱韵盯着他，心想如果现在扫黄大队来了，是不是不需要盘问就能给他抓走。

李峋："看什么？"

他声音很轻，但朱韵只需看着他的嘴唇，便知道他在问这句。

朱韵摇头，声音也很轻，"没什么……"

李峋靠近，一双单眼皮让他的容貌看起来很锋利。

"坦率点，才招人喜欢。"

"……"

李峋回头，半开玩笑地同屋里其他几个人说："哎，我问你们，女人是不是笨点好？"

大家都喝了不少酒。听见李峋问话，高见鸿迷醉着第一个举手。

"是！"

其他人也纷纷搭腔表忠心。最后连前面的柳思思都跟着举手，开心地对着麦克喊叫："没错！笨女人最好！笨女人万岁！"

……这伙人已经疯了。

朱韵再也待不下去，起身告辞："我先回去了，你们接着玩。"她得重新思考一下还要不要留在基地了。

朱韵穿好外衣后，听见李峋不咸不淡的声音，"又开始乱想。"

没，我想得有理有据。

李峋勾了勾手指。

"……"朱韵内心天人交战十秒钟，决定最后再忍他一次。

凑过去，李峋懒洋洋地说："回去看邮箱。"

李峋说完就不再理会朱韵，转头跟高见鸿玩起骰子来。

朱韵一头雾水地回宿舍，打开电脑，登录邮箱。还真有一封未读邮件，题目为"公主殿下亲启"。

朱韵脑神经一跳一跳，咬着牙将邮件打开，然后愣住了。

里面的东西她很熟悉。那是她帮方舒苗写的"相关推荐"功能，但具体内容又跟她当初写得不一样。这是修改过的。

李峋的代码跟他的形象相比，亲和力爆表，具有极强的可读性。他在每个修改的地方后面，都加上详细的注释和展开，标准得宛如教科书。朱韵只在两三处地方停顿，查了资料。剩下的一气呵成，通篇搞懂才花费半个多小时。

看他的代码，就像在跟他说话。一闭眼，他的意图，他的思路，甚至他那张飞扬跋扈欠揍的脸，都那么清晰地呈现着。

他的代码没有太多繁复的花样，跟他的脾气很像，直接明了，不遮不拦，明明白白给你看。

朱韵泡了杯咖啡。她看了一眼收信时间，是今天晚上七点。

七点……那不就是他们离开基地之前吗？

那他一下午都在改她的代码？不对……他怎么知道这个功能是她写的？他什么时候知道的？

带着满腔疑问，朱韵回想起李峋懒散的笑脸，还有他窝在椅子里敲键盘的样子，最后一头栽倒在桌面上。

总之，退出的事情还是再放一放吧。

第二天是周六，朱韵早早起床，简单吃了两口饭，动身前往基地。

时间很早，她本以为自己会是第一个到的，结果进屋就看见躺在两张椅子上睡觉的李峋。

整个基地弥漫着一股宿醉的味道。

朱韵去开窗通风。回来时才注意到，李峋的上衣被他睡得走形，露出腰身。他一手挡着眼睛，一手顺势搭在腹部。

这凳子稳不稳妥？好像不是很结实……

还有那肚皮，窗户开了有风，这么直接吹着肚皮会不会拉肚子？

朱韵偷偷往屋外看了看。

周六的清晨，校园一片寂静，大家都跟李峋一样，在沉睡。

朱韵蹑手蹑脚地走过去，两手捏着李峋上衣下摆，准备往下拽一拽。

会不会出事？

一般情节进展到这都会出事。

朱韵极力维持着手里的稳定，将衣服轻轻地往下拉。

拉一半，李峋动了。可能是布料摩擦到手掌让他觉得有些痒，他将另一只手放下来，挠了挠。

再然后，他就给自己挠醒了。

朱韵第一时间抽手回来，淡定地看着睁开眼睛的李峋，心中感叹。

就说情节进展到这一定会出问题。

不过好在问题不大。李峋明显睡眠不足，一脸便秘的样子。坐起来，头发再次炸成超级赛亚人，眉头紧得能挤死苍蝇。他意识尚且不清，但起来第一件事就是掀开自己的笔记本，按开机键。

要不要这么拼，你不怕猝死么？

李峋脸色实在难看。朱韵决定不惹这尊活火山，转身回到自己的座位上。

李峋使劲搓脸。因为缺觉和醉酒，他的眼睛有些肿，怎么搓都精神不起来。他晃晃荡荡地去了洗手间，冷水洗脸。

李峋回来的时候，气场已经没有那么恐怖了。他掀起上衣抹了把脸，但没擦干净，最后头发上、脸上、衣服上都沾着水滴。

坐到座位上，李峋弓着腰，低声说："打火机。"

朱韵将桌子上的打火机扔给他。

李峋点了根烟。

"讲个笑话。"

他的声音难得这样沙哑低沉。

不过……

讲个笑话？

朱韵回头，李峋一边抽烟一边揉太阳穴。

"让我精神精神。"

清晨的校园静悄悄。

太阳还没升太高，屋里偏暗，很温柔的色调。

朱韵思忖一番，说："实验楼里不让抽烟。"

李峋从修长的手掌中抬眼。

朱韵惊讶地发现疲惫让他暂时变成双眼皮了。

单眼皮族真是个神奇的物种。

他嘴角弯了弯。

"确实是个笑话。"

※ 第十五章（上部《荒草园》）※

给高见鸿解释的时间，比朱韵的长了不止一倍。

高见鸿回来的时候，没有像之前那次一样脸色轻松。他沉默了好几天，才慢慢恢复过来。

朱韵觉得，有时男人和男人之间的事情，比男人与女人更复杂。

在三人都了解情况之后，朱韵迫不及待地向李峋要程序。她想知道，李峋现在做的，跟之前他们的网站，究竟有什么不同。

李峋将程序复制给他们两人。朱韵拿到手后，回去看了个通宵。

看完之后，她有点奇怪，也有点失望。

她事先以为自己会看到一个汇集绝妙创意、完美算法、良好拓展性的无敌网站。但是不是的，李峋暗地开发的，严格来说都算不上网站，而是他们之前做的网站里的某项功能的拓展研发。

功能看起来很单一。朱韵并不能理解，高见鸿同样也不能。

某日，李峋带他们来到一家咖啡馆。

踏入咖啡馆的一刻，朱韵感慨，他们终于有一次来到太阳光能照到的地方聚会了。

他们坐在一个有电源的角落里。服务生拿来餐单。李峋一边开电脑一边道："想吃什么随便点。"

李老板请客，朱韵也不客气。不一会，桌上摆满了她喜欢的食物。

高见鸿忍不住说："你这么能吃？"

朱韵咬着奶油面包："最近太费脑。"

高见鸿耸耸肩，表示理解。

李峋开了电脑，屏幕翻过来，给他们看。

朱韵说："不用看了，我都快背下来了。这也不是完整的网站，怎么卖钱？"

李峋："谁说只有完整的网站才能卖钱？"

朱韵嚼着面包，等他解释。

李峋说："蓝冠不想借由其他平台，想有自己的网站，起点是好的。但他们不了解现在的互联网趋势。"

朱韵："啥趋势？"

李峋："这几年购物网站刚刚兴起。虽然看起来百花齐放，站点很多，但其实用不了多久，绝大部分资源都会慢慢集中到几家大型平台上。这样的平台搭建起来非常费劲。"

朱韵："我们做不了吗？"

李峋看着她："能，你搭上十年应该差不多了。"

"……"

看着朱韵不是很信服的脸，李峋往前探探身："公主殿下。"

朱韵把面包放下。

"你能不能不这么叫我了？"

李峋："那怎么叫？"

"我没名字？"

"公主不好听？"

"问题我不是公主。"

"那你是什么？"

骑士——

她心里瞬间浮现这个词，但没说，怕他笑。

"你继续吧。"她接着吃面包。

李峋看着她，问道："蓝冠公司有多少商品，还记不记得？"

朱韵："五百多。"

"几百条商品，你一个 select 就可以完成搜索功能，但如果是几亿条呢？"

朱韵无言。

"几十亿呢？几百亿呢？到时任何一个数据库都无法存放。然后你要开始研究分布式数据储存，再然后你还要研究如何排列这些数据，如何推荐这些数据，增添删除。每一项你都需要强大的算法支撑，才不会导致系统的崩溃。你觉得给你一个月，你做得出来吗？"

"……"

"这还只是一个搜索功能。这样的网站，不管是前期还是后期，都需要投入大量的人力物力。我们人不够，蓝冠也没那么多钱。"李峋靠到沙发里，"所以你知道了，想要凭借综合实力抗衡这些大型网站，是不现实的。"

静了一会，李峋又淡淡地说："但想异军突起，也不是没有别的办法。"

朱韵和高见鸿都看着他。

"大型平台特点是广。什么事情都是这样，一旦广就很难精。所以如果能在一个功能上做深做精，或许那破厂子还有救。"

李峋手指点点屏幕，道："蓝冠的优势是营养品。他们的产品里具有保健功能占有绝大部分，而且样式很特殊，只有他们在生产。这可能是跟蓝冠老板的母亲是搞中医的有关。"

你连他们老板的妈搞什么的都知道了？

"这个功能主要针对保养，你们看这里……"他一边说一边给朱韵和高见鸿演示。

为了方便挑选和购买，李峋做了详细的产品推荐。

"一般人对保健品和营养品的认识不够多，字又懒得看，不会一样一样翻阅，所以不如直接对症下药。"李峋打开一个搜索栏，"在里面写上症状，例如'头晕眼花''恶心反胃',然后系统会自动推荐保养品。蓝冠的产品都是系列形式,很容易推广出去。"

朱韵盯着屏幕,忽然说:"要不要加一个阐述病理的功能?简单讲一下身体出状况的原因,再介绍对应的能解决问题的产品配方。会不会更有说服力,让人看完更想买?"

李峋看着她,眼神异常冷。

朱韵淡定地吃面包。她已经习惯了李峋思索时这种可怕的表情。

她也知道他眼睛虽然看着她,可脑子没有。

李峋的思路和他的身高一样,喜欢从上往下,俯视整体。

他一定在飞速地思考,重新梳理整个系统,谨慎得像一只织网的蛛。

过了几分钟,李峋脸色渐松,简单地说了一个字——"加。"

当他点头,就说明,一切没问题。

李峋点了支烟,松散地靠在椅背里,瞧着朱韵。

朱韵:"干吗?"

李峋笑着摇摇头,咬着烟臀向窗外,轻松地说:"还想吃什么,接着点。"

"你喂猪呢?"

"是在喂朱啊。"

"……"

她好像永远说不赢。

不赢也没关系。

她静静地坐着,静静地吃面包。

在那个安详的午后,在那个移动业务刚刚兴起、智能手机还没有完全普及的年代,她在那家小小的咖啡馆里,听李峋讲他的思路,讲他的构想,讲他接下来要给基地添的 Mocap 系统。

朱韵不知道这个程序能不能顺利卖给蓝冠。她唯一能肯定的是,这段记忆会永久储存在她的大脑中。每次调用,都会充斥着阳光和奶油面包的味道。

他们开始一起完善软件功能。

朱韵发现了单项突破的另一个好处,就是能避免跟张晓蓓的冲突。

他们做的并不是网站，没有"取代"之意。到时如果张晓蓓质问，完全可以用"兴趣拓展"的理由搪塞过去。

李峋做起项目跟不要命一样。他在这套系统上下了大功夫，所有资料都精心考据。尤其是医学相关，绝对不允许随意摘抄。

于是，朱韵刚刚结束了网页设计，马上又投入了中医的怀抱。

这比网页设计复杂多了。

李峋给了朱韵一个文档。上面记录了所有蓝冠公司的保健品项目，还有每个产品的详细说明，包括配方用料以及治疗方向。

"你抱着本《黄帝内经》得他妈看到哪年去？"李峋往桌上一甩资料，"从后往前推，产品到药理，做细点！"

"那产品没有的呢？"

"……"

李峋起身，慢慢靠近朱韵。

朱韵被迫后撤，最后退无可退。听见李峋轻轻的声音："公主殿下，我们的软件名字叫'包治百病'吗？"

朱韵摇头。

他刚洗过澡？身上味道好清爽。

"既然不是，您就不要这么'杏林春满悬壶济世'了好不好？"

朱韵点头。

李峋刚要回去工作，朱韵："那个……"

他瞥过来。

朱韵："我不是公主。"

李峋静静地看了她几秒，然后抬手，指着她，缓缓地说："朱韵，你信不信你再跟我强调这个，我就把'公主殿下'四个字打印出来贴你脑门上。"

"……"

你工作起来像炸药包一样你知道吗？

李峋皱着眉头，噼里啪啦敲键盘。朱韵一边腹诽，一边合上了《黄帝内经》。

虽然李峋总是强调从产品出发往前推，但对于朱韵来说，中医理论还是太过庞大，且繁杂陌生。她连续设计了几个方案，都被李峋否了。

最后李峋看她实在抓狂，给她放了两天假让她休息。朱韵哪里休得住，最后赶着周末，去了本市最大的中医馆找灵感。

中医馆处在市区最中心，闹中取静。一水的古典装修，环境优雅。一踏进，便如步入国画之中，赏心悦目。

朱韵向里走，离开了挂号区，人渐渐少了起来。

再向里，绕过小院，朱韵又隐隐听见有人说话。

她朝声音方向过去，来到院子深处。这有一间小馆，门口贴着宣传海报，上面是某道门某大师的养生课介绍。

朱韵站在外面，透着落地玻璃悄悄往里瞄。屋里人很少，稀稀拉拉地分散坐着，闷头玩手机。

台上的大师冷不防一看，长须长发仙风道骨。但仔细一观，其实岁数并不大，最多四十冒个头。

下面没人听，大师也不在意，淡定地讲着，颇有大学老师的劲头。

朱韵走累了，见门开着，进去贴边坐下休息。

台上挂着一张破旧的人体穴位图，大师跷着二郎腿，笑着说："每次一提道教，大家都觉得要修仙，要白日飞升。那层次太高了，修岔了容易摔死。"

朱韵笑了。

大师又说："我们退而求其次，白日飞升修不来，可以修无疾而终嘛。"

朱韵坐着听了一会。大师天南海北一通扯皮，朱韵没听出他的养生水平，倒是觉得他的相声水平挺不错的。

时间差不多了。

朱韵起身准备离开，在门口与另一个看似走累了也想要进来休息的人擦肩而过。

朱韵脚下一顿。

大师还在讲："所以呢，我们道家讲求一个'随心所欲'。好比你们现在玩手机的玩手机，睡觉的睡觉，我都不管，我照讲。就算你们不听，我也不生气。"

那少年眉清目秀，俊俏非凡。

朱韵坐着公交往学校走，某个路口，忽然灵光一闪。

刚刚那个让她有些眼熟的少年，不就是柳思思的那份英语作业么？

叫什么来着？

朱韵凝眉回忆。

"青年画家……田修竹？"

※ 第五十五章（上部《荒草园》）※

本学期的期末考试很快来临。

所有科目都按部就班进行，只有体育一项……

之前口口声声说让朱韵去找江兴驰搭档期末考试的某状元，在临近之际，越发表现出心口不一来。

虽然他嘴里肯定是不会承认的，但朱韵太了解他了。经过跟他这么长时间的交往，朱韵眼力突飞猛进，从"近视眼"升级"显微镜"，再越级到"手术刀"——几刀下去，剖开状元公事公办的表皮，看到里面满满都是小心眼。

朱韵的应对是装傻。

在最初同甘共苦的热情退却后，朱韵发现她还是放不下自己的成绩单。考试当天，朱韵就在某人"这是你最后一次机会"的眼神压力下，淡然地跟江兴驰垫球去了。

不得不说，江兴驰排球打得真是厉害。尤其是在跟李峋配合了一个学期后，朱韵更能体会到江兴驰的牛逼之处。

因为找江兴驰搭档的人太多，大家都没有时间练习。等轮到朱韵的时候，江兴驰跟她说了句"别紧张"，就直接开始了。

朱韵进入状态比较慢，上来第一个球就飞了。刚想着说考试要玩完，没想到江兴驰却稳稳将球救回来，而且不偏不斜，正好落在正上方，力度也刚刚好。之后的所有球全是这样。不管朱韵把球垫到哪里，江兴驰的回球，永远是同力度同落点，舒服得不要不要的。

或许是已经知道了朱韵跟李峋的关系，江兴驰给别的同学垫球都刚好只垫到优秀线就停下。唯独朱韵，垫了九十个了还不停。直到第一百下的时候，江兴驰才漂亮地一抬手，将球垂直垫得老高，单手稳稳接下。

今日天气很冷。朱韵垫了一百个球后，出了身薄汗。她颠颠地去找李峋。后者抱着手臂，靠在排球场边的高铁栏上，给了她一个凉凉的眼神。

"当初说要患难与共的人去哪了？"

朱韵靠在旁边，配合地来回望了望，"对啊，去哪了？"

李峋皮笑肉不笑地看着她。朱韵在他目光注视下很快败下阵来，胳膊肘戳戳他肋骨，三分撒娇七分耍赖。

很快轮到李峋。他晃晃荡荡上去，不负众望垫了八下。唐教练想再给他一次机会补补成绩，李峋轻描淡写道了句"不用，八比较吉利"，人就走了。

别说，还真有点匪夷所思的潇洒。

他跟朱韵不同。他完全不在乎分数。

也对，成绩哪有装逼重要。

考试结束当晚，李状元"不计前嫌"请客吃饭。带着高见鸿和任迪的乐队，包了台球社的一间大房。

任迪的乐队里没一个正经上学的。一群血淋淋的疯子，玩起来不要命一样。朱韵和任迪远离男生坐着。任迪跟朱韵说了她的计划。

"下学期我可能就不来了。"任迪抽着烟道。她还是画着很浓的妆。一年多过去了，她比起之前的初出茅庐，更透出几分冷艳来。

朱韵："这就不来了？"

任迪："反正我一年多也基本没上什么课，成绩根本不够毕业的。"

这倒也是……

"你家里人同意吗？"

"同不同意也无所谓。当初约好了，我考来这，其他的就别管我。"任迪耸耸肩膀，"人得守诺不是？"

朱韵不知道该说点什么。她觉得或许应该给她点鼓励，但又很快意识到没必要。人家比她上道多了。

朱韵就着这气氛，连喝了几口酒，觉得浑身通透。

"你呢，什么打算？"任迪问。

朱韵没开口，冲后面一回头。

任迪看向正在跟高见鸿聊天的李峋，道："不换了？"

朱韵："不换了。"

不可能有更好的了。

聚餐一直到后半夜，乐队的人都倒了。李峋把外套给朱韵穿好，又围上围巾，托着醉醺醺的她离开。

外面一片漆黑，冷飕飕的。朱韵被风一吹打了个激灵。李峋察觉，把衣服给她又紧了紧。

"还冷么？"

朱韵迷迷糊糊摇头。

李峋干脆把她背了起来。朱韵的脸贴在他肩膀上，享受着骑人力车的待遇。

半晌，李峋存心找碴般说："公主，你好像有点沉啊。"

她蹬腿以示不满。李峋又笑道："没关系，干干巴巴的没看头，还是有点料好。"

朱韵抱着他，迷醉之中，只觉得全世界都在怀里。她闭着眼睛，充分发散少女的想象，将周围变成无边无际的银河，他们轻盈地穿梭其中。

"李峋。"

"嗯？"

"你有什么梦想吗？"

"没。"

"怎么可能？"

"我没细想过。"

"现在想想。"

"那就……继续这样吧。"

"什么意思？"

"我很小的时候就发过誓，这辈子一定要对得起自己。我只做自己想做的事，只说自己想说的话。不管为此付出什么代价，我都不后悔。"

"你前面这些年，很彻底地贯彻了这个恣意妄为的生活理念。"

"没错，所以我说梦想是'继续这样'。"

"哈哈。"

"公主有梦想吗？"

"有。"

"是什么？"

"我的梦想是跟我的初恋修成正果。"

他停在一盏路灯下，侧过头，看着趴在他肩膀上闭目养神的朱韵，"我就不用问是谁了吧。"

朱韵闭着眼睛，咬他一口。

李峋笑着说："你的梦想很容易实现啊。"

第二天，朱韵清早醒来，看见李峋正在书桌前看书。她去外面买回早餐。两人简单吃了一下。李峋问她："你买了什么时候的车票？"

朱韵："还没买，不着急。"

李峋看了她一眼，没有说什么。

学校正式放假。人都走得差不多了。李峋不再每天去学校，把工作地点换成了自己的家。他跟朱韵还是像是在基地一样，并排挨着坐，互相听对方敲键盘的声音。

一个星期后，李峋终于再次问她："还不回去？"

朱韵："赶我走啊？"

李峋淡淡道："马上要过年了。"

朱韵："还有好几天呢，不着急。"

过了一会，李峋又说："你跟你爸妈说好了？"

他难得这样纠缠一件事情不放。朱韵知道他在想什么，说道："没事，别担心。"

其实母亲的电话早在十几天前就开始打了。朱韵一连推了四次。母亲似乎明白了什么，也不再联系她。

就这样，直到手头的工作暂时完结，朱韵才离开。她临走前，李峋坐在床边看着她。朱韵过去按了按他后脖颈，说："你先自己玩几天，我很快回来。"

朱韵到家的时候，父母都在。从她进门的那刻起，就感觉到气氛的不同。一家人安安静静吃完饭，很默契地谁都没有下桌。最后朱光益淡淡叹了口气，先一步起身，道："朱韵，你跟你妈妈好好聊聊吧。"说完，拿着报纸去了客厅。

餐厅灯光很亮，明晃晃的白，照得桌上餐具反出纯洁的亮光。

"学校放假了，怎么没马上回家？"母亲问。

朱韵说："我有点事情。"

"什么事？"

"很重要的事。"

朱韵有点紧张。面对面色严肃的母亲，时间越久，心就越揪着。她强迫自己分散注意力，去想临走时李峋看她的样子。

"朱韵，"母亲打断她的思路，"咱们今天就开诚布公地谈一谈吧。你那边什么情况我多少也了解了。这样说吧，"母亲简明扼要道，"我不同意。"

虽然这样的结果毫不意外，可在听到母亲那么斩钉截铁说不同意的时候，朱韵还是心凉了下。

"妈，他不是你想的那样。"

"我想的哪样？"

朱韵沉默。母亲道："你连我想的哪样都说不出来，只是一味反驳父母。你觉得这样有说服力吗？"

朱韵低声说："他很优秀。"

母亲静了一会，笑着说："你就把目光放在眼前这点地界，当然觉得他很优秀。你爸过年来家里的那些朋友的孩子，随便挑出来一个也不比他差。你不用跟我谈优不优秀。好学生妈妈见过太多了。而且这人家庭情况也比较特殊吧。"母亲淡淡道，"有一句话叫'寒门难出贵子'。可能我以教师的身份说它不太妥当。但事实就是这样。有些东西是根里带来的，他们再怎么装都没用。"

朱韵忍不住说："他没有装。"

母亲恍若未闻，接着说："这类学生往往内心缺乏认同感，急功近利，挖空心思想要出人头地——"

"他没有！"

母亲冷笑一声："没有？没有怎么专捡高枝缠上你了？从某些地方讲，这人确实也挺聪明的。"

"不是！"朱韵脸色涨红，"是我缠他的！"

母亲不为所动，又说："你是我女儿，没人比我更了解你。这个男孩在比赛上的行为我也略有耳闻。你打小就容易被这种人骗，永远长不大一样。"

朱韵看向母亲："什么叫骗？比赛的时候本来也是方志靖没按照规则来，对其他的队伍不公平。"

"公不公平，不是你说了算。"母亲冷冷道，"退一万步说，就算不公平，你也应该向校方投诉，而不是越过老师、越过学校，这样自以为是地破坏比赛。"

朱韵紧抿嘴唇。虽然她没有顶嘴，但母亲也能看出她完全无法被说服。

"你看，就是这样。"母亲不咸不淡地说，"这些人就专挑你这种善良心软的人骗。先把你拴紧了，再派你出来跟父母斗。他这么利用你，你都看不出来？"

朱韵起身。

母亲的声音变得严厉起来："我话还没说完，你要上哪去？"

朱韵低声道："没什么好说的了。"

母亲在后面喊她，朱韵飞快上楼。

气愤、害怕、委屈……一系列强烈而复杂的感情糅杂在一起，让她无比难受。

她一刻不停地开始收拾东西。脑子乱糟糟，什么也无法思考。看到什么就随便装起来，最后提着满满当当的行李箱下楼。

朱光益本在客厅里喝茶读报纸，看到这一幕，皱眉道："你要干什么？"

朱韵不说话，去门口取外衣。朱光益茶杯一落桌。

"胡闹！"

朱光益当家做主，平日一向沉稳。朱韵几乎从来没有看过他发怒的样子，被这一喝吓得后背直冒冷汗，靴子的鞋带系了几次也系不上。

她咬着嘴唇坚持不开口。因为知道一张嘴就露怯。父母在教育行业摸爬滚打几十年，想拿住她太容易了。

终于穿上靴子，朱韵直起身，看见母亲站在面前。

"你想干什么？把东西都放下！"

朱韵绕过她，母亲拉住朱韵胳膊，厉声道："朱韵你着魔了是不是？！"

对。

"你什么时候变得这么不听话了！马上就要过年了，到时候家里亲戚朋友来了，你不在怎么解释！"

最好就实话实说。

母亲站在门口，一步也不退让，道："朱韵，你给我把东西放下。难道爸爸妈妈还没有他重要？"

朱韵抬头，"如果我说没有呢？"

母亲一愣。

在她愣神之际，朱韵绕过她，开门跑出去。

母亲在身后大声叫她："朱韵！"

风太冷了。

太冷太冷了。

几乎要把五脏六腑都冻住了。

朱韵顺着无人的大街一连跑了十几分钟。最后停下的时候，发现脸上鼻涕一把眼泪一把，难看得不成样子。

太不像话了！她满脑子都是这句话，越想眼泪流得越多……

她真的太不像话了。

朱韵站在路边。冬日的风吹着眼泪，很快脸颊生疼。她使劲深呼吸，却毫无平静下来的趋势。

她直奔车站，坐上最后一班夜车。

客车缓缓启动。她身边是一个四十多岁的中年妇女，问朱韵："你也是回家？"

朱韵看着她，没有说话。

中年妇女毫不在意，兴奋道："我要回家看我女儿喽！"

朱韵轻声说："我去见我男朋友。"

中年妇女笑着说："那是好事啊，哭什么。"

回过头，朱韵靠在车窗上。

窗外的路灯杆一根接着一根晃过。朱韵眼前浮现出今天分别的时候，李峭穿着深色的卫衣长裤，微驼着背坐在床边看她的样子。

她开始企盼时间走得可以快点。

回到住处时已经三点多，朱韵眼睛干涩，疲惫不堪。出租车司机帮她把箱子抬进楼道。朱韵说了句谢谢，一开口发现嗓子有点疼。

她掏出钥匙开门，轻轻进屋。里面一片漆黑，李峭正在睡觉。

在朱韵看到那个倒在床上的人影时，她被一股浓浓的温柔化掉了。

她再次验证母亲的话——她着魔了。

她觉得一切代价都是值得的。

朱韵往里走了几步，余光看到桌上放着一盒米线外卖，没吃多少，剩了一大半。桌上的书摊开着，还停在她走时的那一页，地上杂物成堆。

电脑在床上。他大概是干活干到一半，累得直接趴着睡着了。

他一个人的时候，就自己乱过。

朱韵把电脑抽走，他指尖似乎动了动。

朱韵脱了外衣，侧身躺在他身边。李峭觉浅，很容易就醒了，费力地睁开眼。朱韵用最柔软的目光迎接他。在起初的几秒困顿后，李峭似乎明白了什么。他缓缓闭眼，一语不发地往朱韵怀里钻。

朱韵环抱住他，在他耳边轻声说："我回来得快吗？"

他还是不说话，就这么沉默地让她抱着。

※ 第二章（下部《长明灯》）※

朱韵第一次跟田修竹提及李峭，是回国的前一晚。田修竹主动问起的。

那年她硕士毕业，家人都希望她可以留在国外，但朱韵没有同意。在连续几个月的洗脑下，不怎么了解计算机行业的父母终于相信国内的机会更多，发展更好。

朱韵订完机票，打算请田修竹吃顿饭。一方面告别，一方面表达感谢。谁知在餐厅里，田修竹竟若无其事地表示自己明天会一起走。

"你也走？为什么？"

"国内机会更多，发展更好。"

"……"朱韵放下刀叉，"田修竹。"

她的神情很认真，认真到田修竹不得不停止切牛排。他擦擦手，又清了清嗓子。

"我想回去。"

朱韵又要说什么，田修竹抢先一步。

"跟你一起。"

他的创作正值巅峰期，事业蒸蒸日上。这个时候回国，理由不言而喻。

"田修竹，我……"

"你有男朋友了。"田修竹笑着说，"你说过两百遍了。"

朱韵捏着高脚酒杯。田修竹重新回去切牛排，不经意问："我跟他比怎么样？"

"不是一个类型。"

"都是男人。"

朱韵抬眼，餐厅的烛光晃得玻璃杯晶莹闪烁。田修竹有四分之一法国血统，脸很小，比一般的东方人起伏更分明，又不至于太过。他还有双很漂亮的茶色眼睛。虽然平日里有点神神叨叨，但真的很温柔。

朱韵实话实说，"你比他好。"

田修竹似乎觉得朱韵在说假话。

"真的。"朱韵看着餐盘光洁的边缘，低声道，"其实仔细想想，他大部分时间都挺混蛋的。"

"那小部分呢？"

朱韵无奈道："你总问他干什么？"

"不想聊聊？"田修竹用餐布擦擦嘴。他刚吃完东西，嘴唇很红，显得皮肤更加白嫩。配着那表情，看起来精致极了。

田修竹给她倒了点红酒，半开玩笑地说："明天我们就回去了。有故事最好留在异国他乡。这样回家就是新的开始了。"

田修竹叫服务生撤走所有餐具，只留两只酒杯。他双臂叠在桌面上，就像个学生一样，认认真真听她的话。

那年朱韵二十六岁，出国五年多。没有李峋的日子，已经比有李峋的日子多出很多了。

那也是朱韵第一次完完整整地将过去的事讲给别人听。

出乎她的意料，整个讲述过程她一滴眼泪也没掉。这跟之前完全不同。她清楚记得刚刚出国的时候，她连他的名字都不敢想，一想就难受，一个人躲进夜里流泪。那时她没有朋友，也很少跟其他人沟通。她缺乏自我开导的能力，只能拼了命地学习，找无数事情充实自己，就算累到连笔都握不住了，还是不肯歇。

她总固执地认为，他还在受罪，她就没有资格活得轻松。就像田修竹所言，她把自己圈住了。

但最后让她解脱的并不是田修竹。她不能单纯地将一切推到他身上，将自己的变化，简单解释为一个温柔男人字字珠玑的劝解。

是时间。

世界上最慈悲、也最无情的时间。它甚至什么都不需要做，单单存在，就足以战胜一切。

此时回顾，其实这五年并没有发生什么特别的事情。她只是普普通通地过日子，看太阳升了又落，人群聚了又散，野草荒了又长。

不知不觉中，她不再夜不成眠，不再起疹，也不再大把大把掉头发。再想起他的名字时，她不再流眼泪，有时甚至还会笑出来。只是那笑容始终难以持久，刚弯起嘴角就用尽了力气，像极了当年校园里眨眼凋零的白玉兰。

那晚她与田修竹一直留到餐厅打烊。朱韵讲得口干舌燥，意识混乱。

酒喝多，导致第二天朱韵睡过了。她火急火燎地赶到机场，终于在最后一刻赶上班机。

田修竹跟她身边的人换了座位。他给她带了眼罩。朱韵蒙住眼睛昏头大睡。十几个小时后，飞机降落。

朱韵留学期间也回国过很多次，可没有一次像现在这样感触这么深。

她真的决定彻彻底底留在这片土地了。

母亲开车接她。回程是朱韵驾驶。虽然时间很晚了，可母亲太久没有见到她，一路上有说不完的话。

"前几天跟你江姨通过电话，你小哥哥拿了绿卡了。"

"是嘛。"

提起王宇轩，母亲忍不住叹气，"当初你刚出去的时候，人家对你那么好。"

朱韵撇嘴。母亲挑明说："我看你们俩挺合适。我跟你江姨那边都心知肚明的。结果你倒好，你就不拿人家当回事。"

"我根本没想这些。"

"该想了。人到什么年龄就该做什么事。学生时代就要好好念书，毕业了就要找工作组织家庭。我就觉得王宇轩不错，从小关系就好，谁知道你——"

"我跟他太熟了。做生意还不宰熟客呢。"

"这跟做生意能一样吗？你知不知道现在社会多复杂，找个知根知底的多困难。"母亲靠在椅子里，神色端正，"我以前就看出来了，王宇轩一直对你有意思。"

朱韵无奈，"我们不合适。"

"你连个机会都不给人家，怎么知道合不合适？"

"哎呦，他现在都结婚了。"

这话终于把母亲的嘴堵上了。这是条死路，任凭母亲再不甘心，也毫无办法。

王宇轩的话题终于结束，就在朱韵打算喘口气的时候，母亲又开口了。

"跟你一起出来的那个男的是谁？"

"……"

朱韵简直要下跪了。她从没跟父母提过田修竹，为的就是避免母亲的穷追猛打。他们下飞机的时候，朱韵还特地让田修竹晚一步出来。

朱韵试图装傻。

"哪个男的？"

"就是你把什么东西还他的那个。"

朱韵想起来了。临出来的时候，她发现田修竹借给她的眼罩还揣在兜里，掏出来还他。整个过程两秒钟不到，而且他们还挤在拥堵的人群中。这都被看到了。

母亲追问道："谁啊？你在美国的同学？我看小伙子挺精神的。"

"不是同学，一个朋友。"

"哪儿的朋友？"

"国外认识的。"

"不是学校的同学？是不是社会上——"

"不是。"朱韵无奈道，"人家是正经画家，你上网搜搜，牛得很。"

"画家？"

母亲似乎有点奇怪。不过她皱了一路的眉头，此刻终于松了点，"艺术家啊，你怎么认识的？"

朱韵说："之前跟同学去意大利的时候，在一个展览上认识的。"

母亲靠回车椅，喃喃道："画家……"她不知想起什么，忽然笑起来。

"你还记不记得你小时候参加过美术班？老师教画兔子，结果你画出来像蛾子一样，把身边的女孩吓哭了。"

"啊？"

"啊什么，你给人家吓哭了自己还生气，之后的课说什么都不去了。"

"不会吧……"朱韵完全想不起来了。

"怎么不会，你小时候脾气大得很。"母亲越说笑意越浓。看着窗外，完全陷入回忆，捂着嘴闷笑，"怎么会画得那么像蛾子呢。"

天色已暗，高速路上车不多。朱韵稍稍超速，远光灯照得夜色苍茫安静。

田修竹在得知自己被朱韵母亲发现的时候，很快登门拜访。

他选在周末的一清早。按门铃时，朱韵刚睡醒，蓬头垢面光脚开门，看到西装笔挺的田修竹，反应了好一会儿。

"你干什么？"她没睡醒，声音有些哑。

他眼睛都带着笑。一身正装硬是穿出了休闲范儿，周身仿佛散发着清茶的香味。

"你叫我来的，说好了七点。"

"我说的是晚上七点。"

田修竹眼睛圆了一点，还是带着笑。

"这样啊。"

"……"你故意的吧。

"朱韵？"

母亲醒得早，习惯出门散步。回来的时候刚好看见田修竹，瞬间眼前一亮。

"这位是田先生吧。"

田修竹冲母亲行礼，"您叫我田修竹就行了。"

朱韵打了个哈欠。

母亲为了验证朱韵的话，之前特地在网上查过田修竹的情况，对其本来就有好感。如今真人出现在眼前，年轻干净谈吐得体，活力之中透着儒雅，又带着点小小的羞涩……尤其旁边还衬托一个邋遢的朱韵，田修竹简直就像裹了一层圣光一样。

朱韵知道母亲满意田修竹。不过她的满意程度，还是让朱韵小小惊讶了一下。

母亲似乎彻彻底底忘了王宇轩这个人。田修竹走后的一个星期里，她一直对他赞不绝口。

朱韵回忆了一下田修竹跟母亲的交谈过程，觉得虽然田修竹彬彬有礼，可其实并不擅长哄人说话。尤其是面对长辈，十分腼腆，还容易脸红。

"至于么……"朱韵窝在沙发里，"我没觉得他有你说得那么好啊。"

"哟，"母亲端着茶杯，戏谑道，"是你会看人，还是我会看人？"

朱韵不说话了。

"这孩子很聪明，才华横溢。"

"这倒是。"毕竟天才画家。

"不过这都不是最重要的。他性格很好，我猜他肯定不是独生子，家里有兄弟姐妹。"

这让朱韵有点惊讶了，"你怎么知道，网上报了？"

"你也太小看我了。"

"……"

"所以我才一直说你不会看人。"母亲淡淡道，"我还知道他不仅有兄弟姐妹，还跟他们相处得很好。其实这孩子有很强的个性，不过他更多时候是体贴别人。这种体贴，出身不好的人是装不出来的。"

朱韵抱着枕头看电视，不置一词。

母亲从容不迫地喝了口茶，最后说："他自己有本事，又明白事理，还有个和睦的家庭。这些综合在一起才是最重要的。"

※ 第十七章（下部《长明灯》）※

"哎！董总！"张放不知从哪个角落蹿出来，"我在这儿呢，董总！"

张放这人本身就有点跳脚虾米的气质，现在往董斯扬身边一站，就显得更为抠搜了。

以前朱韵认识的人里，最强壮的应该是付一卓，但现在他要靠边站了。

这位董总个头一般，但块头巨大。整个身体像石头凿出来的一样魁梧有力。肌肉藏在西服下，一块块隆起，将衣服绷得一点褶都没有。

董斯扬的强壮跟付一卓不同。

付一卓身材虽硬，但气质很软，且能看出明显的涵养。而董斯扬身材气质都硬，面容之中透着一股阴狠奸诈的感觉，一笑尤甚。他左眉有一道明显的疤痕，将眉尾断掉，伤疤直接延伸至眼皮里，让整张脸看着更为凶恶。

虽然穿得人模狗样，可这人看着一点也不像好人。

哎？

朱韵忽然想起她之前听到的张放和赵腾的言论，董斯扬确实是坐过牢。

他是以什么罪名进去的？

在朱韵天马行空乱想之际，面前一暗。朱韵抬头，董斯扬魁梧的身材显现在眼前。

董斯扬盯着她，目光犀利。

"新来的？"

旁边的张放连忙介绍，"对对，新员工，海归背景，工作能力还不错。"他热情地给董斯扬介绍朱韵的简历，董斯扬扫他一眼，"我问你话了？"

张放住嘴。

朱韵起身跟董斯扬打招呼。

"董总好。"

董斯扬扫视她一遍，低声道："怎么招了个女人进来……"

朱韵没听清，"什么？"

董斯扬皱着眉摇头，接着往前走。走到李峋那又停了。张放小声说："这个叫李峋，也是新员工。"

李峋正在看书。

书是朱韵今早带来的。她一起扛来很多书和资料，大多是实践性质的。可李峋偏偏从中挑了本纯粹的理论书籍看。该书由U3D的开发者编著，从根本上介绍整套游戏引擎的开发思路。

他从一早开始看，到中午大概看了六分之一。对于朱韵熟悉的那个李峋来说，这个看书速度已经非常慢了。

但有一点还跟以前一样，就是他看起书来非常专注，地震都叫不醒。

所以他自然也没有注意到董斯扬和张放。

张放轻咳一声。李峋还没醒来。他一手扛着头，脸色黑沉，似乎正在思考什么。

忽然，手里的书被抽走。

李峋脸色更黑了……董斯扬翻阅手里的英文原版书，看向李峋，问道："这玩意儿你看得懂？"

李峋缓缓道："差不多吧。"

董斯扬把书扔还给他，回到自己的办公桌旁。办公桌上凌乱不堪。他随手扒拉开一片办公区域，松了松自己的领口，又点了点桌子。

"哎！"张放意会，弓着腰开始汇报工作。

朱韵停下手里的活，偷偷听张放的汇报。张放搬了台笔记本电脑，给董斯扬演示上面的游戏，大概讲解了半个小时的时间。

朱韵在听了十几分钟的时候，终于明白这家公司的问题到底是出在哪儿了——

这个董总，是个彻彻底底的外行。

张放口若悬河，用了无数的计算机术语。里面其实有七成是有错误的，剩下三成都是废话。他演示《无敌武将》，却只给董斯扬看吕布一个角色，说得天花乱坠，根本停不下来。若不是朱韵已经了解过这款游戏的本质，光听张放的介绍，还以为是什么旷世大作。

朱韵回头看赵腾和郭世杰。郭世杰战战兢兢闷头画画。赵腾难得没有玩游戏，看戏一样望着张放和董斯扬。他感觉有人看自己，转头跟朱韵四目相对，露出了一个慵懒狡黠你知我知的笑，闷头敲了敲键盘。

QQ上赵腾发来私聊，朱韵打开一看——

"像不像暴君和太监？"

"……"

朱韵转眼去看李峋。李峋正拿笔往书上做记录，好像公司发生的这些事都跟他无关。

董斯扬捏着那支已经不能用了的钢笔。他指头粗，钢笔在他手里像小孩玩具一样。他阴森森地看着张放。

"也就是说，我走这段时间，你们手里的两个项目，一个原地踏步，一个干脆连腿都没抬过。"

虽然董斯扬听不懂计算机术语，但他并没有被张放绕晕。

朱韵看到张放后背缩起来了。

董斯扬把钢笔狠狠往桌上一拍。

"开会！"

与会人员是全体员工，包括朱韵和李峋。这回他们没去小黑屋。五个人站成一排，等着领导训话。大家很有默契地将队伍由低到高排列。朱韵踩着十厘米的高跟鞋，竟然比其他三个男员工都高点，就站在李峋身边。

董斯扬站在前面，一手掐着腰，一手指着他们。

"就这么两个破游戏，已经磨蹭几个月了！我投了多少人？给了你们多少资金？结果呢，他妈的现在连盘屁都端不出来！你们自己说你们该不该杀？"

董斯扬走到郭世杰面前，指着他的鼻子——

"废物！"

郭世杰浑身发抖。

换到赵腾——

"无能！"

赵腾低头装死。

轮到张放，董斯扬干脆直接上手了。他掐着张放的下颌，像拎小鸡仔一样把他往上拔高了五公分。

"董总，董总我错了！"张放踮着脚，痛苦求饶，"我真错了，董总你饶了我吧！"

眼看张放脸色越来越红，朱韵开始犹豫要不要制止一下。但她转念想到张放一开始招聘时的样子，以及他这两天的工作态度，还有他刚刚一门心思糊弄董斯扬的嘴脸。

还是掐死他算了。

但董斯扬最终还是松手了。朱韵偷偷看了一眼，发现张放只有下巴被掐得通红，脖子上一点痕迹都没有。董斯扬只是捏了他的骨头而已。

"你们告诉我，这俩游戏好玩不？"董斯扬下场巡游一轮后，回到一开始的发言位置。

没人回答。

最后还是张放嗫嚅地打破安静。

"我觉得还——"他刚说一半，看到董斯扬的眼神，马上改口道，"我觉得不是很好玩……"

董斯扬破口大骂："你他妈自己都觉得不好玩，你还想让别人玩？！"

张放哆嗦。

董斯扬指着他，"当初要开项目的时候，你能说出一朵花来。现在呢，这才做到一半，这破玩意就他妈不能看了！什么原因？！"

"执行力太差。"

忽然传进来的声音，让所有人的目光都注视过来了。

五个男人看着一个女人。朱韵坚持把话说完。

"两款游戏的设计初衷都可以，但执行环节问题太大，一拖再拖。"

一片寂静。

董斯扬靠到办公桌上，从怀里掏出烟来。一边点，一边对张放说："我说过几次了，公司不要招女人。"

朱韵："？"

董斯扬："商场如战场！我们现在这就等于在开作战会议！将军营帐里装着女人，那能打胜仗吗？"

朱韵："……"

"是，是，"张放脸色凝重，"是我欠考虑了。"

董斯扬又说："何况你还给自己招来一个竞争对手，就他妈会动嘴。"

朱韵为董斯扬的几句话惊呆了。没等解释，董斯扬猛吸了口烟，对众人说："你们几个什么鸟样我太清楚了。我不用你们跟我谈这谈那，我只需要有个人站出来跟我说——'这项目老子他妈一个人就能做好！'"

他拿烟对着他们。

"有没有这个人？你们就告诉我到底有没有这个人？！"

鸦雀无声。

董斯扬将烟狠狠扔到地上，转身翻办公桌抽屉。

"我刀呢？"

大家："……"

在众人战战兢兢之际，李峋转身往自己座位走。

董斯扬脑壳跟长了眼睛一样，瞬间抬头，喊住李峋。

"站住！谁让你动了，我说散会了吗？"

李峋回头，淡淡道："你这会能开出结果？"

董斯扬一愣，眼神沉下。

朱韵虽不知道董斯扬之前是干什么的，但她觉得他黑起脸来真的可怕。这种可怕不是普通上司对下属的威慑力。这里面还有些其他的东西在。

所有人都被董斯扬吓住了，只有李峋。他似乎对这种感觉已经习以为常。

"开不出结果就不要浪费时间了。"他火上浇油地说。

董斯扬眼神越来越黑。

如果说刚刚开会时还只是停留在发火阶段，那现在火已经熄了，他周身开始冒凶气了。朱韵听到身边张放用极其小的声音一个劲儿地碎碎念："完了完了完了……"

李峋仍然没有要让步的意思。

董斯扬朝李峋走过去，刚迈出一步，一道声音划破沉寂——

"我能！"

五个男人重新看向屋里唯一一个女人。

朱韵举着手，黑亮的眼睛盯着董斯扬，清晰地承诺道：

"我一个人就能把这个项目做好。"

阅读评价

如果要问谁堪称是新晋的女频大神级作者，笔者认为Twentine绝对是一个有力的竞争者。纵览Twentine的作品列表，她算是比较多产的言情小说家。笔者阅读了她很多作品，拜服于她的文字魔力之下。而她刚刚在晋江文学城完成不久的《打火机与公主裙》，则可以说是笔者阅读过的极为惊艳的一部作品。

《打火机与公主裙》是Twentine 于 2016 年在晋江文学城创作的一部现代网络言情小说。书名中打火机代表的是男主角——李峋，源自女主角为男主角买的Zippo打火机；公主裙则代表的是女主角——朱韵，源自李峋为朱韵买的一条公主裙。

整部作品分为上下两部，上部的名字是《荒草园》，讲述的是男女主的大学时光，他们经历了从偏见到欣赏再到相恋，"我有我的国王，我是他不二之臣，我愿为他摇旗呐喊，也愿为他战死沙场"，却因出离愤怒而付出惨重代价；下部

《长明灯》，讲述的是男女主大学之后的时光。这段因代价而失去联系的爱情，再次经历考验，"百草园深处，长明灯微亮。这是他战无不胜的风光，是她奋不顾身的信仰，也是岁月静好，地阔天长"。有着这样一个简单明了甚至略显幼稚的题目，却并不是一个简单的故事。

第一好看点：如魔似幻的叙述手法

对于有着十几年网文阅龄的笔者来说，本书中最为吸引人的，也最为令人惊艳的，就是作者的叙述手法和写作技巧了。在Twentine简单甚至看上去有些平淡的叙述中，笔者在平时生活中的烦躁被慢慢拂去，然后再像蜘蛛一样被慢慢地拖进她构造的故事网之中。当笔者反应过来的时候，已经深深地陷入她故事所营造的那个漩涡里，无法挣脱也不想挣脱。她的文字有种让人着迷的魅力，就算是将一部作品反复地拿来看，也不能抹去在阅读过程中它给读者所带来的乐趣。

笔者曾读过Twentine的其他小说。早在《那个不为人知的故事》里，她的这种写作技巧就已经大成。而在《打火机与公主裙》中，Twentine追求的不再只是单纯的写作技巧，而是将写作技巧融于故事构造之中，无形中调动着读者的情绪，而读者在不知不觉中就被她吸引住了。

《打火机与公主裙》将男女主角从大学到职场、时间跨度长达六年的故事一一描述出来。并且在故事发展期间，男女主经历过入狱、友人的背叛、猜疑等等一系列堪称人生重大转折的考验。这对于人物性格塑造来说是极难的，相当考验作者的笔力。要将男女主角从校园时期青涩、桀骜不驯到职场时期成熟、冷静自持的转变写出，又不能脱离男女主最为本质的性格，更难。

不得不再次称赞作者对文字的把控能力。她将李峋和朱韵的爱情叙述得那样真实，让每一个曾经有过大学校园生活，又从校园生活中走向职场的读者，都可以在《打火机与公主裙》中，在李峋和朱韵身上找到自己的影子——曾经的那个青涩的自己、那个为他摇旗呐喊的自己、那个被生活打磨的自己、那个为爱情而坚持的自己……他们故事中的点点滴滴都是如此真实，仿佛就发生在自己的身边一样，历历在目。到了最后的最后，读者完全控制不住自己对他们的爱，不由得为他们之间那深厚的感情而感动。

在网络言情小说当中，很少会有作者愿意写时间跨度如此之长，并且期间男女主遇到重大挫折，性格有所转变的设定。而就传统言情小说来看，就笔者浅薄的阅读史中，也就在《简·爱》当中见过。由此笔者可以推定作者的笔力相当稳健。这也是为什么笔者认为她将是网络言情小说神级作者的有力竞争者。

第二好看点：新奇和有趣的反套路设计

作者Twentine喜欢刻画平凡的人物，她笔下的人物大多属于此类。因此，李峋并不是传统言情小说中完美的白马王子，也不是网络言情小说中的富二代、总裁或者黑帮老大。《荒草园》中的李峋像是野草一样，不屈不挠地和自然搏斗，活出了自己的风格。特立独行的他，不会让人在第一眼就喜欢上，更不会是女孩子心中的风云人物。

比起高中，大学自由很多，染发的学生也不少。但毕竟理工学校偏保守，学生普遍染棕色或栗色，最多漂个闷青。

> 像这种在阳光下金到发白的头发，绝无仅有。
> 叫什么来着？
> 李峋。
> 染这么金干吗？装太阳啊？全校独他一份，也不嫌丢人……朱韵有点尴尬地想着。

而经历了挫折，为自己曾经的过错付出惨重代价后，李峋在《长明灯》中，保持着一贯的骄傲自持，似乎没有改变，但又改变了不少。

> 李峋漫不经心地拒绝。他似乎觉得这短暂的见面已经够了，想走。但朱韵刻意挡住了路。他走不了。
> "让开。"他说。

　　朱韵没退。她问他说："刚那人是做什么的，我看他不像正经人。"

　　李峋乐了，"那你看我像正经人么？"他脸上带着笑，极其疏离。他用眼神无声划开一道界限，不给朱韵提及过去的机会。

　　简单的几笔，就把一个将自卑深藏在内心深处、借由玩笑话拉开距离的李峋刻画出来。这不是一个完美的人。尤其是在他携带着一身仇恨归来、准备赌上所有的尊严与骄傲的时候，面对自己最爱的人的质问，他怯弱得不敢透露自己的一点消息。他害怕得不到爱人的回应，他害怕再次得到的不是信任，而是背叛。所以，他宁愿装作不亲近，宁愿拉开自己与爱人之间的距离。

　　因此，李峋不是一个传统意义上的白马王子。他就是这样一个不完美的骄傲的少年。也正是因为这样，当他最后获得幸福的那一刻才格外感人，让人为他流下感动的泪水。

　　表面看来，女主角朱韵是一个乖乖女，温柔善良，乐于助人。这样的人跟身边很多人差不多。她们温柔善良，可以泯于众人之中。但李峋一眼就看出了这位温柔善良的女孩面具下的真实性格。因此朱韵在李峋面前，自由地做着自己。

　　无论是传统言情小说还是网络言情小说，都喜欢将女主角设定为男主角的保护对象：公主有难，王子来救。《打火机与公主裙》却反行其道，男女主角的相处模式也有着反套路的意味：为什么一定要王子来救公主？公主也可以做骑士，也可以来救王子。

　　　看着朱韵不是很信服的脸，李峋往前探探身："公主殿下。"
　　　朱韵把面包放下。
　　　"你能不能不这么叫我了？"
　　　李峋："那怎么叫？"
　　　"我没名字？"
　　　"公主不好听？"
　　　"问题我不是公主。"
　　　"那你是什么？"

骑士——

她心里瞬间浮现这个词,但没说,怕他笑。

不愿做公主而愿做骑士的朱韵,不是娇滴滴地养在深宫中的白玫瑰,而是一个愿意和男主并肩战斗的骑士。而他们的感情,也在这并肩战斗中慢慢滋生,慢慢成长,最终开出了爱情的花朵。也正是这样一位骑士,将李峋从泥潭中拉出,并让他找回真实的自己。

我喜欢看这样的言情小说。女性并不是男性的附属品。女性的成功是来源于自身的努力,而不是男性的帮助。而现如今的网络言情小说却喜欢写玛丽苏式的故事设置,这让笔者感到十分难过。一部好的作品,它所传递的价值观应当是正确的。因此当笔者看到作者如此描述李峋和朱韵的关系的时候,内心是十分期待这个故事走向的。

很高兴,Twentine 没有追求玛丽苏式万人迷的感官书写,而采用的是女主解救男主、帮助男主成功的理性书写。至少现在,我们还能在网络言情小说之中见到,理性的作者在向读者们传递着正确的价值观。笔者相信,在时代越来越进步的今天,会有更多的作者加入这个队伍。不要求作品是严格意义上的女性文学,最起码,作者叙述的女主角能靠着自身的内在能力获得成功,而不再是通过外貌等外在特征获得成功。

最后一个反套路出现在朱韵母亲身上。在传统言情作品中,甚至是网络言情小说中,很少会出现描述男主见岳母的情境。即使描述也会略过,不让人深究其中的奥秘。但 Twentine 一反言情小说常态,将朱韵父母对李峋的反感态度刻画出来,把真实的状态描写到架空小说中,不由得多了几分真实感。

朱韵跟母亲讲了李峋出狱后的事情,包括他们一起在公司创业,还有未来的发展方向。母亲刚开始时怒火中烧,瞋目切齿。随着朱韵将漫长的故事讲完,她已经气得维持不住脸上的神情了,闭着眼睛,一手撑着头,不住地摇晃。

"朱韵,你太让我失望了。"母亲声音抖动,显然被刺激得厉害,"你为了这么个人连爸妈都骗。我还真的一直被你蒙在鼓里。你听清楚，家里不同意！放几年前我们就不同意，更别说他坐了这么长时间的牢了！"一提李峋坐牢的事，母亲又是一阵急火，"坐牢，天啊……我们家什么时候跟这种人来往过。朱韵你真的胆大包天了，什么人都敢接触！"

现实的压力摆在朱韵和李峋面前，也摆在了读者面前。这充斥着生活气息的压力，让读者在阅读过程中不断受到刺激，从而带动读者的情绪。对男女主的爱情充满了同情，使得读者的感受得到进一步升华。

第三好看点：高明的情绪操控能力

艺术来源于生活，而高于生活。很多小说、电视剧往往都将焦点聚集在婆媳关系，却很少有人想到女婿和岳家的关系。是每个女婿都会得到岳家的喜欢吗？不一定。那要怎么处理？没有作品敢写，似乎也没什么好写。

但是，Twentine 写了。她也必须要写。因为朱韵的家庭设定比李峋的要好上太多，Twentine 挑战了这个难题。也因此让读者顿时感受到了不一样的风景，似乎被打开了一扇通往新世界的大门。

整个故事从写作技巧到反套路的设计，都可以看出作者对文字把控和设定的能力相当强大。而同样强大的，必须要提到作者对读者情绪调动的能力。

在上部《荒草园》的结尾，读者见到了最疼爱李峋的姐姐——因为坏人陷害而过世，不认姐姐的李峋愤怒地失去理智……在这里，作者没有采用李峋的第一视角来写，而是换成了一个不经意的保安视角。

监控画面色调暗沉，像永远洗不干净的抹布。

保安很愤怒，觉得该干点什么来处理一下刚才的事件。可他又没什么动作，因为他敏感地觉得这个沉默的男生已经有点失去理智了。

接下去，读者就看到失去理智的李峋挥拳的那一幕。那一刻，即使是旁观的读者也深深体会到了这个男孩的愤怒。他宁愿用他努力了那么久得到的一切来换这一拳，那一拳打碎的不仅仅是凶手的器官，打碎的还有李峋的梦想。

Twentine 的描写能力非常棒。在本书中她始终控制着自己的笔锋，也控制着读者的情绪。那被压抑了整本书的情感，在小说达到高潮时一并迸发出来，瞬间感染了所有读者。这种将情感累积，再像炸弹点燃一样瞬间迸发的写作技巧，是在笔者读过的网络小说中绝无仅有的，真的让人赞叹不已。

对笔者而言，全文情绪的爆炸点，在朱韵让她和李峋的儿子——李思崎拍摄以他们的故事为蓝本的电影的那一刻。他们的爱情由李思崎叙述出来的那一刻，笔者无法控制自己的眼泪。这一刻，笔者终于明白为什么下部叫《长明灯》。这是朱韵为长子李思崎筹拍的李峋传记电影，更是李峋和朱韵留给迷茫的长子——李思崎的指路灯。它告诉李思崎，怎样的路才是合适的。

李峋过世的时候并没有太过悲戚。他直到最后一刻也棱角分明。他留给李思崎的话不多，但每句都说得清清楚楚，毫不犹豫，一如他的人生。

他对李思崎说："我的钱大多留给你，愿意做什么就做什么。想吃就吃，想玩就玩。人生很短暂，不用太在意那些无关紧要的人。但男人还是要有男人的样子，记得照顾好弟弟妹妹，你妈的话……"

只有说到朱韵的时候，他稍停了两秒，又道，"我在的时候她要听我的。我不在的时候她一切都是对的。记住了吗？"

李思崎泪眼婆娑地说记住了。

……

李思崎想了想，说道："我爸跟我妈的感情很深。他最了解她。他知道自己的温柔对她来说是把双刃剑。如果最后时刻，他真的表现出强烈的不舍，我妈就很难跳出这个漩涡了。在我爸的事情上，她很容易钻死胡同。"李思崎笑容渐渐收敛，低声道："他太了解她了……"

……

朱韵当年的话犹在耳边。

"你是我的孩子，我能从你爸那得到力量，你一定也可以。"

朱韵全心全力为李思崎筹划了这部电影。

她对他说:"我从不与你讲大道理,因为我知道说也没用。我家人都死心眼,只认世上经历过的才叫道理,其他都是空谈。我让你演这部电影,只是想让你知道你父亲是个什么样的人,让你在未来经历那些许许多多事情的时候,没有那么容易放弃。"

这三段话一环扣一环。李崎过世前表现出对孩子们依依不舍的牵挂,因为太了解朱韵,只能将对朱韵无限的牵挂深埋心底。朱韵对李崎也同样有着深刻的了解,她将对李崎的信任同样带给他们的孩子。每当笔者看到这些文字,都能被这简单文字中所蕴含的深情而打动,不由得想要流泪。

Twentine在本书中将爱情写到极致,又将亲情融进爱情里。双重情感的炸弹让读者在阅读中的体验提到了极致。这双重炸弹的威力,犹如海啸一般,将读者的个人情绪吞噬并强行摧毁,燃爆全文。这就是独属于她的文字魔力。

在阅读全书的过程中,读者就如同掉入了一个漩涡之中。你无法感知时间的流逝,只能不断地随着男女主角情绪的起伏而起伏。如果不是亲自读完,根本没法想象这样一个略显幼稚的标题下,竟是这样一个令人感慨的故事。

从写作技巧到内容设定,从故事叙述到情感调控,Twentine都做得相当不错。而这些方方面面组合到一起,打造出的《打火机与公主裙》,让笔者相信,这是年度最好看的优秀言情作品,是精品。至于能不能算得上是网络文学中的经典作品,就得看时间和读者们的共同淘洗了。

本篇执笔:闲闲小女子 / 中国青年智库论坛网生评论家

一部好的作品，它所传递的价值观应当是正确的。

不要求作品是严格意义上的女性文学，最起码，作者叙述的女主角能靠着自身的内在能力获得成功，而不再是通过外貌等外在特征获得成功。

第五章 尾鱼《西出玉门》：

"多重志怪"异想探险小说

故事的纠缠错结、人物的钩心斗角、天意的冥冥注定，都指向了最初的女子叶流西。叶流西正是卜卦所预言的解开玉门关封印的关键。棋局如何排布、力量如何对垒、一颗棋子如何盘活全局，读者大可以充分想象。

作者简介

本书作者尾鱼是晋江文学城的签约网络小说作者，读者昵称"鱼总"。2009年，她在晋江文学城发布了第一本小说《开封志怪》后，就一直在进行网络小说的创作，创作类型主要为灵异、言情等。2011年时，创作的《怨气撞铃》积攒了一定的人气，并于2016年改编为网剧上映。

尾鱼的小说中想象天马行空，伏笔悠长，节奏紧凑，主角尤其是女主角非常有特色。在笔耕不辍中，尾鱼独特的风格也为她聚拢了大量的读者。《西出玉门》是她在晋江文学城创作以来人气最高的作品，也是一部将灵异与言情元素相结合的佳作。

代表作品

《开封志怪（展昭同人）》：已完结，已出版，已签约游戏改编、影视改编、舞台剧改编；

《怨气撞铃》：已完结，已出版，已签约游戏改编、影视改编；

《半妖司藤》：已完结，已出版，已签约游戏改编、影视改编；

《七根凶简》：已完结，已出版，已签约游戏改编、影视改编；

《西出玉门》：已完结，已出版。

内容梗概

《西出玉门》是尾鱼于 2016 年 12 月在晋江文学城开始创作的玄幻言情小说，主要更新时间为 2017 年。

本书讲述了一个发生在玉门关的玄幻故事。

素有"死亡之海"之称的无人区罗布泊，隐藏着一个汉武帝时代的大秘密。而早已风化成沙的古玉门关，会在深夜的沙暴里集结成形，为某些特殊的"人"放行……

过去曾是沙漠向导的昌东被一个陌生女子（叶流西）找到。叶流西以一张照片为凭据，要求昌东重新出山，帮助她去往玉门关以西的大漠。昌东在两年前曾带领一队人前往大漠。夜里强度罕见的狂风骤起，天昏地暗之间，昌东所带领的十八名队友全部葬身沙漠，尸首无存。心存愧疚和后悔（其中一名是他的未婚妻）的昌东因此决定销声匿迹，而叶流西的照片里有当时事故的信息。为了查出真相找回遇难队友尸体，昌东决定和她一起前往大漠。

引文节选

※ 第⑥章 ※

昌东下意识伸手去接，接了个空。

瓜还在叶流西手里——她做了假动作，才刚撒手，反手又接。抢在他前头拿到，然后笑眯眯搁到他空张的掌中："刚才接了不就结了？就这么说定了，手机。"

昌东拿手机给她。她拨了自己的号码，响一声挂断，然后递回给他："你准备好出发的时候，通知我就行。我白天都在这，找不到的话打我电话。"

什么都让她说了做了，看来没讨价还价的余地。昌东不想多话，转身走时，叶流西又叫住他。

"哎，昌东。"

昌东回头。

"你是住酒店的吧？"

昌东嗯了一声，随手指了个方向。他住的酒店算是那旗镇上最好的，也最显眼。

"晚上能去你那洗澡吗？"

她解释："反正你付了过夜的房钱，洗澡水不用白不用，省得我去公共浴室洗了。"

昌东皱眉："你家里没洗澡间？"

叶流西拿起西瓜刀。刀背在车厢上敲了两下，响声咣当咣当的。

"我就住车里。"

昌东送车子到镇上最大的汽配店，伤脑筋行前维护。接手的师傅见车子模样不起眼，起初很是漫不经心，真到紧固排损时才看出端倪，不时一惊一乍："兄弟你真懂行啊。这改装绝了！"

昌东没吭声，盘腿坐在一边的地上，朝工人借了纸笔，慢慢地勾画路线图。

两年了。他大多时候都困在回民街那个几平方米不到的后台，逼仄的空间里除了幕布就是皮影。忽然间，像平地起了风暴，把周遭的炫目色彩零碎声响刮成齑粉。极目四望，还是身处万里戈壁。

他早知道终有一日要回去的。死了十八个人，凭什么只活他一个呢？

墨笔在纸上迤逦出一道弯弯绕绕的路线图，一个个站点，像是刻在脑子里的。

罗布泊的东西向穿越，可正可反。正的这一条，起始点是玉门关。业内叫西出玉门。

他看自己标出的路线。

玉门关——三垄沙魔鬼城——彭加木失踪地——红柳墩——罗布泊镇——湖

心——余纯顺墓——龙城。

"龙城"两个字上，他划了一道又一道的圈痕。

孔央的尸体，怎么会到了那儿呢？

沙漠腹地有个诡异的传说——

死在沙漠里的人，尸体从来都找不到。因为起伏的沙堆下藏着看不见的鬼魂。它们会带着人的尸体，乘着戈壁的大风，在大漠里来回行走，直至带出千百里之遥。

除了孔央，还有其他人呢，是否也嵌在灰白色的黄土垄堆里？

车子检修完已经是晚上。有几样损件没货，要等明天调配。昌东在车行旁边的饭馆吃了碗面，步行回酒店。

到酒店门口，透过玻璃门，看到大厅里跟前两天不同。几个穿着撩人的年轻女人，正坐在沙发上聊天。不知道是讲到什么好笑的，正前俯后仰乐不可支。

而一侧的楼梯口，有对男女正搂抱着上楼。那个女人很是眼熟。

叶流西？

昌东想起Sunny的话。

——明天在这里派广告的，就是那边的人了……

南北果然有差异。南面含蓄点，而北面的广告发得活色生香。

叶流西今晚既然已经找到下家，看来是不需要去他房间洗澡了。

昌东推开门进去，垂着眼经过沙发时，有几句压低声音的对答传进他耳朵里：

"他偷偷给流西下药，你看见没？"

"看见了，大概想玩花样，怕她不乐意……今晚那男人会爽到吧。"

"我没提醒她，反正她也乐意，自己跟人走的……"

几个人咯咯笑成一团，风月场里人情味少。自己生活得不如意，于是乐见别人倒霉。

昌东皱了皱眉头，走到电梯边揿按钮。走楼梯的大多是住二楼的客人，三楼以上就要用到电梯了。

电梯到了。昌东进去按了楼层。没人同乘。电梯门缓缓关闭。小地方的电梯，广告包满四面。连地毯上都印餐饮店标语，讲明全年八五折。

这是叶流西自己的"工作"。客人有什么情趣想必她也司空见惯，自己用不着多管闲事。

到了楼层，昌东出电梯，快走到房间时，忽然犹豫。

有人对她下药，于情于理，是不是应该提醒她一下？

他走过房门口，从疏散楼梯下了二楼。

走廊里静悄悄的。

这酒店大堂挑得高。二楼的空间受挤压，房间少，都是单排。门对着走廊，有几间没亮入住灯，空关。入住了的大概有十来间。只有一间门把上挂了"请勿打扰"的牌子。

昌东上去敲门，没人应答。他手上力度大了点："叶流西？"

试了几次，里头还是没动静。昌东低头去看锁。就在这个时候，身后忽然有人说话："你叫我啊？"

昌东迅速回头。

居然是叶流西。左手提浴筐和衣服袋子，右手拎一双拖鞋，脸上的表情比他还奇怪："你明知道我住不起酒店，怎么会敲一间客房的门，喊我的名字呢？"

昌东收回手："你怎么在这儿？"

"不是说晚上去你那儿洗澡吗？我车停在后头车场，从后楼梯上来的。听到你在叫我……你不是住三楼吗？"

昌东说："我认错人了。"

叶流西洗澡的时候，昌东又下了一趟二楼。刚刚的事情，他总觉得不对劲。

那间房的门口明明亮灯，却怎么敲都没人应。他试着用楼道的电话拨房号，同样没人接。

昌东从楼梯绕进酒店后的停车场。

停车场其实是片半开放的用地。里头停了不少车，有私家车，也有电动三轮，并不只对酒店住客开放。他在停车场站了会儿，抬头看酒店的大楼。

黑漆漆的墙身几乎和夜色融为一体。亮灯的窗户像嵌进黑幕的一只只巨大的眼睛。有些房间拉着窗帘，帘上偶尔映上人影。

冷风吹过，昌东打了个寒噤，转身想上楼。走了两步，心里忽然一动。

他转头看向二楼的一扇窗户。

里头没亮灯，这不稀奇。这酒店入住率不高，很多空关的。

稀奇的是，那间房开着窗——那旗镇多风沙，窗户很少打开。即便想开窗透气，也是选中午没风的时候。更何况现在是晚上，温度正持续往低走。

整幢大楼，只有那一间开窗的。

昌东将衣服的上拉链口松了松，活动了一下头颈；退后几步，快跑提速，一个踏冲踩上墙面；身体拔起，胳膊伸长扒住空调外挂，借力提气翻进窗子。

这屋里有动静。

昌东在窗口站了会儿，借着外头微弱的光，渐渐看清楚。

床上躺了个肥胖的男人，赤身裸体。手脚都被捆住，嘴里塞着枕巾。喉咙里唔唔的，正试图挣脱。但无济于事。

昌东走到床边。

那男人挣扎得更厉害了，似乎是想求救，又似乎是害怕来者会对自己不利。

半晌，昌东弯下腰，抓住抛在地上的被子顺手一提，把被子抛盖在男人身上。

酒店的热水水流大且稳。相较之下，公共浴室的出水真像老牛拉破车，催不得也踹不得。

叶流西洗得心满意足，换好了衣服出来，扯了条毛巾擦头发。

昌东在看电视。看不出这么大个男人，居然爱看狗血的婆媳剧。儿媳妇正拽着男人不依不饶；另一边，婆婆骑驴样跨坐在窗台上，声嘶力竭叫嚣："你今天不赶她走，我就跳下去！"

叶流西擦着头发，目光往电视上溜。她想看那婆婆到底跳不跳。

就在这当口，昌东举起遥控器一摁，电视机黑屏。

叶流西觉得他是故意的，皱着眉看他。

昌东迎上她目光："我去过那间客房了。"

"什么？"

"你干的？"

看来没法装傻蒙混了。叶流西毛巾往边上一搁，伸手抓理头发："你把人放了？"

"给他盖了被子。"

叶流西语带讽刺："真看不出来，你还长了颗菩萨的心。"

"你知不知道以现在的温度，开窗，人脱光了过一夜，轻的冻残，严重点会失温冻死？"

叶流西漫不经心："所以呢？"

昌东盯着她看："那人冻死了，就是命案。那么多双眼睛看见你和他搂在一起，警察第一个找上你。"

叶流西笑："这么为我考虑？怕我坐牢啊？"

昌东回答："你去坐牢或者赔命没关系，但会耽误我的事。"

"龙城这事没了结之前，我希望你循规蹈矩，有点法律意识，别给大家找麻烦。完事之后，杀人放火都随你，跟我没关系。"

叶流西不说话了，脸上还是带着笑，过了会儿说："好啊。"

语气柔和，好像一点都不介意。但走的时候关门，整个楼道里都有回声。

这声响……昌东知道自己得罪她了。

叶流西下楼，在心里骂昌东：教训我，什么玩意儿。

进了停车场，回头看那扇半开的、黑黢黢的窗户。她要是再翻窗进去生事，显得怼不大度了。

算你走运！

她走向自己的面包车，离着三五步远时，蓦地停下脚步。

车门是开的，隐约能看到车里有个人影。

叶流西笑起来。今天是什么日子啊，一个两个的，都来撞她的枪口。

她放轻脚步，悄无声息地走过去。身子倚住半开的车门，手伸进离得最近的座位底下，慢慢抽出一把刀来。

尺长的直柄西瓜刀，刀身锃亮，夜色里闪着寒光。

那个人还在车里翻找着什么，动作很小，窸窸窣窣的声音像老鼠刨食。

叶流西拿刀背磕了磕车门框。那人猝不及防，打了个哆嗦，僵住了再不敢动。

叶流西说："你找什么呢？我对这车熟，不如说出来，我帮你一起找啊。"

※ 第①⑦章 ※

昌东一页页翻看。

很明显不是一天写就。确实日积月累，用的笔不同。笔迹也时而潦草时而周正。有些条目甚至被划掉叉掉。看来是觉得起初推理失误。

真的就是真的。昌东差不多相信她了。

但也更匪夷所思了。

她肩膀有洞穿伤，自己记述：前后都有疤，大小差不多，不是子弹打的，像是钢筋穿的。

右腿小腿肚有烙疤，特定形状的烙铁烙的。她用笔把形状画下来。那图丑且拙劣，像个凶悍的人脸。

她在旁批注：哪个龟孙子烫我的，你等着，你他妈死期到了。

昌东忍不住看了她一眼。她语气凉凉的："多大仇，打一顿就算了。还给我烙个疤！他要是以为我从此不敢穿短裤，那就错了。"

还难得看到她承认了自己有缺点，"早期审美太差"，理由是：左腕上的文身太丑了。

那文身，初次见面时昌东就看到了。有点像蛇，乍看还以为是手串。现在细看，又不是蛇；身上有鹰爪，扁圆的脑袋上飘出撮头发，怪里怪气。

翻完了，真是如坠云里雾中。看时脑子里给出了很多时下小说里才有的荒诞设想，譬如是不是借尸还魂、古人复活、两世记忆……

好像都不是。她自己先行一一否定了。

昌东把小笔记本还给她。自己再隐瞒的话，好像确实有点过意不去。

他沉吟了一下："我把你错认成孔央。说一时恍惚不全错。你跟孔央，身形是有点像。"

都身材纤细，身高也差不多。这世上相似的身形很多。恋人即便能分辨出，也需要仔细观察。更何况当时是在晚上，隔着那么远，只一眼。

叶流西等他下文。

"但这身影出现，我确实不是很意外。"

鹅头沙坡子沙暴之后，昌东及时得到了搜救——他事先曾安排司机过来接孔央。司机住矿场，距离鹅头两个小时车程。据说那一晚，矿场也受到波及。风沙怒号，如同有鬼夜哭。

司机担足了心。第二天一早火烧火燎往鹅头赶。卫星电话没打通，心里觉得不太妙，路上就联系了救援。

赶到之后，眼前所见让司机瞬间腿软。鹅头不见了。那一片沙地几乎被翻埋削平。跌跌撞撞走了两步，膝盖忽然磕到什么。扒开一看，是越野车顶歪斜的行李铁架。

整辆车都被埋了！

第一次救援没发现昌东。第二次增加人手，同时扩大搜救范围，才在距离原鹅头两公里远的沙坡里发现他。他卧埋在沙堆里，手臂拼命前伸，整个人昏迷不醒。

搜救队长觉得这已经是奇迹了。这么大的沙暴，车子那么重，都被刮埋翻滚到没找全。营地全部被推埋。至于人，能救出一个来，还是活的，实在相当难得。

甚至在他醒来后，都很直白地对他说："兄弟，这命老天给的。你能活，真的是祖上积德。"

医院病床前，调查人员问起他详细的情形，尤其是失去意识前发生了什么事。他说："风瓶突然猛烈碰撞，鹅头被掐断。我当时拽着孔央，想往车子那里跑……"

帐篷太轻。这个时候，只有车子靠得住。

但刚跑了没两步，就看到沙坡打起巨大的浪头。一辆车像玩具一样，横翻在他面前。队员的尖叫声被沙子冲散。再然后，就什么都不记得了。

他情绪失控，说的时候两手一直发抖。

调查人员叹息说："你现在情绪还不稳定，先好好休息吧。我们目前还没有放弃搜救……"

其实彼此都心知肚明。沙漠、缺水、强烈的日晒和昼夜温差，头两天没找到，也就等同于再也找不到了。

那一晚，昌东半夜醒来。病室里安静极了，窗帘半拉，月亮温柔挂在半天。

他忽然想起一个场景。

那是在深夜，沙暴平息之后，救援未至之前。

他曾艰难地睁了一下眼睛，看到高处的沙坡上，站立着数条模糊的身影。

心里有隐约的预感，觉得那是队友，是孔央。他们死了，他们要离开。

昌东嘴唇嗫嚅了一下，伸手去抓，虚弱地呢喃了声："孔央……"

孔央回头。

他的眼皮有千斤重，眼前渐渐失真，慢慢拉合，直至一片死寂的漆黑。

沙尘暴要来了。零碎的砂石飞打在车身上，咯嘣咯嘣响。昌东的空帐篷里灌满了风，像个撑胖的风筝，拼命想飞走，又被地钉的绷绳紧拉住脱不了身。

叶流西问他："这事，没对调查人员说吗？"

"怎么说？我自己都分辨不出究竟是梦，还是当时真的醒过。"

再玄一点说，还可能是生死之际亲密的人之间存在着的心灵感应。孔央当时，是在向他道别……

昌东帮叶流西把帐篷门拉起："早点睡吧。"

他灭掉营地灯，躺进逼仄的单人帐篷里。

搜救队没有发现孔央和其他队友的尸体。这一度给了他荒诞的希望。也许那天晚上，他们真的是从地上站起来，抖掉身上的沙，结伴离开了。

冷静下来之后，也知道不可能。孔央那么柔弱，在沙漠里，根本就捱不下去。还有，队友里有刚做爸爸的。如果大家都还活着，为什么不回家呢？

投奔丁州之前，他又一次单车进了沙漠。到过沙漠腹地一些行将废弃的村子，向那些祖居在这里的当地人打听关于沙暴的传说。

那些死在沙漠里的人，真的就这样无声无息地消失了吗？

他也不清楚自己在期待什么。

也许期待着，某一个有月亮的晚上，车子停下，会看到不远处的沙坡上坐着眼神悲伤的孔央。尽管他再也不能靠近她，尽管她只是一缕单薄的鬼魂。

然而都没有。

那些出车的、放骆驼的，还有零星打猎的，总是不厌其烦地向他描述着戈壁荒漠的可怕。比如一场沙暴过后，你会发现被风翻出的、不知道死于哪一年的干尸；再比如这里有着神奇的磁场，再先进的仪器到了这里，也会失去效用。

还有一次，在一个叫"一家村"的村子边，那个就着咸碱水洗衣服的老婆子，居然口齿含糊地跟他提起了玉门关。

"我婆奶说哈，有那么大一个城，玉馒（门）关，被风吹化了……"

"但是那么多年，从老久到现在，那个玉馒关，早就活了。"

"半夜里，呼啦刮大沙暴，你要把馒关好，不能到野地里头哈走。你哈走，你自己都不知道，就会走到馒洞洞里去。"

说到这里，神神秘秘，干瘪的老嘴翕动着开阖："玉馒关，也叫阴关嘞……"

……

风越来越大了，昌东疲惫地闭上了眼睛。

也不知过了多久，凌厉的风声里，隐约传来一声枪响。

昌东迅速翻身坐起，拉开帐篷门出来。风很大，沙粒在空中飞，有时斜擦过面颊，在脸上留下一两缕尖细的疼。

昌东站到迎风向，屈膝，侧了身去听风带过来的动静。叶流西也探身出来了："昌东？"

他示意她噤声。

仔细听，有稀薄而隐约的哭喊，还有车身被重击的金属声……

昌东心头一凛，回头低声吩咐她："收拾东西，马上。"

又大步走到肥唐帐篷边，伸手抓提帐篷的斜撑架，几乎连人带帐篷提起来："起来，出事了。"

顿了一两秒，拉链门拽开，肥唐几乎是从里头滚出来的。夜里突然被惊醒，再加上听到那样的口气，恐惧尤甚："东哥，出什么事了？"

"可能是抢劫，手脚利索点，赶快。"

肥唐心怦怦的，手心一把汗。也顾不上收拾了，所有东西搂起来，没头没脑就往车里塞。扎营时至少花了半个小时，现在粗暴拔营，两分钟就搞定了。

回头检视有没有漏的，两条腿还像筛糠样发抖。

听到昌东跟叶流西说："可能是抢劫，也可能是盗墓的顺便搂财。抢劫不走单，一搂一条线。我们这里应该被踩过点，再待下去有风险。"

有同行曾经跟昌东提过：罗布泊每年都有人失踪；但出了事，不一定全赖无人区条件艰险；毁尸灭迹的事儿，人也能做——有些非法采矿的，或是盗墓的，心狠起来，会盯上过往的单旅，发笔外财。

肥唐胆小，从没经历过这种场合，再加上风吹雅丹怪声频出，觉得自己随时都可能心脏骤停："东……东哥，我们报……报警吗？"

"可以啊，警察车开进来，估计要明天。还指不定能不能来。"

肥唐哆嗦着咽了口唾沫。

从前老嫌城市里拥挤，现在才知道，挤有挤的好处，出警都按分钟计。可在这里，吼一嗓子救命，天地都不应你。

叶流西问："那现在怎么办？"

"两条路。第一岔开方向开车走。这里空旷，但开夜车要亮灯，大晚上数里外都看得见。对方想堵你的话，活靶子。第二在这待着。人家不来没关系，找上来的话，死靶子。"

肥唐听傻了眼，最后咬牙："那开车走呗，都是四个轮子，不定谁快呢。"

他们两辆车都是四驱，跑起来未必输。

上车前，叶流西把刀拎出来。尺二的直刃西瓜刀，厚牛皮纸包了鞘。

见昌东看她，她朝他一笑："我怕待会儿打起来。"

昌东心说：最好不要。

车开上路，灯打出去一片黄雾，都是沙粒横漂。车胎下头，间或传来盐晶体被碾碎的声响。

怕什么来什么。

肥唐最先发现情况的，手台里的声音都变调了："东哥，后头有车跟我。"

※ 第②⑨章 ※

昌东顾不上和Simon说什么，直接回来找叶流西。

她果然对什么都是一副"我可以接受"的态度："就是风沙作怪？"

昌东从车上拿了个风瓶下来，是个细颈的空啤酒瓶子。

他把它正放在叶流西面前，然后随手推倒："刮风，倒了瓶子，很正常。"

再来一次，正放。然后掉了个头，瓶口朝下，颤巍巍倒立起来："刮风，把瓶子吹成这样，你觉得是见了鬼。"

叶流西嗯了一声。昌东没说最后那句话时，她确实是想说：见了鬼了。

"其实都是风，只不过跟我们常规的认知有差异。我们觉得风就是把大扫帚，哗一下扫过来。等风过去了，树都该往一个方向折腰。"

"但这两天在白龙堆，起的风极不正常。大风里有卷风、小股风以及快速出没的乱流。沙粒没有自行运动的能力。它们只能被风卷带，迅速聚合成类似触手，就像……"

昌东想起关于玉门关的那个传说：

有那么大一个城，玉门关，都被风吹化了，成了沙子。

整个沙城都被吹上了天，在沙暴里，重新集结成城。

有人说，你在深夜沙暴里隐约看到的黄土方城，其实是玉门关的鬼魂……

和这两天一再遭遇的"触手"一样，如果被吹上天的黄沙要重新集结成城，一定要有各个方向的作用力。这样才能相抵相依、达成平衡，塑出飞翘的檐角、弧形的门洞、平直的城墙……

否则那些沙子，就只是随着大风向而动的沙子。

叶流西催他："就像什么？"

昌东回过神来，正想说话，忽然听到远处传来车声。

他下意识扫了一眼营地。

所有的车子都在。

再过了会儿，车声越来越清晰。来路腾起烟尘，确实是有车来了。

孟今古乐了："哟，这两天白龙堆可真热闹啊。"

话音刚落，一辆大切诺基狂飙进来。开车的是个四十来岁的男人。他探出半个身子，激动地一直朝营地挥手，声音洪亮："哎呀妈，可找着友军了。"

豁牙他们听到动静也出来了。看见有新人进来，心叫糟糕，灰八他们的尸体还没收拾呢。

肥唐是知道端倪的，心里有点懵，不明白这辆吉普什么来路。看昌东时，昌东略点了点头，示意看看再说。

只有孟今古心无旁骛，大笑着迎上去："欢迎欢迎，打哪儿来啊？"

"东北的。"

那人话匣子开了就住不了："我们自驾游，三辆大切，跟GPS走的，也没请向导……本来都不敢进白龙堆。后来看到车辙子，我心说跟着走走看呗。所以开进来探路……感谢兄弟啊，旗标都插上了，老贴心了……"

车辙子？旗标？

昌东的心忽然猛跳。抬眼看，豁牙正悄无声息往帐篷后溜，边走边打手势示意几个手下赶紧跟上。

没过多久，另两辆切诺基就跟进来了。豁牙的大帐几乎没人。昌东这头又不热情——孟今古的营地俨然成了外联中心。新来的女驴友已经拉着乔美娜她们，探讨起干燥环境里的护肤心得了。

昌东试了GPS和卫星电话。搜星都已经恢复正常。他留叶流西和肥唐在原地，自己开车出去了一趟。

没有走很远，就看见了自己进来时沿路插的最后一根旗标。依然抵死在一处土台的凹处，杆身略弯，但上下都牢靠。

又在周围找了找。前一天看到的那些弯折的车辙、两道碾入土台下的诡异胎印，都没了。

回到营地，龅牙那群人已经回来了。居然正在拔营，动作粗暴，大掀大翻，扬起的土尘甚至波及孟今古营地。

东北驴友加入之后，乔美娜觉得己方人多，气焰明显高涨："喂！能不能小点动静？有点素质行吗？"

龅牙跟没听见一样，只是嘶哑着嗓子吼："快！快点！"

昌东看向叶流西。她摇了摇头，表示自己也不知道怎么回事。

昌东下了车，大踏步向龅牙走去。龅牙跟没看到他一样，血红了眼，脖子上条条青筋梗起："快点，别他妈磨叽！"

昌东攥住他胳膊，大力把他拖到一边："是不是没找到灰八的尸体？"

龅牙僵了一下。

"是不是？"

龅牙抬眼看他，舔了舔干裂的嘴唇，顿了顿嘿嘿干笑起来："是，没找到。三个人，都没找到。昨晚留下的记号也没了。血也没有，棺材也没有，也没有那个挖开的土台，都没有。"

"看在大家在一个锅里捞过汤的份上，我劝你一句，赶紧走吧。再不走，下一个稀里糊涂没的，就是咱们了……"

他搡开昌东，一扬脸，面色重又凶悍："收不完就算了！带上命就行！"

昌东退开几步。看之前人气最旺的大帐瘫成一片狼藉，东西迅速装车。四辆车，来时满座，现在人数少了近一半。

车子缓缓驶离，龅牙坐头车。临出营地时又刹住，撇下车窗，狠狠冲着营地吼了句："老子这次做件好事，提醒各位，赶紧走。别他妈以为这儿是度假村！不然连怎么死的都不知道。"

说完了一挥手，车子绝尘而去，没再回头。

因着这突如其来的一出，营地里有片刻安静。过了会儿，孟今古纳闷地看：

"哎，老板，是我看错了吗？他们人是不是少了好多啊？"

昌东心里有了打算。他大步回到车边，让叶流西上车，又吩咐肥唐："马上收拾东西，开车跟我走。"

肥唐毫不迟疑，小跑着奔向自己的车。

眼见第二拨人紧跟着拔营，孟今古真慌了。也顾不上和昌东一直不大对路，小跑着过来，硬扒住半开的车窗："怎么回事啊？前两天又刮风又刮沙的。现在难得遇上个好天，怎么都走了？"

昌东说："豁牙刚不是说得很清楚吗？你有那个胆子，你留。"

说着踩下油门，孟今古见车要加速，赶紧撒手，呆呆站在一边，在车后视镜里越去越远。

昌东舒了口气。

叶流西有点奇怪："怎么了？"

"灰八他们的尸体不见了，棺材也不见了。或者说，昨晚我们到过的那个地方，整个儿不见了。"

叶流西明白了："你想让人离开那个地方……他们会跟出来吗？"

"会，孟今古不喜欢担责任，习惯搭伙做事，又好跟风。两拨人都突然走了，他会走的。"

不知道豁牙他们是往哪儿走的，昌东出了白龙堆之后，直接上哈罗公路。走了一段搓板路之后，路面渐渐平稳。

肥唐一路大气都不敢喘，死盯前车，生怕一个走岔就和昌东失散——

直到他突然发现，路边出现了 S235 省道的里程碑。

到省道了！

肥唐激动得差点哭出来。暗色的省道路面在戈壁盐碱滩间延伸而去。白龙堆雅丹还在，但渐成一抹越来越淡的背景。肥唐简直不敢相信自己在那儿待了两天，而且囫囵着走出来了。

他眼睛都有点湿，抽了张纸巾擦了擦，又擤鼻涕，有种再世为人的感觉。

近中午时，昌东停车。肥唐从手台里听到他的声音："要捡戈壁玉吗？这趟不能让你空跑。"

很多人把罗布之旅称为"探险探宝集于一体"。说探宝是找古城遗迹，那其实是开玩笑。更确切的，是指去戈壁滩上捡玉石。

近些年戈壁玉热销。不少人专门开车进戈壁滩捡宝石，譬如宝石光、金丝玉、蛋白石。光网上总结出来的捡石路线就有十六七条之多。甚至还有口诀，什么"××村往南 17 公里，左拐 3 公里有玛瑙，右拐 2 公里有化石"。

昌东既然说了不让他"空跑"，必然是把他带到了好地方。肥唐喜出望外，连连点头："捡！捡！"

他手忙脚乱地倒空了一个手提包，挎在肩上就冲下了路基。

昌东下了车。

天尤其蓝，大朵的白云压得很低。远处黑褐色的戈壁山色泽分明，像视觉冲击力极强的油画，横亘于一片无人的死寂之中。

昌东倚住车身，指着远处肥唐欢欣雀跃的身影："肥唐够贪的啊。我心说他能捡个一两块，赚个万八千就可以了，结果他背了那么大一个包。"

叶流西坐到地上，舒展了一下腿和手臂。在车上窝的时间太久，浑身不舒服。

昌东看到她脚上的白色纱布："伤口怎么样了？"

"还行吧。早上我又换了一次。没再流血了，但也没好的迹象。伤口还是湿漉漉的。"

"正常，养着吧。"

叶流西抬头看他："现在出来了——我就问你，你还回去吗？"

昌东不动声色："你呢，你回去吗？"

叶流西笑："当然回。别忘了，我哼过那首歌，也开过那口消失的棺材。白龙堆不管发生多么可怕的事，在我看来，都是在引我回家。倒是你，连孔央的影子都没找到……"

她忽然想到什么，纠正自己的说法："也不对。你只搜找了一小片区域，也许继续找，会有收获的。"

昌东摇头："未必。"

叶流西奇怪："为什么？"

昌东在她身边坐下。车侧有影子，恰好罩住上身，腿却伸在外头。太阳直晒——两个人都是一半阴凉，一半烫热；一半晦暗，一半明亮。

"一直以来，罗布泊盛行很多恐怖故事。但翻来覆去，都是那几个套路：神秘的失踪；夜晚行车时忽然发现多了一辆；在绝不该有人的地方发现了村子，下次再去，再也找不到了……网上一搜，到处都是。也有人给出各种解释，说得最多的是平行世界。那时候我不信。"

"现在信了？"

昌东斟酌着该怎么切入。

"你觉不觉得，我们进入白龙堆之后，两天风沙，两天和外界失联，又发生了很多解释不了的怪事。其实是因为，我们进入了另一个白龙堆。姑且把它称为2号。"

他用手在地上画了个圈："这是我们的营地及周边就近，它没有发生改变。1号和2号白龙堆，都是可以和它完美衔接的外围环境。"

说完美衔接也不确切，应该叫粗暴衔接。他第一次查看车辙时，曾经发现自己的胎印在距离营地一公里处忽然断掉——那里或许就是接缝处。

"我们进白龙堆的当晚，起了沙暴。在神不知鬼不觉的情况下，所有人、整个营地，已经身处2号白龙堆。"

"但今天早上，天气晴好，不知道因为什么，我们又回到了1号。所以2号环境中发生的一切：被挖开的雅丹，装着皮影人的棺材，灰八的尸体，以及地上的血……都不见了。"

"孔央被嵌进黄土垒堆里的尸体如果真实存在，那一定也是在诡异的2号环境里。但我想不通的是，那个2号白龙堆，为什么会出现？"

叶流西沉吟了一会："你忽略了一件事，诡异的并不是白龙堆。"

"为什么？"

"你太把自己局限在白龙堆里了，怪事不是在白龙堆才出现的。你还记得吗，我们在灰八营地住的第一晚，见到了鬼火和大帐上的皮影人。那时候，我们距离白龙堆……还远得很呢。"

※ 第①⓪②章 ※

昌东原本以为,最终抵达真相的时候,自己会激动失态——没想到,居然会平静。态度平静,声音也平静。

"那个时候,你在?"

"当然,青主要开博古妖架,带了金蝎会和近卫同行。我当时可是混到可以陪同的地步了,自然也在——说起来,要感谢那一次玉门关的身魂分离。没有它带来的大片灰色地带,我和你,也不会有机会碰见啊。这几率,可比中彩票要低呢。"

她咯咯笑起来,忽然娇嗔似的看向赵观寿:"赵叔,讲得我口干舌燥,让你的小茶童给我上份茶呗……"

又看向昌东,礼数倒是周到:"你呢?要不要也来一杯?"

昌东说:"谢了,没心情。"

他沉默地坐着,看外间的猛禽卫把茶送进来。茶壶有纤细的提梁,哥窑开片,霁蓝釉的冰裂纹。茶杯的口浅,桌面又不平,龙芝往里倒茶的时候,那一泓明亮红浓的水光颤巍巍倾向昌东,像是下一刻就会溢出来。

"其实昌东,你早该想到是你的流西开了博古妖架。博古妖架是玉门关的门户,而她一身流西骨,出入无碍。她的血,又能冲淡妖鬼身上的封印——除了她,谁有这本事啊?我记得,在金爷洞,她也曾受伤流血。金爷忽然躁狂,跟这也不无关系吧。"

昌东看了她一眼:"你自称叶流西,又混到可以陪同,流西就一点反应都没有吗?"

龙芝嫣然一笑:"我用这个名字,起初是为了诈江斩。因为如果蝎眼里真的有个叫叶流西的女人,他一定会很吃惊。结果,他并没有表现出什么异样。"

"叶流西则不一样。江斩把我介绍给她的时候,提到我的名字,她明显怔了一下——女人嘛,尤其是心高气傲的漂亮女人,其实是不喜欢别人跟她有相像之处的。但是有意思的是，江斩好像并不知道，还很兴奋地跟她说：青芝，流西跟你一个姓啊……"

"很显然，叶青芝是想效法厉望东，入主黑石城之后再改个命定的名字。因为名字改得太早，未必有那个命格去压。但只凭江斩这一句话，我就知道，叶青芝和江斩之间，我是可以钻空子的。因为，她并不是所有事都对江斩说。"

"昌东，听说你很喜欢叶流西。金爷洞的时候，为了她舍生忘死的——倒也理解。毕竟年轻漂亮，性格也没从前那么不讨喜。"

昌东冷冷回了句："人的记忆可以被做手脚，性格是一脉相承的。"

青芝摇头："这你就错了。一个人被外界薄待甚至践踏的时候，除非她是菩萨，否则难免会冷漠尖酸——叶流西忘记了关内的一切。不记得她的父亲在她眼前被生吞；不记得吃不饱饭的日子；不记得因为偷东西被打；也不记得那些见不了光的矿道日子。"

"我们看不了她的记忆，但可以察觉到哪些会让她情绪波动——关内的是几乎全吞了。即便是关外的，那些伴随着她情绪有大波动的记忆，我们也都授意吞暌吞掉了。这样一来，她的性格一定会相对平和而正常。但其实她从前，因为小时候经历的关系，疑心病很重：从不全盘信任别人，说话会藏三分。人也自私。自己想要的、想拿的，不管怎么样，都要得到。"

"但你说得也对，性格嘛，会有一脉相承的地方。你跟她相处这么久了，就没发现有些时候，她会露端倪吗？比如不管不顾、行事狠辣。"

昌东默然。这倒确实是有。在那旗的时候，叶流西险些把算计她的嫖客给冻死这件事，他始终印象深刻。还有，叶流西上过灰八的册子，是惹不得的人。柳七也说，叶流西早年跑道的时候，遇到三次劫道，收走过三根手指。

他问了句："既然关内的是几乎全吞，为什么唯独要留下眼冢吞吃流西父亲时的场面？"

龙芝耸耸肩："水至清则无鱼。印象最深的场景，吞不掉。她父亲被吞吃的时候，她年纪还小，目睹全程，怕是会成为一生的梦魇了——我们推算了一下时间，觉得那时候的事，并不重要，也就无所谓了。"

昌东笑了笑："你铺垫了这么久，就是想跟我说：博古妖架是她开的；山茶遇难是因她而起；山茶的人，也是她下令投喂眼冢的。是不是？"

龙芝惊讶："这还有疑问吗？确实是她啊。我们都是听命行事。我一个享尽特权的方士之首，吃饱了撑的，想去开博古妖架？江斩家破人亡，也只是跟羽林卫有仇。他干吗要跟妖鬼过不去呢？"

"只有叶流西，她得南斗星罩护，天生想破玉门。她因为眼冢灭门绝户、颠沛流离。以她的性格，这样的仇，会就此算了吗？在大博物馆里，我赵叔跟你提过，眼冢两年前已经灭绝了。你以为是谁杀的？"

"一直以来，她留着眼冢，假意投喂修好，是为了打听博古妖架的具体位置。而一旦得手，开了博古妖架之后，她第一个灭的，就是眼冢。至于为什么杀眼冢的时候还要投喂，我给你解释：眼冢沉睡，通常会在尸堆雅丹里选个很机密的所在；周围有活坟保护，形成十八连阵。活坟这玩意儿，人来吞人，妖来吞妖。但很少有人知道，活坟有个弊处：它吞了人之后，短时间内，会丧失活性。就如同老虎嘴里咬住了羊，就没法再去含兔子了——山茶的人被带走，都是去试探活坟，然后开路的。"

昌东的手慢慢攥紧，指甲几乎刺入掌心："什么都是你说，我凭什么相信你？"

龙芝看了他半晌，忽然大笑。笑到后来，几乎是上气不接下气，说："也真是好笑。我在江斩身边一年多，天天说假话，他深信不疑。我说胡杨城沙暴，我受了反噬，身体不好，一段时间内都不能进出关了。他信了，还劝我好好休息。他想不起文身的事。我说是因为沙暴带来的副作用，让他那段时间记忆有点混乱。他也信了——毕竟坊间传闻，龙大小姐因为那场沙暴，重病不起呢。龙大小姐都卧床了，我们这点儿小损伤小错乱，算什么啊。"

"但昌东，在你面前，我真是掏心掏肺，句句肺腑之言啊。你居然不相信……不过没关系，有一个人，可以证明，我说的话都是真的。"

"谁？"

"叶流西。"

龙芝唇角弯起，笑意大盛，细长的眼眉间近乎蛊惑："吞眹上身，永不辍息。想摆脱，只有两个办法：一个是死，另一个就是砍掉左手。"

昌东嘴唇微微发干。

龙芝继续说下去："我知道你们关外，有时候会出其不意，说好了的天下第一，忽然打不过一个扫地僧；言之凿凿的无药可解，后来又硬出个华佗再世起死回生——相比之下，我们关内是实在多啦。吞瞑就这两种解法，再无例外。不相信我的话，大可去找叶流西佐证。她只要肯砍手，吞瞑一死，记忆回吐，她就什么都记起来了。"

"到时候，你亲口问问她：是不是她拿血开的博古妖架？妖架崩塌，玉门关身魂分离。我们在现场发现了越野车，又发现了被埋的人之后，是不是她说：正好带走，去送眼冢归天，回去问啊！"

说到后来，她声色俱厉，眼神里现慑人的光。

她这么咄咄逼人，昌东反而平静了。看了她一会之后，忽然笑起来："难怪有人跟我说，女人生气的时候会变丑。以前不觉得，现在见识了。"

"如果真像你说的，掏心掏肺，句句肺腑之言，那你对我这样的小角色，未免倾注太多关注了。说吧，你到底什么目的？"

也该到了图穷匕首现的时候了，赵观寿忽然有点紧张。这么久以来头一次，觉得这书房通风效果不好，连气都喘得有些费劲。

龙芝说得很慢，似乎是生怕他听不清，咬字很准，字字重音："叶流西现在要出关。她离开的时候，通常会有沙暴帮她遮掩。玉门关也会短暂的身魂分离——你就在那里，帮我杀了她。那之后，你自然出关。沙葬眼也会帮她收葬。关内关外，就此没了纠葛，万事也就太平了。"

昌东想笑。他抬头看赵观寿："我怎么记得有人说过，流西是杀不死的？"

赵观寿不动声色："我记得，我的原话是，她可以在关内得享天年。羽林卫、方士或者妖鬼，是杀不了她的。听明白了吗？关内没人杀得死她，也没人动得了她。但你，是关内人吗？"

昌东往椅子里一倚，半天没说话。过了会，以手抚额，苦笑出声。

明白了，全明白了。

难怪他被龙芝关注。只不过是因为当时，他是她这一生中，有且仅有接触到的、可以用来对付叶流西的唯一关外活人。

说什么留叶流西为己用，都是扯淡。最终目的，还是要杀了她，让她还骨皮影人。

昌东说："你们这些人，怎么这么费事呢？胡杨城沙暴，你们都已经抓住她了，找个深牢大狱关起来，大不了关她到死。何必又是出关又是进关，又是把人吊死又是动用睽龙，太小题大做了吧？"

龙芝冷笑："你不是我们，当然不明白日现南斗的时候，羽林卫和方士家族的恐慌。厉望东的劫难，我们不想再经历一次了。这不叫'小题'，蝎眼祸乱，我们失地失城。连东北的边境重镇胡杨城都丢了。这是震动关内的大事。要么你死，要么我活。瓦解蝎眼和对付叶流西，是同时进行的两件事。哪一桩都不可掉以轻心。"

"叶流西一个荒村出生的乡下丫头，无权无势。短短十几年间，走到和黑石城对抗的巅峰。你以为，她靠的是心地善良、待人和气吗？她一天不死，所有人的心都难安。关押她？夜长梦多这句话你听过吗？谁敢保证会不出纰漏？"

"博古妖架崩塌的那个晚上，我遇到你，是老天送我的时机。我不可能不抓住。"

昌东大笑。要不是胸口真的闷疼，他大概能笑得时间更长些。

他说："那你真是挺不了解我的。"

"就算你说的话是真的，流西开了博古妖架，引发了灭顶的风暴。但赵老先生也曾经说过，谁也没想到那次的后果那么严重。玉门关会身魂分离得那么厉害。山茶运气不好，正好撞上。"

"没错，我是失去了孔央，也失去了队友。但这件事，是不是要百分百算在流西头上，不是你三两句话就能下定论的。她在其中的角色，跟提刀杀人的刽子手，不能轻易混为一谈。"

"更何况，我是关外人。我们那里，不是很时兴以血还血那一套。你给我讲了一个自称真实的故事，就让我去杀流西，是不是太自信了？我这辈子，没杀过人。"

龙芝眉毛一挑："哦？那拧断孔央的脖子，不算吗？"

昌东回答："我分得清什么是人，什么是怪物。我也没有在怪物身上去找依恋找回忆的想法。"

"话讲完了吧？我可以走了吗？传话让我来的时候，不是说就是聊个天，很快就放人吗？还是说，我想得太天真了，其实走不了了？"

龙芝笑得妩媚，脸上丝毫看不到被拒绝的挫败和愠怒，相反的，有一种让他不安的成竹在胸："可以，门在那里，你走吧。"

昌东迟疑了一下，还是起身离开。

手刚触到门把，身后，忽然响起了龙芝的纵声大笑。

"昌东，你觉得我有那么傻吗？就因为叶流西开博古妖架祸及了山茶，就笃定你会听我的话，老老实实去杀叶流西？当然不是，最关键的点，我还没揭呢。"

"我想问你，你知道自己两年前，就已经死了吗？"

昌东如遭雷噬，僵了一会儿之后，慢慢回过头来。

龙芝双手扶住桌沿，正缓缓起身。

"妖架崩塌，掀起沙海巨浪。蝎眼的人在开妖架之前，是做过防护的。但你们是没有的。你们遇到的，就是灭顶的天灾。"

"你有什么特殊的？！你又不是什么流西骨望东魂，老天凭什么眷顾你，天灾又凭什么放过你？十八个人都死了，偏偏你没死，你就从来没觉得奇怪吗？"

阅读评价

刚刚在晋江文学城完结不久的《西出玉门》是一本奇书，无论是体裁、内容，还是写作手法，都堪称独特。

本书作者尾鱼是一位比较出名的作家了。她的几本小说如《怨气撞铃》《七根凶简》《开封志怪》等，无论是知名度还是美誉度，都很高。作为一名比较成熟的作家，作者笔力强健，特色鲜明。很多人都觉得她的文章纵横开阖、游刃有余，有着传统文学作品般扎实的文笔。

对尾鱼作品的评价，有几点可以说是公认的，比如想象天马行空、伏笔悠长、节奏紧凑、主角尤其是女主角非常有特色等。这本书不同程度地沿袭了以往作品的优点，而又有明显很融洽地杂糅混合特色，只能称奇。

《西出玉门》这本书透露了鱼总行走江湖时的隐约模样，既剑术娴熟（书中写了颇多旅行探险爱好者才知道的细节、经历，比如西北的风土人情），又豪情万丈（书中人物绝没有小女子、弱书生心态）。

本书故事从皮影戏开始。

皮影戏台上，过去曾是沙漠向导的昌东被一个陌生女子（叶流西）找到。叶流西以一张照片为凭据，要求昌东重新出山，帮助她去往玉门关以西的大漠。昌东在两年前曾带领一队人前往大漠。夜里强度罕见的狂风骤起。天昏地暗之间，昌东所带领的十八名队友全部葬身沙漠，尸首无存。心存愧疚和后悔（其中一名是他的未婚妻）的昌东因此决定销声匿迹，而叶流西的照片里有当时事故的信息。为了查出真相找回遇难队友尸体，昌东决定和她一起前往大漠。

随着他们进入大漠深处，一些诡异的现象开始出现。他们也逐渐知道，玉门关原来涉及一个天大的秘密——何止春风不度玉门关，连妖魔鬼怪都不能踏出玉门关一步。原来，玉门关是自汉武帝时修建长城的大工程。汉武帝靠方士的力量，把人世间的精灵鬼怪都锁在了玉门关内（本文的关内其实是指玉门关以西的沙漠，今天的内地以外）。

故事的纠缠错结、人物的勾心斗角、天意的冥冥注定，都指向了最初的女子叶流西。叶流西正是卜卦所预言的解开玉门关封印的关键。有人想解开玉门关，哪怕借妖孽之力横行世间；有人不在乎妖孽，只想活人出关；还有人在关内手握权柄，并不在乎外部世界有什么新奇繁华，只想继续统治这方小世界。棋局如何排布、力量如何对垒、一颗棋子如何盘活全局，读者大可以充分想象。

第一好看点：流风回雪的情节走向

《西出玉门》最大的特点，就是把很多方面的元素混合在一起，使它很难被简单地归类，也使不同类型的读者可以自取所需。很多小说都各有藩篱，《西出玉门》使我们真正体会到了不拘一格的观感。

小说伊始，所有线索都是写沙漠探险。作者对沙漠探险的诸多要素如数家珍。男主角应女主要求，带队从玉门关进沙漠，为寻回之前由他带队进入沙漠而遇难的队员和前女友的尸体，看起来合情合理。他们一路魔改汽车，准备粮食，穿越沙漠，很让人担心他们会跑进好莱坞大片《疯狂的麦克斯》片场。几章过后，开始有考古因素拐入。剧情是俗套的"开古玩店的胖子朋友财迷心窍"，见到女主身携重宝，又念及玉门之外古时也是车马繁华之地，想分一杯羹。到这时似乎感觉这文有了一点偏差，很让人担心他们如果在精绝古城，遇到腹黑手辣、正躲避异蛇的胡八一和王胖子，该怎么办。

他们在沙漠里遇到"人架子"以后，更是一骑绝尘地走向灵异世界，精灵鬼怪层出不穷。当一行人遇到方士及方士手中的大公鸡后，读者甚至可以开始思考他们如何降妖了——公鸡血至阳嘛，我们读者可是看过不少灵异小说的。事实上，既然已经脱缰了，作者就彻底信马由缰了。在后面，直接变成了异世界生存，彻底架空了。这也导致了本书定位的多重性：有人将之归类为悬疑，有人归类为都市爱情，有人归类为架空，我看它则像灵异。

第二好看点：收放自如的情节把控

虽然小说走向过于妖娆多姿，但作者总体上是按照"由俭入奢"的顺序进行的，可以说充分考虑到了读者的接受能力。作者总体上是从两个点上把控情节走向的。

一点可以概括为泥沙俱下，细大不捐。作者不纠结于情节上的小纰漏，只凭笔力带动。黄河之水天上来，水流足够汹涌强劲，也就不会有人太在意水里有什么了。

如果细抠细节，本书也许有一点点漏洞。大者如玉门关外，在唐朝时还是兵戈交鸣的战场，横尸千里之地，哪来的地方供人锁住鬼怪、方士、羽林卫达千年之久？小者如书里说关内数千年不与外界通人烟，所以地名还是小西安、小扬州、小洛阳之类——既然如此崇古，那应该叫作小长安吧？西安算怎么回事呢？但是对想象力丰盈的人来说，这种疏漏压根不算回事。君不见古龙著书十数部，何曾和其他武侠作家一样埋首故纸堆？

另一点是作者很克制。前一点主要是指内容，此处说的克制则是指有节奏。

和朋友讲笑话最尴尬的事情，莫过于没讲完就泄露后续，或者没到笑点自己就先抑制不住笑得前合后仰了。同样的，小说的节奏感很重要，不到一定程度，万勿泄露太多内容。本书作者深谙此道，以深沉的耐性吊着读者的胃口。只看本书前20%，说是旅游类的半纪实小说，大概也会有人信吧？

第三好看点：草蛇灰线、伏脉千里的情节设计

伴随着情节的推进，尾鱼作为一个成熟作家，伏笔悠长的优点也就顺势而出。全书的几个伏笔，其实从故事构成来说，都不是必需的；但对于故事构造来说，没有它们就会显得分外松散。比如主角叶流西为什么有昌东前女友的照片，照片的位置为什么是错的；比如叶流西为什么会有兽首玛瑙这种国之重宝；比如昌东之前的队伍失事，为什么前队友都死不见尸。

这些伏笔埋了很久，再重新拈出，使读者恍然大悟，对情节走向的妖娆多姿也就多了几分理解甚至好感。对于网文来说，这种写法是有风险的。网文需要按时更新。伏笔过深的话，一旦要对之前的设定做出修改，就很麻烦。写文毕竟是需要激情和理智兼具的行为，一时脑热是难免的，前后如何连贯一致必然需要作者认真衡量。

我甚至在窃想，有些虎头蛇尾的地方，是不是因为作者之前留的线索没续上？比如团队里其他几个人的戏份稍少了一些。

第四好看点：天马行空的想象与设定

本书的作者极具想象力。奇幻类的小说历来难写，除了需有合理的故事内核，作为羽翼的奇幻部分，对作者也是一种考验。作者在本书中想象了一大批诡异的生物，从最简单的人架子、皮影人，到以眼食人的眼冢、姜娘草、代舌水眼，再到随水移动的迎宾门等，都是作者首创的奇思异想。作者以蓬勃的想象力，为我们呈现了一顿足供饕餮的大餐，而绝不拾前人牙慧。

其中有些还可以追本溯源。比如，作为行尸的人架子，皮肤贴着骨骼，涎液

流淌——在沙漠中死亡的人，水分蒸干，只留下干枯的肌肉和表皮缠在外面。他们如果变成行尸，成为枯木架子的样子是完全合情合理的。人架子真是贴切得很。比如，沙漠中由于海市蜃楼或者底层的流体化，湖泊位置漂移也是很自然的想象。

但另一些就不着痕迹了。比如水眼是一种水做的妖怪（咳咳，这里当然不是说林妹妹），雌雄可以共享视野。而有人就捉住了雄水眼为质，让雌水眼在外面迎宾，同时监视别人。作者共写了各式几十种奇怪的东西，思维灵动，如鱼摆尾，不可捉摸。

除了对妖物的想象，西出玉门的设定也别具一格。所谓秦时明月汉时关，本书写的秦汉简直是一卵双生的好兄弟。秦修长城以御匈奴，汉封玉关以绝妖孽；秦始皇造地宫，让兵勇、匠人陪葬；汉武帝造博古妖架，把方士、羽林卫一并驱逐到关外以守妖孽；迷信方士更是一模一样了。

作者大胆构思了汉武帝时封禁玉门关。其后更是"异想天开"，设想出这些人、妖都不能脱离玉门关，只能以化作人形的皮影往来出关。而由于这一窍不绝，关内的人居然能勉强跟上关外人时代更迭、科技进步的步伐——哎，操纵皮影的方士内部，居然没有人想过从外国引进先进理论。可见前贤说得有道理，一定要斗争，不斗争的话封建统治势力是不会从内部瓦解的。

第五好看点：鲜活有趣的语言

作者始终以紧密跟随的第三人称角度叙述人物的一举一动，而又以绵密连贯的细节补缀其间。这种描写足够密集时，身临其境感就会自然出现。并且非常紧凑，很少闲言，催读者阅读。仿佛《西游记》里说的果子，非唯好（三声）吃，也很好（四声）吃——喜欢被人吃，入口即会自觉滚入腹中。

作者在其中掺杂了颇多恶趣味或者冷烂欠的幽默。比较突出的，例如当着一只名叫镇山河的公鸡的面吃鸡肉，镇山河"一脸复杂"；比如男主角得不治之症时，作者借书中人物之口，揶揄寻常小说里否极泰来、柳暗花明的套路，说在这个世界上，是不存在神医神药的；比如作者详细写了作为行尸的人架子，在一定时期后会死亡——天知道我看《行尸走肉》时，看着一群行尸既不获取能量又不自动消亡，公然违背能量守恒定律时，我有多想吐槽。

当然作者也不止借机吐槽，很多时候也很巧妙地利用镜花水月的故事映照现实。比如男主角在事故后遭遇网络暴力，被谩骂，前女友的照片被随意PS、分发。比如作者在丁柳身上格外地调皮了一下：丁柳爱慕昌东无望，居然以看八卦的心态旁观二人恋爱。无论二人发生什么，都要找叶流西打听。叶流西问丁柳这是什么心理，丁柳堂然对曰"全当追星"。

读者在大笑之余，细心回味，也不由深思作者是在以什么态度调侃。

第六好看点：宛若眼前的人物

文笔体现在人物身上，就是千人千面。书中主要的角色，几乎都可以使人只凭其言就能分辨出是谁。试看——两位主角：一个心思细腻善于与人交好，一个动辄喊打喊杀霸道凌厉。三个次主角：一个大大咧咧插科打诨只想着发财；一个沉默寡言从不争先；一个一心维护主角之一，对形影不离的那个沉默寡言的次主角无动于衷——等等，我说的不是《西游记》！

开个玩笑而已。这说明作者把人物最突出的特点鲜明地表现出来了。每个人当然有更细腻的特点，比如昌东，能得名"沙獴"，自然不会是因为他有菩萨心性。我觉得一个值得关注的点是，作者对小人物有足够的关怀。比如说丁柳，十七八岁，给歌厅看场子，粗枝大叶；一张嘴就是令外人生厌的我东哥如何如何；很擅长和陌生人套近乎；开口就是叔怎样怎样。她对高深的态度，甚至给人薄情的感觉。

这样的人物设定在某种情景下是很令人生厌的，原因是在现实生活中类似的人太常见（至少比起动不动要杀人、只能活在故事里的叶流西要常见），而且在现实生活表现得不太招人喜欢。作者用心为我们展现了丁柳亲切柔和调皮的另一面。

男女主角的爱情，其实带一些水到渠成的感觉。一见钟情，然而彼此都有心结，朝夕相处打破了隔膜。两个人的心结，固然是彼此的过往（一个对前女友心犹念念，一个混混沌沌、因为失忆而不太确定真正的自己是什么样），以及两个人性格的冲撞。叶流西如利刃出鞘，锋芒毕露，但是遇事没定力。昌东性格沉稳，有见识但没有长智，有些妇人之仁。两个人都是做实事的性格。而奇怪的是，一旦两人你侬我侬起来，就都有了一些小儿女心态，使性子、欲说还休、故作姿态等。真的像叶流西那样杀伐果决或者像昌东那样静水流深，出现这种表现就有些轻微的违和。然而作者以分外细腻的笔法为之遮瑕，浅描轻画，终于把这种小儿女心态描写得非常可爱可亲，促成一对玉偶。非是心思婉转七窍玲珑，不能有此妙笔。

如果说不需要选择某一种类型的小说，而只想看一本好看的、看起来想大呼痛快的小说，《西出玉门》就是不二之选。

本篇执笔：九岐/中国青年智库论坛网生评论家

第六章　远瞳《异常生物见闻录》:

"科幻叙事"次元日常小说

"抬头望望天。"这是文中女神渡鸦 12345 的台词，而人类瑰丽的幻想也始于这片天空。

作者简介

本书作者远瞳是网络文学群体中较为少见的科幻题材作家。他在《希灵帝国》系列中通过高超的世界架构能力，塑造了一个让人目不暇接的全新科幻世界。

在此基础上，他又于 2015 年写出了既有传统科幻文学特点，又极具二次元风格的《异常生物见闻录》，成为了起点中文网新晋大神级作者之一。

远瞳的文风很有特色，既有幽默俏皮的"二次元日常"，又有庄严宏大的科幻叙事。两者有机结合在一起，具有非常强的震撼力。

代表作品

《希灵帝国》: 已完结;

《异常生物见闻录》: 已完结;

《黎明之剑》: 连载中。

内容梗概

《异常生物见闻录》是网络小说作家远瞳在起点中文网发布的作品。世界观承接前作《希灵帝国》，本书以一个"宅男"成长为"神灵使者"的经历为基础，塑造了一大批活泼生动的人物角色，以及种类繁多、形态各异的星际文明。

伴随这些人物和文明的，是他们背后也曾波澜壮阔的一生，是无数个等待发掘的秘密，是对宇宙的探索之心，是对混沌的不屈不挠。出场人数众多，他们各不相同。唯一相似的，便是同样坚定的信念。

引文节选

※第二十九章　梦位面？※

郝仁板板正正地坐在渡鸦12345对面，等着对方给自己科普。其实一开始，他压根就没指望着对方可以这么痛快地告诉他一切。在他印象中，渡鸦12345从一开始就是个自说自话很强硬的人。这个印象从她强行把人拉上贼船的那天起，就板上钉钉了。不过现在看来……这个女人好像也不是那么不近人情。

"这个世界比你以为的还要复杂。"渡鸦12345很没形象地直接坐在自己的办公桌上，气质像个黑道头子，"存在你所不知道的种族、你所不知道的另一个社会，甚至你所不知道的另一处空间——绝大部分人类都对此一无所知。但极少数有特殊天赋的人会接触到那里，也就是梦位面。"

郝仁下意识咽了口唾沫。渡鸦12345脸上的严肃表情，让他感觉到一种无形的压力。

"当然，梦位面这个名字是我最近决定的。之前我叫它虚幻空间，然后又叫镜像世界、幻影宇宙……嗯，以前好像还叫过第二界。"渡鸦12345挠了挠头发，那点严肃气质荡然无存，"反正是这个宇宙的独有现象，随便怎么叫都可以。暂时就叫梦位面吧。过两天想到好名字了再换。"

郝仁已经稍稍适应了这个奇怪女人跳脱的节奏。这时候忍着吐槽的欲望，问了一句："梦位面到底是个什么东西？平行空间？我倒是知道这个理论……"

"不，比那个复杂点。"渡鸦12345摇摇头，"梦位面是这个宇宙特殊的一种信息结构，有点类似平行空间，但更加虚幻，更加不稳定。梦位面和这个宇宙叠加在一起。后者是现实的、稳定的、有规律的，而梦位面却是虚幻的、多变的、无规律的。当现实世界按照宇宙规则正常运作的时候，梦位面就像一个梦境般跟随现实世界一块变动。但它们之间的映射关系很错乱。所以这种变动基本上无迹可寻。这些理论上的事情你听过就好，大部分人类听不懂这个。总之你知道一件事就行：梦位面是一个叠加在现实世界之上的地方，很不稳定，但几乎从不和现实世界交汇。它里面也有山川草木飞禽走兽，甚至可能存在智慧生命，但这一切都很错乱。在你有足够的经验之前……最好别接触那地方。"

"谁愿意碰那东西！"郝仁顿时一缩脖子，"我掉进去没一会儿，就被好几十头狼组团围殴了好吧。比地球上的狼大起码两圈！你不是说那什么梦位面不会跟现实世界交汇么？那我是怎么回事？"

"我也说过了啊，有特殊天赋的人会接触到那里。"渡鸦12345指着郝仁的脑门，"就是通过梦境。这个世界是信息态的，万事万物都是信息的表现形式。冷热、大小、质量等等信息堆叠起来，让一个事物变得可被描述和感知，于是产生了万物。这就是最朴素的信息大一统理论。哦，这个理论其实比这更复杂，但你听到这里就够——你只要知道，由于信息大一统的存在，梦位面中的东西可以被引导至现实世界，其媒介就是梦境。这也是为什么我最近给它起名叫梦位面的原因。人类历史中出现过一些能连接到梦位面的人。他们大多很短命，一不小心就被梦位面里的扭曲之物给弄死了。但他们短暂的一生会给现实世界带来无尽的麻烦……黑死病、洪水、某些……嗯，很麻烦的东西。每个死在梦位面里的人，都会或多或少地把那里的东西带出来。百分之八九十都是对现实世界有害的。"

郝仁听了一头冷汗。他万没想到自己如此熟悉的世界竟然有着这样一面——在几天前他还抱怨过这个世界太无聊，日常生活太无趣来着。现在他是一点都不这样想了。恰恰相反，这世界一瞬间有点精彩过头了好么！

"这么说我算是有天赋的？"郝仁不知道自己是该哭还是该笑，只好一脸古怪地指着自己的鼻子，"梦位面让你说得神神叨叨的，好像一不小心就会死人的样子……那你给想点办法啊。"

"天赋？你原本可没这个天赋。"渡鸦12345咧嘴一笑，"别想太多。你就是个普通人。只不过跟我接触之后，受到了信息扰动力的影响。这种影响可以让你逐渐变得异于常人。最初的改变，就是变得更容易接触到那些异乎寻常的事物。这也方便你今后的工作。不过你也不用担心——死在梦位面里的倒霉蛋都是没后台的。历史上那些悲催家伙没有一个是咱管理局的员工。他们自己扛能扛多久啊。你不一样。你是有证的人。这叫奉旨穿越——我会尽量在你每次快死的时候把你拽出来的……"

郝仁额头汗下："……"

"现在梦位面的情况你已经知道，但光凭空口白说我很怀疑你能理解多少。这种抽象的东西还是要多多接触才行，等以后时机成熟了你有的是机会接触那地方。"渡鸦 12345 从桌子上跳下来，宽慰地拍了拍郝仁的肩膀，结果差点把后者钉进地里去，"至于霾梦什么的，你这几天不是没碰上么？这说明你和梦位面之间的平衡已经恢复。一个现实世界的个体，在正常情况下，是不会随随便便跌入霾梦的。"

郝仁龇牙咧嘴地揉着肩膀，终于想起来之前还有件事要问："对了，你知道猎魔人吧？"

从薇薇安那里，郝仁了解到了猎魔人和异类之间长达数千年的恩怨纠葛，以及异类和人类之间的历史渊源：弱小但数量庞大的人类，强大但稀少松散的异类，还有来历不明、介于人类和异类之间的猎魔人。这三者曾经是地球舞台上同样活跃的三个角色。但如今人类已经执掌这颗星球。异类被极端边缘化，甚至到了常人无从知晓的程度。而猎魔人也已经在人类社会中蛰伏下来。曾经的三国争霸变成了人类一家独大，在这种局面下一切似乎都很平静——但郝仁知道这种平静只是表面上的，是猎魔人和异类心照不宣地维持着这个世界表面上的安稳。

猎魔人仍然在这个世界上到处游走。这些看上去和人类无异的强大战士，至今还在追杀异类。而非常不幸的，郝仁家里就养了俩异类中的异类——他迫切想知道渡鸦 12345 这个自称为神的女人，面对这种情况到底是个什么态度。

或者换句话说：这个希灵神系和时空管理局到底是怎么看待地球上各个种族的。他们这到底算是哪边啊？

郝仁心里想了很多，但渡鸦 12345 只是无所谓地一挥手："知道啊，不过懒得管。反正他们不还没找到你么？等找到了再说。"

郝仁想了想，觉得自己打不过眼前的白发魔女，于是乖乖坐回椅子上，双手交叠，表情诚恳："那还有最后一个问题：我这么一个弱不禁风的地球人，你让我跟那帮超人打交道？现在薇薇安和莉莉脾气好还好说，那要是换个脾气不好的……你得让我有点自保的能力吧？打个商量，给灌两百年功力呗？"

郝仁只是这么一说，他并不指望渡鸦 12345 真的会痛痛快快点头然后传给他一本如来神掌。

但渡鸦 12345 却一拍脑袋："欸，你不说我都忘了！新员工上岗强化，我说呢怎么总觉得少了点啥……幸好在把你派到战场上之前想起这事了！"

郝仁："……"

如果他有一天死于非命，那肯定是被这个坑爹没溜脑子有坑的神经病上司给害死的！

※第五百一十四章 "生命元祖"※

所谓"圣棺"其实并不是棺材，而是一个边长一米、高不到半米的黑色盒子。盒子由不明材质制造，表面刻满了暗红色的上古符文。数条笔直的刻痕将盒子的上半部分，分割成几个大大小小的多边形，让它看起来仿佛是由许多部分拼凑起来。

它小得超乎郝仁预料。

存放圣棺的房间位于洞窟中央，上百名骑士和僧侣守护着这座石屋。而石屋本身则是由最强大的土系魔法师塑造而成，可以保证即便长子的触须袭来也可以抵挡一二。石屋内的四个角落设置着强大的法器，将地表那座修道院的神术能量传导至圣棺周围。同时石屋的四面墙上也悬挂着厚厚的经文毯。这些设置除了起到保护作用之外，也能放大圣棺中释放出来的某种生物电信号：或许在那盒子里的原始组织死亡之后，石屋中的设施还能将抑制信号拖延那么一到两天。

石屋中容纳不了太多人，所以只有郝仁、薇薇安、奥芙拉以及奥本大主教走了进去。郝仁好奇地观察着那个黑色的盒子，将手放在它表面，感觉入手温润，不像是冰冷的岩石或者金属。当然也有可能是盒子里的某种"生物"加热了这套装置。他拍拍口袋，把数据终端叫出来："能感觉到啥么？"

"容器内有很复杂的信号释放出来，包括三种频率的电磁波和一些其他类型的杂波。"数据终端在圣棺上方绕了一圈，"就是个信号发射器。它在不断释放信号，让咱们身边的那个大家伙安静下来。"

奥本大主教好奇地看着在半空飘来荡去的蓝色小板砖。但考虑到异邦人那不可思议的力量和技术，他并未对这个仿佛具备人性的"炼金装置"发表意见。奥芙拉则赶紧问："能复制这种信号么？"

"那至少得实际接触一下，弄点组织样本什么的。"数据终端闪烁了一下，"单纯用科技设备模拟圣棺释放出来的电磁波很容易，但这种涉及神秘学的玩意儿……本机觉得应该慎重检查一下。"

郝仁看向奥本大主教："能打开这个么？"

奥本大主教脑门上的符文次第闪烁。这是激烈思考的迹象。但在出发之前，教皇已经亲口交代要他配合异邦人的"研究活动"，所以一番思索之后，他还是点了点头："可以。但请千万小心，它是不可替代的。"

说着，大主教将手放在圣棺顶端，低声吟诵了一段古老的经文。随着诵经声，圣棺表面的符文和线条逐渐明亮起来。随后容器的盖子就沿着那些笔直的线条开裂成了数个部分，缓缓上浮并四散飞开。

在容器中是一大团……很难形容的东西。

那是一团暗红色的、仿佛生物组织一样的怪异之物。其中又夹杂着一抹植物般的绿色。这团怪异的组织整体看起来像是数个首尾相连的动物胚胎，其深处有黯淡的光芒缓缓闪动。容器里还有大约三分之一的浓稠红色液体，质感颇为接近"源血"。那怪异的生物组织就浸泡在它里面。

然而尽管这些液体和生物组织看起来怪异，却丝毫不给人恶心之感。它们不可思议地散发出一种令人安心的气氛，甚至带有某种圣洁气息。这是生命起源的物质，甚至是比长子更加古老的物质。

"这就是'生命元祖'……"奥芙拉轻声说道，仿佛生怕惊醒了这团东西，"我还是第一次看到。"

"我曾经有幸看到过一次，一百五十年前。"奥本大主教皱着眉，"当时它比现在要活跃一些。"

"它快死了。"数据终端飞快地得出结论,"这是一个被切取下来的器官……或者是在某种正常的演化过程中自主脱落的器官。总之不管怎么说,它不完整,主体部分已经消失。这部分器官正在逐渐衰竭。"

薇薇安皱着眉:"它原本应该是干吗的?"

数据终端更加详细地扫描着"生命元祖"的结构:"可能是最初之种的神经节,用于发号施令和接受命令的部分。本机发现它有强大的信息发送和接收能力,就像一个功率强劲的转播天线。同时它也有一定思考判断能力……但这部分功能已经坏死了。最初之种真是奇妙,它的器官在脱离本体之后竟然能存活这么长时间……"

郝仁瞬间把握到一个关键词:"接受命令?!接受什么命令?"

"本机不知道,本机只管扫描。它有类似天线的结构,而且目测能进行超光速通讯。"数据终端落回到郝仁肩膀上,"或许是接受那位创世女神的命令吧。你说过最初之种是那个女神释放出去观察星空的,所以这东西肯定有通讯功能,飞到目的地之后,给自己的创造者传真个照片,发两段录像什么的……"

郝仁的眼睛登时就放在那团生物组织上转移不开了。他原来还以为这东西只是个单纯的抑制器,却没想到它有可能是最初之种的神经节,更没想到它还是个天线!

但是想想也正常。如果他曾看到的那个幻景是真的,那么创世女神播种的目的就是为了观测星空。所以这些最初之种肯定具备通讯能力——圣棺里封存的就是种子的天线!

但现在肯定不是把这玩意儿抱回去研究的时候,郝仁甩甩脑袋冷静下来:"先看看能不能复制这东西吧,或者搞明白它抑制长子的机制。"

"要做就做全套,别单纯地复制这些信号。我们需要做个克隆体。而这需要一点点组织样本。"数据终端一边说着一边往前飘。奥本大主教一见这个情况,立马下意识地挡在圣棺前,满脸紧张:"不能破坏……"

"只是抽取几个细胞,并不会要了它的命。"数据终端绕开奥本,"这东西的生命力比你想象的顽强。哪怕现在风烛残年,它也比你健康。"

说话间数据终端已经飘到那团组织上空，不过接下来它就停在那儿没动静了。郝仁看了几秒才忍不住问："咋了？有问题？"

数据终端刺溜一下子飞回来："本机忘了自己没有手！本机是个PDA，有哪门子探针啊！"

郝仁："……"

最后还是郝仁随身空间里那万能的自律机械负责采集了"生命元祖"的样本，并将其封存在一个可以保持生物组织活性的特制容器中。这种容器是审查官的标准配备，用于采集陌生世界的碳基生物标本或者放隔夜菜——好吧，说明书里没有第二项功能，但郝仁自己开发了这个用法并且表示相当奏效。

奥本大主教则已经对郝仁掏出来奇奇怪怪的东西见怪不怪了。

"巨龟岩台号上的设备应该能复制出这东西，但这解决不了根本问题。"郝仁叉着腰看着洞窟一侧的那些巨大触须，"还是要想办法把这东西弄死才行。干净彻底，而且……"

"而且最好别有太大动静。"奥芙拉指了指众人脚下，"这里是落日火山西侧地下，距离这里最近的一道岩浆柱只有几百米之遥。每一位魔法皇帝镇压长子的手法都不一样。龙脊山脉是用山峦形成牢笼。还有那些石巨人，而这里是利用岩浆。在长子的几个关键器官周围有巨大的岩浆柱。我们脚下深处则有可能是这个世界上最大规模的熔岩湖。落日山脉火山口中的一团元素烈焰镇压着这些地底邪火，以防止它们意外喷发或者惊醒长子，但你要是像上次那样……"

"轨道炮击会破坏岩浆系统，导致大陆架崩塌，至少半个霍尔莱塔会发生大灭绝。而如果岩石蒸汽进入大气循环，整个星球的生命都会灭绝三分之一以上。"数据终端接了过去，"她说得没错。本机的雷达显示这一地区完全被错综复杂的熔岩流覆盖着。那些岩浆柱和岩浆河就像网一样包裹了长子，显然是人造的。"

郝仁张了张嘴："……那我得动动脑子了。"

※第八百二十三章 处置※

不管莉莉有多好奇，大家都没办法现场研究出薇薇安这分裂过程到底是怎么个原理——毕竟她总不能当着大家面"啵儿"一声真变成俩人试试。所以最终话题还是回到这颗星球的后续处置上。

按照薇薇安的说法，这颗星球的长子其实早在一万年前就"死"了。当时留在这里的"另一个薇薇安"，或者说薇薇安的"分裂体"，抹掉了长子的灵魂和思维器官，并以自己取而代之。但这种处置明显留有隐患：在一万年光阴过去之后，那个"分裂体"自己也陷入疯狂，并最终变成了毫无理智的邪灵，被众人击败。随着薇薇安将她多年之前分裂出去的分裂体重新吸收，这颗星球赖以生存的"长子系统"等于是失去了核心程式。原本依靠地底深处的长子器官维持的星球热力平衡与物质循环，都将受到影响。

所以当务之急，是建立一个新的控制系统，重建长子的神经中枢，并接管古灵们的"摇篮曲"术式。

薇薇安立刻去找来了格拉贡，让数据终端跟着这位古老的英灵，去采集有关"摇篮曲"术式的资料。

古灵们听说"女神"要建立一套新系统来取代他们，理所当然地产生了一些骚动。格拉贡被推举出来和薇薇安对话。他坦白了灵魂们的担心："吾主，可是我等的工作让您不满意了？"

薇薇安站在议事厅前，看着道路尽头电光缭绕的"托卡之喉"。她轻轻摇头："不，只是想让你们休息一下。你们已经在这个岗位上效力一万年……按这个世界的历法也有五千年，是时候放个假了。"

格拉贡的虚影在空气中微微摇动着，模糊的面容上看不到任何表情。他轻轻弯腰："如果这是您的意愿——"

随后这位古老的灵魂便转身离开，没有对薇薇安的决定做出任何质疑。郝仁在旁边感叹了一句："他们是发自内心把你当作自己的女神啊。那你呢？有实感么？"

"有一点点。"薇薇安指着自己胸口，表情多少有些古怪，"融合了额外的记忆之后，好像也获得了额外的人生。我能记着一万年前'我'在这里带领他们建设这座城市时的景象。刚开始盖泽尔管我叫女神的时候，只感觉莫名其妙，但现在……似乎真的能接受这个称谓了。"

郝仁顿时有点紧张："等等，那你不会被外来记忆给影响了吧？就跟电视上似的，跟别人的灵魂融合之后性格大变之类的……"

"不至于。"薇薇安忍不住笑了起来，"只是一些零散的记忆碎片，就像看别人的人生电影一样。我还是我——如果连这点把握都没有，当时我肯定不敢随随便便融合。"

郝仁特仔细地上下打量了薇薇安半天，最后才呼口气："也是，你本来就挺谨慎的。话说我刚才突然想到个问题，有关那块水晶的。"

薇薇安皱皱眉："你说碧翠丝那块水晶？它有什么问题？"

"那块水晶是谁制造的？是你还是这个世界的另一个薇薇安？"

"根据水晶里的记忆片段，应该是另一个我制造的。"薇薇安似乎也想到什么，"但它却到了碧翠丝手里。"

"没错，你在一万年前就分裂了。那块水晶是在这个星球上被制造出来的。但它为什么会在碧翠丝手里？"郝仁满脸严肃，"是有人把它从炼狱送到了地球？还是碧翠丝在早年间曾经造访炼狱，她在这边偶然寻获？或者更离奇点……水晶是自己传送到地球的？那东西是你和你的分裂体之间交换记忆的桥梁，所以具备什么神秘力量也未可知。"

薇薇安嘴角上翘："最后一个想法还真是异想天开。不过你说得对，这种水晶隐藏着很多秘密，所以……"

她一边说着，一边从怀里摸出了剩下的那块血色结晶。这枚结晶正是当初保尔保存的那一颗。郝仁看见这玩意儿之后好奇地问："你打算把这个也吃了？"

"先等等吧。"薇薇安犹豫再三，还是把血晶石收了起来，"我现在脑子里还乱着呢。等我缓缓再说。"

郝仁哦了一声，然后就饶有兴致地上下打量着薇薇安，把后者看得浑身发毛："你看啥呢？"

"没啥，就确认一下你融合之后有没啥变化。"郝仁干笑着敷衍过去。他可不敢把实话说出来。事实上，他是觉得薇薇安这姑娘越来越神奇了。想当初他刚知道一个吸血鬼不怕圣光喜吃大蒜的时候，还以为这就是这个穷鬼的全部神奇之处了呢。结果未曾想，这姑娘的神奇属性是一个接一个往外蹦啊。身上掉个蝙蝠能成精就不说了，她竟然还能变出个整整一千米高的薇薇安MK-II来。当你以为薇薇安MK-II就已经够惊世骇俗的时候，嘿，她还学会无丝分裂了！

现在郝仁都不敢想薇薇安这一万多年来到底都分裂了多少次——如果她的分裂现象真是个天赋技能的话，那这画面简直太美。到时候继小号薇薇安、魔神薇薇安之后，还得多出个扩散性百万薇薇安……这要是不知道的，还以为韩国整容新风向刮到南郊呢！

郝仁想着想着就忍不住自言自语地嘀咕："你这个属性真是越来越繁多了……"

薇薇安："啥？"

郝仁赶紧绷着脸："额，没啥。"

数据终端很快便采集到了足够的数据。它带着一份建筑设计图，回到郝仁面前。在正事面前，这块板砖总是如它的硬度一样靠谱。它几乎已经设计完所有细节，剩下的只是派个施工队过来把新的"电击控制器"建设起来而已。

郝仁看到数据终端设计出来的解决方案，跟之前的概念图相差不大。那是一片由大量放电针塔形成的建筑群。建筑群下半部分连接着大量的线缆、管道以及长子的触须。它的连接理念，似乎部分参考了之前卓姆星球上"梦境方舟"的机械部分。而那些放电体的结构，则明显是模仿了眼下这座地底都市。

这座建筑群的规模应当与多拉席尔相当，是个不大不小的工程。因此郝仁觉得，在建设这套设施之前，他还可以顺便解决另一个问题：

把这颗星球从现实之墙的夹缝中弄出去。

总不能一直让这块空间碎片卡在现实之墙上。它的每一次漂移，都在破坏梦位面和表世界之间脆弱的平衡。而且这颗星球也需要恒星的照耀。它脆弱的生态系统根本不是长久之物。

无论是把它扔回梦位面，还是干脆推进现实世界，都要比现在这种不上不下的状态好。

于是在返回地表之前，郝仁接通了和渡鸦12345的通讯，准备把自己这边的情况跟上司报告一下。

熟悉的天国彩铃之后，郝仁听到通讯频道里传来渡鸦12345懒洋洋而且含混不清的声音："喂……啊？哪只？干蛋？"

郝仁一听这个口气就特有亲切感——在上了"审查官"这艘贼船之前，他每天接电话，基本上也是这么个半死不活的调调。

"是我，郝仁。我这边有点状况。话说你干啥了，怎么一副快驾崩的语气？"

"本女神日理万机，所以精神不济。不行么？"渡鸦 12345 听出是郝仁之后，似乎恢复了点精神，"什么情况？"

郝仁把自己这边发生的事情一五一十地告诉对方，还顺便提到了薇薇安有丝或无丝分裂的神奇现象。最后特严谨特专业地询问："这颗星球不能继续卡在时空边界，所以我想跟你咨询一下该怎么整——这种大工程我没干过。"

渡鸦 12345 那边安静了片刻，随后语气悠然地开口："你还真是总能出人预料啊……关于那颗被称作'炼狱'的星球，我有一个适合它的好去处。"

"在表世界？"

"没错，表世界。一个叫'裂痕星云'的地方。"

※第一千二百章　权杖的真正主人※

在海格力斯的记忆幻象中，时间被永远定格在数千年前的一个春天。在希腊半岛某处不知名的荒原上，完成十二试炼的英雄在此洗去一身血污，仰望着高高在上的奥林匹斯神山，思考着自己今后的道路。此刻他还没有迎来自己那苦难人生的终结，他最后一次以人类之躯站在故乡的土地上。而下一次他回到这个地方，从天空崩落的奥林匹斯碎片已经将整片土地焚毁殆尽。

所以他的记忆定格在这里。在这一时刻，他已经失去了很多，但他也还拥有很多。他天上天下的故乡都尚在。他的父亲还端坐在宝座上。他还没有投身到众神世界的漩涡中——他还是个人类。

至少自认为是个人类。

"我不喜欢奥林匹斯。"海格力斯与郝仁并肩站在一块巨石上。他双手抱胸，抬头仰望着记忆中的神山。神山的一部分已经模糊不清。那是天后赫拉的领域。"神很残酷——我不知道你们这个时代的人如何理解和想象神话时代，但你们可以尽可能恶毒地去猜想。赫拉曾经讥讽我的父亲。她用的说法就是'这个人沉溺于和自己的家畜交欢'。而事实上，大部分奥林匹斯山上的'神'对人类都是这样的看法。他们还很矛盾。他们拥有无与伦比的力量，比地上的人强大百倍。但他们却发现地上的人类有着和自己一样的容貌。这让他们困惑和愤怒。众神解剖了无数凡人，只为了找到奥林匹斯神与地上凡人之间有着根本差异的证据，好证明两个物种确实生来贵贱有别。而他们最终的结论就是——不管人类长得和奥林匹斯众神多么接近，他们的灵魂都只是牲畜。所以后来我不喜欢那个地方，尽管我曾经万分向往它。"

郝仁本以为海格力斯会立刻告诉自己有关神器和薇薇安的事情，却没想到这位英雄首先开始回忆过去。但回忆也就回忆吧，他想道，海格力斯说这些应该是有意义的。

"奥林匹斯'众神'是个怎样的团体？"郝仁顺着海格力斯的话问道。

"扭曲而压抑。我在那座山上生活了数百年之后，终于想明白这一点。"海格力斯的声音低沉，"一开始，我被那里光芒万丈的表象所迷惑。但慢慢地，我接触到众神的真实一面。他们就像是被关在笼子里的困兽，又像是迷了路的顽童。他们迷茫、焦虑、困惑，而且矛盾。他们一方面对人类表现出十足的权威和强力，但另一方面却始终在担忧着自己的命运。他们似乎知道末日什么时候会到来，甚至知道末日的前因后果，却无能为力。有时候我会想，他们对人类的刻薄残忍，会不会就是因为这份压力？他们无法躲避自己终将面对的未来，但人类反而不用面对这个命运。甚至，人类终有一天会在奥林匹斯的废墟上，建立一个新的王国。于是他们便暴躁愤怒起来……"

"宙斯知道奥林匹斯山终将毁灭？"郝仁抬了抬眉毛，"他可曾说过是什么原因导致的毁灭？"

"他说迟早会毁灭，不论什么原因。因为在这个世界上，除了那些泥土中的人类，所有智慧生物都只是被流放到这个地方的可怜囚犯。而死刑的判决已经降临在这些囚犯头上。行刑日总有一天会来，不论是以什么样的表现形式。知道这些秘密的人很少，基本上只局限于十二主神。然而除此之外，像我们这样的'半神'也有资格知晓。我的父亲似乎认为这场灾难只会降临在纯粹的奥林匹斯族裔头上，而我们这些拥有一半凡人血统的……反而会因此幸免于难。现在想想，奥林匹斯众神留下的无数混血后裔，说不定也是父亲暗地里的安排——用凡人的血统躲过灾祸，用奥林匹斯的血统延续传承。"

海格力斯把自己知道的事情一股脑地说出来，郝仁听到之后则忍不住动了动眉毛。

这看似无根据的猜测恐怕真有一定可能性——根据宙斯对"神血原罪"一知半解的情况，或许他真的会想到通过制造大量混血后代的方式，来规避或减弱这种原罪！

而他的手段不能说没有效果。混血的异类后代，确实在先天敌对方面，有一定抗性。然而这点效果终究还是没用的。猎魔人受到弑神剑的影响太深重了。他们根本不会因为目标是混血儿，就停止猎杀。

"薇薇安在奥林匹斯山又承担着什么样的角色？"郝仁好奇地问道。这才是问题关键。

"她？她在几乎所有神系中都承担着重要角色。"海格力斯双手抱在胸口，"她是唯一一个对任何种族都没有先天敌对，同时任何种族也无法对她产生过强敌意的个体。她曾经与无数对手交战，包括猎魔人和'异类'。但你可曾听说任何人跟她有死仇？"

郝仁想了想，摇摇头。

"因为她是一个平衡点，是消弭灾祸的唯一希望。我的父亲曾经说过，世间所有流放者都犯下了同一个大罪，那就是触怒了一个创造宇宙万物的力量。而这个伟大的力量也给罪人们留下了唯一一条救赎之路，那就是求得'恩赦者'的原谅。薇薇安·安塞斯塔就是这个恩赦者。她来到世间的使命是宽恕罪人。然而她并不会宽恕所有人，也不会知晓自己的使命。我的父亲知道了这个秘密，于是有意结交那位古老的血族。他希望求得那个宝贵的恩赦名额。只是现在看来……终究没有任何人得到赦免。"

郝仁发现从海格力斯这里得到的情报，和起源方舟那边的证据，出现了偏差。

按照起源方舟中的证据，"恩赦"其实在一开始就已经发生。创世女神在陨落的时刻，就完成了对所有种族的赦免。执行赦免的是起源方舟，以及尤古多拉希尔时空要塞。薇薇安的身份则只是一个引路人。然而在宙斯眼里，薇薇安反而是负责赦免的那个——他想了一会，认为这是宙斯的情报有问题。

毕竟宙斯并不知道起源方舟的存在。

心中做出这个结论之后，郝仁看向海格力斯："那么那件神器又是怎么回事？它为什么会带有薇薇安的力量？"

"因为它就是薇薇安·安塞斯塔亲手制作的。当然，现在当事人恐怕已经不记得这件事了。"

郝仁这一次是真的愣住了。他愣了足足有一分钟，才憋出几个音节："是……她做的？！不是说神器里的核心是你们机缘巧合之下得到的么？"

"没错，那核心确实是我父亲从塔尔塔洛斯底部的一处怪异洞窟中找到，但我们根本没来得及对它有任何了解——在雅典娜刚刚把那东西放上实验台的时候，女伯爵便突然出现在我们面前。我当时正好在场，所以还记着那时候的情况……她双眼变得血红，神智似乎不是很清醒。她少有地用暴力手段打飞了所有守卫强闯进来，然后要求我们交出那核心。"

郝仁咽了口口水："你们交出去了？"

"被她抢走了。"海格力斯笑起来，"女伯爵的力量很诡异。有时候很弱小，有时候无比强大。而当天她就无比强大，所以阿瑞斯被她三招打到奥林匹斯山脚，阿波罗当场被殴打到昏迷。后来父亲急匆匆地赶来，让我们不要阻拦她——所以女伯爵就堂而皇之地带走了那东西。三天之后，她回来了。交给我们一把权杖，说核心就被封印在权杖里面。那权杖因而可以产生源源不断的强大魔力。这是对那核心唯一安全的处置方法。交给我们权杖之后，她便离开了。此后整整一个世纪没有她的消息。"

郝仁立刻想到这应该是薇薇安迎来了自己的沉睡周期。

如果海格力斯所言非虚，那么薇薇安当年的那次沉睡明显跟历次都大有不同。

"海瑟薇可没告诉我这个细节……"郝仁嘀咕道。

"因为我并没跟她说起这些。"

"看样子薇薇安当年已经知道权杖核心的危险，但既然是这么危险的东西，为什么还要交到你们手上？"郝仁突然有点想不明白，"她自己保存着不就得了？"

"我不知道。"海格力斯摊开手，"雅典娜倒是也想过同样的问题。她说唯一的答案就是：女伯爵自己不能持有那权杖。当权杖在她自己手上的时候，危险会更增百倍。而如果把权杖封存在某个地方，它泄露出的能量波动又可能引来其他家族的注意。因此相较而言，还是把权杖交到奥林匹斯手里更好些。我的父亲重视承诺，必然会妥善保管这件神器。"

当然，还有个可能——郝仁想道——或许是薇薇安当年已经快要陷入沉睡，她没有时间去想更妥善的处置方案，只好先把权杖交给奥林匹斯家族了。

"那权杖确实给我们带来了强大的力量。"海格力斯苦笑着摇摇头，"一个世纪之后，女伯爵再来拜访，却没有再提起权杖的事情。我的父亲猜测她已经忘了这东西，所以干脆就再也没对她提及此事。"

"贪婪啊……"

※第一千五百零五章　卧槽神器※

创世女神的起源有些出乎郝仁的预料，但也没有超出太多。

因为在了解到"真神"是怎样一种不可思议的存在之后，他就已经对创世女神的出身有了相当充足的心理准备。他甚至早就催眠般地在内心深处强化了一个观念：无论创世女神是如何诞生，无论她和希灵或者星域的高阶神明之间是以怎样的方式产生联系，那都是可以接受、可以理解的；因为真神——真神从来不跟你讲道理。

事实上他们甚至不怎么跟你讲物理……

人类所可以理解的一切规则都是这帮超级大能的附属产物，包括不可以理解的部分也同样无法超出这个范畴。因为早就明白了这个道理，所以郝仁在听到渡鸦12345的讲述之后没有表露出任何意外之情。他只是有些好奇自己的上司，以及上司的上司们，在调查出这个不得了的大秘密之后，有什么安排。

"影子城的老大们对这件事很关注——事实上一直都很关注。"渡鸦12345说道，"不过你也不能指望他们亲自来处理这事。他们的责任决定了他们必须把精力放在更重要的事情上。剿灭深渊的远征还未结束，主神们在秩序世界的边缘抵挡着末日，最起码在一千年内他们都不会有工夫来处理发生在这边的'小问题'。"

郝仁不禁有点无语："啧，小问题啊……"

"对整个虚空无数宇宙而言，这确实是小问题。"渡鸦12345看了他一眼，"但对这个宇宙以及梦位面的无数生命而言，这个问题事关生死存亡。所以我才站在这里，你也站在这里——每个人都有自己的责任，你别忘了这一点。"

郝仁有点惊讶地看着眼前的女神姐姐。他没有想到对方竟然也会有义正严辞说出这种话语的时候。

"几位陛下和众多主神需要保护整个秩序侧。我们则需要保护这个宇宙。每个人都有自己应该做的事。"渡鸦12345似乎没有在意郝仁脸上的表情变化，只是自顾自说了下去，"在确认创世女神来自冰蒂斯主母的一滴血之后，有几件事就需要跟你说明一下。"

"首先第一点，创世女神虽然如今下落不明，但她绝对没有死——百分之一万地肯定，她没有死！"

薇薇安刚从一连串的信息轰炸中反应过来，这时候不禁脱口而出："真的？！"

"虽然我也有点意外，但这一点已经可以肯定了。"渡鸦12345点点头，"在确认创世女神的来源之后，至高预言之神进行了一次更精确的预言。现在可以确定创世女神只是沉睡在梦位面的深处。虽然状态极端接近于死亡，但对于真神而言，这种状态就等于活着。只需要一个契机，她复苏的几率高达九成。"

听到这个确定的消息，郝仁不由得有点懵——虽然从一开始他和渡鸦12345就怀疑创世女神是否真正陨落，并且假定了创世女神"真神不死"的状态，但这终究只是一个假设而已。由于在梦位面始终未能发现确切的真神反应，所以郝仁他们长期都是在"创世女神已经陨落"这个前提下展开工作的。但现在，确切的消息终于传来——创世女神真的还活着！

渡鸦12345停顿了几秒钟，给大家一点时间缓冲，接着说道："第二点，由于创世女神的力量来源于一位星域神明，所以咱们对她的'救助计划'必须做出相应改变。毕竟星域神族和希灵神族不管从生命形式还是科技树上，都还是有差别的。郝仁，给你这个。这是上面发下来的。它将会在关键时刻起到作用。"

一个银白色的金属箱凭空出现在渡鸦12345面前，并悄无声息地打开。郝仁凑上去好奇地看着箱子里面是什么东西，而渡鸦12345的声音则在继续传来："梦位面的情况太特殊了，像我这样的真神根本无法直接插手。但你在那里面却要面对一个近乎真神的怪物——疯嚣之主。坦白说，你目前的力量还有点不够。所以看起来最好的选择就是首先找到创世女神，然后复活她。你和她联手摧毁疯嚣之主。然而创世女神哪怕复活也肯定处于虚弱状态，再加上她对自身的力量掌握不足，缺乏身为真神所必备的知识，因此她的力量还是不够。所以我们必须想办法让创世女神强大起来。严格来讲，是你必须引导着她强大起来。这是让她自救……"

渡鸦12345在那边巴啦巴啦地说着。但事实上郝仁已经没怎么听这位女神姐姐到底在说啥了。因为他一大半的注意力都放在金属箱子里的那些东西上，目瞪口呆到啥都说不出来。

那是一摞一摞的厚皮大书。书皮和书脊上是不属于任何一种文字的符号，但它们的含义却能直接进入人的脑海：

《星域神明基础教材（小学部，神教版）》《神性力量控制入门》《创世纪习题集（入门编）》《五亿年成神三亿年模拟》《世界末日基本操作与图解》《十万个不为什么》……

这些闪耀着璀璨金光的玩意儿几乎晃瞎了郝仁的眼。旁边的莉莉更是干脆直接就蹦起来了，一边蹦还一边嚷嚷着狗眼瞎了。

"这……所以这到底是些啥玩意儿？"南宫三八本来只是在旁边看热闹的，此时此刻终于承受不了世界观粉碎性重建的冲击而开口了，"神仙上岗之前的培训教材么？"

渡鸦12345一点头："对呀对呀。"

所有人："……"

尽管没有人说话，但每个人脸上都是一副"你他妈在逗我"的表情。

"怎么每个人第一次看到这些玩意儿都是这个反应……"渡鸦12345有点受不了地捂着脑门，"我刚才不是说了么，创世女神得自救。她得首先能自救才能拯救世界——但她一个连小学都没上过的野生女神，能自救个毛线啊！她跟疯嚣之主怼一架，都差点把自己给怼死了。所以咱们首先必须想办法让创世女神强大起来。怎么强大起来？知识就是力量啊！补课啊！看书自学啊！搞明白怎么控制自己的一身神力，这不就首先成功一大半了么？成功这一大半之后，剩下的就只有瞄着疯嚣之主怼过去而已！"

郝仁嘴角抽抽着听完女神姐姐的一番理论。尽管这番理论里的每一句话听着都是那么个道理，但他怎么就是不愿意相信呢？

就连见多识广的薇薇安都眼角直跳，半晌憋出来："所以我们要做的就是去梦位面找到创世女神，然后……逼她读书？"

"先劝她学，学不进去就硬塞，再不行就关小黑屋。每天必须写作业，写不完作业不准吃饭。疯嚣之主脱困之前，至少让她能考过初级上岗证……"

平心而论，郝仁觉得，就这套工作，渡鸦12345去地球上随便哪个高中，绑个班主任过来，都能比他干得好……

不过这话也就在心里想想，真开口的时候还是要说点正常人话题的，毕竟不能被这个脑子有病的女神姐姐给带歪了："你不觉得这可行性很成问题么……我要有这本事去按着一个真神的脑袋让她写作业，我早就一个人车翻疯嚣之主了！"

"所以我要再给你另外一样东西。"渡鸦12345打了个响指。于是半空中再次凭空出现了一个金属盒子，不过这个金属盒子的尺寸要比那一箱子教材小很多。它只有一尺见方，看上去像是一个书匣。

事实上它真的是个书匣。盒子打开之后，郝仁看到有一本黑色封皮的大书静静地躺在里面。

好吧，又是一本书……

看到之前那一箱子令人叹为观止的教材之后，郝仁及其小伙伴们就已经经受了一轮三观鉴定，因此这时候全都处于对任何来自神族并且看上去像是书本的玩意儿高度敏感的状态。看到渡鸦12345的"秘密武器"仍然是一本书，连一贯成熟稳重的哈苏都差点脱口而出："你们当神仙的，就不能拿点别的出来？"

不过郝仁在看到那本黑皮大书的封面之后发现一件事：这本书的画风，跟那一箱子神界小学教材貌似不太一样。

它表面的符号不断跃动着，其含义在不断发生变化。而且每次注视它们，都会有一道新的信息被传入脑海。但不论怎么变化，这些符号的大概意思都很接近，就是"圣经""教典"或者"祈祷书"一类的玩意儿。

它庄重肃穆，甚至传达着一种厚重到令人难以呼吸的力量。仅仅注视它那漆黑的封皮，郝仁都感觉自己好像在面对一个亘古而无比伟大的力量。

这肯定不是什么课本。

他不禁出声："这是……"

"冰蒂斯主母曾经使用过的一本圣经——当然，只是从中抽取力量制成的'赝品'。但对于你和那个创世女神，甚至对于我这种等级的基层真神而言，赝品和真品并没什么区别。反正都是'卧槽这特么什么黑科技'的级别。"渡鸦12345嘿嘿一笑，"创世女神沉睡了很多年，而且她和疯嚣之主接触得太多了，精神多少应该有些问题。再加上其受教育程度较低，所以很难说她在和你接触之后会不会乖乖跟你配合。因此我们给你准备了这个。它与创世女神的力量一脉相承，甚至更加精纯。你带着它，就相当于在创世女神面前自带'魅力+10'和'说服力+10'的光环。这样但凡你没作死，她没有道理不信任你。"

阅读评价

科幻小说的实质是借着想象进步的科学技术，来描述和传达作者的畅想或隐忧，并对现实中的事物进行某种思想投射。但是以让读者愉悦为首要目标的网络文学中，娱乐性则占据着首要位置。故而很多网络科幻小说都变成了"在科幻背景下的爽文"，技术和科技变为了和仙术功法一样的道具来完全为主角服务。不过，在作者远瞳的科幻题材网络小说《异常生物见闻录》中，我们终于可以在网络文学中一窥真正的科幻小说应有的样子。

本书的故事背景设定在当代，主角郝仁在找工作时发现了一份给女神打工的工作。后来在半信半疑中，来到"时空管理局驻王八坨子办事处"，见到了女神渡鸦12345——别笑，整篇故事就是沉浸在这种不着调的形式中——自此做了希灵神系下的一个打工仔。从此主角便走上了"帮助落后文明，收集失落文明，不影响任何正常文明进展"的审查官生活。

作品的世界观设定，与作者远瞳的上一本作品《希灵帝国》一脉相承。没有看过《希灵帝国》的读者，也可以在本作的故事发展过程中，潜移默化地知晓背景设定：希灵神系掌管整个宇宙，根据不同的分区，将宇宙划分给麾下编号不同的名为"渡鸦"的女神进行管理；女神会在不同的文明中挑选合适的人，来作为自己的代行者，去观察和保护不同的文明。而本书中出场的不着调女神则挑选了男主，担任包括地球在内的这部分宇宙的片警。主角则从日常生活中脱离，接触到了形形色色的异常生物和文明。作者对世界观的设定相当完善。无论是审查官的工作细节还是女神对于宇宙的解释，都完美地形成一个自洽的体系，而让作品的代入感十足。

值得一提的是，本作并未避讳"科学"与"神明"的天然冲突：所谓希灵神系也不过是一帮掌握了更高科技的外星人；他们保护却不干涉文明的正常进程，并且以记录者的身份，去记录宇宙中发生的一切。女神的教义是相当没溜儿的"反正不要钱，多少信一点"。而魔法与科技是知识的一体两面，秉承着"黑猫白猫抓到耗子才是好猫"的原则使用。整个神系就类似一个大型的企业文化比较特殊的企业。

第一好看点："萌"属性带来的IP开发潜质

本书讲述的是一个普通人拯救世界的故事。一个名叫郝仁的"宅男"，无意中被宇宙的"神灵"看中，进入一个充满了神话生物的世界。奇幻故事中的狼人、吸血鬼、猎魔人、海妖等萌萌哒种族人物，陆续成为他家里的房客，并且组成了一个在宇宙里遨游的探险团，展开了一场对远古阴谋的揭秘旅程。

主角在出场时二十多岁，父母双亡，没有工作也没有朋友，很少出门交际，靠出租市郊区的一间出租屋为生。这样的人物设定，也和郝仁后来驾驶星际飞船远航在星辰大海中的形象，产生了鲜明对比。同时，接近于普通人的"宅男"角色塑造，也让读者们在阅读时大大增强了代入感。

《异常生物见闻录》中不乏"萌"元素，甚至可以说主角团队本身就是各种萌物的集合。比如本书的"病娇"女主角薇薇安，本以为自己是血族，最后却发现自己有着影响深远的身世之谜；郝仁一开始遇到的蠢萌少女刘莉莉，一直以为自己是一个狼人，但最后却发现自己其实是哈士奇成精；又如郝仁无意中得到的便宜女儿鱼人豆豆，和现实中的婴幼儿一样会撒娇卖萌；甚至主角团在宇宙中遇到的大章鱼形象的怪物"长子"，在接通脑波信号以后，学会了使用萌系的颜文字表情。

如果说《无限恐怖》靠着设定而开创了无限流这个"野生"IP，那么《异常生物见闻录》的希灵世界观则有成为下一个火爆 IP 的潜质。

IP 化自然有颇多好处：自带一票老读者、成熟的世界观，可以省下更多的构思时间；人气老角色时不时来个联动，既能满足老读者，又能吸引新读者去看旧作而成为忠实读者……但是由于网络文学的剧情对主角成长经历的完全依赖，在旧作完结后作者往往会另开一本毫无关联、甚至题材都变了的新书。大抵是因为原本的世界已经完全为旧作的主角服务，而在同一世界观下再出新作，新旧角色的交集和冲突实在难以把控。且部分作者笔力有限，在高强度的连载压力下已然黔驴技穷，不换个包装恐怕逃不了扑街的结局。

正在连载的《惊悚乐园》也是 IP 化的一个典型例子：作者的三部作品共享同一世界观。但比起《惊悚乐园》单纯的世界观传承，《异常生物见闻录》则更加重视角色的萌属性所带来的 IP 效应。《异常生物见闻录》借鉴了日本 ACG 文化作品的设定方式，并塑造了一批极具个性的角色：不靠谱的女神，自带搞事体质的男主，穷得叮当响并且还会继续穷下去的吸血鬼，从北大毕业四次的哈士奇狼人，坚持和平发展战略的恶魔君王……

郝仁是头一次从伊扎克斯这里听到这些详细的东西。看样子对方老家的恶魔社会和地球上其他传说里的不太一样，也跟薇薇安所讲述的"本地恶魔"不一样。似乎每个世界哪怕同一种族，也会建立起不同的文明体系。

他对此相当感兴趣："这么说你手下还有个国家？"

"有过，而且是有史以来最强大的，比人类建立过的最大的帝国还大。"伊扎克斯点点头，"但被灭了。"

大个子叹了口气，这才接着说下去："你们应该都觉得我挺奇怪吧？作为一个恶魔，满脑子想的却都是各族和平的事儿——我调查过其他世界的恶魔是什么样。几乎每一个世界的恶魔都倾向于混乱残暴，像我这样的少之又少。我知道自己是个怪胎，我那边所有人都这么说我。"

这些出色的反差性角色，和已有的前作人气角色的类比与碰撞，使得该文在年轻群体中大受欢迎。每一个角色都能贴合当下二次元文化的萌点，且完全不生搬硬套，还能够通过细节让角色更加立体。这在网络文学中普遍的主角邪道化、反派脸谱化、配角背景化的设定中，如同一股清流。

早年网络文学的主角设计多是"普通款"，反正读者买账的是"他"的"成长历程"，种子大同小异似乎不是什么问题。后来一部分作者为了差异化竞争，开始写"邪魅款"，大抵就是主角有点反社会倾向和不那么精致的利己主义，从而成长——歪脖树有歪脖树的长法嘛。但是当反面主角从反套路逐渐变成套路，接下来又该是什么样的主角形象呢——《异常生物见闻录》给的答案是"拥有一张破嘴"的主角。

角色脸谱化是网络文学，尤其男频网络小说普遍绕不开的一个缺陷。虽说一部以消遣为主的小说，也不会要求多么立体的人物形象。但是如果除主角外的所有角色都扁平如春饼，那也实在索然无味。聪明的作者已经开始摸索角色特质的多样化，典型如《全职高手》中的群像描写，基本上可以算是集大成者。而先天不足的作者，就靠一日三更和拼命制造冲突来吊命——反正万千爽点，读者一般不只取一瓢饮。戳中就嗷嗷叫地看；没戳中的话，不是还有下一章么？

而《异常生物见闻录》妙就妙在作者花了大心思去塑造常驻角色，又想尽办法放大非常驻角色的某个性格特质，使读者在第一时间对角色有了既定的印象；之后再搭配合适的剧情，读者就"记住"了这个角色。尤其是作者本人十分喜爱宅文化，并且有意识地将ACG圈中的流行元素带到作品中。例如在机器人文明的故事中，就可以看到《NieR：Automata》的影子。而"二十五个奇装异服的暴力社团分子"、"强化 +99 的巨剑"、"火之高兴"这类能让宅男群体会心一笑的梗，在本书里更是随处可见。而且作者远瞳展现出来的台词功底实在不俗，无论是角色间的互相嬉笑吐槽，还是正儿八经地说话，既不失口语的流畅也不会让人觉得违和——光是这一点，几乎就甩下了大多数同行。

不过，目前网络文学作品的 IP 化还在初级阶段。作品与作品之间全凭自身本事而野蛮生长。而跨平台 IP 尚属摸索阶段，无论是影视化、动画化还是游戏化，都不尽人意。难得本作能很克制地玩梗，而并未像前辈《无限恐怖》那样有版权的隐忧，只希望能赶上产业的繁荣吧。

第二好看点：隐藏在嬉笑怒骂中的人文关怀

真正将《异常生物见闻录》的立意拔高一个层次的，则是作者隐藏在作品中的人文思考。前面也提到了，与常见的机甲大战外星生物类科幻文不同，《异常生物见闻录》通过描绘不同文化在不同情境下的发展与消亡，从而向读者展示了社会文化与科学技术在不同环境下的可能性。作者借主角一行人的视角，以第三者的角度去观察和体验不同的世界。由于作品本身的基调设置，主角一行人的旅途充满了贫嘴和逗趣，但与之相对的则是各色文明所经历的苦涩——

苦于资源匮乏而近乎苛刻发展的精灵星球，将节能作为本族的至高原则；因为空间分裂而到处都是传送门和军阀文化的恶魔星，却偏偏出现了"我有一个梦想"的"马丁·路德·金"款的魔王；天性快乐活泼，但刚刚接触宇宙就被湮灭的海妖文明；曾经称霸世界的希腊诸神和北欧神灵其实也不过是一些天外来客，即便在黑暗时代叱咤风云统治人类的异常生物，也不得不龟缩在庇护所中；以除掉异常生物为己任的猎魔人，实质上是来自另一个星球的"超人"，所谓的"猎魔"不过是基因影响……

不同世界位面的创世女神陨落，从而引发灭世灾难；因凡人弑神而疯狂的女神"长子"中，也有幸运地保留了清醒神智而拼命保护人类在虚幻中"轮回"的个体；忠诚地执行创造者最后一条命令，不断地模拟仍有生命存在的 AI……小部分的文明由于主角们的介入而得以延续，但是大部分的文明却依旧随着时间的流逝和种族的无奈消亡了，最终只有通过审查官保留在金属箱中的文化样本证明着它们的存在，悲伤而又无奈。

整个文明所有的成就，塔纳人的全部资料，包括他们从刻石记事以来至今所能搜集到的全部信息都在这里。他们的文字、艺术、历史、哲学，关于宇宙和自身的思考都浓缩在一起。这里有着难以计数的影视资料和珍贵的绘画影本，也有无数代科学家总结出的公式和对世界的认知，还有最后一批塔纳人录下来准备交给后来人的遗言——整个文明都被压缩在这里。

六十二公分，十七公斤重。

"这就是全部了。"郝仁叹口气，把这个圆柱体郑重其事地收入一个金属保管箱中。这金属保管箱是审查官配备的特殊容器，专门用来存放那些有特殊意义的收集物，比如某个文明的残骸。

当然《异常生物见闻录》作为网络文学，本身并没有描写过多的复杂人性和社会问题。作者的想法像冰山一样隐藏在水面下，只有在角色的只言片语中能看到端倪。"你们的太阳系内有火星和月球这样的大小跳板，有土星和木星这样的巨型资源站。你们身边每一颗星球上都堆满了燃料和飞船外壳，而且几乎用最原始的化学燃料飞船都能抵达，但你们却在忙着把更多炸弹扔在自己的同胞头上。""战争是一列滑向深渊的列车。一旦开动，它在混乱中积累起来的仇恨和敌意，便会成为这列死亡列车的燃料。"

诸如此类的表达在文中比比皆是。从第三者的视角去看他者固然新鲜，但是反过来看他者对我们的评价，又是另一种滋味。

第三好看点：ACG文化自带的"吐槽"功能

起点移动端APP更新的"本章说"功能，自推出便惹来不少书友的争议，但《异常生物见闻录》无疑是这个功能的受益者。娱乐产品即时吐槽功能的发展，是一个降维的历程：始于弹幕网站，后来出现在国产漫画网站，如今进入了网络文学领域。在文中每一段的末尾，都设置可以让读者留言的"本章说"。有兴趣的读者可以点击，并参与到吐槽中。

而这个历程的载体——ACG爱好者——恰好是本书的主力读者群。于是当一些作品的"本章说"已经被广告和垃圾评论占据时，《异常生物见闻录》"本章说"的精彩，甚至达到了让一些读者开玩笑说"你们把该说的都说完了，作者可以撕稿了"的程度。UGC（用户生产内容）最大的难点，便在于用户的产出质量普遍不高。但是《异常生物见闻录》几乎没用什么额外力气，便攻克了这一难题。

实际上，吐槽一词源于日式相声"漫才"，其意类似于我国的捧哏。吐槽并非是"哪里不好而骂哪里"，而是"对方抛出一个包袱你来帮忙抖"。普遍认为二次元作品中吐槽文化最早起源于《凉宫春日的忧郁》，并逐渐成为不可或缺的要素。贴合二次元读者的《异常生物见闻录》无疑是狠狠地借了平台新功能的东风，让作者抖的包袱和读者自发的吐槽、讨论，达到了一加一大于二的效果。

等凑过去一看，他发现那是一个看着像论坛的页面。上面的文字并非地球文字，但通过数据终端的无缝翻译完全能看得懂。页面上方抬头写着"影子城社区灌水版"。他还记着"影子城"就是希灵帝国的首府，也是凡人认知里的"最高神界"。于是在看到这个标题的一瞬间，郝仁感觉一种庄严肃穆的气氛劈头盖脸砸下来。而在页面最上方的第一个话题帖，更是让他震惊不已：

"最近调到一个原始宇宙当上帝了。怎样才能装作自己经常当上帝的样子？在线等，挺急的——渡鸦12345，来自魔导式数据终端，发表于三十分钟前。"

这条帖子下面，郝仁那不靠谱的女上司被人点了两百三十多个赞，已经人工置顶了……

在大数据时代，读者的行为模式和喜好分析，一定程度上能够帮助作品取得更高的成绩。读者在这篇小说点击"本章说"的频率、热门榜单的数据分析，乃至读者在产品中"搜索了却没产生结果"的关键字，都是差异化竞争的思路。当然这部分工作可能应该由编辑去做，作者还是要靠优秀的作品才能出头。

作者远瞳在写第一本《希灵帝国》的时候，本土的 ACG 文化尚在襁褓之中，未有如今的蓬勃之势。《异常生物见闻录》连载时，《三体》也仅仅是在小圈子里传阅。作者远瞳并非踩着热门题材去写，只不过恰好站在了时代的浪潮上。这些作品借着东风取得了比预想更高的成就。但是在文学圈，站在风口上的猪也是飞不起来的。

宏大而自洽的背景设定，贴合当下年轻人喜好的有趣的角色设计，再加上作者不俗的文字功底，本书在很长一段时间里着实稳坐了起点科幻作品月票榜第一的宝座。而且粉丝的忠诚度也极高，贴吧里同人作品层出不穷，甚至可以在 B 站的弹幕中看到"炸弹仁""走哪儿炸哪儿"等本书的标志性词语，也算是对二次元文化的一个小小反哺。实际上本作也非常适合改编成漫画甚至动画，希望有生之年能找到靠谱的制作商，也算是笔者个人的小小心愿。

"抬头望望天。"这是文中女神渡鸦 12345 的台词，而人类瑰丽的幻想也始于这片天空。

本篇执笔：阿铁/中国青年智库论坛网生评论家

角色脸谱化是网络文学，尤其男频网络小说普遍绕不开的一个缺陷。

科幻小说的实质是借着想象进步的科学技术，来描述和传达作者的畅想或隐忧，并对现实中的事物进行某种思想投射。但是以让读者愉悦为首要目标的网络文学中，娱乐性则占据着首要位置。

第七章　绯炎《琥珀之剑》：

"史诗游戏" 异界奇幻小说

如果说《迦南之心》像是在玩PS4，那么《琥珀之剑》就像是在玩一部结合了虚拟现实技术（VR）的超级游戏。即使去掉那个努力刷存在却一直没有存在感的面板和数据，这依然是一个动人心魄的故事。

作者简介

本书作者绯炎是一位专注于游戏类小说创作的网络小说作者。作品创作周期长是绯炎的特色之一。2005 年他凭借在起点中文网创作的《迦南之心》一书小热一把。之后又于 2010 年开始创作《琥珀之剑》。2018 年新创作的《伊塔之柱》在发布 1 个月内登上起点首页强推榜。

绯炎在游戏类小说的稳定创作，也吸引了游戏奇幻爱好者。他在作品中构建的游戏世界也有很明确的个人风格。绯炎说："我写的不是'游戏般的史诗'而是'史诗般的游戏'。"而在《琥珀之剑》中，绯炎巧妙地将数据和情节相结合，体现了不俗的写作水平。

代表作品

《琥珀之剑》：已完结；

《伊塔之柱》：连载中。

内容梗概

　　《琥珀之剑》是绯炎于 2010 年开始在起点中文网创作的游戏类奇幻小说作品，也是史上第一本取得百万推荐成就的同类型网络小说，2017 年正式完结。

　　本书把时下流行的"卡牌游戏"元素融入情节之中，增加了爱玩卡牌类游戏的读者的体验感，从而创造了"琥珀流"游戏类型的先锋，影响了后来的许多网络小说作者。

　　本书讲述了一个发生在异界游戏世界里的故事。这是一名游戏玩家带着资深战士的重生记忆，穿越到自己曾经奋斗过的世界中扭转历史的脉络、叱咤风云的故事。

　　命运在我眼前分开成两条互不相关笔直的线。

　　一条通向火焰中熊熊燃烧的宫殿与城池，王国倾覆，大地承载苦难。生灵在这火中忍受煎熬，永世暗无天日。

　　而另一条通向先古诸王之巅。神祇在云端亲自为我加冕。我戴上桂冠，沐浴山呼。我的目光看穿历史的迷雾，我的骑士为我开疆扩土。我的剑披荆而行，带领我的子民走向胜利。

　　我接过这权杖，将属于世界的权柄掌握在手中。我俯瞰芸芸众生，改变历史的进程。

　　我是布兰多，沃恩德之王。这是属于我的传奇。

引文节选

※第二幕　苏菲的世界※

　　这间屋子虽然老旧，但一尘不染。原来的主人将它打理得很干净。

　　苏菲抬起头，看到之前被自己推开倒在地上的半截骷髅架子。一堆白骨散了架，静静躺在那儿。布兰多临死之前的反击，造就了这些亡灵斥候的唯一战损。

苏菲知道骷髅士兵的确缺乏智慧，但背后有尸巫操纵的则大不一样。判断失误其实与年轻人并无关系，因为布兰多压根不知道这一切。在和平年代，知道这个的可不多。

那幅从中切开的油画平躺在地面上。骷髅士兵那柄寒气森森的长剑落在不远处。这让苏菲的目光微微后缩——玛达拉看来果断是打算在斥候一撤离，就立刻起攻击，连收拾战场都免了。

不过这倒也符合他对于历史的记忆。

嗯？

苏菲忽然微微挑了一下眉。他的目光停留在那幅被切开的油画上。他没有看错，画框被切开的平面上那里分明有一个夹层。

等等，祖传的油画？苏菲忽然记起来。莫非这就是那个著名的布契的油画？

他马上吃力地扶着扶手走过去，同时警惕地聆听着四周的动静。苏菲清楚，杀死布兰多的，应当是一只最低级的尸巫——虽说是最低级的，但对付普通人也绰绰有余了。

在"游戏"里低级尸巫能施展一些低级黑巫术，还能从附近地区的墓园中唤起骷髅和僵尸。它们生性狡诈、习惯偷袭，对于不了解它们的人来说，是一个巨大的威胁。

不过苏菲不同。因为恐怕他比对方本身还要了解对方。

他埋下身子，双手扯开那幅油画的架子。叮的一声，一个戒指从里面滚了出来。这一刻他忍不住轻轻吸了一口气。这个戒指的造型他实在太熟悉了。银子打造的戒指在黑暗中微微发光。除了一般环形的外表外，它在中央表面上有一个风后圣纹。

这样的花纹在埃鲁因南方可不常见。

这是北方圣奥尔索的国徽。

苏菲小心翼翼地用大拇指擦了擦这个戒指。这就是那个著名的风后之环，"布契的油画"任务的奖励。可后来这个任务在下一个版本中消失了。最终知道并完成了这个任务的人，也寥寥无几。

苏菲并不是其中之一。他只是听说过这个故事而已。传说这个戒指是四圣者之一的迪鲁特的信物的赝品。可布兰多的祖父怎么会有这东西？

风后之环在游戏中的效果是"灵巧+1"，并消耗能量，发出风弹，攻击前方的敌人。在游戏里是十分钟吸收一点能量，只是不知道在这里是不是也一样。

他看着这个戒指，一时间心中不禁怦怦直跳，连周遭的危险都忘记了。这个戒指的出现从侧面印证了他的猜测：这个世界正是他所熟悉的那一个。

苏菲忍不住长吐了一口气。他此刻的心情有些患得患失。不过犹豫了一下，他还是慢慢把戒指套在食指上——魔法戒指只有戴在食指与拇指上，才会产生作用。在沃恩泽，食指与拇指之间的区域被塔兰的女巫们称为"神秘之域"。她们认为这里是人体魔力汇聚的中心。而大多数法术手势也是以这里作为出发点演变形成的。

但对于苏菲来说，这只是游戏规则约束下的下意识行为，仅此而已。

"咣当！"

他正在等这枚戒指实际产生效果，然而这时一楼方向传来一声巨响，却猛然使他回过头。

苏菲心中一惊，马上警觉起来。这可能是亡灵弄出的声音——但纵使不是，也会吸引来外面的敌人。他顾不得其他，立刻丢掉手中的油画，并下意识地向后退贴上墙壁，然后小心翼翼地盯着下面的大厅。

他马上看到了一个鬼鬼祟祟的身影。

那是一个穿着条朴素的皮革长裙的少女，从下面小心翼翼地摸了出来。她左看看右看看，一副小紧张的样子——可就是没注意过自己头顶上。少女双手紧抓着一柄石工用的锤子——看起来有些吃力。不过看她的样子，像是在找什么东西。

苏菲忍不住叹了口气。

他咳嗽了一声，声音不大，但在这个空旷的屋子里却显得异常响亮。

那个女孩明显吓了一跳。她猛然回过头，小脸煞白。但平心而论，这个少女也算得上是一个美人儿了：栗子色的长发在脑后盘起；似端庄，但平坦如玉的额头下一双细长的眼睛，又总让人感到妩媚；眉尖微微上挑，眼神既清澈而又慌张；一只鼻子又挺又直，一看就知道是一个个性极为独立的人。

她有一种独特的气质，但绝对称不上淑女。至少你看过一个双手紧抓着石工锤子，皮裙上挂着一个类似于南方地区那些商人的牛皮包包一样的女孩子，你也很难认为这是一个出身极好的千金小姐。

少女猛地看到苏菲，反而一下子放松下来。她长出一口气，忍不住拍拍自己的胸口，脸上露出一个姣好的笑容来："是你啊，布兰多，吓我一跳呢。"

"罗曼小姐，你怎么进来的？"苏菲看到这个少女，忍不住头痛。

这就是那个布兰多一直钦慕的女孩子。她和姑妈一起住在对面的屋子里，时常有一些稀奇古怪的梦想，比方说整天想着跑到外面的世界里去当一个行商。

这个想法在苏菲看来有些无厘头。在埃鲁因行商可不是一个多么受人尊敬的职业，民间甚至把他们中的一些人和骗子与小偷混为一谈。

在安森六世在位的一段时期内，这些人长年与外面的山贼勾结在一起，深受厌恶，甚至被称为"有两张嘴和三只手的人"。

两张嘴是因为能说会道，善于欺骗。三只手是因为手脚不干净，时常干一些小偷小摸的事情。可以说这些人是地方治安的极大威胁之一。苏菲在新手时代做过的任务，十个有八个都是关于他们的。

"我从你家厨房外的窗户爬进来的啊。对了，你家窗户真小啊！差点把我裙子扯破了。"少女一边抱怨，一边弯下腰去，整了整自己的裙角。

"没有人让你从那里进来吧！"秉承了布兰多的记忆，苏菲对这位小姐的性格已经有一定免疫力，不过还是忍不住心中腹诽了一句。

"我不是跟你问这个。"他忍不住摇摇头，"我是问你，大半夜的来这里干什么？"

"我担心你啊，布兰多。"罗曼一边回答一边四下看了看，明明是一副好奇得要死的样子，"你看到了吗，那个骷髅？"

她也看到了？苏菲却留意到这位小姐的目光落在了自己胸口。

"你受伤了？"未来的少女商人偏过头，眨眨眼睛。

"嗯……"

"我看看。"她提着裙子蹬蹬几步跑上楼梯来，一爪子按住年轻人挡住伤口的手，"手拿开啦。挡什么挡！会感染伤口的！"少女抱怨了一句，一面向苏菲的伤口看去。

她吸了一口气，抬起头："这么重的伤！"

苏菲感到少女冰凉地抓着自己的手，心头不禁微微跳快了一拍。虽然他明知道这是属于布兰多的感情，不过也没有刻意去阻止。

"没关系……"

"没关系你个头！"商人小姐白了他一眼。然后她去翻自己挂在皮裙上的牛皮包包，"你等等啊，我好像有绷带的样子……"

苏菲饶有兴趣地看着对方。

他知道，罗曼那个包包里的东西可都是她的宝贝。里面有一大多半，都是布兰多陪她一起买下来的稀奇古怪的小玩意。比如海边的贝壳、彩色的玻璃珠子、铜哨子、古代钱币等等。这些东西大都值不了几个钱，但在这一地区却不怎么常见。

这位未来的少女商人的最大爱好，就是在一堆旧货里淘这些宝贝。虽然两个年轻人都没有钱，可罗曼总能变着法买到一些她喜欢而又便宜的稀罕小东西。

他按住罗曼的手，摇摇头："进屋里去找吧。这里太危险了。"

"我才不怕那些骨头架子。"她抬起头看了他一眼，终于找出一个急救盒子，"你会包扎吗？我可不会。"

苏菲打开盒子取出绷带和止血棉，愣了一下。他原本一直想要找急救用品。因为潜意识里还是把这里当作是游戏的世界，游戏里绷带一打上去，就会自动止血、回血。可这一刻他才反应过来。现实里包扎可是一门专业的学问呀！总不能随便在伤口部位缠几圈吧？

"布兰多，要不我来试一下？"罗曼小姐一副跃跃欲试的样子。

"免了。"苏菲赶忙拒绝。命大也不是这么折腾的。

他忽然觉得死马当作活马医也不失为一个办法，反正游戏里怎么办这里就怎么办好了，挂了就怨老天爷吧。他撕开绷带一端咬在嘴里，然后解开衣服，把绷带从内侧一圈圈包扎在伤口附近。在游戏里打绷带他至少也是一个老手了，因此手法还算熟练，并且小心地避免了压得太紧。

但他忽然僵住了。

因为他看到一个淡绿色的数字"+1"，慢慢从自己伤口上浮现出来。

那刻苏菲脑子里像是挨了重磅炸弹一样嗡嗡作响，一时间不知自己下一步应该做什么。但马上他反应过来，仿佛是福至心灵一样，在心中狂念道："属性、属性，给我出来！"

他抱着一种半期待、又生怕愿望落空的心情等待着。等待了大约一秒钟之后，一组淡淡的数据依次在他手臂、大腿、关节、身体以及心脏部位浮现出来：

力量 1.0，灵巧 2.0，体质 0.9。

然后是另一组数据像幽灵一样漂浮在他视野中：

智力 1.1，意志 1.3，感知 1.0。

绝对力量 1.0，要素（未开化）。

这组数据之下，一行行文字、数值犹如一道瀑布直泻而下，构成一页恍若虚幻的面板：

布兰多，人类男性，等级 1（力量体系：物理、近战）。

xp：1（平民 1 级：——，民兵 1 级，0/3）。

生命（虚弱）：60%（包扎状态，每天恢复 1 点生命）。

就职：

平民【基础知识（1 级），地理知识（0 级），地方知识（1 级）】

民兵【军用剑术（1 级），格斗技巧（1 级），战术理论（0 级），军事组织（0 级）】

果然！果然！

苏菲忍不住想说：若一个普通人中了五百万是什么样的心态？大约就是他现在这个样子了吧？这是梦吗？绝不会。他知道在梦中一个人不会有那么清晰而严密的逻辑。很少有人会在梦中猜忌自己做梦。

可自己还在游戏中吗？

不对，游戏中的历史已经到达了第二纪十九年。

年轻人感到自己的脑袋乱糟糟的。奇思妙想好像一下子全涌了进来，又叫他有些头晕。但苏菲摇了摇头。他明白这一切都是真的！自己看过那么多穿越小说。穿越到游戏世界的人他也不是第一个，想必也不会是最后一个。

玛莎大人，你难道真的存在吗？

苏菲忍不住心中重重地向这个世界唯一的至高神祇祈祷。他呆呆地盯着这些投映在他视网膜上的虚拟数据，又忍不住自问：

这不就是你的世界吗，苏菲？你还想要什么呢？

是的，作为一个一百三十多级的资深战士，他还有什么可以要求的呢？经验，他有了。先知先觉的能力，他也有了。

若是这样还做不到把握自己的命运，那他真可以羞愧到一头撞死了。不过话说回来，信心满满的感觉真好啊，真的很好。

……

※第十三幕　布兰多的起点※

不去青村？

那不可能。布兰多知道一些东西，那会对他之后的计划有很大的影响。因此无论是为了储备食物还是验证那个设想，他都必须得去一趟那个可能已经被玛达拉占领的村庄。

因此他想了一下，好整以暇地反问道："我不去，你们知道该怎么开始？潜入与搜索可不是想当然的事情，需要周详的计划和事前的侦查。"

潜入和搜索，过去在游戏中是那些在阴影中投入了大量训练的人的强项，比如说夜莺与猎手这一类职业。作为一个战士，布兰多对他们的了解并不多。可毕竟也随这些人一起组过队、出过任务，单凭这样的记忆，他也能比这些民兵强多了。

芙雷娅摇摇头。她不是不明白，可布兰多的伤实在太重了："你可以告诉我们应当怎么做，剩下的请交给我们好了。"

对于芙雷娅的回绝，布兰多并不惊讶。他知道这个时候必须选择自己所擅长的说服方式。比如说一个资深战士的智慧："罗曼。"

"在！"

"给我你的剑。"他向一边摊开手。

"诺，布兰多。"罗曼双手捧剑，信心十足地递给他。

"谢谢。"

布兰多接过剑，吸了一口气，尽力把自己的状态调整到最佳。他处于40%生命以下的虚弱状态，腐尸毒让他不能灵活地运用另外20%的力量。也就是说，他可以动用的力量顶多只有0.6个能级。

大约等于一个十四岁的少年。

"时间不多，为了证明我有能力参与这个探险，我们不妨用一种古老而传统的方法来决定。"他拔出剑，"战士之间的交谈方式。"

我们的主人公环视四周，发现每个人都是一副疑似听错了的表情。玛莎在上，在布契这一期民兵中，芙雷娅可是当之无愧的剑术第一，纵使埃森也是她的手下败将。

这位老兄，你真的清楚你现在的状态有多糟糕么？他们心中不约而同地提出这样一个疑问。

"布兰多，你不要开玩笑。"芙雷娅有些生气地说。她对自己的剑术相当自信。若说布兰多在这个状态下战胜她——他以为自己是经历过十一月战争的老兵吗？

布兰多一言不发，只用长剑比了一个"请"的姿势。

马尾少女气得差点眼前一黑。她以为不知死活也应当有一个限度，不过看来事实并不如她所想。她咬碎了一口银牙，打定主意用现实给布兰多一个教训。

芙雷娅直起剑，想也不想就是一记竖斩。她的基本功非常出色，剑很稳，带起一道薄薄的刃风。

布兰多反剑格挡。剑上回应来的巨大力道，几乎要使他的手腕脱臼。不过他马上平过剑刃，贴着芙雷娅的刃锋一剑削了下去。年轻人的力道不大，可却让芙雷娅吓了一跳——因为她还没进入攻击范围，对方的剑就快要够着她的护手了。

虽然不甘心，可马尾的女队长也只有无功而返。

事实上她吃亏并不冤枉，布兰多这一招在战士的剑术中非常出名。它出自克鲁兹的战阵剑术，在游戏中叫作卡托反切。这是高级格斗剑术。虽然现在布兰多也只能依托这具身体原本的剑术底子，依样画葫芦施展出来而已。不过，用来对付芙雷娅这种半吊子剑手，已经完全足够了。

布兰多记得这一招，自己也是当年千里辗转，最后从一个雇佣兵身上学来的。代价是两桶玛达拉的骨酒。

现在看来这两桶骨酒还算值得。

芙雷娅后退。为了应对布兰多紧随而至的攻击，她双手握剑，咬牙将对方的剑往一侧平压下去。反应很快，可不够聪明。因为布兰多早已一步退开。等她反应过来，他手中的长剑已指向了她的胸口。

芙雷娅咬咬牙，反手用剑柄向外一磕，荡开布兰多的剑尖，然后一剑追击。但在布兰多看来，这一剑已经不成章法，纯粹是因为不服输才有此一举而已。他轻轻一磕，对方就因为失去重心而跌倒在地上。

尘土飞扬。

"看起来，我把你说服了。"布兰多收回剑，淡淡地答道。

芙雷娅抬起头，面上一片不可置信。

不仅仅是她，在场的布契民兵小队九人，除了罗曼依旧理所当然以外，没有一个人不是露出呆滞的目光。那还是民兵的剑术么？比起那些正规军团里的老兵也不遑所让吧？

"怎么会？"

"这并不奇怪。我是布拉格斯三十三期民兵中的剑术第一。"布兰多随口答道，"然后是你，小菲尼斯，让我们来解决你的问题。"

小菲尼斯一脸惶然，连忙摇头："我、我还是不去了，你们去吧。"

这小子。布兰多都忍不住摇了摇头。

……

与其他人约定好归队的时间和汇合的地点之后，布兰多与芙雷娅、埃森很快上路。时间紧迫，迫使他们争分夺秒。

而青村大约在澉湖东面，距离并不会太远。尤其是当他们三人一路深入，透过茂密的树冠还可以目睹向东方向的天空上，几道灰蒙蒙的烟柱颜色越来越深——天边渐渐发黑，看起来不是什么好兆头。

根据布兰多的记忆和建议，他们从村庄北边接近了玛达拉可能占领的区域。

而事实证明他的猜测是正确的，亡灵大军才刚刚从这里席卷而过，只留下一片焦土。

看着下面在余烬中火焰升腾、浓烟滚滚的村庄，纵使芙雷娅还怀着最后一线的希望也破灭了。玛达拉的大军看起来的确走到了他们前面。这样一来，他们要赶上抵达里登堡，也成了一个奢望。她忍不住看了布兰多一眼，心中想知道这个年轻人是怎么想的。

但布兰多却藏在一片灌木丛中，盯着树林外面一队队骷髅士兵经过，并仔细数着前面一片矮树林里的树。他数到第十二株，并记下那棵树的样子。

青村，矮树林里向南第十二株山毛榉。他记得很清楚，那下面应该埋着一把钥匙。在游戏中那是一个独立性任务，可以进入村子里一个墓室。

他记得那个任务应该是谁发掘出来的呢，好像是一个牧师吧？不过这并不重要了。因为他知道那是个圣堂骑士的墓。如果一切符合游戏中的发展，里面应该会有一些好东西。但他的目标是墓室中的那把剑——湛光之刺。

那可是一把注入了光明之力的宝剑。他现在这个等级，使用起来，就相当于一个小号的亡灵屠戮者。当然对于后面这个传说之中的神器，他也仅仅就是想象一下而已。

确认了这一点，布兰多才回过头，一边指指树林外面，一边对身边的两个人说道："看到了吗？"

"看到什么？"埃森和芙雷娅都是一愣。

"巡逻的骨头架子的数量，两次，四次。看起来现在村子里有玛达拉的两个分队。"我们的主人公老练地答道，"二十二到二十四具骷髅士兵，两个尸巫。"

"这么多！"埃森吓了一跳。

"还好，这不是重点。重点是它们控制了墓地和广场。留下的尸巫一定会在那里使用招魂术。它们会得到源源不断的兵力补充。这才是我们必须要小心的地方。"布兰多继续说道。

"这是在亵渎死者！"芙雷娅愤怒地握了握拳。

"的确，不过他们有这个权利。"他叹了口气，然后指着不远处那片林子里说道，"看到那边了么，那个牧场？你们可以借助那些围栏和灌木的阴影潜进去。那座牧场的谷仓底下应该有一个地窖。这并不难找到，也应该没有被烧塌——你们可以躲在那里，等到天色晚一些我们再出来行动。"

少女下意识地点点头，但忽然意识到不对："你怎么知道？"

"我在这里待过一段时间。"布兰多顺口答道。他并没有撒谎，只是不是在这个世界而已。

"然后呢，我们要干什么？"埃森问。

"在那里等我，等到晚上我会来找你们。那些怪物应该在专注于唤起骷髅，暂时不会来找你们的麻烦。如果真的引起了注意，你们要注意你们的呼吸和心跳——亡灵可以看到你们的生命力。"布兰多一点一点地叮嘱道。

"等等，你不和我们在一起吗？"芙雷娅敏锐地抓住这个细节。

"我有自己的事情。"

"你——"她正想开口，却看到那个年轻人拍了拍他的剑，意思是——不要忘了你已经被我说服了。可那怎么能算一回事？芙雷娅张口就想要反驳。不过一边的埃森却拉住了她，示意她小心下面玛达拉巡逻的骷髅士兵。

"你相信我吗？"布兰多小声问。

芙雷娅摇摇头，但犹豫了一下，又点点头。

"那就行了。就是现在，你们快去吧。放心，我会平平安安地回来的。"他认真地回答道。

芙雷娅看了他一眼，欲言又止，不过最终还是不甘心地被埃森拉走了。布兰多看着他们经过一片斑斓的树林，躲入下面的灌木丛中，然后又沿着一段围栏经过那片长长的草甸，最终顺利地潜入了牧场中。

他这才松了一口气。

布兰多回过头，看着下面那片矮树林。一种紧张顿时笼罩在他心头。这将是他第一次独自一个人在这个世界上冒险。或许看起来和以前没有什么两样，但在这里没有失败，只有死亡。

说起来他其实更愿意和芙雷娅他们一起行动，可是又要怎么解释那枚钥匙呢？总不能说是他以前过来埋下去的吧？这种拙劣的谎言估计连埃森都骗不过去，更不要说心细如发的芙雷娅。

权衡之下，他还是决定一个人行动。

"没有什么区别，老伙计。就当是砍了重练好了。"他揉了揉额头，忍不住在心中给自己打气道。

※第九十五幕　神圣盟约※

精灵女神沙耶的神祠中，尘封的祭坛在接近两个世纪之后，已再一次开启。

当布兰多看到一个个身形高挑的精灵，一脸冷漠，银色的长发束在脑后，头带翼状护面的银色尖顶盔、手持双头剑、身披纯白色的镀银连身锁甲战袍，"哗啦哗啦"地从整块黑曜石形成的祭坛上大步走下来时，心中震撼无以复加，只余下一个想法：重步兵！银精灵号称大陆最强的重步兵！

精灵禁卫军！

先后二十名银精灵禁卫军依次从祭坛上出现。他们无一例外都对布兰多点头示意，然后沿着祭坛两边整齐站好。最后，一个淡淡的影子出现在神祠的中央，就像是一只幽灵正在缓缓成形。"锵"，一片刀剑交鸣的声音，布兰多身后的佣兵们纷纷长剑出鞘。但布兰多却并不紧张。他大约猜到发生了什么事，微微低头颔首。

在众人紧张的目光下，那道模糊的人影逐渐变得清晰，从白茫茫一片的影子中逐渐生出五官，最后一个穿着银袍、银发银眸、连皮肤都是淡银色的成年精灵出现在众人面前。他抬起下巴，用淡漠的眼神看着所有人。他比布兰多这行人中每一个人都要高。即使是在银精灵之中，也算是身材魁梧之辈。

这个银精灵用威严的目光扫过在场的每一个人——面对有若实质的目光，纵使是虎雀也下意识地心虚低头。虽然仅仅是一道虚影，可每一个人都屏住呼吸，察觉出面前这个人的强大。他们想到的第一个可能，也是唯一一个可能就是——这是银精灵的先古诸王之一。

银精灵思索了一下，开口问道："你们是人类？"

包括布兰多在内，所有人都点了点头。

"他是谁？"安蒂缇娜忍不住小声在布兰多背后问道。

"好像是银精灵的先君，第一代银精灵王艾索坦。我在版画上见过他的样子。"布兰多信口开河道。银精灵十一代王的全息画像在论坛上都能找到，布兰多自然确认无疑。不过他话可不能这么说，否则神棍这个身份就当定了。

可他话音刚落，那个巨人一样的精灵就低下头，看着布兰多："你认识我？"

布兰多只得点头。不然他还能怎么做？银精灵的先古诸王全是经历过圣者之战的，来自混沌的年代那个可怕的大乱世。要知道在那个年代，大地上可是还行走着黄金的血脉，诸族都是白银之裔，实力强悍者层出不穷。像是梅蒂莎这种未成年就有金之一阶实力的，放在今天看有点不可思议，但在那个时候却是一抓一大把。

论坛上有人估算过那个时代一系列强者的等级，得出结论：四圣者的等级起码在一百八十级以上，当时的矮人、人类、精灵三族的领袖恐怕也不会低于一百五十级。至于开化要素是战士的基本要求，黄金上阶以下全是炮灰。总而言之，那是一个神话的时代。

当然，这些估计根据零星的资料收集得来，可能有一定误差。但布兰多想，即使有也不会相差太远。就像他面前这位艾索坦，仅仅是一个虚影站在这里，给他的威压就差点让他不能呼吸。要知道他的见识可是一百三十级战士的，和罗曼、安蒂缇娜这些小家伙可不能比。

银精灵王艾索坦的灵魂沉吟了一下，又开口说道："梅蒂莎那孩子的事，谢谢你们了。"

"不过另一方面来说，你们来这里，是有所求吧？"

布兰多再点头。心想：梅蒂莎不是说她同意了就行了吗？怎么又钻出来一个艾索坦，莫非那个小姑娘在骗人？可是梅蒂莎现在已经成了他的召唤牌了，好像要兴师问罪也找不到人吧？不过艾索坦停了一下，却继续说道："如此，那么你想要什么帮助？昔日的盟友。"

精灵王的声音很低沉，好像不太习惯现代的克鲁兹语，因此语速放得很慢。

不过他话里的意思所有人都听懂了，也是一愣。这么好说话？

但布兰多明白，问题恐怕没有这么简单。不过他还是开诚布公地答道："我要去对付森林中的蜥蜴人强盗，一方面也是为了实现梅蒂莎的愿望，希望得到你们的帮助。"

"这是生者之间的争斗。亡者怎能插手？"艾索坦问道。

老奸巨猾！布兰多在心中腹诽了一句，但还是答道："不，这和你们有关系。"

"什么关系？"

布兰多抬起头，第一次有胆量直视对方的眼睛："那些蜥蜴人，恐怕是和牧树人有联系。"

"牧树人？"艾索坦用低沉的语调问道。

"圣者之战结束后，黑暗之龙被永远地禁锢起来。敏尔人也被我们的祖先炎之王吉尔特驱赶到北方的冻原上。世人都说那之后再也没人见过它们，但其实他们一直都是存在的。"布兰多侃侃而谈，"他们分散了融入人类的世界中，自称为牧树人、白银天蛇，暗地里从事着颠覆文明的活动，为谋求黑暗之龙的重新降临而准备着。"

安蒂缇娜忽然"啊"了一声。她吃惊地看着布兰多。她当然知道敏尔人，可她没想到牧树人竟然是传说中的黑暗子民——她更没想到，布兰多竟然会知道这些。而且好像还早已知道。但这些不是很危险的事情么？如果布兰多知道的话，那么那些高层贵族也没理由不会知道。他们为什么一点都没有彻底驱逐这些组织的意思？

她当然不会认为布兰多是在说谎，敢于在精灵先君面前说谎的人估计还没生出来呢。但既然敏尔人还存在着，那么黑暗之龙呢？是不是真如布兰多所说，也正在迎来又一次的降临？

上一个黑暗的年代，是持续近七个世纪的圣者之战。那简直是地狱一般的乱世。她根本不敢想象世界会重新回到那样的混乱之中。何况对抗黑暗之龙的黄金血脉已经消失殆尽，白银一族也日益衰落。他们这些青铜和黑铁的子民，又要怎么再一次挽救这个世界？

贵族千金的脸色不由得有点发白。

而艾索坦听完布兰多的话，银色的眉毛也挑了挑。"那些黑暗的余孽还在四处活动吗？"他叹了一口气，"吉尔特太过心软。我在世时就警告过他。可惜这个年轻人似乎最后还是没有听进去我的话。不过也许正是这样，他才能被你们称之为王者吧……"

布兰多不语，罗曼、虎雀、安蒂缇娜与其他人却震惊得几乎说不出话。最后还是元素使姐妹中的妹妹结结巴巴地问道："艾……艾索坦大人，你说炎之王吉尔特心软？"

布兰多看了他们一眼，心知他们为什么这么惊讶。因为炎之王吉尔特在历史上以铁血与冷漠而著称。这位一手建立了人类文明的帝王，是圣者时代的最后一批圣者，也是四圣者之一。关于他的传闻，大多都有关于他是如何冷血建立了自己的王朝，又如何将敏尔人驱赶到严酷的北地。

但布兰多知道，真正为玩家所知的历史却并非这样，不过他也不便多说。

为避免话题被引向其他方面，他不得不打断这个问题说道："蜥蜴人在这里，实际上也是窥探王墓。从梅蒂莎的话来看，它们已经到过神祠附近不止一次了吧。陛下，你们世代长眠于此，想必不会对于周围的一切没有一点察觉。"

艾索坦终于点点头。他看了两个野精灵小姑娘一眼。虽然分辨出她们精灵的身份，可是当年银之血脉分散得太广，他也看不出这两个小姑娘是出自哪一系。

"所以说——"

布兰多答道。年轻人脸上很快露出一个自信的微笑。

艾索坦也第一次露出一个温和的微笑，不过这个笑容很快收敛了，重新变得冷漠起来："虽然黑暗的生灵几乎没可能突破玛莎大人的圣域，不过昔日神圣的誓约也依旧有效。在对抗黑暗的道路上，我们始终站在一起，人类盟友。"

"真挚地感谢。"布兰多将手放在胸前，鞠了一躬。他在游戏中已学会了如何和这些高级NPC打交道。

"那么我们应该怎么做？"安蒂缇娜这个时候，终于鼓起勇气插进一句话来。

她看了看布兰多，从对方眼中看到了鼓励。

"我的卫队，我将他们借给你们。"艾索坦答道，"他们生前曾是银精灵最英勇的勇士，死后亦发誓永远与黑暗为敌。他们跟你们走，去助你们扫清一切黑暗中的敌人。不过祭坛的力量已日益衰弱，它们不能离开这一地区，也不能投影太长时间。最后……"他停了一下。

"好好待梅蒂莎，她是个可怜的孩子。"这位精灵帝王小声说道。

安蒂缇娜、布兰多、罗曼三个人一起点头。

不过贵族千金很快回过头小声问布兰多："他这么相信我们？"她还以为起码有个考验什么的，可没想到艾索坦如此好说话。

"当然。"布兰多神色庄严，小声说道，"你不明白在他们生存的年代，人类与各族之间的盟约是在什么样的情况下签订的。那条被称之为神圣条文的约定，几乎不涉及任何利益，纯粹是为了生存而互相缔结的盟约。在那个时代，反抗黑暗之龙统治的各族，都是亲密如同兄弟，否则那场战争也就没有继续下去的必要了……"

"你是说圣者之战吗？"安蒂缇娜小声问。

布兰多点点头。

但他忽然心头一动，眉头一皱，马上向一个方向回过头。他马上看到了虎雀同样神色的眼睛。这位雇佣兵队长一言不发，只是在心中小声对他说道："卡牌呼应——"

※第二百九十二幕　真正变局的开始※

布兰多将第二与第三留在心里，最终没有说出口。有些话，并不适合在王党面前说出来。他从一开始就知道王党与格里菲因公主的路注定不同。转身离开时，王国在他身后已经化为一座摇摇欲坠的宫殿。他仿佛看到一片火海，醉生梦死的埃鲁因贵族早已摧毁这个古老的国家的基石——即使是这个王国最优秀的一群人——马卡罗、利伍兹、欧弗韦尔，他们的目光也为传统所局限，或者说畏惧改变。

历史何其相似。只要妥协就能获得胜利。王党在这一刻获得了他们翻身最好的机会；但对于那位公主殿下而言却不尽然。布兰多已经从她眼中看到了她想要的东西——可惜，那是埃鲁因陈旧的贵族们注定给不了她的东西。

然而对于布兰多来说，此刻只有毁灭，才能带来新生。他们给不了的东西，就由他来赋予。

有时候一句话就足够，而有些人注定不值得拯救。他与芙雷娅一起来到洛克什宫外，"苏！"芙雷娅愉快惊喜地叫出声来。麦黑色皮肤、头发编成一束束麻花辫的少女，微笑着站在宫殿之外，穿着商人家千金的服饰。"芙雷娅小姐，你长高了一些。"她温和地答道。

"苏，你将这封信交给纳加一族。"布兰多拿出一封信交给苏。苏点点头，默默地收下信。她是个沉默寡言、可靠的女孩子。布兰多一向对这个赤铜龙雷托的女儿异常放心。

"纳加？"芙雷娅回过头，惊讶地问，"布兰多，听说纳加一族是闪光之海的海盗。我还不知道你竟连他们也认识？"

布兰多忍不住一笑，逗她道："我认识的人可多了，不过一大半你都不知道。"

"哼，死贵族。"芙雷娅咬牙切齿地说道。

苏看着他们两个，忍不住摇了摇头。她收好信。这封信代表着谈判的破裂——作为一个酒保的女儿，她并不关心这个王国的未来会怎样。不过她不关心，不代表芙雷娅可以无动于衷。少女忽然抬起头："布兰多，你现在是怎么想的？"

"我已仁至义尽。接下来我打算返回托尼格尔，等待公主殿下与安列克联手挑起战争——"

他话还没说完，就看到芙雷娅狐疑地盯着自己。布兰多忍不住汗了一下，心想自己有那么不可信吗？"说真话，布兰多。"芙雷娅闭上眼睛，没好气地答道。这家伙就和罗曼一样爱说谎。她才不相信他会就这么放手。

他有能力达到他想要的一切目的。关键是，他的决心永远可以比其他人更坚定。芙雷娅深知这一点。布兰多在她心中早已是无所不能的代名词。更何况，潜意识里她也不希望公主殿下与安列克联盟。

作为出身平民又受过高等教育的她，从骨子里不信任埃鲁因腐朽不堪的旧贵族。

"杀人。"布兰多淡淡地答道。

芙雷娅微微一怔，抬起头看着布兰多。

布兰多没有说更多。王党给了他一个答复，接下来他就要给所有人一个答复。他不屑于与马卡罗、利伍兹这样的人解释太多，因为唯有刀剑才能解释一切。认识到王党执迷不悟无可挽回的同一刻，他就已经下定决心实行第二个计划。

早已决定好的计划。

武力介入安培瑟尔和谈，亲手挑起战争——

然后王国会陷入一场浩大的战争之中。火焰会烧尽一切，陈朽的化为灰烬，只有那些真正经得住考验的才能存留下来。布兰多曾经亲身参与这场战争。它有一个名字，叫作埃鲁因内战。

这个时候悠扬的钟声在这座港口上空响起。布兰多回过头。安培瑟尔会议已经开始了。历史上这场会议持续七天。贵族们喋喋不休地在会上争执，扯皮，寸土不让。然后他们用一个截然不同的结果，来为这场和谈画上了一个圆满的句号——战争。

贵族们就是这么可笑。

"布兰多！"

布兰多听到一个声音在喊自己。他还以为是奥塔莱丝——先前他还与这位像是他师长一样的风精灵女士讨论了一下埃鲁因的局势。不过布兰多回过头，却看到正站在洛克什别宫内的迪尔菲瑞。燕堡伯爵一身正装，身后立着女骑士尼娅，看样子是准备去参加会议。

不过现在她却停了下来，有些生气地瞪着布兰多："会议马上开始了，你还在干什么？"

布兰多一怔。既然他已决定挑起战争，那么参不参与这次会议其实都没什么意义。事实上今天他潜入会场，只是为了见格里菲因一面而已，对于这种贵族扯皮的会议实在没什么兴趣。何况不是和这位大小姐说好一进入会场就分开么，她这是什么意思？

布兰多忍不住有些不解地看着迪尔菲瑞。

伯爵小姐咬了咬牙："你是我的家臣。你不和我一起参加会议，难道想让我沦为笑柄么？"

芙雷娅在一旁狐疑地盯着布兰多，那眼神中的意思是："你不是说你是胁迫这位小姐带你进入会场的么？"布兰多当然注意到了这种"纯洁朴实"的眼神，不过他也是大感头痛，心说谁知道这位大小姐发什么疯？不过现在不是解释这个事情的时候。既然迪尔菲瑞已经那么说了，他还无动于衷的话，只会让有心人怀疑自己的身份——而他还需要在安培瑟尔留上几天，并且不打算这么早就将自己暴露在所有人面前。

想及此，布兰多不得不摇摇头走了过去。他没好气地看着迪尔菲瑞小姐，问道："大小姐，你发什么疯？难道不怕和我这个'邪教徒'扯上关系了？"

迪尔菲瑞白了他一眼，雪白的脸蛋上渗出一丝红晕："你给我找了那么大麻烦，我让你陪我一起去参加会议，难道你也要拒绝么？认真说来，你还欠我一个人情。你应该没有权利拒绝我的要求。对么？"

"你不会是怯场吧？"布兰多看到迪尔菲瑞害羞的样子，忽然古怪地问道。

"那又怎样？"伯爵小姐轻轻哼了一声，"你好歹是个剑圣。有你在我身边，我会感到安心一些。"

布兰多叹了口气，忽然觉得参与这次会议或许也不错。安列克与圣殿对待王党的态度，与历史上有微妙的改变。他隐约有一种预感，这次会议上说不定会发生什么超出他原本掌控的事情。这种预感让他的心思安定下来。

安培瑟尔会议是埃鲁因历史上著名的事件之一。由于它发生的时间在游戏的早期，只有寥寥几个玩家见证了这一贵族们的盛会。布兰多不是见证者之一。他也从未想过自己竟有机会亲身参与这次历史事件。

会议在这样一间圆形大厅之中举行，巨大的环桌边上坐满了来自于整个王国的精英人物。大厅中没有光照，只有从拱顶垂下的一束自然的阳光。柔和的光芒中灰尘上下沉浮，与周围的黑暗形成鲜明的对比，以至于一时间甚至都看不清与会者的面容。

布兰多与迪尔菲瑞一起坐在南边下首的位置，而女骑士尼娅作为护卫则没有座位。他过了好一阵才适应了这里的光线，微微可以看清黑暗中一众贵族的嘴脸。在最北边与他相对的正是王党与公主。布兰多发现格里菲因公主竟然也在关注自己，心中微微一动。

而另一边，是神色冷漠的安列克大公及其随行人员。这头军旅出身的老狐狸城府极深。布兰多竟然从他刀削一般的面容上看不出丝毫有用的表情。而安列克大公的下首坐着巴尔塔侯爵。这家伙有些坐立不安紧张的样子。

目光再往下，是一个严肃的中年男人。这家伙一看就是那种一脸正气、宁折勿弯的人物。布兰多认出这个人来——雅尼拉苏伯爵，皇家舰队指挥官，同时也是旗舰弗龙塔号的舰长。他应该是少有的王室的死忠派，而且还不属于王党一系。他上午没到场，大概是因为被其他人拖住了的原因。

布兰多记住这位伯爵大人，继续向下看去。然后他看到了一脸络腮胡子的维托金伯爵。脸色灰白的灰山伯爵坐在他一侧。这两个人也是西法赫家族的死忠派。布兰多只看了他们一眼，就越过这两个人。然后他看到了一群身着青色武士服的骑士。他微微一怔，忍不住暗暗叫了一声。

这些骑士不是别人，正是高地骑士。

事实上真正让布兰多暗叫的是当他向这些骑士看过去的同时，这些骑士中那个明显领头的中年人竟然也回过头来，仿佛一眼就发现了他，还向他微微一笑。布兰多顿时叫了一声。他伪装成高地骑士的事情，可以说可以瞒天过海，可偏偏瞒不了这些本地人。布兰多顿时脑子里面飞速地转动起来，猜测那家伙对他笑了一笑究竟是什么意思。

实际上高地骑士很少离开卡拉苏行省，卡拉苏大公本人也不爱过问王国的政事。就从这次盛会他压根都没打算亲自参加，就草草遣送来一帮骑士来当使节团就可以看出一斑了。不过布兰多大骂的是，这家伙派谁不好，竟然派了一堆高地骑士过来。卡拉苏行省负责外交的，不是一般都是巫师派的人么？

他有些心虚地移开视线，然后看到了另一边维埃罗大公的使节团。现任维埃罗大公的脾气和卡拉苏大公如出一辙。这家伙与让德内尔伯爵是世仇，因为布兰多的缘故，正和这位伯爵大人在边境上打得火热，根本就不打算理什么炎之圣殿还是王国名义上的掌权者——连使节团都是随便派了点歪瓜裂枣的家伙过来，让人哭笑不得。

当然，因为同样的原因，让德内尔伯爵也没有到场。因此可以说因为布兰多的缘故，历史上本该到场的两个大人物都缺席了。这次所谓的安培瑟尔会议顿时有点不伦不类起来。看到这一幕，布兰多也忍不住有点自豪。

虽然还不知道炎之圣殿那边是怎么回事，但无论怎么说他也算改变了历史，不是么？

戈兰·埃尔森公爵倒是如期而至。不过布兰多很清楚这家伙就是来打酱油的。要不是他忽然想起自己手上还有一件从人家那里偷来的赃物还要准备出手，布兰多估计都要把这家伙给淡忘了。

西法赫大公也是亲自到场，然后是留科亲王，王长子似乎没有来。布兰多眯了眯眼睛。理论上来说西法赫家族到了，科尔科瓦家族应该让目前的王长子代表，而王长子不来，等于说将这个位置默认留给了格里菲因。布兰多不知道西法赫家族为什么会犯这种错误。莫非是因为上午那件事之后，太信不过圣殿的信誉了？

那刺杀不就是你们这些家伙一手策划的么？装什么纯啊！布兰多忍不住有些鄙视地想到。

而正是这个时候，最后三位与会者终于到场。

布兰多首先认出的是安培瑟尔的执政官。不过他并不是很在意这个人。这人明显就是来做和事老的。他更在意的是圣殿的代表。他抬起头，首先走出的是主持会议的主教，这人无足轻重。而这位主教身后走出的炎之圣殿的代表，却让布兰多一下睁开了眼睛。

这次来对了！

布兰多心中猛地一跳，从黑暗中走出的炎之圣殿的代表——即是安德浮勒大圣殿目前的主人，安培瑟尔地区的大主祭。但那并不是伍德，而是一个眼眶深陷、有着鹰钩鼻子、一脸冷酷的男人。布兰多一眼就认出了这个家伙，大主祭默罗斯，圣殿激进派人物的代表，也是本来应该在两个月后继任伍德大主祭位置的圣殿高阶神官。

怎么可能！布兰多一时间脑袋竟有些转不过弯来。默罗斯怎么会这么早就抵达了安培瑟尔？但他忽然反应过来。难怪，难怪圣殿的态度会忽然发生了一百八十度的改变。既然默罗斯已经入主安德浮勒大圣殿，那么也就意味着克鲁兹人准备插手埃鲁因的政务了。

伍德那边肯定遇到麻烦了。布兰多立刻想到这一点。不过现在不是考虑主祭大人的麻烦的时候，现在的问题是，为什么默罗斯会提前出现在这里？历史上主持安培瑟尔会议的，明明应该是伍德主祭才是。

布兰多忽然觉得自己所熟知的历史裂开了一条大口，其中有什么东西隐隐已经永久发生了改变。

阅读评价

《琥珀之剑》是一部游戏异界类网络小说，首发于起点中文网，作者是老牌网络小说作者绯炎。本书主角苏菲·布兰多原本是一名游戏玩家，带着资深战士的记忆重生、穿越到自己曾经奋斗过的游戏世界后，走上那条充满遗憾的道路，去挖掘虚幻与真实交织的世界背后的故事。

本书很难界定具体分类，或者可以说它本身就是"琥珀流"小说的创始者。文中既有着异世界重生和史诗奇幻的要素，又有一些类似于游戏文学的特征。它在故事上也不同于常见的同类型网文，反倒有着较为纯正的西式奇幻风格。既有场面宏大的大军团对抗，也有西幻典型的小团队潜入，间或穿插极具东方风格的一骑当千。不少篇章场景极为热血，波澜壮阔却又细腻入微，极具可读性。

网络文学经过十几年的发展，已经成为了当代文学中不可忽视的组成部分，也摆脱了早期分散、随意、无渠道、内容质量分化严重且鱼龙混杂的状况，开始逐步正规化、产业化，甚至发展到能与传统文学分庭抗礼的地步。在这个转变过程中，网络文学与传统文学的共同点也开始显现。其中，作为文学创作与传播中的重要组成部分，作者也开始能够吸引固定读者群体、彰显独特文风，乃至于产生了相应的粉丝经济，例如玄幻风格的唐三、历史类大神月关、足球运动的林海听涛等。

本书作者绯炎出道极早，早在 2000 年前后就已经开始了零散的网络文学创作。不过一直到 2005 年的《迦南之心》，他才真正确立自己的风格。在网络文学还稍显稚嫩的时期，他展现了一个完全不同于我们之前阅读体验的游戏小说。正如绯炎自己所说的：我写的不是"游戏般的史诗"，而是"史诗般的游戏"。他也因此获得了广大奇幻爱好者们的赞誉，是这一分领域不折不扣的"大神"。

而《琥珀之剑》一书，应该算是绯炎写作历程中的另一里程碑。如果说《迦南之心》就像是在玩 PS4，那么《琥珀之剑》就像是在玩一部结合了虚拟现实技术（VR）的超级游戏。即使去掉那个努力刷存在却一直没有存在感的面板和数据，这依然是一个动人心魄的故事。不如说，能够如此巧妙地将数据和情节相结合，做到不仅不突兀，还能够帮助读者理解和推进故事发展，体现了作者相当巧妙的写作水平。

第一好看点：迅速吸引住读者的黄金三章

由于网络文学界长期以来的盈利模式与残酷竞争，如何先发制人地吸引读者和编辑，就变成了一门重要的学问；甚至封面、简介、作者笔名，都成为了一大吸引要素，形成了专门的产业。而"黄金三章"的说法也正是在这种背景下产生的。

《琥珀之剑》的开头，并不是当时网文界流行的"平铺直叙"的直线型小说模式，而是直接以主角"我"，也就是后来的游戏人物布兰多的感受写起。这个模式不但自然地为主角布兰多开了"全知之星"的外挂，而且利用游戏重生的架构，在故事的一开始，就把一个波澜壮阔的设定展现给了读者。

绯炎在创作本书之前已经从事写作 5 年以上，有多部作品面世，形成了一个不小的粉丝群体。当他们看到在当时还算新颖的"游戏内重生"桥段时，获得的震撼感自然是不言而喻。

最重要的是，虽然此时的主角布兰多还是一个连骷髅兵也打不赢的废柴，但是读者通过开篇的讲述，便能知道我们的主角布兰多终将成王！如此激动人心、波澜壮阔的图景，即使没有作者的描绘，我们也可以想象得出其中的种种坎坷与辉煌，而对作者的故事抱有更大的期望。

第二好看点：宏大的世界背景设定

小说的世界观和背景是决定一本小说好坏与发展潜力的重要指标。对长篇连载的小说而言，一个扩展度极高、能够包容故事发展的背景极为重要。几乎所有出名的奇幻小说，都有着宏大的世界观。诸如《魔戒》里的中土世界、《龙与地下城》中无穷无尽的位面。就连儿童奇幻小说《纳尼亚传奇》的衣柜里，也有一个广阔的世界。

《琥珀之剑》也是如此。虽然本书因为各种各样的原因并没有展开，但其显露的冰山一角也已经让人心驰神往。纵横万界的旅法师、来自宇宙的黄昏眷族、世界边界上沉浮的巨鲸、毁灭了数次的世界过往、密布于空中的超古代卫星、构成方式似曾相识的神祇……这些绮丽、诡异的设定与存在，让人不由得好奇，并随着书中主角的脚步，踏上沃恩德的土地。

第三好看点：天马行空的想象力

作为一本奇幻风格的小说，书中包含数不胜数的神奇生物和壮美奇观。第一个高潮就是对战巨大的黄金树人，而后是矗立巨大石雕的峡谷、浮游于空中的城池、矿井下的巨大竞技场和成为废墟的巨大巴别塔要塞。作者以寥寥几百字中勾勒出一个个鲜活的形象，让文字有了不输绘画的冲击力。

其次是对场景的把控与天马行空的想象。想象力是艺术创作的源泉，而奇幻小说对于想象力的要求则更为苛刻。本书就是想象力超群的典范。作者构架的沃恩德是一个神奇的世界，一个既现实又奇幻的国度，甚至是虚幻和现实互相侵蚀的世界。其中梦境森林和女巫世界两个篇章完全体现那种虚幻和现实无法区分的奇妙，而丰富的故事和繁多的人物完全可以独立成书。作者想象力由此可见一斑。

第四好看点：独具匠心的人物角色塑造

主角这个重生外挂男暂且不论，以圣女贞德作为模板的女武神芙雷娅在当时也是少见，半精灵公主的矛盾和坚持分外惹人怜惜。而小王子的伪娘属性居然不是独一无二，古灵精怪的小商人罗曼华丽变身，只有傲没有娇的金发双马尾巨龙萝莉意外地有点萌，戒指中的成熟御姐圣奥索尔强势中带着迷糊的形象分外鲜明。即使是出现次数不多的矮人铁匠、剑圣大叔等，都让人印象深刻，可见其人物塑造之成功。

第五好看点：极为优秀的节奏掌控力

网络小说是一个极为讲究节奏感的文学形式。因为其独特的连载方式和盈利方法，作者不仅需要考虑如何写好故事，更要考虑如何留住读者。因此，成功的网文往往都是高潮紧密、段落明晰的网文。这是由读者的阅读方式所决定的。

本书就是这样的典型。我们可以很清楚地将本书的内容划分为一个个段落明晰的小篇章。一般为 5~10 章为一个小篇章，然后数个小篇章组成一个大篇章。作为一本游戏类网文，这种"下副本"式的写作手法极为贴合本书的目标受众，也吸引了不少新的读者。这也是本书虽然三天两头断更，但是依然能够，甚至是在断更期登上推荐榜的重要原因。

第六好看点：结合了二次元要素的卡牌系统

本书设定中的一大构成要件——奇妙的"旅法师系统"就是源于"万智牌"，一个在 1993 年由美国数学教授理查·加菲设计，并经由威世智（Wizards Of The Coast）公司发行的世界上第一款集换式卡牌游戏（TCG）。

在万智牌游戏中，你的身份是称为鹏洛客（Planeswalker，即旅法师）的强大法师，为求取荣誉、知识与冒险而与其他鹏洛客过招。你可以通过收集的卡牌来施展咒语，改变地形，召唤生物，创造奇迹。每个人的经历都会形成一个属于自己的独一无二的牌组。

如今在二次元世界里，类似的卡牌游戏非常流行，比如世界著名游戏公司暴雪娱乐（Blizzard Entertainment）旗下的《炉石传说》。但是，在小说中将卡牌系统与战斗，尤其是宏大场面的战争结合得如此成功的，《琥珀之剑》堪称首创者。

以本书中《荣光》一节来说，就是极为经典的卡牌战斗、个人决斗与两军对垒三者的融合。其中有卡牌组合的运用描写，有冷兵器士兵与火器对撞，更包含智慧与力量的剑士对决。三者之间既互相独立，又彼此相关，组成了一个互相影响的整体。最后以一个百章之前的伏笔解决战斗，出乎意料，却又合情合理。整个段落读下来一气呵成，极具压迫感，让人叹为观止。

　　众人只见布兰多一个人负手而立。半空中忽然交织出一片灿烂的死亡之网。两三头飞龙骑士根本猝不及防直接一头撞了上去，在半空中化为一片燃烧的灰烬。剩下的飞龙骑兵显然吓坏了，赶忙拔高。但即使如此，还是有两头被金红色如同钢雨一样的光柱削掉了翅膀与尾巴，从半空坠落而下。

　　布兰多命令风精蜘蛛进一步抬高射界，然后又启动了二三十柄圣剑。这一次攻击经过上一次预判的修正之后更为精准，几乎像是一柄金红色的长剑直捅入飞龙骑兵的阵型。六七头飞龙骑兵连反应都没做出来，就直接被化为一束飞灰。

　　这下黑刃军团的飞龙骑兵真是神魂俱丧，说什么也不敢再靠近了。十几头飞龙在半空中划过一个圈掉头就跑。不过布兰多可没打算放过他们，又命令风精蜘蛛在后面衔尾追杀，一直追到对方仅有三四个人，才算是远远逃出了它们的攻击半径。

　　跳梁小丑，布兰多忍不住摇头。说实在话，就算是没有"圣剑"，他也不会怕这些苍蝇。埃鲁因的飞龙骑兵在沃恩德的空军单位中一直算是轻型空骑兵，轻型空军一般用来当作侦查单位。而就算是侦查飞龙骑兵还有诸多限制。他们的对地能力也极为堪忧，又缺乏在树冠层内飞行的能力，说实在话可算是沃恩德世界最垃圾的空军之一，是仅次于地精的"劣妖"。

　　也不知道对方何来的胆量发起进攻，莫非真以为下面都是些贵族私兵，也不想想是谁才刚刚打败了白狮军团。

网络文学具有不同于传统文学的独特特点，即在一定数量的文字内传达一定量的信息，并且具有极高的时限要求，受外界反馈影响大。而宏大的世界需要大量的铺垫和描写，与网文更新的现实有一定程度的断层，很难掌控两者间的平衡性。所以本书在长期的连载过程中，也有许多不足之处。

作者野心过大，在小说前半部分做了很多铺垫。从不少细节中我们都可以看出本书有着完整的大纲和设计。但是，其中涉及的内容实在太多，四大圣国、存活至今的贤者、过去的诸神、子鱼的种族、世界之外的黄昏……随着故事在后期集中引爆，终于不负众望地将本书"爆破"。太多的支线、太多的疑问无法解决，只能用亚历山大大帝式的手法快刀斩乱麻，造成了小说最后的烂尾，让人颇为遗憾。

在游戏类别的小说中，《琥珀之剑》绝对是其中的佼佼者。它有着宏大的世界观、丰富多彩的故事、鲜明特色的人物和繁复的职业与力量体系。虽然也有种种不足之处，但依然带给我们少有的热血沸腾与身临其境的感受。而不断进步的绯炎，未来是让人充满期待的。

本篇执笔：荧惑之蛇/中国青年智库论坛网生评论家

第八章　猫腻《将夜》：

"论语世纪" 生活哲学小说

朝小树在春风亭和老笔斋，说了两句"面很香"。只用一碗汤面，就解构了充满杀气的争斗性，将焦点落在了完全生活化的语言当中。猫腻的生活哲学既可以很宏大，去贯通古今中华；也可以很个体，聚焦到小人物的爱恨情仇上。但他的生活哲学统一的地方，就是消解争斗和对个体的肯定。

作者简介

猫腻，湖北省宜昌市人。曾用笔名"北洋鼠"。2003 年以其处女作《映秀十年事》，开始创作生涯。作品风格独特，既有雄浑大气的世界观架构，也不乏细腻入微的人文关怀。2015 年，作品《将夜》获得首届网络文学双年奖金奖。2018年，作品《间客》名列"中国网络文学 20 年 20 部作品"榜首。

代表作品

《朱雀记》：已完结，已出版；

《庆余年》：已完结，已出版，已改编为同名电视剧；

《间客》：已完结，已出版；

《将夜》：已出版，已改编为同名电视剧；

《择天记》：已完结，已出版，已改编为同名电视剧；

《大道朝天》：连载中。

内容梗概

这是一部发生在修真玄幻世界里的草根崛起史，也是一个可歌可泣的少年传奇。主角大唐边军宁缺，带着小侍女桑桑来到帝都，调查十三年前的一场灭门奇冤。

经一番努力，考入至高学府书院，步入世间强者行列。历尽艰辛之后，宁缺终于杀死夏侯，报了大仇。但随后又与桑桑，卷入了昊天倾覆人间的劫难。

引文节选

※第五十四章　雨夜里，传奇重现※

这些年来，整座长安城都是鱼龙帮的天下。所有人都知道，鱼龙帮上层有一批能征善战、浑然不似普通黑道人物的狠厉角色：常三冷，齐四狠，刘五横，费六凶，陈七阴。除了从江湖最底层爬起、以狠毒立位的齐四，其余那些角色随意放在西城，或是南城，都绝对能轻松打出一片江湖。

很多人以为他们会不甘心现在的位置，以为他们会离开鱼龙帮自觅天地，会找机会出头，甚至背叛上位。然而这么多年过去了，这五个男人依然紧紧跟随着他们的大哥，一步都未曾离开过——因为他们的大哥是春风亭老朝。

长安城内很少有人见过春风亭老朝出手。更准确地说，早年前那些见过春风亭老朝出手的老人，早都已经死了。但没有任何人敢轻视他，更没有人会认为，他是一个只会侈谈兄弟情义，却毫无雷霆手段的纸老虎。因为谁都明白，能把常三等人镇得死死的人物，腰间的佩剑不可能仅仅是书生的佩饰。

春风亭老朝这个名字，是飘浮在他所有敌人头顶的一片阴影。他们想看见，此人腰间佩剑出鞘后，会带来怎样的风雨，却没有人敢去试。因为他们知道，一旦此人腰间佩剑出鞘，长安的黑夜必将迎来一番血雨腥风。

感觉到己方所有人都被朝小树握剑的那个动作震慑住，南城蒙老爷瞪着大眼睛，声色俱厉地嘶吼道："他只有一个人，又不是神仙！都给我上！"

黑道里永远不缺少被热血冲昏头脑的莽汉子，寻觅杀死江湖传奇一举成名机会的隐忍者，被身周同伴数量鼓起悍勇气息的从众之人。随着南城蒙老爷这声厉喝，数百名长安帮派众举起手中钢刀，大喊着从四面八方冲了过来！

"我只是想要回家。"

朝小树看着冲上来的敌人们，说了这样一句话。然后呛啷一声，惊破雨中的破亭旧巷。腰间的佩剑如蛟龙出鞘，外象缓慢，实则迅捷，刺向冲在最前面的那个人。

宁缺看着朝小树的后背，右手已经握住刀柄，却没有拔出那把最近磨得极锋利的朴刀。因为他想看看，这位长安黑夜传奇的真实实力。同时他觉得，小树君先前说的那句话过于装逼，有些担心自己拔出刀来，会被一道闪电误劈至死。

朝小树的剑样式很普通，普通长，普通宽，开锋处也无甚特别。只是在雨珠被高速移动的剑身拍散的那一瞬，隐约能够看到剑上有很多细纹。那些细纹并不是某种符文，而更像是数道缝隙被水银补满。

过于牛逼的人说句实话，就会被人误以为是装逼。宁缺盯着那把剑，看着那把普通的剑在最后那一刻改刺为拍，准确而轻松地拍到那名汉子的胸膛上。终于明白，春风亭老朝那句话并不是装逼，而是这个人确实很牛逼。

平直的剑身在空中被某股力量强行拗成弯状。与它的速度相比，自夜空降下的雨珠缓慢得令人发指。而就在剑身拍打在那名汉子胸膛上时，那股力量骤然自剑身递出，啪的一声，直接将那片胸膛击得深陷下去！

一声如击重革的沉闷巨响！

一声戛然而止的惨嚎！

那名悍勇地冲在最前的南城帮众，连朝小树的脸都没有来得及看清楚，便被直接拍成了一只风筝。极为凄惨地破空而飞，飞过了破旧的春风亭，落到了十几丈外！

正自喧嚣喊杀的数百帮众骤然一静。他们的目光，下意识地随着那名同伴，在雨夜空中画了一道极长的弧线。然后迅速被恐惧占据身体，挥刀的手变得寒冷起来。

　　他们曾经想象过，春风亭老朝腰间佩剑出鞘之时，可能会刮起一阵腥风，或许会落下一场血雨。但从来没有想象过，一把单薄的青钢剑，竟能把沉重的一个人击飞如此之远。薄剑一挥间蕴藏着的恐怖力量，竟像是天神手中的大锤，一动天地四方动！

　　不，那把剑不是天神手中的铁锤，更像仙使手中的一条钢鞭！

　　冲到朝小树身周的那些江湖汉子，被这雷霆一击震骇得僵立原地。朝小树却没有停止在雨中向前的脚步。他潇洒执剑而行，每一步踏出，便手腕微提，青衫微振，挥出一剑。挥舞之时，平薄剑身嗡嗡作鸣，极尽弯曲弹放之态，像条钢鞭般呼啸挥舞，裹着雨珠凉风，啪啪击出。每一剑出，便有一道人影飞起！

　　剑身及胸，有人被横飞撞到巷墙，吐血滑落；剑身及腿，有人翻着跟头划破夜空，骨拍喷血堕地。剑挥破雨，沉闷嗡鸣。人影不停横飞而出。惨嚎恐惧之声，响彻先前还是死寂一片的春风亭。

　　一路前行的朝小树挥剑动作轻松随意，甚至可以用毫不在意来形容，就像是在夏日里驱赶夜蚊子。脸上的表情没有丝毫变化，平静如常。亦步亦趋地跟在他身后的宁缺，却再也无法保持平静，在夜雨中无比明亮的眸子里，闪过一抹震惊之色。

　　用轻薄的剑身击飞敌人，而不是选择更简单更省力地刺死敌人。朝小树的出手在前一刻让他有些不解。此刻才明白，只有用这种方式，朝小树才能保持身周始终有一片空地，避免被对方一围而上。

　　但这样霸蛮甚至嚣张的战斗方式，显然很消耗体力与精神。朝小树如果不是想用这种方式，震慑住当场数百名凶悍的汉子，那便是他有自信直接把所有敌人拍死！

　　宁缺看着朝小树的背影，看着这个在夜雨中嚣张前行的中年男子，看着在他剑下不时惨嚎飞起的汉子，看着那些在远处泥水里呻吟不起的人，抿唇想道：

　　"我知道你强，但我没有想到你这样强。"

　　躲在人群之中的那几位长安城大佬，此时早已心神俱裂。他们今天终于看到了春风亭老朝出剑，但他们宁肯这一辈子都没有看到过。平日里，他们在鱼龙帮的阴影下活得挺好，自以为双方差距不大，如果拼命去做，犹有一搏之力。直到此时此刻，在凄寒的春雨之中，这些人才无比凄寒地发现，事实原来如此残酷。

他们能够活着，只不过是因为鱼龙帮和那个中年男子，根本不屑多看自己一眼。

传奇就是传奇。无论江湖、青楼还是官场上，能够在人们记忆中成为传奇的人，必然有他们成为传奇的道理。而这绝对不会因为传奇多年未曾出现，就有所改变。

※第二百七十七章　这不是书上写的故事※

从很久以前，军方便开始调查宁缺和那几桩离奇命案之间的关联。虽然没有找到任何证据，但是他的身世传言，早已在长安城里流传开来。

所有人都相信，宁缺便是宣威将军林光远的儿子，当年灭门惨案的遗孤。在世间蛰伏多年，终于进入书院，一朝得势，便要展开血腥的复仇。甚至皇帝陛下和夏侯，以至书院后山很多师兄师姐，都相信这个传言。

所以此时，当皇城前的人们，听到宁缺轻声说出这句话后，不由被震撼得难以言语，完全无法相信。心想，你若不是林光远的遗孤，那你为什么要做这些事情？

夏侯看着黑伞下的宁缺，眉头微蹙，不知道在想些什么。

宁缺低头看着雪上那些如梅花般的血点，仿佛看到了十五年前，柴房里地面上的那些血点，脸上露出莫名的笑容。

风雪骤散骤拢，渐骤渐急。

宁缺抬起头来，看着众人，问了三个问题。

"为什么你们都以为我是将军的儿子？"

"我为什么一定要是将军的儿子？"

"为什么你们都希望我是将军的儿子？"

众人还处于极度的震惊之中，根本无法回答他的问题。

宁缺自嘲一笑，说道："很遗憾，我真的不是。"

"我的父亲不是宣威将军，不是校尉，不是属官，甚至也不是文员。他只是将军府的门房，而且是二门的门房。便是连门包，都拿不到多少。"

"我的母亲自然不是将军夫人。她只是一个出身低贱的婢女。虽然她喂过少爷奶，可以出入后宅，但她依然只是一个婢女。"

"陛下替将军翻案，我很欣慰。这是真实的感受。因为将军和将军夫人都是好人。他们死得很冤枉。只是我很遗憾于……没有听到我父母的名字。"

他看着皇城前的众人说道："这是很自然的事情。我的父母本来就是些不起眼的人。他们的名字也很不起眼。"

"我父亲是个孤儿，得将军赐姓为林。他叫林涛。"

"我母亲甚至没有名字。她是被人从河北郡卖到长安城的，从小到死，都被人叫李三娘。因为她隐约记得，自己在家里排行第三。"

血水顺着宁缺的手掌，继续向雪地上淌落。他脸上的神情很平静，叙说得也很平静。不是冷漠，是真正的平静。

然而，这种毫不激动的平静，却让看到宁缺面容的所有人，都感到了一股寒意，从脚底升起，然后僵冻了全身。

这种平静很可怕。

桑桑没有害怕，只是感受着他此时的感受，悲伤着他此时的悲伤，寒冷着他此时身心的寒冷。下意识里伸手握住他的手，想要给他一些温暖。

"我知道，书上都是这样写的。"

宁缺平静地说着："被夺走皇位的王子远走他乡，然后回国复仇；被奸臣陷害的大臣家逃出了一位少爷，多年之后考中状元，得到陛下恩宠，然后重新翻案。"

他望向人们，认真问道："可为什么每个复仇故事的主角，都必须是王子？难道门房和婢女生的儿子，就没资格复仇？"

面对这个平静却掷地有声的问题，皇城前的人们只能沉默。曾静想要说些什么，却张不开嘴。李青山轻轻叹息了一声。

"书上都是这样写的。人们都是这样想的。我知道，这不能怪任何人。任何自怨自艾的情绪都很白痴。但我依然很厌憎这种想法。"

"就像十几年前那样。"

宁缺看着夏侯说道："那一天，我带着少爷去街上玩，就像我经常做的那样。因为，他把我当成很好的朋友……说得有些多了。反正就是，管家想要替将军留血脉，顺带着也把我带进了街对面的通议大夫府。"

听到这句话，曾静大学士的神情微僵，想起当日还是小妾的夫人诞下一女、街对面血流成河的情形。

宁缺继续说道："你带着兵马杀进将军府时，我正和少爷还有管家，躲在通议大夫府的柴房里。"

夏侯面色沉郁地说道："我的下属最终还是追到了柴房，并且看到了两具死尸。我当时确认，林光远的公子已经死去。所以，我一直很疑惑于你的身份，现在不再疑惑。我开始好奇，你当时是怎么做的。"

宁缺看着周遭的风雪，似乎在回忆什么，微笑着说道："昊天之下，本来就没有什么新鲜事。还不就是那些老套的故事。"

"将军的儿子要活着。门房的儿子就必须死去。都是四岁多的小男孩儿，被砍得血肉模糊。换了衣服，谁能看出谁是谁？"

"管家以为，不需要警惕一个四岁的小男孩。所以，他当时怔怔地看着我，眼睛里流露出抱歉、同情、悲伤的情绪。在那一刻，我就知道他要做些什么。"

他摊开双手，微笑着说道："书上不都是这样写的吗？"

然后，他脸笑容渐渐敛去，看着夏侯，看着曾静，看着李青山，看着他所能看到的所有人，面无表情问道："但凭什么？"

"凭什么书上怎样写，我就要怎样做？"

"凭什么将军的儿子要活着，门房的儿子就要去死？"

"凭什么我要去死？"

风雪落宫门，众人俱沉默。

没有人能够回答这个问题，于是一片安静。只有宁缺的声音还在大雪里飘着，并且飘得越来越高，越来越冷。

"我只是一个门房的儿子。"

"但我要活着。"

"我要活下去。"

宁缺的声音平静而坚定，述说着自己当年的想法。就如同在讲述太阳必将每天升起、流水必往下流这些万世不变的真理。

他继续说道："所以，在管家试图骗我脱下衣服、自己去拿那把柴刀的时候，我抢先把柴刀拿到了手里，然后捅进了他的肚子。"

"捅了不只一刀。"

宁缺回忆着当年的事情，皱眉说道："好像是五刀。"

"因为力气不够大，捅得不够深，一时捅不死他，所以要多捅几刀。只是不知道为什么，管家没有叫。他只是惊恐地看着我，就像看着一个魔鬼。这些年，我一直在想，他是被吓到，说不出话，还是不想开声，惊动了柴房外的人。"

他沉默片刻后，继续说道："少爷……也就是将军的公子，并不知道当时发生了什么。只是看着一向最疼爱他的管家，躺在血泊里。他像发疯了似的，向我冲了过来，想要打我，想要咬我。"

他摇头说道："我当时也很慌乱，拿着柴刀乱舞，不知怎的，便划破了他的脖子。然后，他捂着脖子，向后倒退，便倒在了柴堆上。"

"少爷脖子里的血，从他的指缝里喷出来。我想替他捂住，却怎么捂都捂不住。直到最后，他流的血在我的手指里，凝成了浆子。"

宁缺抬起头来，看着雪中的众人，沉默了很长时间，摇了摇头，说道："不是误杀。"

"也许，我当时就是想杀了他。"

他看着夏侯，微笑着说道："因为只有他死了，像你和亲王殿下这样的人，才不会再理会我这个门房的儿子。"

世界笼罩在风雪中，笼罩在死一般的沉寂中。

雪花飘至宁缺的脸上，触着那抹微笑，似被冻得更加寒冷。

那是一抹看似温和，实际上寒冷到了极点的笑容。

人们看着宁缺脸上的笑容，震撼得难以言语，感到前所未有的寒冷。

他们仿佛看到了十几年前，通议大夫府柴房里的画面。

一个四岁的小男孩，双手握着生锈的柴刀，站在那两具尸首前，小脸上满是绝望和恐惧。身体不停颤抖，随时可能瘫倒在地。

但小男孩始终没有倒下。

现在，当年的小男孩正站在风雪中，站在巍峨的皇宫前，站在人们面前，讲述着那个久远的故事。

书上的故事往往都是那样写的。

他讲的这个故事，不在书上。

※第一百八十一章　请受千刀万剐※

"我一直不明白，为什么夫子会收你做关门弟子。虽然你连逢奇遇，很早便进了知命境，对于世间普通修行者来说，确实不凡。但莫要说李慢慢和君陌、林雾这三人，你连我儿皮皮都不如，有什么资格成为夫子在人间留下的最后痕迹？"

观主说道："直到你此时写出了这个字，我才明白，夫子终究就是夫子。除了与昊天为敌，他就没有做过错误的选择。"

此时，街上雪屑如牵线球，缓慢飘拂。时间依然行走得非常缓慢。宁缺听着识海里的声音，自然想起了如今依然在天上战斗的老师。

观主看着宁缺。起始时，他准备杀他。当他发现宁缺抽出那把刀时，他决定，一定要杀死他，至少不能让他抽出那把刀来。当宁缺抽出刀来，他生出了退意，却被长安里的无数把刀困住。而当朱雀附在铁刀之上，宁缺用这把刀，在青天之上开始书写那个大字时，他决定选择另外一条退路。

他和宁缺的境界差距实在是太大。即便宁缺能够写出那个字，也不见得是他的对手。真正让他决意不惜一切代价退走的原因，还是因为他看到的那些画面。

先前，他看到了一片深沉的黑夜。

"可惜，你这个字的笔画顺序错了，而且你来不及写完。那么，在我想要离开的时候，便没有人能够把我留下来。"

观主说道，然后神情肃穆地张开双臂，仿佛要迎接什么。

随着他的动作，雪街上时间的流逝速度恢复了正常。

观主的手指在寒风中微微颤动，左手被余帘用蝉翼斩落了三根手指。此时张开双臂抱天，便只有七指出现在天穹之下。

便是七道天启。

磅礴的力量与宁静的清光落在雪街上，落在观主的身上。更准确地说，是落在他的手指上，七道清澈的光线。

清光落指，陡然发生变化。落在观主右手拇指上的清光变成了红色。食指上的清光则变成了橙色。其余几根手指上的清光也同时变幻了颜色。

红橙黄绿青蓝紫。

七色的天光合在一起，便是彩虹。

长安城里出现了一道彩虹。

彩虹的一端在雪街之上，拔地而起，直通极高远的天空。然后画了一道浑圆的弧线，落在城外不知何处。

这道彩虹蕴藏着难以想象的威力。街面震动不安，青石板寸寸碎裂。站着的人们纷纷跌坐于地。残雪污水都被震成了粉末。

观主的身影从雪街上消失，御风而飞，顺着这道彩虹，来到天空里。

天空很大。宁缺用朱雀刀写出来的那个字，虽然也很大，却没有办法占据全部，给那道彩虹留下了足够多的空间。

他的刀还没有斩落，在青天上写的那个字还没有收笔。

他的刀承载着千万人的渴望。这种渴望极为沉重。

或许，正是因为这种沉重，所以有些慢。

而观主便要踏虹而去，去千里之外。

此乃大神通。

天空很大，真的很大。再了不起的禽鸟，也不可能飞越整片天空；再远的眼光，也不可能看到天空的尽头。

城里有无数道刀痕，有无数的符意。天地元气已然紊乱。观主想要离开比较困难，所以他来到了天空里，想来再也没有谁能够阻止他。

但天空也很小，真的很小。小到禽鸟有时候会发生互相撞击的惨剧；小到生活在天空下的人，有时候会觉得呼吸都难以畅快。

一只手出现在天空里，握住观主的脚。

那只手很干净，指甲剪得也很干净。没有血，没有泥垢。那只手很稳定，很坚定，就像弹琴时那样，没有丝毫颤抖。

大师兄的手。

在荒原上，桑桑被昊天神国召引，渐渐飘向天空。宁缺抱着她的腰，随她离开人间的时候，夫子站在地面，伸手握住了他的脚。

伸手相握，是因为不想你离开。

大师兄也不想观主离开。

他和观主在人间追逐七天七夜。眼看着便要到了最后，怎么能让你离开？

他是书院的大师兄。看似温和木讷，却拥有真正的智慧。

他有一颗不染尘埃的心。比宁缺，更清楚观主的真实境界，更明白观主的道心通明。知道宁缺写出那个字后，对方一定会不惜一切代价离开。

所以，他提前就做好了准备，吸了一口气。

其时枯叶不颤，只有腰间的衣带拂出残影。

那是进入无距的迹象。

当观主脚踏彩虹，飞上青天的时候，他便追了上去。

他从未距离青天如此近过，从未距离大地如此遥远。

以无距登青天，却不见得能够安然回到地面。

他拿自己的生命去追，一追再追。

提前做好准备的，不止大师兄一个人，还有余帘。

她站在皇宫的角楼里，看着青天上那个渐渐完成的字，深吸了一口气。

呼吸间，雪飘冰裂，无数寒冽的空气灌进了她的身体。

然后，这些空气，尽数从她的双唇间喷了出来。

高速摩擦的空气，发出令人心悸的尖啸声。

她双膝微屈，把身躯里所有的力量，都送到脚下。

轰隆声中，坚固的角楼垮塌，烟尘弥漫。

一道娇小的身影，像被投石机掷出的石头般，破烟尘而出，直上青天。

她来到了青天之上。

在辽阔的天穹背景下，她的身躯显得格外娇小。

她手中握着的血色弯刀，却还是那般夸张巨大。

血色弯刀向着那道彩虹砍了下去。

刀锋与彩虹相触，砍出如金似玉的碎屑。

血色弯刀虽然是魔宗圣物，但与精纯的天启清光相抗衡，依然疾速烧蚀。

一声清脆的破纸声。

血色弯刀变成了一根铁棍。

那道贯通长安城内外的彩虹桥，从中断裂，然后开始崩塌。

观主从青天上跌落。

大师兄依然握着观主的脚。

余帘也开始下坠。

如三颗陨石一般。

轰隆一声巨响。

三人落在了雪街之上。

残雪骤散，烟尘大作。

隐约可以看到，余帘把大师兄抱在怀里。如果不是如此，大师兄就算境界再高，从如此高的天空中摔落，只怕也会被活生生地震死。

然而，即便她是当代魔宗宗主，拥有难以想象的力量与身体强度，如此恐怖的撞击，加上要护着师兄，她依然是受了极重的伤。

鲜血从她的脚踝处流了出来，只怕已经骨折。

观主不愧是千年道门第一人。自青天坠落，竟仿佛什么事情都没有。他伸手便又是一道天启，一股磅礴的力量自天穹落下。

余帘玉手轻翻。两道透明的蝉翼，便出现在雪街之上。

天启的力量，轰击在蝉翼之上。

喀的一声脆响，余帘的手腕尽碎。

这是极难承受的痛楚。但她依然面无表情，继续保持着单掌托天的姿势。

大师兄已经不行了。

她必须要把这片天空托住。

在长安城里杀死观主，这是书院想做，而且必须做到的事情。在最早大师兄和她拟定的计划中，应该是由宁缺修复惊神阵，至少要把观主困在一个具体的位置。然后，由她和师兄进行燃烧生命的最强攻击。

然而，世事向来不如人料。

宁缺没能及时修复惊神阵。观主比书院想象的更加强大。

幸运的是，宁缺现在可以写出那个字。那么，大师兄和余帘要做的事情，便是把观主困住，然后把绝杀的机会留给宁缺。

一道彩虹落下。

观主直上青天。

然后跌落尘埃。

宁缺的刀，也终于到了。

这把铁刀很黝黑，朱雀图案殷红无比。

朱雀是知命巅峰全力一击的威力。

而此时，长安城里无数天地元气，经由阵眼杆进入宁缺的身体，再输送到铁刀之上。这一刀的威力，早已越过了五境！

雪街之上飓风骤起。

都是刀风。

街上所有的杂物，都被这阵刀风卷起，向着观主砍了过去。

街上的视线变得一片昏暗。

观主的身影骤然淡渺，竟就这样消失不见。

只能听到风声、撞击声。

无数锋利的刀锋破空声。

天地元气生出无数危险的湍流，有些地方甚至发生了大尺度的扭曲。

每一处扭曲，都像是一面镜子。

有的镜子里能够看见刀。

有的镜子里能够看见一道极淡的身影。

有的镜子里能够看到一袭青色道衣。

一片青衣碎布落到了街面上。

观主落在街上。

他浑身是血，不知被多少刀砍中。

鲜血淌流，无数刀口。

那些刀口有的深，有的浅，形状也不一样。

他身上有些地方的肉，几乎被割光了，露出森森的白骨，看上去极为凄惨。

宁缺的这一刀，贯通了所有的天地元气。

无论观主藏身于何处，都会被他砍出来。

当刀锋及体之时，观主动用了佛宗的无量境界，就如先前两次那样。

然而，这一次与前两次不同。

因为，宁缺的刀不只一把。

他向长安城里的每个人都借了一把刀。

长安城里的所有刀，都落在了观主的身上。

大海无量，刀数无算。

观主在这条街上杀了千万人。

所以，他在这条街上被千刀万剐。

他喊出一声极为尖厉的凄啸，痛苦万分。

※第三十四章　上帝死了，那么昊天呢？※

人间的局势异常紧张。在唐国的边境线上，在宋国的都城内，在幽暗的天坑底，到处都在对峙。战争一触即发。有些地方已经发生，有些地方则是根本就没有停止过。

世间的民众们，他们把最末的希望，寄托在唐国派出的使臣身上，希望他们能够与西陵神殿达成新的和议。

那两名使臣只是普通人，不懂修行，更不可能是什么知命境的强者。但在此时此刻，他们却是世间最重要的人。

热爱和平的人分两种：一种是恐惧战争的人；还有一种人只是担心打不赢，所以暂时热爱和平。褚由贤和陈七自然就是这种人。他们不知道，自己二人已经身负天下重负。但他们的想法与天下其实相同。他们也很想与西陵神殿达成和约。

然而问题在于，他们想要见到，也必须见到的两个人，根本没有办法见到。更令他们感到身心俱寒的是，如果那两个人有心相见，即便现在是在西陵神殿，也一定能够相见。如今不能相见，似乎代表着某种不好的征兆。难道没有人想知道，宁缺准备说些什么？

求不得是所有焦虑的来源。褚由贤和陈七非常焦虑。他们在天谕院里沉默思考，却始终想不到完成任务的方法。

今日前来天谕院与他们见面的是一名身着褐袍的普通神官。看服色和排场，这名神官在桃山上的地位明显非常低下——事实上，这些天，神殿方面的态度越来越冷淡。在褚由贤和陈七拒绝与赵南海谈话之后，与他们对谈的神官级别便越来越低。

"我这个小人物，自然不是二位使臣想要见到的对象。"那名褐衣神官看着二人，说道，"那么，你们到底想要见谁呢？"

从这句问话来看，西陵神殿方面的耐心越来越少。或者说，好奇心越来越少，竟有了撕掉窗户纸的意思。

到了此时，遮掩已经没有任何意义。不如真的尝试下，虽然那或者是徒劳的——褚由贤想了想，望向那名褐衣神官，神情十分认真地说道："我们十分想见叶红鱼。"

那位褐衣神官不觉意外，微笑着说道："为何？"

在清河郡曾经险遭暗杀，褚由贤和陈七便已经猜到，对方猜到了些什么。那么这时候，自然也不会意外于对方的不意外。

"道门无信。我们……准确来说，十三先生只相信裁决神座。"

"好吧，这是一个比较合理的解释。"

褐衣神官平静说道："我会把你们的想法汇报上去。至于会不会做安排，那便不是我所负责的事情。"

说完这句话后，神殿方面的人便退出了天谕院。正如这句话一样，褚由贤和陈七再次被很不负责任地遗忘，直到暮时。

站在天谕院前的石阶上，看着上方山坳里凋落的桃花，想象着隐藏在山道和桃丛里的那三座大阵，陈七说道："就算神殿能够抵抗住我大军，大阵外的所有人也都会被大先生杀死。"

褚由贤说道："所以，神殿的反应让你有些不解？"

"不，我不解的是书院的态度。"陈七摇头说道，"宁缺为什么急着要与道门谈判？他究竟在害怕什么？"

夕阳渐沉，暮色如血。二人沉默不语，心情有些沉重。便在这时，他们终于等到了神殿的答复。那是一句恭喜。

明天清晨，掌教大人会亲自召见他们。神殿为了此次谈判，安排了一场极为盛大的仪式。他们十分想见的裁决神座，其时也会在场。

参加完晚宴后，褚由贤和陈七回到房间。相看无言，正如先前在暮色里看桃花时那样。因为，他们的心情依然沉重。

明日神殿里，会有掌教大人，会有数千神官执事。当着这么多人的面，他们怎么与叶红鱼私下交谈？

"或者，不一定要私下交谈。"陈七忽然说道。

褚由贤有些不理解，问道："什么意思？"

陈七沉默片刻，然后说道："我们只负责把宁缺的话说给她听。无论什么场合，只要她听到就行。"

听着这话，褚由贤沉默了更长一段时间，脸色变得有些苍白，喃喃地自言自语道："相见争如不见。"

在千万人前相见，还要说出那番话，那么便是觅死。

他抬起头来，看着陈七叹息说道："你真够狠的。"

宁缺选择他二人来神殿传话，取的是陈七的谋划，褚由贤的行事无忌。此时看来，陈七或者更擅长狠辣的手段。

正如褚由贤说的那样，他对人对己都极狠。

陈七说道："千万人都听到那段话，效果或者更好。"

褚由贤的情绪有些复杂。眼看着自己在寻死觅活的道路上狂奔，有谁心情能好起来？只是离开长安城的时候，他便已经有了这方面的自觉。所以脸色虽然苍白些，还算镇定。

"既然说了那番话，便要死。或者，我们应该先试试，能不能见到那人。"

褚由贤走到窗边，看着桃山腰那道如刀斧劈出来的崖坪，看着夜色笼罩着的几间不起眼的小石屋说道。

陈七走到他身旁，皱眉说道："很难走到那里。"

褚由贤看了他一眼，幽怨地说道："比死还难？"

一夜无话，各自沉默压抑，对过往做告别。于是清晨醒来时，二人精神都不是太好。尤其褚由贤顶着两个极深的黑眼圈，看着颇为喜感，又透着股丧气的味道。

"是喜丧。"褚由贤自我安慰道。

在神殿执事的引领下，二人离开天谕院，顺着石阶，向桃山上走去。青翠的山坡上落着桃花，积着前些天落下的雪，看着很是清净美丽；青石阶被露水打湿，颜色显得有些深，在香雪里愈发醒目。

没有走多长时间，峰顶那座白色的神殿便撞进了他们的眼眸。晨光洒落在彼处，圣洁光明，自有神圣气息播散。

褚由贤和陈七对视一眼，忽然一转身体，向着崖坪上某处跑去！

靴底踩着坚硬的石阶，呼吸急促得像是山风。他们根本没有理会神殿执事惊慌的呼喊，完全无视那些追过来的神殿骑兵。甩着胳膊，张着嘴巴，向着崖坪深处拼命地奔跑。

真的是一路狂奔，燃烧生命的狂奔。已经做好去死的准备的两个人，在这个清晨，迸发出前所未有的速度。就像是两只夺路而逃的兔子，在草丛间穿行，嗖嗖得连身影都变得模糊起来。

神殿方面的反应有些慢。直到他们跑到了崖坪中段，执事和骑兵才追到。但不知道为什么，他们却不敢再向前一步。

赵南海从桃山峰顶飘然而至，看着崖坪上那两道身影。他的脸上没有什么表情，心情却有些怪异。

如果崖坪尽头石屋里的那人不想见，那么这两名唐人就不需要燃烧生命。就算真的燃烧起来，也不可能跑到这里。

他为什么想见？

跑到崖坪尽头那几间石屋前，褚由贤和陈七气喘吁吁，扶着腰，险些直不起身来，觉得肺仿佛快要炸开。

神殿方面或者是因为畏怯，或者是因为别的什么原因，没有派人追到这里。这其实是他们事先推算的结果，所以并不意外。

石屋里的那人果然愿意见自己。因为即便是他，也很想知道宁缺要说些什么。褚由贤擦着额上的汗，有些得意地想着。

一声轻响，石屋的门被推开。一名中年道人从里面走了出来。

中年道人穿着身普通道袍，形容也极普通。无论是形容，还是气息，都找不到任何突出的地方——无论从哪方面来看，这名道人都不应该，也不可能是普通人。但他偏偏普通了一辈子。这很不普通。

褚由贤知道，这不是自己要找的人。但他的神情依然恭顺到了极点。整理衣着的双手，甚至恰到好处地有些微微颤抖。

中年道人看着他刻意的做派，温和微笑着说道："非要过来见见。你们想说些什么，或者说想做些什么呢？"

褚由贤想做些什么？

他对着中年道人，更是对着石屋里那人，毫不犹豫地跪了下去，谦卑说道："褚由贤想跪请天师听一个故事。"

中年道人静静看着他，似是没有想到，他跪得如此自然，如此决绝，如此不像个唐人，竟是没有给自己阻止的机会。

褚由贤神情平静，跪得理所当然。宁缺选择他二人来道门谈判，取的是陈七的谋与勇。至于他，取的便是无底线。

中年道人微笑着问道："什么故事？"

既然褚由贤和陈七能够来到石屋前，便代表着得到了允许。石屋里的人想听听，不管是故事，还是寓言。

褚由贤恭敬地说道："那个故事发生在一个和我们的世界很相似的世界。在那个世界上，有一个和道门很相似的宗教。那个宗教的神被称为上帝，无所不知，无所不能……"

晨光渐移，时间随之而移。褚由贤的嘴变得越来越干，声音变得越来越沙哑。终于把那个漫长的故事，简要地讲述了一遍。

中年道人静静看着他，然后又回头看了石屋一眼，最终望向崖坪外的天空与流云，说道："果然是个很长的故事。"

基督教的前世今生，新教的崛起。历史的重述再如何简约，也必然漫长。把两千年的历史，浓缩在一个故事里。在故事的结尾，回头望去，当初那些血腥的宗教战争，确实有些可笑。

褚由贤恭敬地低着头。

中年道人想着那个故事的起承转合，那些王室与教徒之间的合作争执，那些利益的分配，越来越觉得，这个故事很精彩。

"听闻，十三先生当年给昊天讲过很多故事。不知道这个故事，他有没有讲过。不过，至少证明了他是个很擅长讲故事的人。"中年道人说道。

他自然清楚，这是宁缺讲的故事。然后，他向旁让开。石屋的门便直接出现在褚由贤和陈七的身前。

这个故事只是谈话的开端。宁缺用如此宏大的一个故事，来做引子。便是他，也开始好奇：他最终想说些什么。

看着石屋紧闭的门，褚由贤的脸色变得越来越苍白，陈七也变得呼吸急促起来。屋里那人，对于世间的昊天信徒们来说，拥有太不一样的地位与意味。即便是他们，也有些承受不住。

中年道人说道："想说什么，便开始说吧。"

褚由贤神态更加谦恭，额头仿佛要压进崖坪的地面里去。然而接下来，他颤声说出的这句话，却是那样的大逆不道。

"上帝死了，昊天也会死的。"

"所以，请观主还是多想想人间的事情。"

阅读评价

从《朱雀记》里的都市摩登修佛故事，到《庆余年》化天下权谋于一枪的惊艳情节，再到《间客》中将中华传统哲学观念，投射到全宇宙范围内的宏大格局……著名网络作家猫腻笔下的世界，在日更节奏的网文世界当中，无疑有着独特的魅力和地位。

电视剧版《将夜》制片人王裕仁曾如此评价猫腻："猫腻是比较少见的、能在日更的阶段，做到如此有逻辑性的人。他的作品层次感，不是网文传统意义上的升级。"

"我希望庆国的人民都能成为不羁之民。受到他人虐待时，有不屈服之心；受到灾恶侵袭时，有不受挫折之心；若有不正之事时，不恐惧修正之心，不向豺虎献媚……我希望庆国的国民，每一位都能成为王，都能成为统治被称为自己这块领土的……独一无二的陛下，我的王。"

从猫腻引用《十二国记》的这段话，作为《庆余年》精神主角叶轻眉的遗言开始，猫腻就日渐开始将他对于个人情怀、族群命运、哲学意识的思考投射到了作品世界中。这点在《将夜》中更得到淋漓尽致的发挥。猫腻直指孔子、儒家和《论语》的本质，将一本《论语》揉碎成粉末，用《论语》的碎片构建了书院、大唐和小人物宁缺与天奋斗的世界。

《将夜》的世界是创造者有意识的、精心设计成的作品。文字和设定之外，隐藏着猫腻自己在汶川地震以后，对人生、对世界的思考。所以，《将夜》世界背景的每个设定，都值得我们掰开，来探讨作者的用意，去理解猫腻藏在文字下的、一股涌动的"哲学流"。

第一好看点：世界观基石——昊天、永夜、夫子

全文开篇的序章中，惊鸿一瞥的夫子敬颂天地四周。夫子指天饮酒，曰的是：“风起雨落夜将至。”

> 略一沉默，高大男子端起手边的米酒，一饮而尽。举着空酒碗，望着天地四周都城左右，敬颂道：“风起雨落夜将至。”
>
> 说“风起”时，有风自山外来，吹得衣襟呼呼作响，岩间老树急剧摇晃，山石簌簌直落；“雨落”二字出他口时，远处飘至都城上空的雨云骤然一暗，无数雨丝化为一柱，自最后暮色间倾盆而下。当他说完这句话时，黑夜刚好占据半边天穹，漆黑有如冥君的瞳。

被夫子所预见到、揭露出来的永世彻骨长夜，是《将夜》世界未来的图景，也是猫腻构建儒家哲学世界观的最大一块基石。

冥王之子降世，无边的永夜，在这里同日本作家小野不由美笔下《十二国记》中的“失道”一样，实际都蕴含了儒家思想里“天人感应”的神髓。

《十二国记》中君王“失道”，代表国运的麒麟就会患上重病，甚至死去。而国家也会因此陷入动荡和天灾之中。“失道”的前提，是君主失德，丧失了天命。这类似于墨子用鬼神之说，去恐吓君主不得推行暴政，毕竟留有余地。

而《将夜》的世界则要残忍和唯物主义得多。不动冥王的惩戒，与人间君王的“德”无关。彻骨冰寒的永夜不是一种惩罚，而是一种规律。这实际上更接近于真实的历史。在真实的历史上，只要人类没能突破工业革命的界限，那么受限于生产力，再多的明君圣人也无法突破历史周期性的规律，而只能反复在王朝轮回之中。

所以，《将夜》中的昊天和冥王一体两面，可以视为这个世界里历史规律两面性具体化、拟人化的存在。猫腻在其中既是借用了儒家“天人感应”“天人合一”的理念，也是把这种理念和唯物主义思想下的历史规律性相结合——儒家思想本来就是倾向于唯物主义的。只是古人尚且不能科学和准确地认识到历史规律

性的存在。但古之先圣通过经验的总结，已经逐渐摸到历史规律的冰山一角。

这体现在书中，就是书院、悬空寺、魔宗、知守观对于昊天和永夜的各种破解之道。这实际上就是把儒家人定胜天的理想，进行寓言化处理了。

儒家的孟子和道家的庄子都喜欢用寓言，来抒发和宣扬他们的学术理念和政治理想。昊天、冥王的一体两面性和永夜世界的宿命性，就是猫腻写下的寓言。这个寓言承载的是猫腻关于历史规律性的思考。但他设计得很巧妙：周期性的王朝崩溃，变成了书中冥王将夜的一次次人间收割；历史规律变成了书中的神；书中的神又被主角宁缺变成了人；而人最终又将挑战历史的规律……由此完成逻辑上的递进。不显山不露水，却已经探讨到了人类历史本质的核心。

> 蚂蚁会飞，也会掉，但它们更擅长攀爬，擅长为同伴做基础，不惧牺牲。一个一个蚂蚁垒积起来，只要数量足够多，那么肯定能堆成一个足以触到天穹的蚂蚁堆。

天地、昊天、圣人眼中的人只是蝼蚁。但在猫腻的笔下，人的个体不断累加起来，终究会堆叠成直达天穹的巴别塔。这种"个体"的伟力，是《将夜》恢宏世界观下，真正要表达出来的"主体"。

孔夫子曰过："祭如在，祭神如神在。"儒家理想里的神，其实是因为被人类所祭祀，所以才存在的。这种理念贯穿了儒家两千多年的历史，也同中国五千年的文明捆绑在一起。所以，猫腻让《将夜》世界的"唯一神"昊天变成了人，实在毫不出奇。反可以说，正因为昊天成为了人，这样才表明了，《将夜》世界其实是一个儒家神话世界。

在使昊天成人化这一点上，作者的用意更深。他不是简单地把天描绘成人，把历史的规律拟人化成一个人类，而是因为，先有了代表人的夫子去挑战天，天才变成了人。这种逻辑所反映的，其实还是猫腻内心信奉的"人定胜天"和"天人合一"。

所以，当宁缺的人生被真正揭开的时候，《将夜》就已经冲破了莎士比亚的局限，不再被《哈姆雷特》的王子复仇逻辑所局限。它通过一句"凭什么将军的儿子要活着，门房的儿子就要去死？"用对小人物个体的肯定，超越了天道的逻辑。

从这个角度来看，猫腻设置的《将夜》世界观的三大基石，是：昊天，永夜，夫子。其精神上的内核逻辑，其实就是把中华古已有之的儒家思想，与近世革命的唯物主义思想，一以贯之了起来。

第二好看点：故事新编——夫子、书院、唐国

古时候海船远航。由于空舱的时候，船的整体重心在水面以上，极易翻船。为此，空船航行时都备有"压舱石"，以免翻船。而在猫腻的笔下，夫子无疑就是《将夜》的压舱石，书院就是大唐帝国的压舱石。

> 那年春，夫子去国游历，遇桃山美酒，遂寻径登山，赏桃品酒。一路摘花饮酒而行，始切一斤桃花，饮一壶酒；后夫子惜酒，故再切一斤桃花，只饮半壶酒；再切一斤桃花，饮半半壶酒，如是而行……至山顶，夫子囊中酒尽，惘然四顾，淡问诸生：今日切了几斤桃花，饮了几壶酒？

夫子活得是如此之久，远比书院和唐国的历史来得久太多了。以至于很多时候，书中的夫子不是一个人物、一个角色，而成为了世界的本身，成为了设定的一部分。

如果说，昊天和永夜貌似代表了对中国传统哲学里"人定胜天""天人感应"这一对立统一矛盾的思考，夫子所代表的则是猫腻对孔子本身、对中国传统文化的思考。

其实不必特地论述，相信绝大部分读者都可以读出，夫子的原型就是孔老夫子。胡适曾写过一首名为《孔丘》的小诗，内容是："'知其不可而为之'，亦'不知老之将至'。认得这个真孔丘，一部论语都可废。"

胡适先生是把孔子欲使天下人都安于太平的"仁"，和为此而奋斗的"义"，当成了孔丘这个人物的本性。而猫腻则在用大唐太平的"仁"，和与昊天相抗的"义"之外，又通过书院这个大唐帝国的稷下学宫，构成了夫子的"有教无类"。

　　知其不可而为之，不知老之将至，有教无类。

　　这三句话就是《将夜》中的夫子、书院、大唐帝国的真髓。也可以说，是猫腻读透《论语》，读透中国传统哲学的领悟。

　　这点在书院的具体设定和人物描绘上有极多的体现。猫腻对中国传统哲学、儒家和道家思想化用和设计的高明之处，处处可见。

　　书院的夫子、大师兄、二师兄一干出类拔萃的人物，显然有本于孔子、颜回、子路等先圣；书院众人齐聚的场景，很难不让读者想到子路、曾晳、冉有、公西华与孔夫子侍坐时，曾子所述"莫春者，春服既成，冠者五六人，童子六七人，浴乎沂，风乎舞雩，咏而归"一般令人心悦神怡的场景。

　　大师兄腰间的木瓢，来自颜回的"一箪食，一瓢饮，在陋巷，人不堪其忧，回也不改其志"；二师兄略显滑稽的高冠，则来自子路的"君子死，冠不免"；

　　小师叔轲浩然更不必说了。有了一句"孟曰取义"，才让中国人尽养浩然之气；善养浩然之气的小师叔，原型自为孟子了。

　　剧版《将夜》的剧组，在人物服装的设计上，着力表现了他们对小说原著文本的理解。反其道而行。给演员们准备的朴实衣着和风沙妆容，令人印象深刻。

　　但不管是最迂腐的文人、最漠视君权的书院教授，还是最恨加赋的农夫商人，他们会找各式各样的理由，去痛骂那位开国皇帝。但却从来没有人认为，那场只因君王一怒，而耗尽国力，让黎民受苦的战争，不该打！

　　因为，从开国到现在，生活在这片土地上的人们，始终坚持信奉，并守卫一个朴素的道理：我不欺负你，但你也别想欺负我；就算是我欺负了你，但你……依然别想欺负我！

　　谁欺负我，我就打谁。

　　这就是大唐帝国的立国之本。

　　这就是大唐帝国的强国之路。

　　这也正是为什么这个世界上最强大的国度叫作唐。

唐人的秉性如此朴素而激烈、壮怀飞扬。展现出来的豪情、天真和气魄，可谓是理想中的中国。所以，从某种程度上来说，《将夜》世界既是中国传统哲学的具体化表现，也是猫腻对"理想国"的一种描绘。这种理想的现实基础，毫无疑问，是建构于中国人的个体和集体记忆之上的。

当夫子斩神升天，化为明月，普照大唐之民的时候，正如朱熹所言，"天不生仲尼，万古如长夜。"昊天的永夜世界，被夫子的明月所打破。历史的规律性，终究不敌人的主观能动性。

但是，猫腻在这里又写得很巧妙。他让夫子化身和煦温润的明月，而不是激烈燃烧的太阳，让《将夜》世界里涌动的思辨更上一层楼。揭示了夫子"人间之力"的奥妙所在，也贯彻了从《庆余年》以来，他对人本主义的鼓励。

夫子化身成月，不是直接代替大唐的子民，去战胜昊天，而是给大唐的子民以希望；"人间之力"不是越俎代庖，而是引导宁缺，去破解永夜，去认识"人"这一概念自身的力量

从本质上来说，猫腻笔下的世界，其实是尽量去除掉争斗性的。《将夜》世界的架构里，昊天不是用争斗去对抗的，而是用爱去消解的。用《论语》的话来说，这就叫"唯仁者能好人，能恶人"。

第三好看点：将夜之核——争斗两面、生活哲学和儒家精神

猫腻早年的作品《朱雀记》，还是有一些争斗心的。但从 2008 年亲身经历汶川大地震后，猫腻对生活的看法显然有了巨大的变化。争斗正从他笔下的文学世界里，不断被消解。

《庆余年》里，范闲对天下固然有私心，可他的私心，让他愿意为天下购来万世太平；《将夜》里，宁缺私心更重，可这种私心也还是聚焦到了对人的爱上面。

朝小树在春风亭和老笔斋，说了两句"面很香"。只用一碗汤面，就解构了充满杀气的争斗性，将焦点落在了完全生活化的语言当中。

猫腻的生活哲学既可以很宏大，去贯通古今中华；也可以很个体，聚焦到

小人物的爱恨情仇上。但他的生活哲学统一的地方，就是消解争斗和对个体的肯定。这种人本主义精神，在因日更的体制而一贯浮躁的网文圈子里，实在属于一种难能可贵的亮点。

《将夜》文本中最有文学价值的地方，就在于人物的对话。这些对话片段，集中展现了猫腻对于人类这一个体的肯定，和由此延伸出来的伟大同理心。

但是，具体在《将夜》的世界里，消解争斗，又等于只是黄老之学的清静无为。当举世伐唐之时，长安人激战观主之时，我们又可以在猫腻的笔下发现，消解争斗为的是一种更加崇高的目的。消解争斗，在这里又起到了和商鞅变法、移风易俗相同的作用，令唐人"怯于私斗，勇于公战"。当大唐帝国陷入绝对的危机时，唐人的风骨和气节，就像风霜中的竹柏一样，愈发傲于霜雪了。

宁缺和桑桑在开篇首次回到长安的时候，猫腻曾用雄鹰作比喻，"雏鹰学会了飞翔，然后回到了它的巢。"他们的巢，就在长安这片斑驳城墙之间。

我与长安相见欢——回到生活，高于生活，解构生活。这种笔法，自然绽放出了一种更"高级"的魅力。

《将夜》世界观的设定，都自有其深远的用意。用昊天写了历史的规律性；用夫子写了仁爱消解争斗；最后又用大唐帝国民众的奋斗，写了"时穷节乃现"的伟大。《将夜》的世界、人物、情节，最终实际上是将原始儒家、传统儒家和儒家精神的现代性改造这三个侧面，分别展示了出来。

从这个角度看，《将夜》其实是很取巧的。猫腻是把他所描绘的世界，构建在了《论语》的基础上。他把《论语》烧掉，撕碎，用其灰烬和碎片，描成了一幕永夜将至的新世界。但这些碎片，又随时被哲学思辨的微风激扬起来，飘散在书中的角角落落。让读者随意一瞥，就仿佛读到了仁爱礼节的崇高味道。

从讲述儒家神话，前进到了用这个神话、寓言和故事，来让儒家的精神，更富有现代性的层面。这种精神，就成为了吸附《将夜》世界的核。读者啃噬掉周围一圈的果肉后，才能看到这核心的魅力所在。

本篇执笔：深蓝EVA/中国青年智库论坛网生评论家

第九章　多木木多《姜姬》：

"蒙昧时代"女性人权小说

因为每一次怜悯与仁慈都值得珍视，每一次反抗都值得敬佩。哪怕是一个念头都那样难得。更何况，姜姬已经在行动。

作者简介

本书作者多木木多是一位带有魔幻现实风格的网络小说作者。她的主要创作领域是言情、同人小说，其小说却经常有一些令人细思极恐的东西。她于 2009 年开始在晋江文学城创作网络小说。2013 年创作的《清穿日常》、2015 年创作的灵异题材小说《夏日清凉记事》，让她的作品拥有了稳定的读者群体。

多木木多早期的文笔是偏向直白的，到了《清穿日常》则达到精致趣味的巅峰。每个词句都如同清宫器用之物——花纹繁复、色泽明丽，耀人眼目。之后的《夏日清凉记事》则又逐渐趋向质朴。多木木多在作品中解构人生的意义，认识生存的意义，人物塑造与故事背景的塑造基于大意义之上，由此引人入胜。

代表作品

《满庭芳》：已完结；

《失落大陆》：已完结；

《清穿日常》：已完结，已出版，已签约影视剧改编；

《重回初三》：已完结，已出版；

《夏日清凉记事》：已完结；

《姜姬》：已完结。

内容梗概

《姜姬》是多木木多于 2016 年开始在晋江文学城创作的古代言情作品。本书讲述了一个发生在古代架空世界里的故事。

林渊穿越后，发现自己来到了一个贫瘠的世界，有了一群没有血缘但相依为命的家人。小小的少女陶氏是他们的"娘"。林渊有两个哥哥，两个姐姐，和一个刚出生的小弟弟，以及一个不请自来的"爹"。爹的身份犹如重重迷雾。他让这个家里的人都过上了好日子，甚至从食不果腹的贫民一跃变成了贵族。但很快不幸接连发生。林渊有了新的名字——姜姬。她能保护好自己仅存的家人吗？

引文节选

※第 2 章　新爹※

姜元的脚程不慢。他虽然这十几年都是颠沛流离，身体大不如前。但得益于这一片就那么几座山能藏人，所以太阳升起不久，他就看到了一道升起的炊烟孤零零地直上云霄。想起热腾腾的汤饭，本已疲惫的双腿突然又涌出力气来。

日上中天，他早已悄悄潜伏在那户人家不远处。这座山上似乎只有这一片人家。而距此二十里外就有一个村落。他记得这一片的村子姓陶的多。他等到了下午，终于看到一个梳着妇人头的女人，背上背着个还在吃奶的娃娃，提着大桶出来了。他跟了上去。

这女人看起来年纪不大，应在花信之年。背上的孩子稍稍哼一哼，她就用手在背后托一把、颠一颠。他跟在后面，还听到那个女人哼的乡间小调。果然是本地的人！

看她快到河边了，他加快几步跑出来，大喝了一声："前面那个可是陶家村的？！"

然后他就见那女人浑身一僵，扔了桶就沿着河岸跑！她竟然没有往回跑，而是故意往外跑。这是想把他给引到别处去。

这是一个心软的人！

姜元也想把她给撵得远一点，免得被山上的人发现。现在那个家里有多少人也不清楚，若是看到这一幕都跑出来，他也打不过。于是他故意跑跑停停，把这女人给撵到了另一边。等山头那里看不到了，才加快脚步跑过去，抓住那个女人！

"你是不是陶家村的人？"他抓住那个女人背上的孩子。女人果然不敢跑了。听了他的话，女人垂着头，轻轻点了点头："不要害我……"说着，这女人就扯开胸襟，解了腰带，腰带一松，裤子就滑了下来。

姜元不由得眼前一亮。这女人虽然没什么颜色，但胜在年轻皮嫩。又因生育过，更添三分风情。他本来只有三分意思，见了她就又多加了两分。此时他却扮得十足道学，亲手替这女人掩上胸口，道："我是来寻人的。之前我有个叔叔在数年之前曾在陶家村经过，之后就不知所踪。家人也曾四处托人寻找，皆无音信。"他杜撰出这么一个人，当然不会有人见过。

女人羞涩地掩上胸襟，认真思索后摇头："没见过。"

姜元叹气，道："看来我那叔叔也是凶多吉少了。"

女人想跑不敢跑，怕得连抬头看他一眼也不敢，小声说："能不能放开我孩子？"

姜元的手可还握着这女人背上小孩子的胳膊呢。

听她这么说，姜元更不可能放手。他道："我来的路上，看到一具伏尸，其状甚惨！敢问这附近山中可有悍匪？"

女人的脸色登时变得雪白！

姜元道："那人浑身的财物都不见了，连衣服也被扒光了。可见此匪极为凶恶。我若能到陈县，必会向当地守官陈情，以免悍匪为祸一方！"

他一边说一边看这女人的脸色，见她一时惊惶，一时又咬唇，想必心中极为挣扎。这种熬过兵祸的人家不似一般良民，对这种人要恩威并施才行。可他手中握着这小儿的胳膊。她带着个孩子，必然不敢与他硬碰，只怕最后还是要向他求情。

果然这女人挣扎一会儿之后，就抱住他的双腿跪了下来，"不、不是，是他想、想欺负我……我才砸了他，你不要去告官……"她一边说，一边又解开了衣服。

姜元惊讶后摇头道："你不过一个小女子。那汉子身高丈二，看手臂是个干力气活的。若他真想对你不轨，只怕你也只有束手就缚的份。怎么可能逃得掉，还能反过来杀他？你是不是在包庇什么人？是你丈夫？儿子？"

女人更害怕了，死死抱住他的腿，"我、我砸的！我从小种田，力气大！我把他砸死的！"

姜元道："你这样讲，日后上了公堂，县官也是不信的。"

女人抱住他的腿拼命恳求，拼命磕头。孩子都被颠哭了，她也满脸是泪，"求求大人别去告官！大人让我做什么都行！"

"真的什么都答应？"姜元问她，"我已年近七十。若要你这花信之期的女子嫁我这老朽之人，你也愿意？"

"愿意！愿意！"女人猛地抬起头，惊喜地说，"只要大人不嫌我，我愿一辈子侍候大人！"

姜元道："你若是真心嫁我，就在此地跪下对天地起誓。"

女人就跪在地上，朝着陶家村的方向，郑重地磕了三个头道："陶家的祖宗在上，爹爹妈妈在上，老天在上！我愿意嫁给大人！"

姜元道："就算你答应，等你回家，你父母亲人又怎么肯答应？你这是在诳我！"他脸带愤愤，作势欲怒。

女人忙道："我父亲早亡，母亲也……也不在了。家中只有几个孩子……"

姜元又问了一遍："你真的肯嫁我？不是骗我？"

女人："真的！我是真心的！"

姜元："如果你违誓，你的父母亲人在天之灵将不得安宁！你的儿子女儿要代代为奴为婢！你答不答应！"

他逼得女人发下毒誓后，才放下心来。

用父母子女发了毒誓后，这个女人就只能认命了。她捂着嘴呜呜咽咽地哭，想大声哭又不敢。姜元却温柔地将她扶在怀中，声音柔似春水："快不要哭了，只要你真心待我又有什么好怕的？我老迈不堪，怕你嫌弃才要你发此重誓。都是我的不是。"说罢掏出一枚颜色灰绿的玉佩，戴在这女子的脖子上，道："这是我家祖传的玉佩，是我父亲交给我的。本来只传给男丁，如今我将它送给你。你以后就交给我们的孩子好不好？你姓陶，我就叫你陶氏吧，小字……娇儿。"

陶娇儿整个人都是懵的，先惊后吓。现在见这个人把随身玉佩给她戴上，还接过她背上的孩子爱惜地哄着，好像很喜欢她的儿子。

姜元笑呵呵地说："我都这把年纪了，还没有孩子。以后你的孩子就是我的孩子！他只要叫我爹，我就满足了！"

陶娇儿被他牵着回到河边，见他把她扔掉的木桶捡回来，不嫌脏污地蹲在河边亲手洗净，心里慢慢相信了他。

姜元不肯让陶娇儿动手。洗完木桶就一手提着，一手抱着孩子，道："快快领路吧。我奔波数年，今日终于有家了！"他一脸感动，眼中含泪。陶娇儿想起连年战祸，母亲没了，村里人都没了，她也是这样才把那些孩子都领回了家，当作自己的家人。这个人千里迢迢地来找叔叔，一定……是个好人。

回去的路上，陶娇儿告诉姜元家里还有几个孩子。姜元大喜，说："那就都是我的孩子！男孩是我的儿子！我会亲手教他们武艺！带他们读书！女孩我会给她们嫁妆！好好把她们嫁出去！若是被夫婿欺负，我也会为她们撑腰！"他看着陶娇儿，深情款款道："娇儿，以后家里的事就交给我吧。我不会让你和孩子们再饿肚子。我们会有饭吃，会有衣穿。"

陶娇儿跟在他身边，听他描述着日后的幸福生活，不敢相信这一切。

这简直就像梦一样。

"娘"出门一趟，就带了个爹回来，家里人全震惊了！

米儿发现这就是那个昨天在路上碰到的人！可"娘"在他身边！他手里还抱着小弟弟！她连跑都没办法跑，只好紧紧抓住猪哥的手，悄悄告诉他："这是昨天我们碰到的那个人！"

猪哥："是吗？"当时他只看到这人的背后。只记得那人满头花白的头发，梳着发髻，没有看到脸。不过米儿说是，肯定就是了。

可现在"娘"站在这个人身边，羞涩地说她替大家找了个新爹，她要嫁给他。

米儿当然是要反对的！她才不相信这世上有一见钟情！就算要钟，看到这家徒四壁的样子，还有这几张嗷嗷待哺的嘴也要吓跑了。这人肯定没安好心！

新爹也看到米儿了。他露出个笑来。米儿条件反射地往猪哥腿后藏。猪哥向前一步挡住她，目露凶光。

姜元进门后扫了一眼，就知道这个家是什么情形了。不过是一群半大孩子失了父母亲人庇护后，聚在一块。两个男孩倒是有些身板，好好调教一番未必不能有大用。三个女孩子中，那两个大些的容貌粗陋，不堪入目。小的那个眉眼生得细长……倒是与他有几分相似……

虽是巧合，但恰在此时、此刻，不得不说是老天保佑！

姜元昨日碰到这个女娃娃的时候就见猎心喜，此时心中的念头更是清晰起来。

他掏出包袱说："我与你们母亲成亲后，自然会把你们当作自己的孩子。只要你们愿意改姓姜。"

对米儿来说，改姓没什么。但猪哥几个都挣扎起来，她也装作不愿意地低下头。

姜元说："如果你们愿意，我就掏出钱来买粮食回来。我还能给你们盖一座大屋子，给你们打床。只要你们愿意跪下喊我一声爹。"

要买粮食？还要盖屋子？

米儿面色古怪起来。她本以为这人是要把他们全卖掉，不过现在的人应该卖不了几个钱。如果他要买粮食养他们，肯定回不了本。

听到有粮食吃，有大屋子住，猪哥几人果然犹豫起来。

陶娇儿在回来的路上就已信了姜元的话。她劝道："你们就认了吧……"她对米儿说："快跪下，叫爹。"

米儿知道这是看她小，想让她第一个跪。

不知这人的底细，总要看他到底想干什么。她转了下眼珠子，不跪，而是走过去扯着那人的手，脆脆地唤了声："爹！"

姜元立刻放下弟弟，抱起浑身僵硬的米儿，亲热地说："以后你就叫姜姬。是我姜元的女儿！"

有她开头，猪哥几人也很快都喊了爹。

新爹很给力，马上就说要带猪哥和牛哥这两个壮劳力去买粮食。还把包袱里的干粮拿出来，让"娘"去做些吃的。再做些饼，他们带着当干粮，明天一早就走。

米儿偷偷把猪哥叫出去，跟他说："小心，他会把你们带走后卖掉。"

猪哥点头："嗯！如果他没安好心我就杀了他！"说着，他拿起脚边的一块石头，掂了掂。

当晚，"娘"就与新爹圆房了。

米儿和小弟弟就睡在旁边。而两个哥哥和两个姐姐却都被撵到了外面睡。米儿怕他到半夜偷偷害人，一直不敢闭眼，手里抓着一块石头。结果听了一晚的活春宫。心道这老头看起来年纪不小了，没想到这么有能力。

第二天天不亮，新爹就带着两个哥哥出门了。八天后，他们赶着四辆大车回来了。

米儿傻眼了。她真没想到，新爹真的把粮食和木头买回来了。

这世上真有冤大头啊。

四辆大车，两车粮食，两车木头。

新爹姓姜，以后就叫爹了。但"娘"却不能喊"娘"，而要喊"夫人"。

六个孩子，只有米儿改名叫姜姬。猪哥——改名叫姜武。爹听到他自称叫猪之后喷笑，道："当小名吧，以后你就叫姜武。"

牛哥叫姜奔。

两个姐姐却还是米儿起的名字，一个叫姜谷，一个叫姜粟。最小的弟弟叫姜旦。

带着这四辆大车回来后，爹就开始带着大哥和二哥盖房子了。新屋子是个"葛"型。前面一圈篱笆，中间是个大屋。还有个火塘，正好冬天取暖。爹和夫人带着小弟弟就住在这里。后面拐了个小弯之后是个半大的屋，姜姬就住在这里。而两个姐姐就住在她这屋前面的过道里，只能并排放下两床被褥。虽说两边只隔着一道门，却更奇怪了。姐姐们说她们住得离火塘更近，还更暖和呢，安慰她别在意。但新爹就打了两张床。大的那张他和夫人睡，还睡个小弟弟。小的那张就给了她。

一丝微妙的不安让她心神不宁。

"他为什么对我这么好？"她悄悄问猪哥。大名叫姜武，可她还是叫他猪哥。

"你跟爹有点像。"猪哥指着她的眼睛说。

"像吗？"家里没镜子，她一直不知道自己长什么样。

天越来越冷了。住在大屋子里，姜姬才觉得这个爹其实也不是那么差。如果没有他，他们未必能熬过这个冬天。至少小弟弟就肯定熬不过去。

现在夫人也不必去走亲戚了，以后两个姐姐和她也肯定不必去走亲戚。就这样，她就要感激爹。

"把棍子抢起来！"

天上飘着薄雪，姜元却赤着上身，举着一根丈长的木棍子站在雪地里。他面前是姜武与姜奔。这两个男孩不但不能穿上衣，连鞋都不能穿，身上全是被击打出来的青紫。但姜姬却没有阻止，因为这是在教他们武艺。在这里，有一身武艺总能多一些生的机会。

姜元似乎真的是把他们当成自己的孩子了。他亲手教姜武与姜奔习武，买来纺车让陶娇儿和姜谷、姜粟纺线织布。姜姬只要带着小弟弟就行了。纺车与织布机只买了两台，轮不到她用。她坐在廊下，身后是暖融融的火塘。只要陪弟弟玩，其他什么也不必她做。她身上穿着姜元买回来的衣服。家里人人都有好几件新衣，还有皮袄和布鞋。现在每顿饭都有汤有饼，甚至还有几只腊鸡腊鸭，等过年时就可以吃了。

他真的是个好人？

姜姬不信。可她也想不出他做这些事——这么大的投入，他想得到什么呢？

※第 10 章　姜姬※

姜元定了基调，蒋伟也吃了一剂下马威，接下来就是宾主尽欢了。

托冯丙的福，他上回送来的粮食足够，腊肉也管够，何况还有三条鱼。就算"多"了三个客人，也足够喂饱所有人了。至于这三人带来的从人，都在山脚下自己开火做饭，甚至还送上来了几瓮美酒。

他们聊得欢乐。姜姬一个字也听不懂。不过今天姜元是主角，没有人关心坐在姜元身边的两个孩子——姜姬与姜旦是谁。

姜元也不像对冯丙那时还把姜姬叫出来见礼。他今天根本没有介绍姜姬的意思，就是让她坐在身边。用饭时，她和姜旦面前都有一条鱼，倒是让蒋伟和冯瑄扫过来一眼。等看到她吃鱼时能轻松挑刺，姜旦那里也有陶氏照顾，不见手忙脚乱，更让蒋伟和冯瑄心中暗自吃惊。

是夜，这三人都只能到山下安歇。冯丙一个人还能跟姜元同榻而眠，来三个人这床就实在是睡不下了。

不过半夜，冯丙迷迷糊糊地被冯瑄推醒了。他一睁眼就看到冯瑄坐在他面前，衣冠整齐。冯丙大惊："半夜不睡觉……想去做贼啊！"上回捉弄蒋伟就算了，他要是敢这么去捉弄姜元，冯丙就要去上吊了！

冯瑄嘘了一声，小心翼翼地跟他说："蒋老二，溜了。"

冯丙刚醒来反应慢，"溜了？溜去哪儿……"他一下子想起来，跳起来指着山顶说，"他、他不是去找大公子了吧！"

冯瑄慢慢点头。

冯丙眼前一黑，想冲出帐篷却发现自己衣衫不整，头发乱糟糟的，一时根本收拾不好。再看冯瑄穿戴整齐，头发都梳得一丝不乱，气得上前给他一脚："那你还不快去？！"

冯瑄躲开那一脚，委屈巴巴地说："叔叔休怒，休怒。我现在上去又有什么用？我又不知道，家里是个什么意思？"

冯丙现在已经惊到只会学舌："家里的意思？"

冯瑄指指山顶，"蒋家想必早想好了。他们家蒋淑能一力将大公子送上莲花台，也可以联络朱家、胡家，说不定也能分给咱们家一杯羹……咱们家能出什么价？我上去后，说什么？"他两手一摊，冯丙已经懂了，然后也傻眼了。

如果只有他一个人来接姜元，没有蒋伟，那姜元也只能听冯家的。哪怕能再晚上两天让蒋伟见到姜元，冯家与姜元也早就有了默契。但现在多了蒋家，两家相争，姜元自然是哪一家给他的东西多，他就会更亲近哪一家。哪怕蒋家当年背叛了他父亲，姜元此时也可以让蒋家将功折罪。

蒋家与冯家差的不止是一个蒋夫人，还差一个蒋淑。叫冯丙自己说，都不能昧着良心，夸冯营比蒋淑厉害。冯家在冯营的主持下，走的是不功不过的路子。当年姜元之父被赶出莲花台，冯家明知不对也没开口，要追随朝午王……也慢了不止一步。等别人都磕头了，他才赶在最后跪了下去。朝午王在位三十年，冯营虽身有官职，却三十年都没进过莲花台，更别提向朝午王进言了。要说他这是忠心先王，可朝午王有什么政令，他从来没违背过。蒋家和赵家还曾打上莲花台呢，冯营却驯顺无比。连朝午王后面都知道有什么事，先让冯家去做，让他们家先起头，后面就好办了。

冯家不少人都看不惯冯营的做派。冯瑄就是其中之一。不然也不会自己一个人跑到江州去。可要说反对冯营，如果没有足够大的利益支撑，好像理由也不够。

冯丙一直跟随冯营，偶尔也说两句，也有不满。可此时此刻他才发现，如果是冯营在此，在蒋伟已经趁半夜溜去找姜元之时，冯营最有可能做的就是假装不知道，闷头睡大觉。

可……男儿在世，谁不想成就一番功业？是他先找到的姜元！他现在也到了这里，难道要闷头睡大觉吗？！

可他不能代替冯营做主，不能替冯营许愿。哪怕先许了，再回去说服冯营，都不可能。因为冯营根本不会答应。

冯丙在心中转过来这个弯之后，一屁股坐下来，生起闷气来。

冯瑄就看着冯丙把自己气得脸色从红到白，渐渐快连气都喘不上来了，他也是服！

"叔叔，不要生气，侄儿有办法。"冯瑄上前给冯丙拂胸顺气，轻道，"一会儿叔叔也上去，只要蒋伟说的，叔叔都不同意就行了。"

冯丙刚想听听他有什么好主意就听到这句，直接伸手打他，"这是什么主意！"

冯瑄避开，道："蒋家势大，我观大公子言行，不似愿久居人下之人。那蒋伟只要露出一二颜色，大公子面上不说，心里必定不快。叔叔也不必说什么实在的，只要给大公子留个余地，让他知道我冯家的忠心就行。"

冯丙在心里品味一二，终于懂了。他镇定下来，唤从人："来人，给我梳头更衣！"

深夜走山路，对冯丙来说不是个好体验。冯瑄怕时间上来不及，直接唤从人背冯丙上去。冯丙见他不动，问："你不跟我同去？"

冯瑄拂了下自己的衣襟，笑道："这月色甚美，侄儿要去赏月。"要想让冯丙一去必中，他还是别出现在大公子面前才好。今天见面，大公子看到他时，可是不怎么开心。那种妒恨的神色，冯瑄在同行人的脸上常能看到。只怕以后他也最好少出现在大公子面前。不然天长日久，难保大公子不会因为厌恶他而生出歹心。

冯丙只是冯瑄的族叔，想管教他也不怎么理直气壮。何况冯瑄的脾气在冯家也是有名的。他只好叮嘱两句，让他别赏月赏得忘了他们来的正事，就让从人背他上山了。

冯丙赶到的时候，蒋伟已经快把姜元惹毛了。

姜元确实有待价而沽的意思。而他对国朝中现在是个什么情形，也确实是一无所知。刚才吃饭时没有聊太多，他要摆摆架子。总要让蒋伟和冯丙都来求求他，他才能出山。

他本想再吊这两家几天，不想蒋伟半夜就来了。以为这是想抢在冯家之前递投名状，就连忙披衣起来见人。

蒋伟其实是不太看得起姜元的。当年他爹就住在莲花台，还娶了上国公主。结果就因为服丧时病了一场，就被朝午王给挟持出了王宫。这本事，真够那什么的了。

朝午王早有反心。这个他们都知道。大概只有先王父子不知道了。可先王那是被自己弟弟给哄骗了。姜元他爹对一个有可能会夺自己王位的人竟然也能毫无防备，真是他们所有人都没想到的。

当时最先被朝午王买通的是田家。蒋家虽然与朝午王早有约定，却还是打算再观望一二的。结果送先王入陵寝的队伍还没回来，就听说姜元的爹因病去辽城休养，一家三口已经走了。

蒋淑这才当机立断，在回城前跟朝午王定下盟约。入城时和田家一起恭迎朝午王入莲花台，三请三让，令朝午王继位。

爹是这样，姜元能有多大本事，蒋伟还真不信。他也就是运气好，熬死了朝午王。而朝午王又没儿子，同宗的其他人血脉都远了。推这些人上去，担心会被其他诸侯国告一状，引来"去国"的危机，这才不得不千里迢迢来迎他归国。

何况蒋家在朝午王面前也是毫不相让的。所以蒋伟半夜摸上来，没有像姜元期待的那样来投效，而是来摆条件的。

蒋伟提的条件很简单：娶一个蒋家淑女立为王后。另外，姜姬是什么身份？母亲是谁？他看得出来姜元对姜姬不同，立刻怀疑起姜姬的身世来。如果血统不一般，就嫁到蒋家吧，也可认蒋家淑女为母……

姜元确实打算娶一位淑女，但这个人要他自己挑！蒋家想拿他当朝午王待吗？

可他又没底气发怒，免得惹恼蒋伟不好收场，所以前面一直忍着。直到听到蒋伟说要姜姬认蒋家淑女为母才站起来，怒道："住口！竖子尔敢！"

蒋伟吓了一大跳，险些从坐垫上摔下来。恰在此时冯丙也到了。他听到了蒋伟的话，赶紧大声骂道："蒋家小儿胆大包天！你可知女公子是何人所出？"

蒋伟瞪大双眼，觉得自己好像……好像碰到了什么了不得的大秘密。

"冯公慎言！"姜元大喝。

冯丙赶紧闭上嘴，心里得意地笑个不停。蒋伟啊蒋伟，今日他可是阴沟里翻船了！

姜元紧闭双目，似在压抑怒火。

蒋伟见冯丙噤口不言，又被姜姬的事给扰了思路，一时也找不到别的话可说，就也规矩起来。

"夜露深重，姜某就不留二位了。"姜元甩袖，转身，做出了送客的姿态。

冯丙亲眼看到蒋伟吃了大亏，心满意足地扯着蒋伟退下。

被人赶了出来，这对蒋伟来说也很新奇。不过他没顾得上生气，出来后就缠上了冯丙，"冯公冯公，何不为小子解惑？那姜姬……"被冯丙一瞪，改口道，

"女公子是何来历？"

冯丙得意道："你竟然敢说要女公子认你蒋家淑女为母，好大的口气！"说罢也一甩袖子，唤来从人，背他下山。

从人健步如飞，转眼就把蒋伟甩在身后。蒋伟边走边嘀咕："好大口气？难道还真有什么来历不成？"他也就是看到姜元待姜姬不同才有此一说，不免顿足："早知不提这个就好了。"说不定姜元已经应下了。前面说要他立蒋家淑女为后时明明没有发火，提起姜姬就怒不可遏。

可他现在已经忘了姜姬长什么样了。

"姜姬……"蒋伟喃喃道。明日一定要看清她是谁！

※第51章　甘为猪羊※

茉娘被人绑着扔在草房里，怜奴就在外面！他还跟那人嬉笑，说她是他从宫中偷出来的女人，让他把她看紧了不要放走。那人拍着胸脯保证说一天都不会把她松开！

这不是！这不对！

这一切都跟姐姐说的不一样！

茉娘穿着布衣，没戴钗环，被人送进了莲花台。那人告诉她，现在莲花台内的宫侍、守卫，除了冯家的就是蒋家的，会有人保护她。如果她一天见不到大王，也会有人给她送吃的、喝的。

"只是娘子要委屈几天了，大王一直守在金潞宫不曾出来过。"

茉娘不怕苦。她学舞时被先生教导，什么苦都尝遍了。她道："如果大王不出金潞宫，我也可以溜到金潞宫去。"

"这个……娘子如果有机会，倒是可以一试。"那人深思道，"怜奴也在大王身边，娘子若是见到他，不要吃惊。"

怜奴？

茉娘松了口气。她认识怜奴，虽然两人没说过话。但既然是蒋家人，那她就不必担心了。

可潜入莲花台后，她才惊觉这里是如此的大，却看不到一个人。

没有侍卫也没有宫侍。

可却有一些别的奇怪的人。她们看到她后，竟然上来厮打她！抢她的衣服！她吓跑了，也不知道自己跑到了哪里，更别提见到大王了。

她又饥又渴。又怕再遇到那些会抢她的女人，只好一直躲躲藏藏。在无人时才敢出来，偷喝莲花池边的水。

然后她就遇到了人。

是一个侍卫！她想上前问路。她想到金潞宫去。那人听了后就答应了她，还从怀里掏出一块干饼给她。她拼命道谢后接过来，正吃着，那人却将她推倒在地，就要行事！

她吓得尖叫，把饼扔了，推开他跑了。

逃走时，她看到不远处有个人正看着这边笑。她吓坏了，以为又是一个坏人。

可是等她跑到安全的地方，坐在地上仔细回忆，才想起那人脸上绑一块三角巾……是怜奴吗？她听大哥说怜奴因为瞎了一只眼，在大王身边恐怕不雅，就在伤眼处绑了一块三角巾。

刚才那个人是怜奴？

她忍不住又偷偷找回去，却看到怜奴正在跟那个欺负她的侍卫说话。两人颇为熟悉的样子，最后他还给了那人一块铜币！

吓得茉娘再也不敢找怜奴，赶紧偷偷跑了。

但她的肚子很饿，饿得她受不了了。她想要一点吃的，哪怕那个侍卫再找她，她也愿意！可当她看到有侍卫过来后，她还是躲开了。她害怕。她不想这么做。她不敢。

她在这里就像一个被人围追堵截的小兔子。每个人看到她后都会拉弓搭箭。每条狼、每只狗看到她都会追过来。

她躲在角落里，不知自己还能怎么办。

这时有人在背后跟她说话。她立刻吓跑了，却又碰上了怜奴。她想起那个被他叫来的侍卫，更加不敢回头。

她不知自己跑到了哪里。找到一处山石，想钻到里面躲起来。却听到里面有男女在一起的声音，只好继续跑。

她从昨天就没吃饭，只喝过两口水，整个人都晕晕的没力气。跑一会儿就有些撑不住了。她靠着树坐下来，眼泪涌上来。她静静地哭着。

这时，怜奴找来了。他站在离她很远的地方，笑着看她。

她连忙站起来想跑，头一晕摇摆起来。她伸手扶住树，看到怜奴几步跑过来，对她笑着说："饿坏了吧？我找了你一天。"说罢从怀里掏出一块饼，"快吃吧。真是，你刚才就不该跑，那个叫住你的人就是大王呢。"

"真的？"茉娘赶紧摸摸脸和头发。

怜奴上下打量她，把饼塞给她，"吃吧。你这样也可以，看起来像是刚从家里逃出来的。蒋彪都交代过你了吧？就说是蒋伟想把你们姐妹送人，你好不容易跑出来，找大王求情。"

茉娘连忙点头，接过饼也顾不上干得渗血的喉咙，拼命吞下去。

怜奴看她这样，说："我去给你取水，别一会儿见了大王连话都说不出来。"

他拿来一个竹筒，筒中清水甘甜得很。她全都喝光了，抹抹嘴说："我们去见大王吧。"

怜奴却看着她笑。

渐渐地，她觉得浑身无力，天旋地转。头一沉，她就栽倒在地。眼皮沉得直打架，周围的一切都看不清了。

再醒来时，她躺在一辆车上，身上盖着脏臭的麻布。她的心狂跳。怎么回事？回忆起来，她喊起来，声音却细小得听都听不清。

突然麻布掀开，怜奴笑着看她："醒了？"

她哀求地看他，想伸手去抓住他，手脚却仍然没有力气。她的眼泪不停地流下来，对他喃喃道："怜奴……怜奴……"

怜奴也是坐在车上的，推车的是另一个人。他看起来简直像个乞丐。他明明听到她的声音，却连头都不回一下。

怜奴用麻绳将她的手脚都紧紧绑住，看她在看那个推车的人，说："我给他两块饼，让他帮我推车。他不会听你的话的。"

茉娘哭泣道："怜奴……你不要害我……为什么？为什么你要害我？"

怜奴双眼发亮地打量她："你们蒋家的人都一样，使唤起我，就像使唤自家的奴仆。"

茉娘惊惧地瞪大眼，摇头："我没有……我也是啊……我也只能听家里的话……"

"你要听话，那就不该抱怨。"怜奴笑道，"既然蒋家能将你送给大王，我拿你换金子不也很正常？还是你只愿意被蒋家卖掉，不肯被我卖？"

茉娘死命摇头："怜奴……怜奴……我们是一样的啊……"

"我们不一样。"怜奴说，鄙视地看着她。他把麻布一盖，再也不理她了。

等车停下，他把她扛下来。她拼命地咬怜奴，他也不为所动，走进草屋，轻而易举地就把她卖掉了。

她想呼喊。怜奴对她说："你如果在此地报出蒋家之名，那蒋家之女流落在此、成为庶民玩物的消息，就会传遍整个乐城！"

茉娘便死死咬住嘴，看到怜奴得意的笑。他可惜地看着她，肯定道："看，这就是我们不一样的地方。"

草屋里有四五个女人，还有小孩子。小孩子可以跑来跑去，反正他们不会逃走。那些女人中，也只有她被绑着。女人们趁着没人时想脱下她的衣服。几人还为了她的鞋厮打起来，被草屋的主人发现，将她们打了一顿赶出去了。那主人蹲下对她说："你是宫里的女人，肯定有人想买你回去。如果没有人买，你也可以留下。我这里每天都有吃的，只要你好好干活。"

干什么活呢？那些女人和孩子会跑到街上把男人拉进来，就在她身边的地上胡来。有男人看到她被绑上想伸手，被女人说："她可贵得很，你掏得起钱吗？"

不绝于耳。她死死把脸埋在地上，恨不能一下子就死了。

姐姐……大哥……怎么会这样！怎么会这样！

自从把茉娘送出去后，蒋丝娘坐卧不安。她天天待在蒋彪这里。看到有人来找他就避开，等人走了以后就赶紧回来问："有茉娘的消息了吗？"

蒋彪被她问多了也有些烦，道："她才刚进去，也不知道见到大王没有，没见到的话还有的等呢。"他顿了下，"有怜奴在里面照顾，不会有事。"

蒋丝娘怒道:"怜奴?靠他?他恨死我们了!怎么会帮茉娘?!"

蒋彪:"他恨我们不假。可茉娘与他一样,都是可怜人。他怎么会恨她?"

蒋丝娘犹豫半晌,摇头道:"大哥,不是这样。怜奴虽然恨我们,却恨得痛快。就像杀人,他对我们就是捅一刀。对着茉娘,却可能会多捅几刀。"

蒋彪不解:"他这么讨厌茉娘?"

"不是讨厌。"蒋丝娘叹气,"是痛恨吧。可能他觉得,茉娘太软弱了。"

蒋彪还是不懂,"既然你这么担心,我就让人去问问怜奴吧。"他无奈道。

蒋丝娘这才放下了心。

怜奴很快传来信,却是嘲笑他们太心急。

就算是男女勾搭,也没有一夜成事的道理。

这话砸到蒋彪头上,气得他七窍生烟。

"这下你放心了吧。"他没好气地对蒋丝娘说。

蒋丝娘既放了一半的心,仍有一半提在空中,"这么说,大王见到茉娘了?还很喜欢她吗?"

蒋彪对茉娘的容貌很有自信:"只要大王见到茉娘,就不可能不动心。"他看向丝娘,没有说出口的是:需要担心的是一旦茉娘受宠,还会不会遵守约定让丝娘也进宫。毕竟茉娘只会是夫人,而丝娘一旦进宫,就算也是夫人,也会身在茉娘之上。

姜元看怜奴得了两块金饼,一连几天都很高兴,既好笑也更奇怪,不免问他:"那毕竟是你的姐妹。在蒋家就算人人都欺负你,她难道也欺负过你?"

怜奴道:"同一个圈里的猪羊,一只日日想着逃回山林,一只却心甘情愿地把自己养得皮光肉滑,只等主人把它端上餐桌。"

姜元就明白了,看怜奴痛快地一挥手:"所以看到这样的猪羊,我就恨不能早早给她一刀!也省得碍眼!"

※第237章 我命由我不由天※

从桃儿记事起,她的身边就充斥着一个女人的身影。

她从没见过她，不记得她的声音、她的气味。

她是她的母亲。

可她既爱她，又恨她。

小时候，桃儿恨她。因为人人都会用隐晦的、带有暗示性的目光在背后打量她。

当着面的时候，他们从不多置一词。可是在她看不到的地方，他们又仿佛能看到她的一生、她的本性似的，对她下断语。

"永安公主的女儿……"

"嘿嘿……"

"一定跟她娘一个样。"

因为这样，在她刚刚能记事起，在她记忆最早的一个个片段中，都有俊美少年的身影。哪怕是东殷王殿上的大臣，也会不自觉地对她施展美色。她记得很清楚，有两个极为俊美的少年，在别人拿她开玩笑时对他们说："如果二郎年少些，倒可与公主一同长大，同伴青春，呵呵……"

少年那冷肃的眉眼，仿佛在向世人宣告：他不屑于她这样的公主。连跟她的名字牵扯在一起，都是一种耻辱。

他说："休要说笑！"然后扬长而去。

可在没有人的时候，他不知因为何事来到王宫前求见父王，但不想让人知道。

而她，当时因为不喜欢在后宫里待着看那些女人的脸色，就一直住在父王的寝宫中。

少年找到她，轻柔地抱起她，温柔地对她说："公主，你到大王身边去偷偷看一眼。看谁在那里，再出来告诉我。好不好？一会儿我陪你玩啊。"

少年很美，靠近他时，她不自觉地屏住呼吸，觉得他的脸在发光。

但她最后跑去找父王告了他一状。

那个少年最后再也没有出现在王宫里。他从父王的身边消失了。

可等到长大，她开始感激她的母亲。

因为成长后的她发现，正是因为母亲，她才能得到现在的地位，才能被父王捧在手心，才能不管身后有多少人看不起她，她都能在王宫中如此"幸福"地活着。

而不是像她之前以为的那样，是父王一直在保护她，保护因为身有污名的母亲而受到牵连的她。

但不管爱与恨，桃儿都发誓不会成为母亲那样的女人。

母亲不爱晋国，她爱！

母亲纵欲，她坚贞。

母亲不尊夫命，不尊王令，私蓄军队，养奴成凶。

她听父王的，听晋国的。她不要封地，不要侍卫！

她会是一个很好的公主，会成为一个受人尊敬的女人，让她的孩子以她为荣，而不是以她为耻。

在她将要嫁到魏国之前，她听说，母亲与人有一个私生女。此女的父亲原本不过是一个流亡的公子，摇身一变成了鲁王。此女也不顾身世不堪，竟然光明正大地称起了公主。

可笑！可笑至极！

这种人怎么有脸出现在人前？鲁王就算喜欢这个女儿，偷偷养着她就好了，为什么要承认她？

难道以后她都要被世人提醒她还有这样一个妹妹吗？

晋王宫中那些人不约而同地到她面前来提起这个女人。他们眉眼之间的嘲笑之色一清二楚。

"荒唐，这种事我从来没听说过！"她说。

她不会承认！

她绝不会承认！

"如果是假的，那个鲁王怎么会认她？"一个人笑着说。

是啊，如果那个身份不明的公主不是有那么高的身份，鲁王为什么甘愿让一个母不详的公主身居高位？正因为她被承认了，那她的身份就一定是真的。

直到真的坐上去魏国的马车，她才松了一口气。她一直害怕魏国会因为这件事拒绝她嫁过去，那她就会成为晋国永远的耻辱。到那时，她就只能去死了。

来到魏国后，太子温柔和善，魏王慈爱亲切。王后固执，但对她也仅仅是冷淡了些。最叫她担心的，其实是自己的容貌……

在太子看到她的那一刻起，她发觉他的视线移开了。

她知道，自己不美。可女人的容貌并不是最重要的，不是吗？人的品性才是最宝贵的。

她从不追求华服美饰。甚至直到要嫁过来之前，她才容许她的殿中出现镜子、胭脂、香膏。

可她也考虑过了太子可能会爱美人，所以在媵中特意挑选了两个既性情和顺，又容貌出众的贵女。

可……在她选好之后，兄长来看她时却调侃她，道她为了不让别人与她争魏国大公子，特意挑了丑女当陪媵。

当时她气坏了，把兄长赶了出去。

直到见到太子，她才开始不安。等太子的目光扫过她身后的两个贵女时，她才发觉兄长所言……可能并不是玩笑。

太子殿中侍候的宫女倒不乏美女，可她们竟然都说自己的容貌不算美。以前太子宫中有两个会做衣服的织娘才是绝色。

一个宫女在听到她夸她容貌时，诧异地看她，好像奇怪她为何要讨好一个宫女。

她说："你这样端庄大方的女人，又有何处不美？"她并不是在恭维别人，她从不说谎，是真的欣赏这个宫女生得端正才夸她的。

宫女哑然失笑："太子妃，男人可不会喜欢我这样端庄大方的人啊。"

她沉默下来。她知道有些男人会喜欢那种淫荡的女人，看人的时候眼里都有钩子，身上总有香气，好像在引人靠近她去闻。

可太子品性高洁，应该是不会喜欢这种女人的。

嫁到陌生国度的不安很快就应验了。

太子对她温柔得很，但他看着她时的眼睛却总是那么平淡如水。而他看到王后宫中娇美宫女的时候，眼睛却会发亮。

他对她说："幸好你来了，母后才会对我这么好。"

她知道，那是因为之前王后杀了他两个心爱的宫女，他的宫中不留一个美人。而现在她来了，王后竟然愿意让他在王后宫中找美丽的宫女戏乐。

魏王慈爱宽容，却不止一次把他们夫妻叫到身边，要他们互助互谅，提醒太子要小心王后，小心王后的家人。

"有了权力的人，哪怕砍了他的头，他也不会想放弃权力。"年迈的魏王冷酷地说，"我为了让你继位，封了你母后的亲族。终有一日，他们会成为你的障碍。他们会不满足于手中的权力，而你的母后会成他们的帮手。她会发现，当丈夫是大王时，远没有儿子是大王更愉快。当你不得不与她为敌时，你的妻子，只有她会忠诚地帮助你。"

太子仿佛被说动了，而在一旁的她更是感动极了。

从这一刻，她认为在这里，她会和太子一起活下去。他们会是亲密无间的一对夫妻，没有人比他们更亲密，就算是母子也一样。

但魏王去后，太子就突然变了。

他变得离她更遥远。

他娶了她的陪媵为夫人，却又娶了太后亲族之女。她问他为什么。他笑着说："王后莫不是不喜孤身边有别的美人？"

她道："当然不是。只是大王，世间美人众多，尽可纳来。太后亲族之人……却会成为你的阻碍。"

他笑道："一小女子，难道孤还会受她摆布？王后多虑了。"

她敏感地发现，他喜欢那个女人！

是远胜于她的喜欢！喜欢到他宁愿放过她出身上的问题，忘掉父王的叮嘱，也要留下她。

可她又能怎么办呢？

她发现自己寸步难行。除了他，她没有一个帮手。

她在这里才是真正的孤家寡人。

她想尽办法笼络他，不着痕迹地讨好他。可太后步步紧逼，根本不肯放过她！

有时她觉得……他是故意让太后与她争斗的。

可能对他来说，太后与她都同样不值得信任。太后有亲族，而她，却有一个与魏接壤的晋国。

她以为到了这个时候，她青春时的迷梦已经揭掉了面纱。

可太后和他告诉她，命运还可以更残忍地对待她。

躺着等死时，她回忆自己短暂的一生，认为自己无愧于世人！

她以世人对女人所有最苛刻的想象来要求自己。

她是个好女儿，她从来没有反对过父王对她的每一个期望。

她是晋国的公主。她满足了晋人对她的要求，美好地长大，嫁给魏人，完成她的使命。

她听了魏王的话，做太子的妻子，做他的帮手，尽全力去爱他，去帮助他。

她是太子的妻子。她忠于他。从她踏上魏国起，她的每一声心跳都没背叛过他。

她是魏国的王后，她生下了太子。

她让所有人满意，却落得如此下场。

宫女在床前轻声说："公主，曹公子来了。"

曹非是用曹家子弟的姓氏，才能这么快钻到王宫中来。

他到魏国来以后，才知道叔叔曹席在先王去世后就挂冠而去，早就带着一家老小回家乡了。

新的魏王挽留过几次后，洒泪送别了这个替他娶来晋国公主的老臣。

曹非没有报上自己真正的名字。他假充曹氏旁系子弟。因为不甘回乡，才在吴都台钻营。

他成功接触到了宫中的人。但先对他产生好奇的不是别的，正是宫中的王后。

那个已经卧病数月、惨遭酷刑的王后。

曹非早就想接触王后。他认为在太后这件事上，找大王不如找王后。因为王后肯定是不希望吴都台中有两个可以影响大王的人的，她一定想除掉太后。

就算以前不想，现在两人也是不死不休了。

与王后的亲信数次交谈都无法取信之后，曹非只能以摘星公主作为诱饵了。

他记得世人传言，摘星公主与王后该是一母所生。等了半个月后，终于，宫中来人，道王后想见他。

隔着一重又一重的纱帘，曹非听到了急促轻浅的呼吸声，说明这个人连呼吸都成了一件痛苦的事，让她必须又快又短地完成这项工作，以免带给自己更大的痛苦。

殿中无人，带他进来的宫女转身就出去了，还关上了门。

曹非就坐在他进来的地方，不再往前一步。

王后伤得比他想象得更重……

这让曹非更加不安。

帘后的人突然出声了，声音像游丝一样。如果不是殿中寂静，他险些错过这个声音。

"给我说一说……摘星公主的事……"

曹非知道得不多。但为了取信帘后之人，他刻意说得就像他是摘星公主的亲信。

"她真的……很得鲁王宠爱？"帘后之人问，"鲁王，真的给了她一个很大的封地？"

"此城原为辽城，现在叫商城，正是公主所改。"曹非道。

帘后之人："她为什么让你来？"

曹非说："公主自然是关心姐妹……"

"……"帘后之人很长时间不说话，直到黄昏，她突然说，"你过来。"

曹非小心翼翼地靠近，站在帘前。

"进来。"

他犹豫再三，掀起纱帘走进去。

眼前的一幕让他惊呆了。

魏王后，晋国公主，像一具在喘气的死尸。她正努力地把床上的一个小孩子推给他。

"带他走，把他送给摘星。求她……求她救他一命……"桃儿翻不了身。她努力地把手伸向曹非，像要去摸自己的命。

曹非鬼使神差地伸出手，握住她的手。冰冷，发着抖，满是冷汗，有些僵硬。

"他在这里会死……"桃儿看向孩子时，干涩的眼睛才流出了一滴泪，"带他出去。我喂了他一口我的药，他不会醒。求你，这就带他走吧！"

曹非借着昏黄的晚霞逃出了吴都台。他穿着宽大的袍子，没人看出他坐在车上时，怀中藏着一个孩子。

他不敢停留，当天就带着人，赶在城门关闭前，逃出了城。

事后听说，王后道太后命人偷走小公子，为了取信大王，在大王面前自尽了。

她把命放在别人手中。

母亲与妹妹，都把命拿在自己手中。

所以，她们都能活得比她久。

阅读评价

从上个世纪末《寻秦记》和《穿越时空的爱恋》掀起穿越潮至今，"穿越"一直是个大热的话题。男读者爱它，在穿越的剧情里建功立业，掌握如画江山，三妻四妾，坐拥百美；女读者也爱它，在臆想中的古代享尽荣华富贵，与优秀的男子风花雪月，荡气回肠，备受宠爱。

可是，古代真的是钟鸣鼎食、锦绣繁华的模样么？古人真的那么遵守礼法与道德约束么？那个以压榨大部分人来供养一小部分人的社会，真的值得向往么？

在晋江作家多木木多的笔下，本名林渊的姑娘，甫一穿越，面临的第一个大问题就是，自己及自己的一家子，即将被饿死。这在穿越小说中是不常见的。我们最常见的身份是公主、皇后、妃子、世家女，再不济也是地主家的小姐。哪怕生在农家，也总能挣出一条生路。几曾见过这样险恶、人吃人的环境？

偏偏就是这个快要饿死的姑娘，因缘际会之下，成为鲁国公主姜姬，走进摘星楼，登临凤凰台，谱写属于自己的传奇。这传奇不是靠别人的宠爱与赠予，而是来自她把自己看成一个人。她向一个绝对不公平的世界要求人的权利，并且把这种权利带给他人。

"你们没有给我做一个你们期待的女人的机会！"

"在做一个女人之前，我想先做一个人！"姜姬坐在王座上，对她的大哥说。

身为女儿，却要行男子之事；身为穿越者，却偏不去维护看似对自身有利的制度。一意孤行，改天换地。这就是姜姬，本书的主角。

第一好看点："恩"与"怨"的纠缠

仓廪实而知礼节，衣食足而知荣辱。乱世与饥饿足以打消文明与礼法对任何一个人的束缚。与其说是人，不如说饥饿中的他们是一群依靠本能生活的野兽。

年纪小小却做了他们"娘"的陶氏，不得不靠出卖身体来获得食物。而林渊清醒后所做的第一个决定，就是杀掉过路人，抢夺他的食物。

在遇到差点被他们打劫的姜元之后，他们的生活迎来了转机。因为林渊有一双酷似姜元的眼睛，他们成为了姜元的家人，她更名为姜姬。姜元身为鲁国王位继承人，将带他们进入一个更为庞大也更为恐怖的世界。

这是一个近乎春秋时期的国家。天子昏聩无力，诸侯权柄旁落，卿大夫掌握了大部分的权力。这个世界尊卑分明，庶人与贵族之间有着无法逾越的鸿沟。但同时，这又是一个等级不那么分明的世界。匹夫一怒，可击杀公卿，倏然远遁。

这是一个浪漫、蒙昧、礼乐文明与蛮荒共存的时代。危险无处不在，机遇也无处不在。姜元杀死了姜姬和兄弟姐妹们当作母亲的陶氏，最温和、柔顺的陶氏。但除了她，没有人怨恨姜元。因为：

她明知姜武升不起对姜元的恨意。这世上高位者杀害低位者是无罪的。这是所有人的共识，就像刻在骨子里。

所以姜元杀陶氏无罪。姜元把姜谷和姜粟当成工具无罪。姜元要摆布他们都是理所当然的。

姜武从心底认同这一点。他或许会委屈，会悲痛，却不会反抗。如果姜元真要杀他，他会挣扎，但被杀也不会恨姜元。

她却做不到。如果她真的没有能力，那被强权欺凌可能也只能无奈认命。但当她有机会握住保护自己的权柄时，让她放手，甘心受缚，引颈就戮？

姜元要借姜姬巩固地位，于是，姜姬也在借着姜元攫取权力。她讨厌着这个人命如草芥的世界，但她总是处在为了生存杀死别人，和不愿意剥夺别人生命的矛盾中。她的良知不允许她作恶，但在无法无天的贵族眼中，即便贵为公主，她也只是一个精致一些的玩物，不是人，不是可以同等交流的存在。

她的仇人，本来也不是冯家。

如果一定要说，是这个世界吧。

第二好看点："统治"与"压榨"的区别

后来，姜姬的敌意对准了贵族。而那个世界里的大部分贵族，他们根本不懂得什么叫作统治。

所谓统治，是人——一个又一个的平民——把一部分权力交给统治者。而后者在享受这些权力的同时，必须保证他们的权益。

然而这个世界的贵族以为自己的权力来自高贵的血统。他们不但不在乎平民，甚至也不在乎同类的性命。贵族间相互攻杀，上位者随意践踏下位者的生命。他们的生产力还停留在铜器时代，尔虞我诈却早早进入了巅峰状态。

他们不懂得怎样经营一个国家，更不懂得怎样爱护百姓。那就让懂得的人来，让心怀慈爱的人来。姜姬在贵族眼里，是跋扈嚣张的异类。而在商人和奴隶眼里，是慈和的摘星公主，他们发自内心地爱戴她。

"公主怕我们冷，一到天冷就给我们做皮裘。"

"她说要有鞋子和袜子。"

"她说饭可以随便吃……不管是肉还是蒸饼……想吃多少都可以……"

"她不打人，也不骂人，她从不对我们生气……"

他喃喃道。

香奴听得入了神。"怎么会呢？"他不相信，"公主怎么会这样？哪有这样的主人呢？"

他一定要回到公主身边——因为在公主身边他首先是一个人。而在别人那里，他只有一张脸。

与此同时，骤得高位的姜元却越来越昏聩，"望之不似人君"。于是，大王缩在莲花台醉生梦死，而姜姬在夺走姜元的儿子后，向贵族们宣布："我不是她的女儿，我是林渊。"

在让贵族们认识到姜元为了权位甚至可以混淆王族血脉的无底线之后，姜姬远走辽城，带着忠心于她的侍人与宫女，将那里建设成一个充满活力的商城。

只有最具远见的统治者才会发展商业。因为商业的繁荣会把原本拴在土地上的人民带走，信息的流通会启发他们的智慧。贵族再也不能因为血统高贵就忝居高位，认为死了这一批奴隶，还有下一批奴隶供他奴役；统治者再也不能躺在莲花台醉生梦死，征收苛税，掌握生产资料和暴力机器，用一切卑劣的手段榨干每一个心存希望的人。

姜姬的行为在一定程度上是反传统的，既违背了礼教的传统——那礼教，本就是男人们用来规范女人的。不然，姜姬怎么从未见哪一个男性贵族去严格遵守礼教？同时也违背了女频小说固有的传统。

在后院里被人宠爱，依靠生孩子和打扮得美丽就可以得到最好的生活，那是多么轻松啊。很大一部分读者热爱穿越小说，不正是为了借此逃避现实的压力？去攫取权力，去统治一个国家，去像男人一样生活和做事，必然是辛苦的，有时候还会是恐怖的。姜姬因此而被诟病，因为在她身上找不到身为女性该有的美德——贞静和柔顺；但在她身上绽放出的，是统治者该具备的智慧和人性的光辉——仁慈与果敢。

第三好看点：乱花迷人眼的女性角色

姜姬，始终是一个女人。她并不以自己的性别为耻。因为在"女人"之前，她首先是一个"人"。她杀人，玩弄权术，色诱贵族，跋扈暴戾。可在用自己的力量破坏那个世界的规则的同时，她也从未忘记自己是一个人。她必须拥有权力，也必须保住自己身为人的"仁心"。

与这样的姜姬相对照的，有很多个女性角色。自古以来，"做人莫做女儿身，百年苦乐由他人"。

温柔和顺的女子，除了养母陶氏，还有姜姬的两位养姐——姜谷与姜粟。这也是两个任人摆布的女孩子。于是姜元将她们分别嫁给了一个儿子都可以做她们父亲的老头子，和一个暴戾的贵族。命运系于他人之手，是做一个由着保姆指挥的夫人，还是在新婚之夜被丈夫踢死，全看对方的心情。

贵族家的女儿们，蒋家丝娘与茉娘，还有冯家的半子，怀着雄心壮志走进莲花台，与大王虚与委蛇，却为了家族利益斗争而死得凄凉。冯家阿乔因为容貌不美而用才华武装自己，却没有相配套的坚强心智，对姜元动了情，下场更加不堪。

冯家的侍女喜爱冯家公子玉郎，但女主人半子逼迫她去伺候姜元。侍女卑贱，在上位者眼里大约不是人，而是物件。没有人在乎她的想法，但她自己在乎。于是，侍女在宫中放了一把大火，无数人因此丧命和受伤。

更多的宫女们在动乱来临时，像财物一样被人掳去。姜元入主莲花台，不肯给她们食物。她们像野兽一样生存，随时随地可以为了一块蒸饼脱下衣裳。姜姬在摘星楼上向下俯瞰时，经常看到宫女们为了食物厮打，形容恐怖，不似人类。但转瞬间，宫女们又情愿离开王宫，跟随姜姬远走边境。姜姬不明白为什么，宫女们也说不上原因。她们始终活得浑浑噩噩，却并非一无所知。

蒋盛之妻赵氏则是另外一种境遇。昔年赵家政治斗争失败，与蒋家达成约定，将一个女儿嫁到蒋家。赵家将女儿的马车放在郊外，蒋盛却放过了赵氏正当盛年的姐姐们，抢走了还不到十岁的她。在各种隐晦的暗示中，我们可以看出，蒋盛是一个有着恋童癖的变态——他喜爱年幼的妹妹丝娘，强娶赵氏为妻，格外钟爱美少年胖儿，对十岁出头的姜姬一见钟情……

蒋盛亲手将赵氏养成了他喜欢的模样，就如同光源氏亲手养成了紫之上。但光源氏喜爱柔媚和顺的女子，蒋盛喜欢的却是他通过种种不合理待遇培育出的畸形心理——赵氏暴躁、绝望、跋扈，纵然对蒋盛毫无感情可言，却不可能离开他生存。这种情形大约会骗过一部分人，使读者觉得，蒋盛对赵氏是有着"真爱"的。但很快，蒋盛为了一城太守之位，放任赵氏在蒋家被人杀死，而他自己早已另娶他人。

作者不止一次地写道，某人为了娶公主或贵族女，杀死自己的妻儿，造成"单身"的状态，以便权势更上一层楼。钟鸣鼎食、礼乐温雅之下，就是这样狰狞的一个世界。姜姬的公主身份并不能使贵族男性把她看成同等地位的人，反而引得他们竞相追逐，视她为权杖之上最好的装饰。

在无数个这样或那样的女性中，姜姬是不同的。她首先自视为人，绝不愿为某人附庸，更不愿无知无觉地被人送来送去。男性贵族对女性惯常的鄙夷，恰好成为她的优势——她以好色、奢侈、跋扈为名，从贵族到平民都喜爱这种"恶德"。这种恶的品质与她的慷慨仁慈毫无冲突。

她掌控人心，掌握鲁国大权后，必将不满足于此，进而觊觎天子的权力。她重视商人与平民，想让每个人都活得像个人。她在不断地改变着那个世界。而她究竟能走多远，能做到什么程度？这正是读者最期待的地方。

第四好看点：曲折离奇的情节

回顾故事本身，也许许多地方会让读者觉得过于离奇，从而怀疑作品的合理性。但如果将目光放得长远一些，看看《史记》，无论是文姜与齐襄公通奸、卫公娶宣姜、楚平王纳秦女，还是齐桓公与蔡女之间令人哭笑不得的战争缘起、"山有木兮木有枝"的突兀表白，都表明在那个蛮荒而又绚丽的时代，人们一边强调着"礼"，一边毫无规则可言地肆意妄为，做出许多在后世人看来无法想象的事情。

从这个角度来说，《姜姬》的故事发展非但没有违反常理，反而颇得历史之三昧。虽然是架空，却比一些打着历史旗号、写得宛如大妈菜市场一般的宫斗戏文章与影视剧，更加合乎历史。

作者多木木多早期的文笔是偏向直白的，到了《清穿日常》则达到精致趣味的巅峰，每个词句都如同清宫器用之物——花纹繁复、色泽明丽，耀人眼目。之后的《夏日清凉记事》则又逐渐趋向质朴。

《姜姬》的文笔是近乎返璞归真的，除了寥寥几笔白描，几乎从不用华丽的词句去形容一个美人或一件美丽的器物。但这种淳朴稚拙的语言，恰好与近似于春秋的时代背景相配合，营造出一种略带疏离却又光怪陆离的时代感。宛如生满绿锈的铜鼎，兽面纹中隐约透露出一点金光。那是铜鼎铸造之初光华灿烂的时代遗留。

《姜姬》试图阐释很多东西：女性对男权社会的反抗，平民对贵族阶层的反抗，少数派对人们司空见惯的"习惯"暴力的反抗。姜姬努力去庇护每一个弱者。因此哪怕是由于这个故事想要表达太多，以至于某些节点显得混沌不清，读者也愿意去理解、去包容。

因为每一次怜悯与仁慈都值得珍视，每一次反抗都值得敬佩。哪怕是一个念头都那样难得。更何况，姜姬已经在行动。

《姜姬》的读者，会期待姜姬的未来，却不会期待自己变成姜姬，亲身投入时代的洪流，成为那蒙昧时代的一员；他们欣赏作者所营造的那个时代，却不会愿意被拉进那个时代。娱乐性的故事之下隐含人性的残忍，越是读下去，就越是庆幸自己生在一个文明的时代，一个法治和谐的国家。这大约就是《姜姬》胜过许多穿越小说的地方吧。

本篇执笔：纳兰朗月/中国青年智库论坛网生评论家

第十章 祈祷君《人人都爱马文才》：

"梁祝故事" 经典再造小说

　　每个人都有自己不能言说的苦楚。不说不仅是因为鲜少有倾听的对象，而是因为那苦楚太独特——说了，旁人也不能体会。不如，自我消磨，自我消化，直至找到应对之策，或者就此搁浅。细想又很惊讶，我们竟然从祈祷君笔下的这些少年身上，看见了整个人生的不易。

作者简介

　　本书作者祈祷君于 2009 年开始在晋江文学城创作网络小说，直到 2014 年参加征文活动时创作的架空古代言情小说《老身聊发少年狂》后，才有了一定的名气。作品因为新颖的设定而引起关注，突破了婴穿、美女穿的设定，是一个不拘一格的老人穿。突破原有的网络小说创作元素，也成为祈祷君的风格之一。

　　2014 年创作的《木兰无长兄》、2015 年创作的《寡人无疾》、2016 年始作的《人人都爱马文才》，都在不断突破网络文学中穿越的固有印象，使作品的立意与结构都别具一格。

代表作品

　　《开盘》：已完结，已签约影视改编；

　　《木兰无长兄》：已完结，已出版，已签约游戏、影视、动漫改编；

　　《寡人无疾》：已完结，已出版，已签约影视、动漫、游戏改编；

　　《老身聊发少年狂》：已完结；

《人人都爱马文才》：已完结。

内容梗概

《人人都爱马文才》是祈祷君于 2016 年开始在晋江文学城创作的古代言情小说。

本书讲述了一个发生在南梁时期的故事，重生的马文才想要改变前世的结局。碰上的祝英台，却是来自 21 世纪的穿越女。他将如何改变故事发展的轨迹？

望着眼前的会稽学馆，马文才终于想起了那魂魄无归的恐惧，以及曾被世人嘲笑诽谤的侮辱。

被坑得一脸血的马文才，坚决表示：

这一次，他一定要人见人爱，花见花开；娶了祝英台，拳打梁山伯；最后出将入相，升职加薪，登上人生巅峰！

等等，等等，怎么梁祝情况有些不对？

引文节选

※第 3 章　人中之才※

听到贺革夸奖自己乃是"人中之才"，马文才就知道自己的言行总算是没出什么差错。

和大部分轻视五馆的士族子弟不一样，马文才虽然也觉得五馆的教授比不上国子学，但五馆之中被任命的馆主，无一不是皇帝和天下士族公认的博学之士。有些更是教授过天子学问的先生。即便如今会稽学馆的馆主并不是以前名动天下的大儒贺场，但其子贺革精通三《礼》，一出仕就曾是太学博士。连晋安王都曾是他的学生。马文才当然不会骄傲到觉得自己来五馆求学，是"屈尊纡贵"。

事实上，他来会稽学馆，也根本不是为了什么求学或天子门生的名位。

早一两年，他就明白自己有今年入馆就读的时候。所以为了今日，他在家早就调查过许久。从贺革的喜好习惯，到贺革身边的心腹仆从，再到他的行事风格，都打探得清清楚楚。

就如他知道贺革不喜欢傲慢张扬之人，于是便在山脚下命令家仆静候。

他熟悉贺场乃至贺革的字迹。所以他一入厅堂，便看出这《淮南子》的手抄本是老馆主贺场的手迹，自然恭敬地阅读，直到贺革到来。

至于如此小心地放好那本《淮南子》，除了他本来就爱惜书籍，大多还是因为这是贺革父亲的遗物，不敢露出一点点怠慢之意的缘故。

马文才为入学谋划已久，却没想到今年年初陛下却突然下诏弄出什么"天子门生"一事。

原本的他想要表现出的是"求贤"的目的，因为那是很容易赢得好感的。可诏书一下，如今的他却很容易被人误解成是"求名""求官"。为了不让贺革先入为主地认为他是沽名钓誉之人，他又要重新谋划一番。

马文才当然不担心贺革不会留他。无论是他的出身，还是两家的交情，贺革都没有拒绝他入学的理由。但他天性中有些追求完美。为了达到自己心目中的目的，他必须要给这位贺馆主留下最好的印象，才能在日后徐徐图之。

现在目的已成，马文才心里也就为之一松，露出少年人应有的羞涩之态来。

"那是中正大人的谬赞。贺伯父也如此说，实在让人惭愧。"

"中正是不会随便妄言的。你幼年之时便得到如此的褒奖，难得的是还如此不骄不躁，马太守的家教甚是出众。"

贺革呵呵笑着，亲切地让马文才入座。

"人中之才"并非一句随便的夸奖。

马文才的父亲三十多岁上才有了唯一的儿子，又是正妻魏氏所出的嫡子，加之他出生后身体也并不强壮，马家上下对这孩子自然是宝贵万分。

马文才年幼时家人甚至不敢为之起名，怕有小鬼拘去，只唤小名"念儿"。

直到有一年，马文才的祖父、任着东海太守的马钧曾抱着尚是孩童的马念儿赴一次内宴，恰逢新帝之后刚刚上任的扬州中正也在席上。这位中正见马念儿长得可爱，又和自家孙子年纪相仿，便抱来逗弄了几句。

谁料年幼的念儿对着这位长者应对自如，既无儿童被逗弄后的不知所措，又口齿伶俐逻辑清晰，顿时引起众人啧啧称奇。

这位中正也不知是真喜欢马念儿的聪慧，还是酒酣耳热，居然当场评价年幼的马念儿将来是"人中之才"，要给他赐名"马人才"。

"中正"的官职是为了区别人物、定立九品而设，以此作为吏部选官的重要依据。到了刘宋时期，中正品第已经变成例行公事。但吏部选官依旧还是以中正品第作为基础，到了梁朝也是一样。

所以中正不但地位尊贵，而且往往是朝廷二品以上高门大员担任。

当时的扬州中正张稷，若不是因为新皇登基需要选拔地方上的人才支持，不见得会参加这种级别的宴会。无论他因为什么原因要给马文才赐名，都没有人能够拒绝。

这是一种极高的殊荣，拒绝也是为自己招祸的行为。

官职仅为东海太守的马钧当然无法拒绝"马人才"这个名字，但这名字要真起了出来，这孩子日后就要处处遭忌。

马家几代谨慎，马钧便以这名字"褒誉太过，恐伤其寿"为理由，备下重礼求着扬州中正为孙子将名字改成了"文才"，于是马念儿从此便成了"马文才"。

"人中之才"成为一时美谈。可那时候马文才毕竟年纪还太小，没有造成多大的影响，只有家中故交亲眷拿来不时夸奖一番。

马家只是次等士族，马骅也好，马钧也好，一生立足于"稳"。虽然也希望子孙成才，却不愿儿孙的名声凌越于王、萧子弟之上，为自家招祸。

好在马文才虽然从小早慧，却一直少年老成，行事沉稳不似孩童，并没有因为年幼时候中正在酒席上的一句夸赞之言而飘飘然忘乎所以。是以"人中之才"的名声并没有给他带来什么负面作用，倒成了他最好的保护伞。

掩饰他从小不似寻常幼童的保护伞。

在家人的眼里，他们家的"念儿"是生来就不同凡响的。

从两三岁起，他便能过目不忘，学起字来的速度远超一般儿童。

在很多小孩还在想着怎么偷懒玩耍的时候，他已经开始跟着祖父学习《五经》和《书经》。更是在极小的时候，就开始学习"书"之一道。坐在案后练习书法，常常一坐就是半天。

才华出众并不少见，难得的是天赋异禀还能沉下心。

正因为他表现出好学恒心的一面，马骅才会对这个长孙爱不释手，哪怕是处理公事都带在身边，更有了后来中正评价的那一幕。

得到评价后，大约是为了衬得起这句评价，马文才更是敏而好学，从小便在族中乃至吴兴郡的同辈之中出类拔萃。只是为了怕他骄而忘学，家中不许外传他的名声。

但名声这东西是拘不住的。教导马文才的先生大多是大儒，师者互通。渐渐地，便连会稽郡和吴郡的先生们都有了些耳闻。

这样的少年，即便门第不高，只是次等士族，但毕竟三代为官，想要入国子学也不算麻烦，谁又想他会来会稽学馆呢？

不过想想年初天子下的那道诏谕，再想想外面由士族子弟和寒门学子组成的"人龙"，贺革心中似乎明白了点什么，笑着揶揄一向谨慎的马家也不能免俗。

来了！

听到贺馆主终于提到了他来的目的，马文才心中一震，正色肃容道："其实即便没有陛下的新政，小子也是准备今年来会稽学馆求学的。"

"哦？"

"贺公昔日以《五经》见长，我家与馆主家中又是故交，家中早有将小子送到贺公膝下求学的想法。"

马文才不慌不忙地解释。

"只是陛下立馆兴学，贺公门下生徒数百，诸多事务缠身，家中反倒不好将小子送来麻烦贺公。后来贺公病重，家父探望数次，回家后直言贺公为了这些学子殚心竭虑，只盼望他能够好生养病能少费些神便是万安了，更是打消了将小子送来的念头……"

"马太守心地仁善，贺某替家父谢过马太守的关心。"

听到马文才提起自己逝于任上的父亲，贺革眼中也大是伤怀。

"只是马太守乃是吴兴郡的太守，吴兴学馆的沈馆主与我父亲齐名，你又何必舍近求远呢？"

他父亲的身体并不算硬朗，任会稽学馆馆主时已五十有余。五馆大兴之时，馆中内外之事接踵而至，庶务学务繁杂，这位原本只是做学问的老人自然是心力交瘁。

再后来国子学重建了，原本士庶一体的学馆顿时士庶分别。士族子弟纷纷退学，寒门子弟自怨自艾。而这完全违背了五馆建立的初衷，着实打击了这位老人。

而后他的父亲身体越发沉重，直至一病不起。因为学馆而费尽心力，也并非是虚言。

马文才善于察言观色，见贺革心防已经卸下大半，立刻继续加强他的好感："贺公病逝之后，馆中学生罢读回乡者不少。家父心中一直心忧着会稽学馆之事。好在贺伯父继任馆主，家父才算放心。"

"至于贺伯父所问，为何不让小子在吴兴学馆就读？一来是为了避嫌。家父是吴兴太守，小子入读吴兴学馆，自然处处受到优待。家父认为这样违背了让小子入学馆读书的目的，对心性上的磨炼也会有所欠缺……"

马文才笑了笑。这是家世上的优势，他不必细说，贺革也会理解。

"二来，小子在家中学五经，于《礼》上总是有些不得精髓。五馆之中，会稽学馆尤善《礼》，所以家父才又起了将小子送来伯父门下就读的心思。只是前几年伯父刚刚继任馆主之位，家父怕烦劳到伯父，便督促小子在各郡之中游学，吸取各家之长，免得太过愚笨。一来免得让贺伯父受累，二来来日也不会给贺公及贺伯父丢人。"

他又露出惭愧的表情："实不相瞒，家中年初就已经准备好将小子送来，只是小子在吴郡耽搁了一阵子。等到准备动身时，陛下却下了那道诏书，家中反倒犹豫了……"

古时候拜师乃是大事。士族子弟游学，或者在家中私学，即便先生再多，也不见得都会"拜师"。先生也不见得会收为弟子。只不过有师徒情分，却不见得有师徒名分。

越是亲熟，越是谨慎。否则好生生的孩子送来，没有养成俊才，说不得要羞见故人。

马家对"拜师"如此慎重，不但是对马文才负责，也是对贺家门风负责。是以贺革不但不会生气，反倒有被尊重的感受。

"马兄怕是担心我误会你家将你送来，只是为了谋个前程。也是，以他的性子，或许为了顾忌我的感受真不会送你来……"

听到马文才的一番话，贺革对这位成年后并不常来往的故交已经起了极大的好感，称谓上也从"马太守"变为了"马兄"，自然可见心情之变化。

贺革笑着捻了捻颔下的胡须。

"那你为什么又来了呢？你难道不担心我也误会你只是为了前程吗？"

"小子为什么要担心呢？"

刚刚还有些羞涩的马文才此时笑得坦荡："三世不至五品之族，便要除士。小子的祖父是散骑御使兼任太守，父亲是太守。到了小子这代，若不能官至高品，就要落得下品士族的下场。小子身在士门，又并非天生灼热，为了家中前途努力谋划，又有何不对？"

"更何况，小子若有幸拜在贺伯父之下，必定不能堕了贺公的名头。如果不是这样，家中又何必如此慎重？"

马文才表现出少年应有的意气风发。

"既然小子当得起这样的名声，自然就要有与之相称的才德。五馆之中取优异者入京，小子若不能入京，才是对故交最大的侮辱。既然如此，小子为何要担心贺伯父误会小子只是为了前程？"

"小子不怕贺伯父误会……"马文才的话掷地有声，"小子来，求贤，求学，也求名！"

这样的马文才，让原本对他就生出欣赏之心的贺革顿时动容，大声喝彩。

"说得好！"

※第11章　精力充沛※

马文才从来没见过睡得这么熟的人。熟到他大半夜在她身边来来去去，换掉了脏污的丝被，更了新的中衣，甚至还抽空把那碗和水处理了一下，她还是在闷头大睡。

除此之外，她保持着一晚上至少变了七八次睡姿的频率。期间将手、脚、胳膊等各种身体躯干部分塞到了他的这边，逼得他不得不一次次往外挪移，直到脸贴着墙，避到再也无处可避的地步。

这是人能干出的事？！

猪圈里的猪也没她能折腾！

好在祝英台的折腾到了一定地步后自然终止了。大概是终于陷入了什么美梦之中。她带着像是痴儿一样的表情，就这么躺在了之前刚刚入睡的位置，睡得死沉。

被迫蜷缩在角落的马文才简直无语凝噎。头疼欲裂的他在确定绝对不会再被"手""脚"或是其他什么东西袭击了之后，立刻就陷入了睡眠之中。

大概是因为半夜被折磨得太过，从来不晚起的马文才竟然没有按时清醒，也没有起早练武。让捧着盥洗用具在门口一直等着的随从们，差点没顾得他的严令，闯进屋去，看看发生了什么。

所以第二天一早，先醒的倒是早睡的祝英台。

睁开眼的她，第一件事是反射性地去找昨晚那碗可笑的水。水居然还在，甚至碗边的花纹还保持着和昨晚一样对着外面的角度。

别问她为什么知道，她的画面记忆能力就是这么强！

至于马文才，则是胳膊平放在身体两边，很是老实地紧紧靠着左边墙壁平躺着，看起来很是乖巧。

睡得这么老实，他家里规矩该多大啊？

听说双手放在两侧平躺的人都比较善于忍耐和遵守规则，处女座不愧是处女座……

算了，这种从睡姿看性格也说不得准。她这种一晚上不停换姿势的，总不能是精神分裂吧？

祝英台揉了揉眼睛，见到睡梦中马文才的眉头似乎是皱着的，和白天见到的元气少年完全不同，忍不住愣了下。

不会是在做噩梦吧?

祝英台有些担心地伸出手去,拍了拍身边的室友。

这一拍,她立刻就发现了不对。虽然一样是米色的丝被,但这条丝被的质感明显比昨天的那条厚些。

换了被子?

脑子还有点迷糊的祝英台没有多想,这边马文才则是祝英台手一碰就立刻反射性地一缩,惊醒了过来。

马文才是从不赖床的,眼睛一睁自然清醒。

"醒啦?我还以为你在做噩梦呢,一直皱着眉。天色不早啦,你早上不是还要去拜师吗?"

祝英台一点都不急。八月初一才开课,离现在还有七八天。他们提前来不过是做准备,不像马文才早上还另有安排。

"多谢。"

马文才眼睛没有直视只着中衣的祝英台,而是掀开被子下了卧台,对着外面叫了一声。

"疾风,细雨?"

听到主人的传唤,疾风细雨二人这才如释重负地进了屋子。和他们一起早就等候多时的半夏,也领着粗使丫头,端着银盆进了屋。

等马文才双脚踩在地板上,祝英台赫然发现他好像还换了裤子?

作为一个看过小黄文、见过苍老师的理论派,祝英台脑子里突然闪过了许多猜测,脸上也浮现出猥琐的笑意。

哎呀呀,小伙子精力很充沛嘛。看这眼睛下面的黑眼圈,晚上肯定是没睡好。啧啧啧,难道是什么什么漫出来了半夜洗裤子去了?

啧啧啧,小伙子,就是麻烦!

祝英台脑补得起劲,再想到马文才换过了丝被,早上起来还靠着墙睡,脸上猥琐的笑意越发遮掩不住,就差没对着马文才挤眉弄眼了。

刚刚喝过温水的马文才一抬眼就看见祝英台表情"恶心"地对他笑着,差点一口水没呛到。

遭遇到昨晚"女神破灭"和"一碗凉水"事件后，不知为何善于掩饰自己情绪的马文才有些不想再绷着了，硬邦邦对着祝英台地开口：

"怎么了？我脸上有什么吗？"

祝英台立刻把猥琐的表情收起。

啧啧啧，一定是发现我已经察觉，开始恼羞成怒了，龟毛的处女座！

"没什么没什么，都是男人嘛，都明白。"

祝英台笑眯眯地接过半夏递来的牙刷，蘸了点青盐，开始专心洗漱。

男人？

你也算是男人？

明白什么？

马文才拿着半截柳枝，看着祝英台拿个奇怪的猪鬃小刷子在自己嘴中不停鼓捣着，喉咙里竟有些不适的感觉。赶紧低头嚼了嚼手中的柳枝随便揩了下牙，伸手要求细雨伺候洗脸。

而那边，祝英台接过半夏递来的热帕子在脸上敷了敷，舒服地哼了一声，便将擦完的帕子丢在水盆里，正准备去穿外衣，一下子就愣住了。

只见马文才身前的四个小厮，一个为他净面，一个为他抹着面膏，还有一个将他的头发细细篦过在发尾抹上某种无味的油脂，最后一个则手持着银熏炉站在架子上马文才要穿的衣衫下面，为他熏着衣衫？！

被他这么一衬，撸完了脸就开始自己穿衣衫的自己，简直就像是哪个穷山沟里捡来的叫花子。

他难道不该好奇地询问她刚刚刷牙的东西是什么吗？

他不该为她划时代的"科技产物"感到惊讶并且露出羡慕之色吗？

瞟了一眼就嚼着柳枝还一脸嫌弃是什么鬼？

别说他没有，她都看到了！

"英台兄看来喜欢清静。"

看到祝英台木然地立在那里自己穿着外袍，马文才大概明白她在想什么，笑着给她台阶下。

"家母出身会稽魏氏，家中规矩多，想要没那么烦琐都不容易。英台兄如此自在，在下实在羡慕得很。"

这祝英台为了掩饰女儿身，也实在是太艰苦了，居然自己揩齿，自己穿衣，自己整理衣冠。

谁家贵女起床以后是这么过的？

他家但凡有点身份的管事，都不会如此。

这么一想，马文才对她很是同情。但同样地，也对她如此"委屈"自己，也要女扮男装，很是好奇。

祝家的私学不错。她又不是男子需要光耀门楣，来会稽学馆学习《五经》也不能当官，为什么要冒着各种危险来读书？

马文才系着额带的手微微顿了顿，怎么也想不明白，便不去再想了。

"既然都熟悉了，就不要喊我英台兄了，直接喊我祝英台或者英台都可以。"

每次他一喊"英台兄"，她就有忍不住低头看胸的冲动，不明白自己的"胸"到底怎么了。然后只能看到宽大的儒衫下空空荡荡的瘦削体型，顿时凝噎。

已经穿戴整齐的祝英台和马文才打完这个招呼，便脚步轻快地领着半夏出门去，去学馆里专为甲等学舍准备的"小膳堂"用早膳。

"羡慕什么？羡慕你就自己动手啊。"

祝英台走出外间，这才忍不住翻了个白眼。

"温柔和善体贴细心有点洁癖"但"四肢不勤又臭美"的公子哥。

祝英台暗暗给马文才贴上了标签。

看到祝英台出了屋子，马文才对风雨吩咐了些什么，又命令雷电准备好等会儿要给贺馆主拜师的束脩。随便就了碗学馆里送来的米粥，吃了些家中带来的点心，整理好衣冠前往祀堂。

看起来神清气爽的马文才自己知道自己其实有些精神不济。昨夜没有休息好，又多思多梦，让他多少受了些影响。只想着早点结束"拜师"，成为贺革的入室弟子，然后在学馆里逛逛就回去补眠。

如果以后每天晚上祝英台都这么"活泼"，那他必须要早日将午睡搬上日程。

到了祀堂外面时，若拙和若愚早已经等候着了。他们将马文才引入堂内。马文才早有准备地奉上束脩，再敬完天地君师，这拜师礼便算是完成了。

观礼之人不多。贺革是个不爱张扬的性子。马文才为了表示自己的郑重，从一开始就眼观鼻鼻观心，恭恭敬敬地行完了拜师礼。这才表现出轻松的样子，对着贺革躬身唤了声"先生"。

贺革显然也很高兴，挽起马文才一看，哈哈笑了起来："看来你昨夜休息得不太好啊！"

他当了许多年夫子，教书育人，学生精神状态如何一看便知晓。

马文才也不遮掩，赧然道："是有些不习惯。"

贺革了然地点了点头："以你们的出身，两人一间的时候确实不常有，确实还得好好适应。为师也不瞒你，其实一大早就已经有不少人前来诉苦，或软或硬地希望我能将他们安排到单间。只是馆内屋舍实在不够，给我都回了。"

所以你即便是不适应，也不要想着能换了房间。

哪怕是自己的弟子，也不会通融的，否则便要被人说是徇私。

马文才自然听得懂。更何况祝英台是他自己选的。就算是她半夜变身成母夜叉，也得咬牙忍着，当下顺从地点头称"明白"。

"孺子可教。"

贺革满意地抚了抚胡须，将身后一直站着的几个年轻人引见给马文才。

"这些都是我的入室弟子。文才，来见见你的师兄弟们。"

※第 22 章 不会妥协※

"正因为我才华不弱于其他士子，所以我无法去读甲科。如果我成绩优异，我就无法掩饰我的才学；然而让我故意表现出拙劣的才学，则是对不起我曾经付出过的努力。"

祝英台的语气中有一种早就看透的疲惫。

祝英台原身的努力，并不因为她出众的天赋而就有所减少。她是个天才，却不因自己是天才而有所松懈。

自己可以在价值观中表现得和她不尽相同，但如果她对不起她曾付出过的努力，便是一种对原身的侮辱。

被千年传颂的祝英台，如果是个女扮男装、不学无术、进学馆只是为了撩汉子找老公的LOW货，连她自己都饶不了自己。

她会脑补。但脑补是为了分散她时刻紧绷的神经。她清楚地明白自己并不会因为脑补而真去妨碍到任何人。

但她的话，好像真的伤害到马文才了。

她和祝英台，从不会去伤害自己的朋友。

"我不想被人看轻，可也不能出人头地为自己和其他人惹麻烦。马文才，我不愿出仕，也不能出仕。我不能告诉你我的苦衷，但甲科，我不能去。"

她低下头，有些羞愧地说出了真相。

"我开玩笑，是为了掩饰我的无措。"

马文才微愕。

他从没有见过认错如此之快的人。

"至于鸿鹄的话，是我先入为主的观念在作祟。我以前听过那样的典故。我没有觉得鸿鹄的行为可笑，也没有瞧不起你努力的意思。我不是夸耀自己不用努力就可以得到别人努力的东西，更不是酸着我没有得到只是因为我懒得去争取。"

祝英台半天没有等到马文才的回应，声音里已经有些颤抖之意。

"仪态闲适的天鹅尚且在水面下拼命地划水，哪里会有不努力就能成为天才的事情呢？哪怕真是鸿鹄，会表现未曾如何努力的样子……"

"不过是担心自己是另一只鸿鹄之下的燕雀罢了！"

即便是天才，也还明白一山更有一山高的道理。

从小背负着"天才"之名，承受所有人的夸耀。一旦没有表现出众人期待的样子，就会落得个"才尽"的笑话。

担心配不上自己的名声，担心表现的刻苦努力会显得笨拙，担心即便努力了还是比不上更有才华的人，索性便表现出"我什么都没做我就是这么厉害"的样子。

这样做的话，如果日后落败，还能解释是"他很聪明但是就是没怎么努力"。似乎只要天才一努力，就能更加出类拔萃一般。

祝英台不算是天才。但她有着原身留下的所有记忆和感触。她比任何人都了解这个女子是如何痛苦又挣扎地生活在这个可怕的社会。

她既不能展现出自己比男人还要出众的学识，又不愿犹如寻常妇人一般浑浑噩噩地渡过自己的一生。

祝英台的高傲来自天赋。祝英台的痛苦也来自她的天赋。

而她的高傲来自她的来处，她的痛苦也来自她的来处。

对于很多男人来说，时人讲究风度，时人讲究清静无为，时人讲究"努力终究成空"。所以即便他有多么努力，面上也要表现出一副"嗤？努力？那是下等人才会做的事情"。

似乎只要和普通人一样努力，就会沦入下品。

就连马文才这样有才有能之人，也不敢承认自己其实拼了命地努力，生怕被别人看轻。

这个怪诞的时代，将人类美好的品德批判得一文不值，又将该唾骂的言行反倒高高拱起。

这样的时代，能让祝英台产生什么样的融入感？

她几乎是时时刻刻都能感受到自己是生活在荒诞之中的。

即便是真的见到了这些活在"传说"之中的人物，也无法让她产生真实感。

"那你的乙科又是怎么回事？祝家家教再差，也不至于乙科这么弱！你在家没读过《晋律》吗？"

马文才的火气已经被她慢慢安抚下去，但是一想到祝英台乙科成绩差成那样，火气又起。

南朝宋齐梁的法律都脱胎于《晋律》，多有增减，大差不差。马文才原本还以为祝英台会露出羞惭的表情，谁料她却紧紧蹙起了眉头，似乎多想一下什么都是罪孽似的。

"在家就看不进去，现在更看不进去。"

祝英台难得冷着脸。

她来的时代虽然法制上并不完美，可和这个时代一比，简直就是天上地下。她说她在家就看不进去是真的。祝家庄不许女子学律学，或者说，当世大部分人家都不允许女儿家学律学。所以祝英台起了来读书的念头时，是曾经想临时抱佛脚看看这个时代的律法是怎么样的。

可当她看完开篇几章时，就气得浑身发抖，将《梁律》给抛了出去。

法律规定朝官士族犯法能够赎罪，叫作"官当"；百姓有了罪，不但自己坐牢，还要株连全家老小。

法律规定士族可以不用受到任何惩罚便侵占河泽良田，百姓却无立锥之地。

法律规定士族不必交税，不必服役，国家危难时不必上阵当兵。取而代之的，是无数以血肉供之的百姓。

士人血亲相奸乃是风雅，只需要罚钱。庶民五服之内有了关系，便要黥面砍腿，流放千里……

每条律法其实都很严谨和严苛。可制定者们在每一条严谨的条律后面都开了"后门"，以供特权阶级去寻找脱罪的漏洞。诸如此般还有很多，其法律双标之严重，看得祝英台内心里破口大骂，再也看不下去。

所以无论马文才也好，其他人也好，哪怕他们的颜值突破天际，祝英台在看到他们的时候，无法不想到他们其实是吸食着民脂民膏甚至是民血民泪长到这么大的。而他们的风雅和风度，是在践踏着别人生存的权利的时候，被"教养"出来的。

只要一想到这些，祝英台就根本没办法对他们生出什么好感。偏偏她自己的身子也生在这个阶级。连表达出对普通人的好奇，都是一种"不合时宜"，更别说想办法维护他们的权利。

那被割了鼻子的可怜女孩，就是对她最好的抨击和警醒。

她除了用"好歹他们还有颜能耽美"来麻痹自己，还能靠什么才能忍住不拔腿就走的冲动呢？

有一段时间，祝英台似乎明白了为什么魏晋南北朝时有那么多明明可以做很多事的名士却选择了归隐，过着"放达"的生活。

难道这时代就没有聪明人吗？难道这时代就没有会生出怜悯之心的人吗？

可他们能做什么？连这个国家的法律都是要求人们去剥削别人、苛责别人、伤害别人的啊！

那些"不合时宜"的行为，放在了士族的身上，变成了旷达。唯有旷达，才能掩饰住他们内心不安而生出的惶恐之心。

至于之后的"跟风",便是让人作呕了。

马文才问她为什么乙科学得那么差,这简直是个不用问的问题。

有几个她这样经历的人,会热衷于学习——如何去压迫别人?如何用礼教把自己包装成没血没泪只懂繁文缛节的怪物?如何可笑地骑着驴子当马、拿着玩具弓乱瞄?就算是学了"射"和"御"?

祝英台第一眼看到"马场"那几匹比狗高不了多少的果下马时,她的内心是拒绝的。

马文才又如何能想到,祝英台的"看不进去",是这么多无法和这个时代任何士族解释的"原因"?

所以当他看见刚刚还"诚恳道歉"的祝英台,此刻却一副"我不愿多提"的样子时,顿时生出一种"怒其不争"的可笑来。

她刚刚还口口声声说自己不是嘲笑他的努力,那现在这种"夏虫不可语冰"的态度是什么?

看不起他吗?

生性高傲的马文才无法直面这种两生两世的"轻蔑"。如果这祝英台是个真男人,他揍他一顿也许就出了气,可她偏偏是个女人!马文才看着面前的祝英台,只觉得自己快要被活活噎死。

有才了不起啊?

有才就能看不起人吗?

为免自己情绪失控做出什么真的伤害到祝英台的事情,马文才站起身,用更"轻蔑"更"高傲"的姿态凝视于她,冷冷一笑。

"你曾跟我说,来会稽学馆是为了看到不一样的风景,我原先还钦佩你的选择……"

他"嗤"了一声。

"现在我懂了,原来你是为了去丙科看那些下等人的。"

说罢,拂袖而去。

当夜，马文才没有回来。他的四个小厮风雨雷电也没有留在院子里。听半夏的话，马文才似乎是去了隔壁傅歧的院子。

对此，半夏简直欣喜若狂。也对祝英台才没几天，就能把一位涵养如此好的贵公子气跑的本事，赞叹不已。

她就知道她家主子一定是自有办法，否则怎么会这么淡定！

哈哈哈，只要让他讨厌就可以了嘛！

看着半夏如此"兴奋"，祝英台的内心一团乱麻。

也是，傅歧和马文才，才是一国的。

就是不知道梁山伯如何自处。

会和她一样，莫名其妙就把所有事都搞砸了吗？

祝英台仰倒在地台上，看着左手边立着的那方素面小屏，内心有种另一只靴子终于落地的惆怅和踏实。

"这就是'命定'的道路吗？即使换了一个祝英台，也不可能和马文才友好地相处下去……"

祝英台眨了眨眼，想要把眼睛里的酸涩给眨回去。

下等人……

原来在马文才的眼里，那些踏踏实实生活、想要用自己的努力改变命运的普通人，都是些下等人。

那她又算什么上等人呢？来自普通的工薪家庭，和所有孩子一样老老实实读书，高高兴兴上学，等着毕业后找份糊口的工作，顺便和心爱的人组成一个可以为之奋斗的家庭……

就是下等人吗？

"我不会妥协。"

祝英台咬住了下唇，心中狠狠道。

即便和马文才真的绝交，即便是在这个会稽学馆里再无志同道合之人，她也不要妥协。

她绝不为取悦"友情"妥协，也不为取悦"爱情"妥协，更不会妥协……

这吃人的世道！

阅读评价

《人人都爱马文才》单就题目而言，便足够夺人眼球。《梁山伯与祝英台》是中国古代四大爱情故事之一，被评为中国最具魅力的口头传承艺术及国家非物质文化遗产。根据史料考证，此传说当真是客观存在过的故事，但化蝶大概便是人们对于美好故事的希冀罢了。可这故事中的梁祝二人最后双双惨死，只能死后化蝶相伴。那其中最大的恶人，应当便是本书的主角——马文才马公子了。

第一好看点：马文才的委屈

马文才觉得自己很是委屈：明明祝英台是自己的未婚妻，父母之命媒妁之言样样不缺；独独她性子不似寻常女子，非要女扮男装前往会稽学馆读书，不顾已有婚约在身，而转投他人怀抱。自己马上要到手的小娇妻成了别人的掌中宝，还不让自己向那勾引自己媳妇的罪魁祸首出出气？可就这么一个措手不及，梁山伯病死了，祝英台在成亲前一头撞死在梁山伯的墓碑上。二人一死，马文才就此声名狼藉，为世人唾骂。马文才不服：这故事的开始，明明我是男主角，怎么就成了阻碍别人幸福的第三者了呢？祈祷君看出了这份不服中的委屈与恳切，于是有了这部《人人都爱马文才》。

人人都关注梁山伯与祝英台死后化作蝴蝶，最终相亲相爱地一起飞走了，却没人关注马文才之后到底命运如何。除却马文才本人在这事之后被流言蜚语击了个粉碎，整个吴兴马家都被连带着从士族中除名——马家就此败落，家人死生几何都不得而知，又怎能说不是受害者？

祈祷君告诉我们：后来，马文才死了，被葬在马家祖坟。可时运不济，坟被掘开，落得个孤魂野鬼无处藏身，只能没日没夜地飘荡。当然，这不是个恐怖故事，也没有马文才阴间斗垮梁祝讨回公道的戏码。毕竟彼时，梁祝二人已然在世人的吹捧下，得道成仙。苦了的，只有独自飘荡的马文才。马文才心里是恨的。他想起曾经自己还傻乎乎地站在树上，只为偷偷看一眼还未过门的妻子。然而佳人一袭白衣立于树下，看自己的眼神却都是冷的。哪怕自己因此一个不小心从树上摔下来，也没能多得她一眼关照。他恨自己那时候怎么就没发现，这个祝英台是没有心肝的呢，或者说，她的心肝从来就不在自己身上。对于上虞祝家那样的乡豪大户，吴兴马家又算得了什么，自己又何曾能入了她的眼了？或许那时的祝英台心中，对他便是嫌弃的。

应该就此放弃吗？不，倘若有重来的机会，他马文才绝不会让马家沦落至此，绝不会留下千载万世的骂名。可他不曾想的是，这个"倘若"真的有一天会来。且给他这个机会的人，竟然是已经修成金身的祝英台。她在梦中对他说，本无意害他至此；也罢，便用这金身换他重生一次。这一次，请他好好活，也救救她自己。

在故事开始，马文才重生，苦心经营。率先来到会稽学馆，执意要与祝英台同室而居，彻底从源头上掐断祝英台与梁山伯的开始。

你以为，这是个复仇爽文？不不不，绝没有那么肤浅。这看似为报前世之仇而来的故事，却有着厚重的历史背景，值得通读深思。

第二好看点：真实世界的士庶之分

祈祷君把整个故事的背景设定在南梁。汉时选拔官吏的察举制，慢慢发展成门第族望累世公卿。到了魏晋，改为九品中正制。把持选拔者即为门阀世族，进而使得"上品无寒门，下品无士族"。

古诗有云："旧时王谢堂前燕，飞入寻常百姓家。"这"王谢"便是彼时世族大户的代表了。门阀士族究竟是什么？简单来说，你的爷爷是将军，那么你的父亲也是将军；到了你这一辈即便你是浓墨浸身、剑戟不沾的文人，那你也是将军——世袭的，没跑。比如我们熟知的一代书圣王羲之，代表作《兰亭序》被誉为"天下第一行书"，全因为出身琅琊王氏，故而历任秘书郎、宁远将军、江州刺史，后为会稽内史，领右将军。

士族与庶人，是两个完全不同的世界。前者生来含着金汤匙，有着最优的生活环境与教育资源。哪怕生来痴傻，也大多是荣华伴随一生。智商正常偏下，多少也有个官做。而庶人，哪怕一身才华，想要出人头地，也常是万中无一。

士族穿的，庶人不能穿；士族有的，庶人不能有；士族出现的地方，庶人不可出现。在士族眼中，庶人尚且算不上人，大概与牲畜相去无多。而这个社会大背景便被浓缩在了祈祷君笔下小小的会稽学馆之中。

我们在会稽学馆中看到的，分明是士庶之分严格。馆主贺先生为了防止士庶起冲突，特地将宿舍也做了甲等乙等之分。在甲乙丙科之分中，冠首甲科也多是士族之地。身为士族的马文才、祝英台、傅歧与出身寒门的梁山伯，原本是毫无交集的两种人。尤其是前世的马文才，终了一辈子，也没能想清楚，自己为何输给了一个寒门出身、本事也未见得强过自己的梁山伯。而这一世，马文才在阻止祝英台靠近梁山伯、防止自己走入前世误区的过程中，却明白了梁山伯身上的闪光点；并随着祝英台渐渐放下了对庶人的成见，甚至对他们伸出了援助之手。

祈祷君呈现给我们的士庶之分是界限清晰的。但这群出身不同的少年，却向我们展示了士族与庶人各自的苦难和努力。

我们看见，努力想要谋得前程、维护家人的庶人梁山伯，才华可鉴，品行出众；同样也有为了摆脱命运不断努力、观大局谋长远的马文才。我们也看见了那些被瘟疫折磨的庶人，在疾病面前慌乱袭击施以援手的人；看见士族徐家行医救人，病人病重而亡时，却反被埋怨不肯尽全力。

这是真实的世界。并不是所有人都是好人，也不是所有人都是坏人，不能因为士庶之分便否定整个群体。这世界可能对有些人来说真的不公平，但想要朝着自己的目标飞奔而去所要付出的辛苦，没有谁比谁少了一点。那句老话"家家有本难念的经"，说的就是这个道理。故而，这绝不仅仅是一部爽文，更是一部庞大历史背景下的正剧。

第三好看点：巧妙的人物设定，增强戏剧冲突

前面说了那么多马文才和梁山伯的优秀，怎能少了我们的女主角祝英台祝大小姐？事实上，正是祝大小姐这个角色的设定，使得整部小说卖点非常。

马文才可以算作是原身重生，带着前世的记忆而来，势要改变自己的命运。可他想改变的，也不过是马家最后的没落，其中最重要的因素便是被除士这件

事。说到底，他很看重自己士族的身份，并没有对士庶之分有太多反感。这一点与祈祷君所想要表达的内容，并不符合。于是为了扭转马文才的看法，为了表达出祈祷君对于士庶之分的真正见解，更加为了增加本书的戏剧冲突，使之越发好看，祈祷君设定了一个特殊身份的祝英台。

此时的祝英台早已不是"梁祝"传说中的那个大家闺秀，而是一个从二十一世纪穿越而来的灵魂。她带着二十一世纪的思想和所受的教育，来到这个等级分明的世界，并且已经清楚地洞悉了自己的未来。这令她十分恐惧。换了谁，想到自己即将一头撞死在墓碑上，都会觉得脊背发凉。这还不够，整个上虞祝家都散发着一种令她无法呼吸的气息。比如，因为祝母夸了一句下人的女儿鼻子长得与祝英台有些相像，第二天那下人便带着削去了鼻子的女儿来到祝母和祝英台面前求饶，仿佛犯下了何等大罪。不过是一句无心的夸赞，便令人不惜伤害挚爱亲人来求饶。二十一世纪的祝英台如何能够不胆战心惊？

> 她害怕。怕自己最后也如他们一般，漠视人命。凡事以庄园利益为先，最终踩着无数的人命和血汗。和那个庄园里所有的女眷一般，和姨娘斗，和庶妹斗，和表妹斗，和亲娘斗。嫁人之后，和小妾斗，和婆婆斗，和所有人斗。最后一步步踏上"上等人"的位置。

> 只要一想到她将会过上这样的日子，她就迫不及待地想要完成"命定的道路"。哪怕最终逃不过一死，也好过变成那样残酷麻木的蠢物。

> 至少她争过。

祝英台作为二十一世纪的来客，当然对士庶之分不能理解。于是在进入会稽学馆后，与庶人从无界限。这也让早已知道她女儿身的马文才急得焦头烂额，一边要假装自己并不知道她的身份，另一边还要不动声色地为她排除万难。马文才以为自己是来讨债的。实际上真正付出诸多的，却还是他。正是他这般默默的守护，也令身为读者的我们心有所动。

一个原身重生，一个穿越而来；一个带着士族观念，一个崇尚人人平等；一个洞悉一切，一个任性妄为；一个明明生气得要命却还是忍不住要出手帮她，另一个却以为自己伪装得很好还因此而埋怨帮她出头的他……

所以马文才上辈子委屈，这辈子遇见祝英台依旧没能"翻身农奴把歌唱"，还是被人家治得心服口服。虽然他没能在她的身上看见曾经的"女神"影子，却看见了她完全不同于大家闺秀的优点，比如炼金术、酿酒术、制造燃烧弹等。而这在祝英台眼中，也不过是拜大学专业化学所赐。

祝英台身上有很多马文才需要的东西，而马文才又承诺帮助祝英台脱离祝家完全独立。两个不过十几岁的孩子，过早地开始了为自己的未来做打算，并且就此达成同盟，一路相伴而行。而这个故事，却并不仅仅是他们的故事。

第四好看点：人无完人，各有苦乐

祝英台第一次随马文才见识真正的天下苍生，事起南梁最大的一起豆腐渣工程——"浮山堰"事件。水坝浮山堰的崩塌，使得几十万人家破人亡。其中失踪或死亡的人，被吞没在滚滚波涛中。哪里还识得出谁是士族、谁又是庶人？在这样巨大的灾难面前，没有谁拥有特权。一切不过是政治的牺牲品，是统治者弃之不用的废棋。

不知是不是古时人们的寿命太短，因此尚且年幼便要承担起作为成年人的重责。不仅要为自己的未来做考量，还要为整个家族的兴盛做规划。于是这样一场灾难的到来，仿佛成了少年人顿悟的契机。

马文才为了找回当年为逼徐之敬出手救庶人而双手奉上的"天子门生"之位，防止马家日后的没落，决定随陈庆之趟这趟险。本想只是助这位身份特殊的陈先生行事，却不想真正见识了人间疾苦之后，竟发觉自己心中的士庶之分早已开始动摇崩塌。他或许也曾因此看着身旁谈笑自若的祝英台心生感叹吧。

而曾经深受士庶不分、普济众生之苦的徐家后人徐之敬，早已立誓不再医治庶人，却也在这场动乱中被乱民绑架，押至地窖要他救人。他们以死相逼请徐之敬出手，正如当年他那为救庶人未成反倒被庶人活活打死的兄长一般。

"世人皆知徐家人医术好，却忘了我等是士族，不是以医术为生的医者。

家父、家祖喜欢出门救人，不代表我们家兄弟乃至子孙后代以后都要以医术为业。就如同善书法的人写的字好，谁去求字就都要给吗？如果不缺润笔之用的，为什么不能想不给就不给？"

"我今日若因你们掳了我，在我面前自尽，就破例治人，若日后有人想要哪个医家治病，就用同样的办法和手段去要挟，简直就是医者的灾难。从我家祖父起，每代皆有徐家同族因战乱或为人医病而遭掳掠。我堂祖父徐謇一支至今被掳去魏国无法回到故土，就因为我们医术过人……"

而这又与当今社会的"我弱我有理，你强你活该"的现象何其相似。可最终"不医庶人"的徐之敬，还是赶到了疫区，与徐家人并肩作战。只是看诊，不负责医治，并不算是打破了自己的誓言，可终究还是视天下苍生为平等。这，又何曾不是受了祝英台在馆中诸事的影响呢？

祈祷君写故事，其实更是写社会，写人生。她笔下的世情万苦，衬托出的恰恰是主角的坚韧。也是在告诉我们：不要看旁人生活光鲜，因为你不知道他为了这份光鲜，付出了多少汗水！又要有多努力，才能看起来毫不费力。每个人都有自己不能言说的苦楚。不说不仅是因为鲜少有倾听的对象，而是因为那苦楚太独特——说了，旁人也不能体会。不如，自我消磨，自我消化，直至找到应对之策，或者就此搁浅。细想又很惊讶，我们竟然从祈祷君笔下的这些少年身上，看见了整个人生的不易。

至于这些少年后来如何，行往何处，等待他们的当然还有重重磨难。

梁山伯鄞县任上，披荆斩棘，却被处处设槛，险象环生；祝英台因炼金之术被权贵觊觎，欲纵火却脱身不得，困囿其中；马文才终得"天子门生"机会，又因与祝英台存有一纸婚约，对祝英台牵挂不能舍，运筹帷幄亟待营救……这其中跌宕起伏，发人深省。因果后事如何，还请细细阅读祈祷君的这部《人人都爱马文才》。

本篇执笔：田十三/中国青年智库论坛网生评论家

祈祷君写故事，其实更是写社会，写人生。

每个人都有自己不能言说的苦楚。不说不仅是因为鲜少有倾听的对象，而是因为那苦楚太独特。说了，旁人也不能体会。

第十一章　红猪侠《庆熙纪事》：

"王子复仇"武侠权谋小说

　　血雨腥风，朝堂战场，只不过是字里行间，翻手覆手之际。这张网，张得既大而又有力。众生群像，为名为利或为执，都是绚烂一场。拼了心机，尽了身后命，为这权谋下一大盘棋，不白负使命一场。

作者简介

　　本书作者红猪侠是一位出道较早的网络小说作者。她于 2003 年开始在晋江文学城进行小说创作。

　　《庆熙纪事》是她于 2003 年在晋江文学城连载的第一部架空类型的武侠题材权谋小说，至 2017 年才最终完结。除《庆熙纪事》之外，她还创作了名为神州神捕系列的武侠小说，分《白帝城》《风火流星锤》《破城锥》三卷，也因此被贴上了武侠作者的标签。

　　无论是武侠还是宫斗言情，红猪侠善于构建一个充满斗争的权力结构下的江湖。人在哪里，故事背景在哪里，江湖就在哪里。因此，故事中权谋关系，也吸引着读者等候《庆熙纪事》的完结。

代表作品

　　《庆熙纪事》：已完结，已出版；

　　《白帝城》：已完结；

　　《风火流星锤》：已完结；

《破城锥》：已完结；

《梵音》：已完结。

内容梗概

《庆熹纪事》是红猪侠于 2003 年在晋江文学城连载的架空言情小说，可谓是网络小说的经典之作。整部小说冷静克制的文字下面，是最蓬勃旺盛的爱恨交缠。

本书讲述了一个发生在架空历史时代里的故事。身为深宫中一介贱役的辟邪，却似乎有着辅佐皇帝撤回藩地、驱逐匈奴、平定天下的志愿和才华。隐藏在他背后的家庭仇恨，更令他的行为琢磨不定。宫廷内外，大江南北，与藩王、父亲旧部周旋，上下纵横，令他声名鹊起，实权渐握，不久就有青袍总管之称。渐渐聚集在他周围的，更有各类青年才俊。一切繁华说不尽的得意之际，他却依旧寂寞清冷。只有寒州相识的明珠令他心头温暖，只有离水中杀出的雷奇峰令他热血沸腾。

引文节选

※第 1 章　七宝太监章※

庆熹十年的春天来得特别早，才二月里的天气，就让人暖洋洋的，浑不着力。往年柳树才抽芽的时候，御花园里就已经遍地花开。尤其是那片梅林，争相怒放，香雪无垠。

七宝太监伛偻着腰，低头从中走过，心中在暗自感激苍天对他的厚赐。他知道，这已是他最后一个春天了。刚过去的那个严冬使他每日辗转难眠。不但膝腿整日酸痛，连他暗运内力时，右肋下也会隐隐鼓胀，进而浑身血脉不畅，让他烦厌欲呕。他想他是老了。六十三岁的人了，说什么也不能像以前那样当差，现在能不管的事就尽量少管。但只有清风拂过他身体的时候，他却总突然想放声高歌。心中的欢畅充斥在他每条血管里，连脸上也会迸出少有的年轻人的光彩来。他不由伸手入怀，默默抚摸着那管细小的洞箫，压抑着想取出来高奏一曲的冲动。

"师傅，小心。"身边的小太监见他一个趔趄，急忙扶了他一把。

"不妨事。"七宝太监舒了口气，"康健哪，去前面瞧瞧，太后是不是已经用完酒了？"

"是。"

康健是七宝太监最小的弟子，年纪才十七八。七宝太监上了岁数之后，心肠总比年轻时软些；对这个弟子也就格外爱惜，所以一直留在身边，不让他去主子跟前伺候。如今望着他飞扬雀跃的背影，才有些后悔没有管教得更严厉些，总比让他日后吃苦强。

才拐了一个弯，就见到梅亭那边随侍如云。太后正带着皇后和谆、谊二妃赏梅。筑在假山顶端的木亭中彩衣婆娑，香风挟着妃子们细柔的笑语吹散。一条杏色的人影从山石间从容飘下，"师傅。"前面迎来的是七宝太监的大弟子吉祥，向七宝太监请了个安，道，"师傅您老人家安泰，太后传您上去回话。"

"是。"七宝太监道，"你也在这里？皇上也来了吗？"

吉祥随侍在皇帝身边已有四年了。因为办事老成周到，一直没出过岔子，才二十八岁已升至御前从五品的尚宝领事太监。这在宫里也是少有的异数了。

"皇上才刚从西郊回来，因为过来请安，也就坐下饮了两杯酒。"

"如此正好。"七宝太监理了理宫衣，掸掸拂尘，拾级上了梅亭。

"给太后主子、皇上、皇后、两位娘娘请安。"

两位年轻的妃子立即停止了谈笑。只听见太后笑道："平身平身。吉祥说你有要紧事要回，难为你这么老远还过来伺候。"

太后的声音清澈，犹如冬日下的海水般深沉平静。七宝太监抬头正好可以看见她明亮的眼睛，正如多年来一样令他微微沉醉，"奴才近来也不常在主子跟前伺候，每日里只能祝祷各位主子安泰吉祥。人老了之后，想在主子跟前伺候，也是心有余而力不足了。"

太后微微叹了口气："如此说来，七宝也是六十多岁的人了。该歇着时，就让徒弟们办事。你教的七个徒弟一个赛一个的，你也可以少操心。"

"是，太后夸奖他们是他们的福气。奴才是不中用了。这两年，一直白吃宫里的粮饷，心有不安。今儿个向太后主子讨情，放奴才回乡下去。出来五十多年，岁数大了，就想回去瞧瞧。"

太后沉默了片刻，对周围的妃子笑道："你们听听他说的话，好似宫里养不起他了。七宝。"

"是。"

"哀家看你这两年的差也当得很好。你这针工局大采办的眼光，哪里是年轻人比得上的？"

"太后主子有所不知，奴才年岁已大，哪里还分得清时下衣裳的美丑。这两年的差事都是奴才徒弟办的，听太后主子夸奖，奴才就可以放心了。"

太后若有所思地望着身上轻若无物的夹衫，问道："是哪个徒弟呀？"

"一个是驱恶，一个是辟邪。"

"你这采办的差事打算交给谁呢？"

"驱恶稳重些。"

"不准。"这一句话说得异常尖刻，周围的人都吓了一大跳。皇后和两位妃子连脸色也变了。太后自己也有所觉，于是道，"针工局织物采办要的是眼光。"

"是。"七宝太监很自然地接道，"辟邪的格调是高些。"

"那就辟邪吧。"太后缓缓道，"你的小徒弟康健哀家很喜欢。你一走，就叫他到慈宁宫当差。"

"是，谢主子恩典。"

"宫中采办历来和户部打交道。交接完了，让辟邪去皇上那儿谢恩。"

"是。"七宝向皇帝叩头，"谢皇上恩典。"

皇帝心不在焉地道："免了。"

庆熹十年春天的清风微拂过他的脸颊，带来甜美的梅花芬芳。皇帝皱着入鬓的飞眉，眯起双眼，望着湛蓝的天空发呆。自己也没料到，此刻正是他波澜壮阔一生的开端。

七宝太监有时会想到将来。六十三岁的人，很难说有什么将来了。只是当他望着身边的两个弟子时，他就会想到身后的这片宫阙中将会有什么样的惊涛骇浪。在宫中浸淫了五十八年，自然会看得透彻些。尤其是想到那粒小小的火种，竟是自己用了九年的时间悄悄播下的，不由会微微地得意起来。

七宝太监在别亭歇了歇。吉祥替他把驴子拴在亭子的栏杆上。辟邪捧过水壶来，他慢慢喝了几口水。山坡上芳草连天，寂静无声，只有长风柔和地轻啸着绕梁而去。七宝太监从怀中摸出洞箫，放在唇边。洞箫里流出一串婉转的清音。他不禁呵呵笑了几声，长身而起，大步踱到别亭之外，使劲呼吸着春天的气息。又举起洞箫，凝了凝神，忽而纵情吹奏。灿烂的音色如同山涧飞流直下，绕山而行。箫声和着长风疾驰而去，似远远传来的寂寞长笑。七宝太监放下洞箫，伸开双臂，迎风大笑，"有人十年磨一剑，我今日可称得上十年奏一曲了。当真大畅人心，大畅人心。"他一扫平日恭谨的神色，眉宇间英气飞扬，颇见侠气。犹如藏了几十年的利刃陡然出鞘，照人双目。他突然回头道："走了！"

"师傅，"吉祥急忙迎上前去，"您老人家往哪里去？回寒州么？"

七宝太监停住脚步，微笑道："回什么寒州！"他转身望了望山下一片灿烂的宫院，道："我是个宦官而已，离开了那片宫廷就什么也不是。大千世界茫茫无垠，却无我容身之地。你们也是一样。"他望着两个弟子道，"纵然你们日后必定翻云覆雨，甚至只手遮天，但只要离开了它，就像我今日一样，无处可去。"

辟邪走上来道："师傅。"

七宝太监微笑，抚摸着他柔软的黑发，柔声道："你要好自为之。"

"是，师傅保重。"

七宝太监解开驴子，倒背手牵着，迤逦而去。吉祥和辟邪跪倒在地，向着他的背影默默叩了个头。长风当空，隐约还带来七宝太监的笑声似的。

皇帝抚弄着手中的棋子，心中颇为踌躇。眼看角上的一条巨龙已成困兽之争，与中上腹的一片活棋之间只有几粒孤子，当真跳也不是，连也不是。思来想去，不禁恼怒道："难不成今天又让你赢了去？"皇帝白了对面的成亲王一眼，把棋子往棋匣里一掷。成亲王嘿嘿一笑，摇了摇手中的折扇，道："皇上又累了，要不今天就点到为止？"皇帝瞪了瞪这个比自己还小着两岁的同胞兄弟，才要开口，就听见吉祥疾步走到帘子外禀道："乞禀万岁爷，新任针工局采办，辟邪前来谢恩。"

皇帝正在尴尬之时，由他一打岔，不禁觉得神清气爽，于是道："叫他进来。"

成亲王不由赞道："好个奴才，当真来的是时候。如果不是太后给皇上的，臣还真想要他回去，在王府里当差。"

"放在你那里当真大材小用了。"皇帝道，"你的王府里容不下这等人物。"

门外一阵轻盈的脚步，一个身量瘦小着青色宫服的年轻太监，由吉祥领着低头走进来，在帘外跪下叩头道："奴婢辟邪谢主隆恩，皇上万福金安。"

皇帝只觉他行礼之时体态优雅，口齿清澈大方，不觉已有几分喜欢，道："起来吧。"

"是。"辟邪站起身，垂手站在外边。皇帝命人挑起帘子，"进来回话。"

辟邪往里紧走几步，慢慢抬起头来。皇帝不禁倒抽一口冷气，更听得身边的成亲王不由得"啊"了一声。只觉眼前的少年清爽异常，一张雪白的面庞上不带丝毫杂色，在柔和的阳光下，竟如寒冰般微微透明。更衬得一双飞目神光流动，不可方物。目光流转间，仿若冰河破堤而出，寒意浸肤，令人不可平视。

皇帝不由向他招招手。他更走近了些，皇帝仔细再打量他。见他大约十八九岁年纪，远不像其他太监那样有些发胖，体格甚为清健。一举一动虽然恭谨，却颇带洒脱之意。

"你叫辟邪？"

"是。"

"老家在哪儿？"

"奴婢是京城人氏。"

"喔，这倒不多见。"皇帝道，"进宫几年了？"

"奴婢进宫晚，才九年。"

"你师傅很器重你。"

"是师傅的错爱，各位主子的抬举。"

"你这个差事不好当，"皇帝笑道，"针工局和内织染局历来和宫里各个主子打交道。太后品位素来不俗。现在的年轻女主子们也不好伺候。你师傅身兼两局掌印太监，一直犹得太后器重。你也当好自为之，尤其是财务上要小心。"

"是，谨遵圣命。"

吉祥在一边笑道："这两年师傅的身体不好，诸事均由奴婢这个师弟打理，还算得体。"

皇帝道："那就不容易了。小小年纪，做事倒是周详。"

辟邪道："奴婢师傅曾经言道，处事皆如弈棋，每一步均需料到后事如何，方能妥当。"

"嗬，"成亲王摇着扇子道，"七宝太监还会下棋？"

"是，师傅极擅此道。"

皇帝突然问："棋艺之道，你也会么？"

"奴婢师兄弟几个皆略知一二。"

吉祥道："其中辟邪的棋艺最精。"

皇帝往棋盘上一指，笑道："这倒要考考你，你看朕下一步该如何？"

辟邪往棋盘上迅速掠了一眼，道："皇上胜局已定，奴婢岂敢妄言。"

成亲王一声失笑，道："不妨，你且过来瞧。"

皇帝早知大势已去，听他此言，颇为诧异，道："你倒说说看。"

辟邪道："角上这条长龙即将脱困，与中腹成合围之势。成亲王边上这片白子只怕有险。"

皇帝笑道："这条龙如何脱困？你下给朕看看。"

"奴婢不敢。"

"不碍事，"成亲王急忙道，"皇上的旨意。"

辟邪见皇帝点了点头，才捡了一粒黑子，往棋盘中一落——原来是小飞！那条长龙立时颇具破云而去之态。成亲王仔细一看，不由皱起眉，合拢折扇，凝神思索。

皇帝很是高兴，笑道："好棋。"

辟邪垂首道："奴婢僭越有罪。"

"哪里话！你把自称京城第一高手的成亲王都唬住了。给朕长了脸。哈哈。"

辟邪这才璀然一笑。原本微有寒意的双目，顿时令人不觉有春风拂面之意，

"谢皇上夸奖。"

皇帝点头道："好生当差，别给你师傅丢脸。"

"万岁爷，"奉笔太监如意进来禀道，"太傅刘远在乾清宫外请见。"

皇帝与成亲王都一怔。众内监顿时敛气屏声，侧殿里一片死寂。皇帝脸色难看，半晌才道："吉祥去请太傅，朕在书房见他。"又对成亲王道："你在这里等我。"

才说着，就见吉祥一脸尴尬进来道："回万岁爷，刘远回道：因有紧急事宜，不在御书房候驾了。刘远此刻就在寝殿外请见。"

成亲王望着皇帝，皇帝吸了口气，点点头，反而平静地道："那就在这里见。成亲王也无须回避。"

一阵沉重的脚步声响，身宽体胖的刘远疾步进来，在皇帝脚下跪倒行礼。

"太傅请起，"皇帝对这位顾命大臣相当客气，"什么事要急着奏？"

"皇上有多少天没有钦理朝政了？"刘远的声音十分响亮，目光如炬，直射在吉祥、如意和辟邪等内臣身上，"皇上每日里只知与亲王下棋射猎，还找了这些妖艳惑众的宦官天天随驾！如此荒废朝政，百官必将怨声载道。皇上请将这些宦官治罪，专心朝政。"

"太傅，这几个内臣不过是陪朕下棋，何罪之有？听太傅的话随便杀人，以后还有谁敢在主子身边伺候？再者，这几个内臣一向行事稳重，是太后亲自调拨到乾清宫的。太傅即使不相信朕，也该相信太后才是。"

这句话已经说得很重了，刘远只得道："臣不敢，但说到太后，臣有一言——如今匈奴南下，又有苗人作乱，但国库空虚，大军粮饷不足，难以征讨。但是，太后外戚共有亲王四位，空占藩地，不缴税银，又仗着太后……"

"住口！"皇帝将他喝住，"刘卿，纵然你是先帝钦命的顾命大臣，也不应在朕面前挑拨朕和太后母子反目！更何况四位亲王甘愿镇守蛮夷之地，于国于朕都有极大的苦劳。你在此信口诬蔑，是何用意？"

"皇上，老臣一片忠心。只指望皇上亲理朝政，福泽天下。皇上信不过老臣，老臣只有以死相谏了。"

"你几十岁的人了，怎么这么不懂事？动不动以死相逼！人人都像你这样，让朕这个皇帝怎么当？"皇帝气得发抖，道，"叫侍卫把他架出宫去，在家反省。"

刘远的哭叫声仍不绝于耳。皇帝怒道："老匹夫，当真扫兴！"一拂袖往里去了。

刘远的府第筑在天德大路西。太傅府邸，书香四溢。在刘远的书房对面更有一院桃花。正值三月当季，夜风过处，落英缤纷，悉悉洒洒在书房外的台阶上。

"刘远这老儿倒会享福。"贺天庆嘴里嗤地一笑，整整脸上缚的黑纱，抽出腰中的单刀。

同行四人纷纷蒙上脸，各拔兵刃，随他轻轻跃过墙头。时值夜半，刘府家丁用人都已安睡。四下里寂静无声，只有书房内还透出明亮的灯光来，想是刘远仍在写奏折。

贺天庆压低声音向众人道："杀！"

冯茂点头越众而出，当先抢到书房前，刚想一脚把门踹开，却突然觉得手背一痛！寒意刺骨——手中的刀把持不住，噹地落在地上。

"什么人？"书房内传来刘远的喝声。

"黉夜拜访，多有失礼。"书房一边转出两个人来，"不巧赶上太傅爷府上唱戏，不知这是哪一出啊？"说话的人高大强健，语气文雅，问的是刘远，却冷冰冰地一眼扫在几个刺客身上。

贺天庆抬头望向来的两个人，只见两人脸上各戴了一只狰狞的铜面具。那大汉腰间悬剑，抬手拦住正从屋里走出来的刘远，道："太傅爷赏花不急于这一时，待我打发了这五个胆大妄为的小贼再说。"

贺天庆冷笑道："我们兄弟几个干这刀头舔血的买卖多年，凭你能把我们怎么样？"

黄诞接口道："正是，把他们一起打发。"

钱越、张出紧随其后。三人急舞兵刃，直扑书房门前的刘远。蒙面大汉朗声一笑，左手食指轻轻一弹，腰间长剑猛然脱鞘而出，疾射黄诞面门。黄诞大惊失色，一个铁板桥向后一倒。寒风扑面，堪堪避过。才要起身，眼前黑影一闪——那大汉来势竟比飞剑更快，从他头顶掠过，抄住长剑，在空中轻轻巧巧转了个身，一剑挟风雷之势，分取三人后心。

"小心！"贺天庆大叫一声，挥刀劈向那大汉后背。那大汉身法远比贺天庆的刀法快。不理身后的刀风，身子向下一沉，人如巨鹰掠食般杀入黄诞等三人的阵团，手腕微转——嗤嗤两声，钱越和张出二人均觉头顶一凉。那大汉已将两人束发的头巾挑走，还百忙之中踢了黄诞一脚。这一脚好不凌厉。黄诞的身子腾空而起，直挺挺向贺天庆的刀尖撞去。贺天庆大惊失色，急忙收刀。却无法阻住黄诞的来势，两人撞在一处，滚作一团。

听得刘远大叫道："来人，来人。"

贺天庆低声道："好扎手的点子，不拼命的话，没法回去交差。"

冯茂却道："大哥，只怕我这只手已经废了。"

贺天庆闻言吃了一惊。只见冯茂满头冷汗地忍痛，右手软绵绵地垂着，手掌的骨骼似乎节节寸断。贺天庆不由大怒，从腰间攒出一只强弩，打出两支弩箭，直射廊下的刘远。事出突然，弩箭来势又急，那大汉距刘远尚有十步开外，救之不及。刘远身边的另一个铜面人身材纤弱，一直背着手站着，不似有武功的样子。

"得手了！"贺天庆心中一喜。

那铜面人却向前踏上一步。从袖中伸出一只比花瓣还剔透的手，在两枚箭尖上轻轻弹了弹。弩箭去势一挫，一声尖啸，迅雷不及掩耳地向贺天庆倒射回来。贺天庆甚至未及有闪避之意，头顶一痛，两支弩箭噗地插在他的发髻上。

那铜面人仍旧倒背着手站着，仿佛从未动过。在五个侍卫眼里，他的出手稍纵即逝，就像月华下的一片幻影。

一片家丁的喧哗声透入院中。那大汉冷笑道："我家主子爷慈悲，没要了你的命，你们还在这里做什么？还不快滚！"

五人早已魂飞魄散，此时闻言如蒙大赦，一溜烟翻墙而遁。

那大汉向铜面人笑道："这几个小子轻身功夫倒颇有长进，以后可要留神他们些。"

刘远急道："那五个江洋大盗若不拿住，今后还会害人。"

铜面人在面具下仍发出清澈的笑声："那五个大内侍卫世家子弟出身，年俸优厚，若非身负上命，也不会来做这种勾当。"

"他们是宫里的侍卫？"刘远脸色顿时煞白。

家丁的脚步声已进了院子。铜面人道："我有要事和太傅相商，闲杂人等见了，多有不便。"说着和那大汉抄起冯茂失落的单刀，迅速退入房中。

"老爷可安好？"家丁们慌忙赶来，一齐问安。

"我没事，"刘远听了铜面人的话心神震撼，嘴唇仍在颤抖，"都下去，让我清静些。"也不理会众人惊愕的神色，进屋掩上门。

铜面人点头对刘远道："刘太傅，我等来得鲁莽。事出有因，万请见谅。"

"二位是……"

那铜面人却不理会刘远的问话，随便拣了张椅子坐了。大汉只在他身后站着，一望便知有主仆之分。铜面人笑道："太傅这么多年，急性子还是没改。性格耿直是好的，但若招致杀身之祸，恐怕……"

刘远道："老朽一片忠心耿耿，能为皇上死，死得其所，死而无憾。"

那大汉失声一笑，道："主子爷，我早就说刘太傅冥顽不灵，已无可救药。难为主子爷今晚亲自走这一趟。除了救他一命外，却是无功而返。与其每日让他在皇帝面前吵闹，倒不如让太后先要了他的老命。"

"你说什么？"刘远须眉倒竖，对那大汉怒目而视。

房间里突然充满了清凉的笑声，铜面人道："手下人说话多有得罪，太傅息怒。"

刘远道："二位究竟是什么人？什么用意？"

"若不如实相告，太傅恐会见怪。"铜面人笑道，"在下在家行九，姓颜。"

刘远突然跌坐在椅子中，全身的肥肉在剧烈地颤抖着，望着铜面人的眼神竟然死灰般涣散开。像诅咒般的名字，慢慢一字字从他嘴唇中吐出来："阎、阎王爷……"

次日午后，成亲王在乾清宫御书房外请见。一会儿就有当差的太监出来传旨道："皇上口谕，请成亲王紫南苑候驾陪射。"

成亲王领旨道："是。皇上怎么想起射箭来了？"

先帝有十一位皇子，八位公主。太后为妃时，对两个儿子管教森严，很少容得他们和其他皇子交往过密。说到玩伴，自小到大就是他二人而已。皇帝和成亲王年幼时就嗜弈棋。但皇帝棋力稍逊，自小起便屡战屡败，屡败屡战，已经连输了十几年。及至登基，成亲王也是一如既往，不曾有过半子相让。皇帝好胜心极强，像这样前日惨败，次日不找回场子的事，前所未有。

皇帝穿着一件新做的紫色箭袖夹衫，神采飞扬地领着人进了紫南苑——宫里已换了春衣——成亲王见这件夹衫裁得甚窄，倒衬得皇帝肩宽腰细，一派英武。

"原来皇上在试新衣裳。"

皇帝笑道："母后说宫里的衣裳一贯宽大，年轻人穿了不免显得颓唐。今年针工局就改了样子。母后还说，如果你喜欢，叫针工局一样做给你。"说着戴了扳指，接过吉祥奉来的弓箭，拉开就射，一箭正中红心。跟的二三十个太监一个劲轰然叫好。

成亲王苦笑道："骑射这种事，臣从小就不如皇上。穿了新衣裳一样还是甘拜下风，何苦花枝招展地丢人现眼。"

皇帝道："今天有件新鲜事，太傅刘远上折子称病，要在家休养。他吏部尚书的差事还兼着，叫他的学生蔡思齐代管。"

"定是昨日皇上将他训斥了，他自己要在家里思过。如此一来，皇上倒可耳根清净一阵。"

皇帝微微冷笑："耳根清净么？倒也不一定是件好事。"

成亲王微微一震，射出去的箭立时失了准头。脱靶倒也罢了，竟往一堆内监的人丛中飞去，吓得那些小太监抱头鼠窜。皇帝身边的太监见惯了这种情景，都一本正经地视若无睹。只有皇帝拍拍成亲王的肩膀道："到今天我对你的弓法实在是忍无可忍。你骑射的老师是谁？我替你革了他的职，问他误人子弟之罪。"

"那倒也不必让皇上为难。"成亲王笑道，"臣的老师虽说不是兵部的上将，却是母后亲信的侍卫统领。母后现正在慈宁宫问他的话。皇上今日饶了他也罢。"

"失手了？"太后一皱眉，放下茶盏，"难怪今日朝中风平浪静，还有刘远的折子递上来。"

"臣有负太后懿旨，罪该万死。"贺冶年连连叩首。

太后微笑道："什么懿旨！不过是件小小的闲差，贺卿不要当真。"

"是，是。"

"不过你办事一向老成，这次失手，其中定有蹊跷。"

"太后圣明。臣手下的人回来禀报道，在刘府里遇上两个高手。其中一个以一敌五不落下风，另一个更是会施邪法，向他射去的箭竟能倒射回来。臣派去的人实在不是他们的对手。有一人右手被废，能全身而退已是万幸。"

太后微一沉思，转头望向身边的女官洪司言，道："你有没有觉得听起来像一个人？"

洪司言变色道："难不成七宝太监还在京城？"

"这万万不会。"贺冶年道，"臣已奉太后懿旨派人紧盯着他。昨天的回报说他现在青州，病倒在客栈里。"

太后道："七宝即便还在京中，也不会与哀家作对。"转而向贺冶年道，"贺卿，你且抚恤受伤的侍卫。既然一击不中，也不必死缠烂打了。跪安吧。"

太后见贺冶年行礼退出后，才问洪司言道："你觉得如何？"

"太后若放任刘远那老儿，只怕他会惹出事来。"

"这倒不怕。"太后指指几案上的一堆奏折，道，"他学得乖巧了。今天上折子称病，总算能让人太平一阵。"

"放在朝中总是心腹大患，要不找个借口……"

"刘远在朝中学生同党甚多，就怕他们事后蛊惑人心，煽动皇帝与我作对。此时万万不能再明着动他。他的女儿嫁在九门提督袁家。原本想他被强盗刺死，袁迅京城戍备不力，自然脱不了干系。再让贺冶年接任九门提督一职。朝中自然没有刘远吵闹，宫门外也变作是我自己人，如此一石二鸟，自可将刘远一党连根拔起。想不到竟有人插手。如今只恐袁迅已在天德大道加强戒备。再派刺客，不但不能得手，只怕还会泄露身份。"

"不知那两个横插一脚的人物又是谁。武功既然高，为何不将刺客拿住审问？"

太后笑道："还用审问么？那两个人肯定一早知道是宫中的侍卫，怕撕破大家的脸面，故意放他们回来的。"

"这倒不错。刘远若非知道是宫里的刺客，以他的性格怎会托病赖在家里？"

太后叹了口气："刘远的人是好的，政见也不错，只是不该逼得皇帝太急。

如今缓一缓，对大家都有好处。"

洪司言道："说这话，太后主子也许会生气。不过，主子娘家几位王爷也实在过分。皇上小主子的脾气若像太后，迟早会出大事。"

太后道："你说得不错。到时玉石俱焚，让他们后悔去吧。"

这日就有针工局的人来为成亲王剪春衣。成亲王本不喜欢理睬这种事，但听人回道为首的是采办太监辟邪，便一迭声着人去叫。成亲王素有洁癖，不喜欢别人在身上摆弄，今天倒是笑嘻嘻等到两个内监量完尺寸，才对辟邪道："我知道你棋力高强。既然来了，不如陪我下一盘棋。"

王府的师爷在花园里摆了棋盘，在一旁陪看。

"坐。"成亲王笑道。

"奴婢僭越了。"辟邪行了礼。

两人布下座子。辟邪提白子侵角起势，成亲王黑子应对。却见辟邪落子的手指晶莹剔透，在春日下散发着丝丝凉意，不由一怔。转而望着他的脸，见他容色淡静，微微含笑，心中不由一荡。

"王爷。"辟邪见他走神，不由提醒一句。

"啊，对。"成亲王这才接着落子。

几十手下来，辟邪的棋路中规中矩。但成亲王总觉任自己翻腾变化，对手的棋力却犹如浩然烟海，从容应对，不动声色。一局下来，两人竟是和局。

成亲王笑道："我知道你不好意思赢我。这棋再下，我不过徒然丢丑。"

辟邪起身行礼道："王爷过谦。"

"棋是不下了。"成亲王突然牵住辟邪的手，柔声道，"不如在这里，陪我吃了饭再走。"

成亲王的举动甚是突然暧昧，辟邪的神色却不见些微闪烁，笑意毫不动摇，只是慢慢将手抽回来，道："王爷厚赐，却之不恭。只是天色已晚，只怕宫里下匙，不敢再留。"

成亲王无奈，令他跪安。见他远去之后，才笑着问身边的赵师爷："如何？"

"冰清玉洁，绝色！"赵师爷啧啧赞道，"不过，学生劝王爷还是不要打他的主意好。"

"怎么？"

"这个人心智拔群，处事镇定，喜怒不形于色，绝非善辈。"

成亲王仍不肯死心，追问道："何以见得？"

"观棋知人罢了。"赵师爷道，"不是学生哄王爷高兴，王爷这等天纵奇才，学生平生仅见。但适才观局，便知这个辟邪的狡黠……"

成亲王笑道："你这是在哄我高兴？你是想说他的智慧更远在我之上吧。"

赵师爷赔笑道："王爷明鉴。且不说他有何大志，光是在这棋艺小道上的聪明，就足以让人毛骨悚然了。"

成亲王点头，面有忧色，叹了口气："只是不知这等人物如何能为我所用？一个吉祥颇有大将风度，如意又洒脱深刻。再加上这个辟邪——七个徒弟当中至少有三四个必成大器，七宝太监当真了得。"

之后连着一个多月，皇帝倒是不时召成亲王伴驾，却绝口不提弈棋。成亲王技痒难忍。但对手毕竟是师爷、食客。就算是京里的大臣，又怎敢赢他。纵然棋艺再高，也是唯唯诺诺。成亲王本来就难逢对手，此时更觉得自己胜之不武，很是扫兴。

这日皇帝终于着人来叫他陪弈。成亲王及至乾清宫侧殿，见靠窗的软榻的几案上已经摆了棋盘。一个青衣太监站着侍奉皇帝摆谱，如意在一旁陪看。于是笑道："皇上万福金安。原来最近有人当了臣的差事，臣是白来了。"

"你别饶舌，快进来。"皇帝似乎很高兴。

如意等内监都抿嘴笑着向成亲王请了安。成亲王看着如意，道："如意在偷笑，一定是想替你主子万岁爷在背后算计我。"

"奴婢不敢。"

成亲王望了侍弈的太监一眼，见他一张雪白淡定的脸上神色恭谨，却瞧不出喜怒。"原来是辟邪。这可是宫里的高手。皇上的战况如何？"

皇帝道："他又不敢赢我，找他下棋，胜之不武。"

于我心有戚戚焉——成亲王心里叹了口气。

内监们重设棋盘，再奉新茶。皇帝和成亲王仍用平日的布局。再下几手棋之后，成亲王就隐隐觉得不妙。皇帝今日的手段精妙，竟在招招克制自己的棋路，也不像平时那样喜欢与自己缠斗。一百多手下来，皇帝已大占上风，最后赢了三路。皇帝今日得以雪耻，胸襟大畅，不由哈哈大笑。

"原来皇上这一个多月来卧薪尝胆，想着了克敌制胜的法子。"成亲王叹道，"一定是辟邪这个奴才的坏点子，上个月还特地来打探臣的棋路。"

如意在一边躬身赔笑道："王爷明察秋毫。"

皇帝命人将棋子收了，道："咱们再下一局，我一样赢你。"

成亲王笑道："这么下棋也没什么意思，不如臣和皇上赌个彩头。"

"好！"皇帝不由兴致盎然，"你打算赌什么？"

"倘若臣赢了皇上，皇上就把辟邪赏赐给臣。"说着眼光瞟在辟邪身上。

如意等人均吃了一惊，面面相觑。辟邪神色间仍是悠然平静，不置可否。

皇帝却摇头道："不是我怕输给你，此事却是不可。就算他是个内监，怎么也是个人，怎能像件物什般送来送去。"

此话一出，辟邪却身体微微震了一震，转头望着皇帝。

成亲王讨了个没趣，有些懊恼。气势上先输了，第二盘的结局自然不言而喻。最后不得不痛下决心，要回去好好想了对策再来翻本。

皇帝遣退众人，只留了辟邪。春日暖洋洋地斜射在窗棂上，清风拂柳，传来悦耳的沙沙声。皇帝若有所思地把玩着棋子，屋里只有令人适意的寂静。

"你也看过了朕和成亲王过去的棋谱，自己也和他交过手，你觉得他的棋艺到底如何？"

"亲王的棋力极为高明，若说是京城第一的高手也不为过。"

"他真有这么厉害？"

"是。若非奴婢看过亲王过去的棋谱，要赢他也是不易。"

"那么你看朕和他的差距究竟在哪里？"

辟邪笑了笑，"皇上的棋和成亲王并无什么差距。所谓弈棋如弈人。皇上的棋大气磅礴，正如皇上本人有过人的魄力。成亲王擅缠斗劫杀。从前皇上不敌成亲王凌厉的攻势，是因皇上殊少过虑小节。皇上若有心细细剖析亲王的棋路，成亲王将来不会再是皇上的对手。"

"这怎么说？"

"魄力和决断，大多仰赖一个人天生的禀赋。谋略这一物，却可以后天补足。成亲王善谋略，皇上只仗天生的魄力，多年来却能与亲王势均力敌。若有人再替皇上想几招克制他棋路的对策，皇上自然就大占上风了。"

"那个人就是你了。"皇帝不由笑了。

辟邪老实不客气地道："正是。"

皇帝只觉辟邪的一言一行与自己的脾气甚为投契，不禁胸怀欢畅。

却见辟邪的笑意突然变得意味深长，慢慢道："弈棋这种小道是如此，治国的大道也是如此。谋略，是为诡道。凡身居极位者，心胸光明，自己本身不会看重。历代天下的霸主，有几个是谋略上的天才？从来都是当机立断，知人善用者得天下。所以万岁爷必将是一代圣主。"

皇帝一愣，转而笑道："你看了几本书，就在这里胡说！你才十几岁的人，懂什么？"

辟邪微笑躬身道："是。"

皇帝又俯首摆弄棋局。静了半晌，突然烦闷地将棋子掷在棋盘上。一副残局被搅得七零八落。皇帝起身背着手踱了几步，冷笑道："知人善用？这一朝文武见了四个亲王，哪个不是唯唯诺诺？刘远这样的人整天嘴里说的是忠君报国，却只会在朕面前一味吵闹。纵然朕豪气干云，又能用谁？"

辟邪弯腰捡起脚边的棋子，道："其实皇上身边一直都有大智大慧的人物。"

"哦？是谁？"

"奴婢的师傅就是一个。"

"七宝太监？"

"是！皇上是否知道奴婢的师傅为什么会叫七宝太监？"

皇帝恢复了些平静，失笑道："那还不是因为收了你们七个徒弟？"

"皇上有所不知，奴婢师傅年轻时就精通'琴棋书画骑剑射'七样绝技。七宝太监的名字原是先帝所赐。"

"就算他样样精通，又怎能称得上是大智大慧？"

"人的精力本来有限，能多有涉猎的人大多天资聪慧，更不用说琴棋书画四技皆通。待到文武双全，自然是天纵奇才。奴婢的师傅一直随侍太后驾下，从前替太后办了不少事。"

辟邪的话说得委婉，皇帝却知道自己母后受先帝宠爱十七年长盛不衰，其中必有缘故。先帝有十一位皇子，自己能登上皇位，定是当初母后和七宝太监大费周章之故。

"你说得不错，但现在七宝太监已经不知所踪，不提他也罢。"

辟邪却微笑道："大智大慧奴婢不敢说，但现在宫里能称得上阴谋家的倒颇有几个。"

皇帝转回身，望着辟邪脸上的笑容，笑道："难不成你是其中的一个？"

辟邪慢慢将手中一枚黑子放入棋盘，眼中神光四溢，寒意夺人双目，清清楚楚地道："正是。"

※第 13 章　慕徐姿※

各地征粮使已被召回，密折也少了很多，辟邪因而有空调养，渐渐大安。这日早上被皇帝传去，看他与成亲王下了盘棋，替两人又解说一番。皇帝忽而想起多日没有骑射，便与成亲王前去紫南苑。念辟邪前几日有病，不宜劳累，令他跪安回去休息。

四月下旬的天气有些热了。辟邪宽了衣裳，喝了几口温水。才喘了口气，小顺子便慌慌张张进来，结结巴巴道："四爷、四爷来了。"

"四爷怎么了？"进宝紧跟着跨入门来，"小六，你这个徒弟见了我就像见了鬼似的！枉我从来那么疼他。"

辟邪起身笑道："四师哥近来可好？小顺子，过来磕头。"

进宝摇头道："奴才命，还有什么好不好的？起来吧。"他将小顺子拉起来，"你眼里心里只有小六一个人，这个头磕得委屈。"

小顺子被他触到身体，激灵打个冷战。"四、四爷别拿小顺子开心，我去给四爷沏茶。"

"茶就不必了。"进宝正色道，"我带了谊妃娘娘的懿旨。"

辟邪掸了掸衣裳，"奴婢辟邪请谊妃娘娘安。"就要跪下，被进宝伸手拦住。

"到主子跟前再请安罢。今儿个誅淑仪到庆祥宫跟娘娘说了会儿话。"进宝说到这里压低声音道，"誅淑仪进宫一个月了，连皇上的面都没见着。万岁爷也是多日不上庆祥宫来了。两位主子说起这个，想到小六你最近在皇上面前受宠得很，要我悄悄召你过去，问问你皇上最近喜欢些什么，爱上哪儿去。"

辟邪微微一笑，"知道了。容我换件衣裳。师哥稍坐。小顺子，帮我把宫服掸掸。"他和小顺子走入里间，一边穿衣裳，一边对小顺子低声道，"我觉得蹊跷得紧。你去紫南苑找大爷、二爷，把这事对他们说了——要快，不然我性命有忧。"

小顺子使劲点点头，又同辟邪出来，送二人出门。

庆祥宫位于东六宫之中，距居养院也是极近。辟邪给谊妃裁试衣裳时常往这儿来，进门便要往正殿去。进宝笑道："娘娘现今不在正殿，正在西暖阁里呢。"让辟邪在阶下等着，自己进去通报。一会儿出来道："娘娘屏退了众人，你进去左手就是。"

"有劳师哥了。"

进宝清秀的脸上绽出光彩，笑容端丽地道："自己哥们儿，不说这种话。"

辟邪淡淡一笑，"师哥照顾我，我记着的。"

这是辟邪第一次进庆祥宫西暖阁。此间正中并没有设座，只是空荡荡的。两侧各有一间隔开的小室，房门紧闭，毫无声息。只能听见自己脚步沙沙轻响。更觉此处黑暗而闷热，飘散着的奇异芳香让人渐渐多了一分醉意。辟邪打起十二分的小心，只想沉着应对，拖到皇帝来了再说。此时礼数尤恭，在门前躬身报名大声道："奴婢辟邪奉召给娘娘请安。"

"什么人这么大胆！"门内宫女大喝一声，猛地推门出来，"竟敢擅闯娘娘浴室？"

珠帘被那宫女摔得飞分两边，柔软轻呼漾在粼粼的水波中，洁白修长的胴体正像闪电照亮整个阴暗的殿堂。一瞬间，饱满艳丽的少女躯体带着花蕾绽放的灿烂，惊雷般在辟邪眼前炸开，令他吸了口冷气，向后倒退了几步。纷乱的世界正风卷残云地从他的视野中退却，目光只被那白玉般的光华所系，竟无法移开。

"哪个奴才这么大的胆子？"谊妃披着纱衫从右室步出。少女在她这声怒斥中，隐在一众宫女身后。

"奴婢辟邪，给娘娘请安。"辟邪惊讶地发现自己的声音竟在颤抖。谊妃的冷笑声听来仍仿佛熟睡中院外的嘈杂，顿时从震惊后的懵懂中苏醒过来。

"把这个奴才带到正殿去。"谊妃一声令下，立时有几个高大的宫女就要上前绑人。

"不必了。"进宝挥手驱散他们道，"小六，我知道你武功高强。区区几根绳索怎能奈何得了你？师哥劝你一句，这时候便乖乖的罢。"

辟邪起身掸了掸衣裳，笑容中已透出锋利气度，"我省得，只要我活下来，今后还要多谢师哥提点了。"

进宝的目光毫不畏缩，笑嘻嘻待谊妃升座珠帘之后，指着帘外地下，让辟邪跪了。

谊妃道："这还难办了。这个奴才是在乾清宫当差的，还须请得皇后的懿旨来。"

小太监奔出去不刻便转，"皇后的懿旨，调戏嫔妃、擅闯主子帷幄，留不得了。"这道旨意着实来得太快。谊妃点头道："来人，带出去杖毙！"

辟邪知道此时申辩求告都是无用。抬头更见进宝眼中欣喜满足的残忍神色，料到他们想速战速决，就算自己硬挺，不过片刻的功夫必然杖断脊骨，绝无幸理。念头飞转之际，执杖太监已经一杖击下，喝道："快谢恩！"

谊妃见辟邪吭都未吭一声，目光却冰冷投来，令她惊惧犹胜焦虑，不禁拿起手帕，轻轻拭了拭鼻尖的汗珠。

"且慢！"柔和却坚决的声音倒让谊妃猛吓一跳。一个只有十五六岁的华衣少女从殿外步入，裙袂带着流云的温柔气韵从辟邪眼前飘过，"还没有问明原委，娘娘怎么就要杀他？"

谊妃的笑容带有浸淫多年的贵妇神采，起身将少女拉在身边共坐，"詠淑仪进宫不久，不知道这些奴才们狡诈下作。他敢闯入主子私室，调戏嫔妃，是宫中容不得的大罪。皇后已下了懿旨。此时饶了他，将来是个大大的祸害。"

"娘娘此言欠妥。什么叫作调戏嫔妃？这个人——"少女仍不习惯随便叫人奴才，用温柔语气说到"这个人"的时候，回眸向辟邪望来。微微上挑的凤目因浓密修长睫毛的覆盖，浓得像夜色般令人遐想；浴后绯红的容颜，遇到辟邪雪白面庞上炙热迷茫的目光，更是红了一红；仿佛湛蓝天空下桃花满开、流红纷飞，浓艳到极致时，竟生出无限清丽。"这个人在外分明说是奉召前来。既已报名请见，便称不上'擅闯'二字。室内伺候的宫女既知不妥还要开门，是大大的失职，怎能反诬他调戏嫔妃？这调戏两字与我清誉有损。不问明白，怎能就将他杖死？"

谊妃被她问得一怔，旋即笑道："现今皇后的懿旨已经下来了。妹妹这番质疑，难道想抗旨么？"

少女拂袖站了起来，坚定道："抗旨是个死字。此事不问个清楚，我名节受损，也无颜面见人，一样是死路一条。皇后那里、皇上和太后面前我自己去说！"

"想不到你小小的年纪，倒颇有骨气！"皇帝大声说着，跨入门来，随后才听到吉祥的一声高呼："皇上驾到——"

"臣妾恭请皇上圣安！"谊妃从帘后疾步出来，领着詠淑仪和宫女太监跪了一片，心知不妙，身体颤抖不已。

"安什么安！"皇帝是骑马直闯庆祥宫，手中仍握着马鞭，在空中虚抽了一记，"朕身边的人都快死光了，能有片刻安宁么？"转而一把将辟邪提起来，见他脸色煞白，衣服沾了杖上红漆，已然受辱，不由大怒，"连乾清宫的人你也敢杖杀。僭越到这种地步，眼里还有朕么？"

谊妃勉力道："这个奴才调戏嫔妃，是皇后的懿旨说留不得的。"

"调戏嫔妃？那要这些人净了身来做什么的？"皇帝随便在椅子上坐了，越说越怒，啪地一掌拍在茶几上，"嫔妃？什么嫔妃？朕怎么没见过？"

詠淑仪叩头道："臣妾慕氏，恭请皇上圣安。臣妾进宫一月，尚无缘面圣。"

皇帝冷笑了一声，"有人天天见面又怎么样？不见得多长进什么贤惠淑德！"

吉祥、如意都劝皇帝息怒。辟邪跪在皇帝脚前，道："是奴婢不知庆祥宫的规矩，贸然进殿。皇上息怒！"

"到底怎么回事？"皇帝目光灼灼，怒视谊妃。

谊妃叩了个头，却哽咽难言。进宝突然跪爬上前，叩了几个头，道："万岁爷息怒！原是娘娘传了辟邪到西暖阁右间问话，想是辟邪没听清楚，在左间浴室外报名请见。当时訦淑仪正在沐浴，宫女们慌乱，让辟邪撞见了。娘娘爱惜訦淑仪清名，所以才请了旨意处罚。此间是个误会，辟邪原无大错，娘娘也没什么罪过。万岁爷息怒！"

"那就好。"皇帝话虽如此，语气仍是阴沉，"既然辟邪无心之失，今儿个也就算了。辟邪，给娘娘请个罪，回去罢。"

辟邪跪道："奴婢年轻莽撞，娘娘、訦淑仪恕奴婢万死之罪。"

皇帝指了吉祥陪着辟邪同回居养院，才对众人道："都起来罢。你们整天无所事事，也不容易。"

谊妃拭了拭眼泪，垂手立在一边，听皇帝仍在道："你宫里的人该好好管束了。以后别在让朕听到这么下作的事。"

皇帝余怒未消，走到庆祥宫外，未见步辇，道："难道还要朕骑马回乾清宫么？"

如意上前道："万岁爷，这里距訦淑仪的椒吉宫不远，万岁爷不如先上那儿歇一会儿？"

"哪儿都不去，"皇帝将马鞭摔在地上，"回乾清宫！"

不久吉祥回来禀报，辟邪只受了一杖，没有大碍。皇帝才颜色稍和，传旨命辟邪除了乾清宫，今后不奉他宫传召。这时才觉得后怕，出了阵冷汗。

辟邪得了旨意，对过来探视的姜放道："挨了一杖，才得了这个旨意。皇帝的弯，转得还是没有太后快。"

他宽去上衣，露出后背上一道乌青，雪白皮肤衬托下异常狰狞。姜放不敢怠慢，小心按了按他的肋骨，半晌才松了口气道："骨骼都没事，万幸。"

小顺子大喜，"那就好，看着怪吓人的。到底是师傅功力深湛。"

辟邪道："不是我功力深湛，是那个执杖的人手下留情。你去封了一千两银子，悄悄地谢他。"

小顺子吐了吐舌头，"一千两！当年小顺子让人救了一命，师傅只给了二百两谢礼。到底是师傅的性命值钱。"

姜放呸的一声，"你小子怎么跟你师傅比。要是我，当年就指着那人的鼻子狠狠骂他为什么不让你早早玩完，留到现在没大没小地说话惹人厌。"

辟邪穿了衣裳笑道："大统领急得失心疯了，跟这小子计较什么？他狗嘴里吐得出象牙来么？"

"我是着急。"姜放正色道，"宫中处处是暗箭。六爷头上乌云笼罩。一旦有什么闪失，皇上岂不顿失臂膀？现在第一要除的就是那个进宝。有他在，难免多生是非。"

辟邪道："还无需这么着急。他现在明里，不成气候。除了他，对手一样安排别人在暗，反倒不容易提防。况且同门师兄弟相互倾轧，终究让人心酸。"他话虽如此，目光却是别样闪动了一下。

姜放心领神会，起身告辞。

小顺子在辟邪面前说话总是不顾时宜，突然问："话说回来，师傅今天到底看见什么没有？"

辟邪怔了怔，只觉那抹艳丽光芒仍旧照得他心中一片迷茫。少女惊忙的双眸、纤细的腰身、纤美双臂掩盖下仍呼之欲出的饱满双峰，总在他心中徘徊不去。沾满水珠、洁白柔和的背脊，在镏金铜箍的红漆浴斛之中，犹如岚山中明月东出的婉丽皓白。为什么想到这里，自己就会热血上涌，全身就像被抽空了一样无力，最后留下的竟是凛冽纯粹的恨意？夜半蹰出门外，任晚风拂遍身体，心却还是躁动难安。辟邪坐在廊下，仰头望着天空，忽有将明月揽入怀中轻轻触摸的冲动。

那少女的身体岂不像明月般圆满无暇？

辟邪猛地惊醒。难道是自己第一次滋生出了叫作欲望的东西？多年前自己说过，"知道入宫是什么意思"。原来纵使十二岁的少年才智过人，有胆有识，却还是什么都不懂。

流云疾飞，月华顿失，阴影正深深地刻入辟邪年轻晶莹的面庞。他想就在那一瞬间，自己睁开了第三只眼睛，一直在自己眼中飞逝的乱世光阴，现在变得悠然柔和。当明珠伴随晨曦走入院中，辟邪第一次发现明珠竟会如此舒缓婉约地轻挽云鬓。在她仰望老树指头的霞光时，碧绿的耳坠在她白皙的颈间轻快地晃动着。她转眸望来，双唇也似乎透出莲花盛开的清香，"六爷起得早啊，不要紧了？"

辟邪笑道："本就没什么大碍，不过后背着在床上有些痛。只睡了一个多时辰，你替我沏壶浓茶来醒神。"

"好。"

明珠走去烹茶。辟邪自去更衣。小顺子年轻贪睡，辟邪又不计较他这个，所以仍是未起。两人都不愿惊醒他，只在廊下坐着吃点心，说了一会儿闲话。日出时还是好端端的天色如今越来越阴沉，乌云乘着东风铺天盖地地卷了过来。明珠起身道："想必是要下雨了。今儿个还要去庆祥宫教习刺绣。不如趁雨还没下来，先取了我的包裹来。"

辟邪心中一动，刚要说话，明珠已匆匆走了。不刻小雨便渐渐沥沥飘下，明珠将包裹抱在胸前，疾步转回。辟邪笑道："你也是个懒的，怎么没打伞？"说着从袖中拿出手绢，替她揸去发间细细的雨珠。

明珠道："没料到雨来得这么快！"她走得急，脸上微现红晕，睫毛也沾了雨珠，乌黑的眼睛映着雨色，有一股宫中女子鲜见的聪慧轻灵。明珠见他望着自己久了，拿着手帕发愣，不由笑着嗔道："六爷，你在看什么？"

门口有人"哧"地一笑。如意张着袖子挡住头，跑到廊下。见辟邪神色狼狈，更是笑得开心，"对呀，小六在看什么呢？"

明珠啐了一口，道："又是这个不正经的二爷。"

如意道："学你说话是不正经，那个盯着你看的六爷就正经了么？"

明珠脸一红，道："我这就去庆祥宫了。不和二爷说话。"

"等等，"辟邪拉住她的衣袖道，"我和你有几句话说。"

如意大笑道："说吧，说吧，我吃点心等着！"

辟邪将明珠叫入房中，在她耳边低语几句，最后道："交给你办了。"这才送她到外面，亲自打开伞递给她道："小心。"

明珠点点头，"知道了。"绿竹伞下迤逦而去。

"可惜！"如意突然道。

"二师哥又要说什么？"

"没什么。"如意摇了摇头，"成亲王正在乾清宫呢，等着要看看你。"见辟邪抄起伞来就要走，忙道："不忙不忙，皇上说了，慢慢前去就好。也容我吃块点心歇一会儿。"

辟邪也坐下，喝了几口茶，又开始出神。如意偷眼瞥见了，悄悄一笑。

成亲王见到辟邪，几乎是一跃而起，上下打量了他一番，才笑道："昨天我也急得疯了。皇上到得及时。你无事就好。"

"多承王爷挂念。"辟邪又对皇帝叩头谢恩。

皇帝想到昨天的事依旧咬牙切齿。明知是太后唆使，却又不能明言，只得道："你今后也小心些。宫里的主子们个个厉害得很呢。"又将两瓶西王白东楼进贡的白药连同十两黄金赏赐了给辟邪，仍觉不能补偿他当众受辱，火气又大了些，"连朕身边的人也敢说杀就杀！你等着，多会儿朕给你出气。"

辟邪笑道："皇上！这是奴婢自己不谨慎。两位主子娘娘不计较，奴婢已经要念佛了。哪里还有什么气?！"

成亲王也道："过了就完了。难不成真为一个内臣处罚皇妃？皇上真气糊涂了。来来来，今天早起无事，辟邪替皇上执子，下棋，下棋。"

外面的雨越下越大。皇帝望着他们二人捉棋厮杀，心中反倒生出喜乐平静。局势渐紧，今后不知何时才有这等安逸时光。毕竟辟邪棋力更高，一招下去便要成亲王苦想多时。辟邪只顾托着下颌静静等着。这一招又是成亲王的后手，料定辟邪必定跟着落子如飞，却半晌不见他的动静。抬头一瞧，辟邪早已神游物外，不知在想什么。

"辟邪！"连坐在一边的皇帝也瞧出不对。

"啊，是。"辟邪看了看棋盘，随手落了一子。

皇帝悄悄将如意叫到面前，问道："这是怎么了？从来不见他这么心不在焉。难道昨天当众受辱，到现在还不痛快么？"

如意哧地一笑，在皇帝耳边低语。皇帝脸上漾起奇妙的笑容，道："原来如此。"

"什么？"成亲王刚下完一子，也凑过来，"也说给臣听听。"

皇帝笑着对如意努努嘴。如意将刚才的话又说了一遍。成亲王放声大笑，"你胡说！就算是内臣，二十岁的人了，怎么会不知道女人什么样。"

辟邪听见这句话，脸色狠狠一白，仿佛眼圈也跟着红了一红。皇帝哪知是他杀性大发所致，只道他此时在众人笑声中手足无措。却听成亲王仍在道："早听吉祥说诔淑仪是绝色的人物，皇上昨天看是不是呢？"

皇帝道："朕进去的时候人已跪了一屋子，她低头回话还能瞧见什么？"

忽听"啪"的清脆一声，辟邪将一粒黑子拍入棋盘，收回手来凛冽地道："棋下完了，奴婢告退。"

皇帝和成亲王听他语声刺人，气性大作，都吓了一跳。怔怔看着他慢慢退出，才往棋盘里打量。那粒黑子落在成亲王挣扎多时的巨龙之中。两人各自盘算了半天，抬起头来相顾失色。棋到中盘，七十几目的白棋被他一招点死。成亲王在盘面上竟只剩三十几粒活棋。成亲王擦了擦汗，和皇帝都是一笑。

"令辟邪这样的人都把持不住，朕倒要瞧瞧这诔淑仪是什么样的人物。"皇帝笑道，"吉祥，如意，现在就传旨给椒吉宫，朕今晚去。"

成亲王还另有主意，将如意拉住道："你是个风流人物。你老实说，在宫外有几房姬妾？"

如意笑道："冤枉，奴婢年轻，哪有钱财买房置地？不似奴婢大师哥吉祥。"他低声对成亲王又道，"奴婢不过往兰亭巷多走走罢了。"

"那好，这里有件差事交给你。"成亲王和他密议一阵，又和皇帝说了。不会儿如意便拿着成亲王装金豆子的荷包笑嘻嘻出来，甩着袖子又往居养院去。

这边明珠也回来了，向辟邪回道："谊妃原是不肯见我。我只说有性命攸关的大事，才见着了。"

明珠和辟邪的交情宫中人尽皆知。从前谊妃还未和辟邪结怨，既喜欢辟邪善解人意，伺候周到，又喜欢明珠爽快伶俐。现今受了太后唆使办事，反遭皇帝怒斥，气得在床上卧病，怎会再见她？只是宫女道事关娘娘性命，说什么也要见。谊妃激怒皇帝，生怕还有后患，只得坐起来叫她。

明珠叩头道："娘娘，事关重大——"

"你们下去。"谊妃挥手屏退众人。明珠才走近了些。

"娘娘莫怒，辟邪有几句话要奴婢转告娘娘。"明珠趁谊妃还未发怒，抢先又替辟邪请了罪。

"他还有什么话说！现在是皇上眼里了不得的红人，在皇上心里只怕比我们这些嫔妃还尊贵些。"

"奴才还是奴才，还能翻出天去？"明珠笑道，"辟邪心里可没有怪娘娘的意思。"

谊妃哼了一声。

"辟邪心里只恨一门出来的师兄弟怎么闹成这样！"明珠压低幽怨的声音，"心里嫉妒师弟得势也就罢了，为什么还要陷害娘娘？"

谊妃咦的一声，终于转眸看着明珠。

明珠笑笑，"娘娘是个尊贵慈善的主子，从来待下面人和善得很。奴婢们若没猜错，这回定有他人在背后使坏。这个人心眼儿可不是向着谊妃娘娘的啊。"

谊妃冷然道："你在说进宝？"

明珠不置可否，只是接着道："娘娘请想，这个人当初可是说过一箭双雕的话？辟邪是一件，暂且不论；訴淑仪年轻美貌只怕将来要专宠，不如一块儿……"

谊妃冷笑道："你们反倒想得周全。"

"他们一个师傅调教出来的，也差不了很多。只是——"明珠叹了口气，"娘娘倾国倾城的容色，又替皇上生了一位公主，只要再两年必会诞生皇子。娘娘出身尊贵，将来母仪天下算什么难事？区区一个訴淑仪，出身微贱，能不能见到皇上的面也未可知。要那个奴才操什么心？"

谊妃心中一动，脸上微现笑容。明珠忙接着道："娘娘再想，这件事出面在外的都是娘娘。若昨日辟邪真的死了，那个下懿旨的主儿只管推说听了娘娘的禀报，自己一概不知便是了。皇上天大的怒气只有娘娘一个人承受，只怕今后再也不上庆祥宫来了。那里笑的又是什么人？"

谊妃打了个冷战，站起来恶狠狠道："原来如此！这不是一箭双雕之计，原是将我也算计进去的一箭三雕！成了事，上面她仍可以讨好，又犯不着得罪皇上。好个毒妇！"

明珠道："心眼毒辣也就罢了，偏偏还有众多奴才替她出主意。娘娘妊娠之喜，她理应恨得牙痒痒的，做什么还把心腹的奴才支到庆祥宫来？现在回想，连奴婢也替娘娘捏了把汗。还是辟邪感激娘娘待奴婢们不错，叫乾清宫的人多加留神。娘娘还记得当时吃的每一剂药都由乾清宫的如意亲自来看过，娘娘只道是万岁爷差来的，可万岁爷怎料得到那位主儿心眼狠毒？还不是他们师兄弟两个同气连声地替娘娘护驾？辟邪想到这里还是挺伤心的。"

"我想这个进宝好端端的坤宁宫奴才不做，反倒在庆祥宫忠心耿耿的？原来是个暗藏祸心的畜生！"谊妃雪白的牙齿咬着嘴唇，眉梢已露狠色。

明珠道："娘娘昨天可见他弯转得多快？皇上一来，就将自己撇得干干净净。这种人圆滑世故，娘娘要多加小心。"

谊妃点了点头，见明珠有告退之意，下了半天决心，才道："你回去对辟邪说，不是我要和他过不去。只是宫里有人说他整天和皇上同食同行，他又长成那样，就怕皇上动了别的念头。哎，今天他要你传话来，我这里也多谢他了。他现在皇上身边得宠。只要皇上还上庆祥宫来，将来大家都有照应。"

辟邪听明珠讲到这里，笑道："这便是了。我帮她登上后位，她保我荣华富贵。哼哼，想得美啊。"转而对明珠道，"你这件事办得很好。若你贪个钱财什么的，我倒有银子谢你。"

"不提谢不谢的。"明珠道，"只要六爷不怕我闯祸，再带我出去走走就好。"

辟邪才要答应待天气好了，就出宫游玩，就听如意大叫着进来，"辟邪，咱们哥儿俩出去走动走动！"

辟邪皱眉道："下着豪雨，做什么到处乱跑？二师哥自己去吧。"

如意笑道："这是皇上的差遣。师哥我要成事，非你相助不可。皇上已经准了。还不快走？"

辟邪问了几遍。如意只是笑，不肯说是去哪里。催着他披了油衫，系上雨屐。小顺子也忙不迭地要找自己的雨具，被如意叫住道："跟你小子有什么相干？我们做的事何等机密。你好好看家罢。"明珠不明所以，忧心忡忡地望着两人出门。此时已是申时了，如意仍是不紧不慢。出宫过了奉运桥，先去宝石口。两边小店都不看，直奔"红匣"店。掌柜的从里面看见了，奔出来作揖，"二爷！二爷！下这么大雨还惠顾小店，真是给小店贴金。快请快请。"

如意收了伞笑道："什么小店？什么贴金？除了宫里，就数你这里金子最多了。别寒碜我。"指着辟邪道，"这是我兄弟。快把你的好头面、好钗钏拿出来，给我们小六瞧瞧。"

辟邪跟进来拽了拽如意衣袖,"二师哥,这要做什么?"

"你是在各宫主子身边伺候惯的,价值连城的珠宝瞧得多了,眼光如炬。先替我选几件好东西。"

掌柜已将店中贵重的首饰一匣匣捧了出来。辟邪看了看,指了一对全绿的翡翠双莲蓬,一双金镶玟惠钏臂,道:"就这几件还看得过。"

掌柜竖着拇指道:"到底是皇上身边的人,好眼光!"

如意道:"既然好,我就要了。"

伙计打过算盘来,道:"一共七十三两整。"

掌柜呵斥道:"什么七十三两,七十两就是七十两!"

如意一笑,摸出两张四十两的银票,往掌柜手里一塞,"只要东西好,不差这点。"

掌柜忙命人用红木匣子装了首饰,包上洒金绢纸。又怕天雨弄潮了,特地用油绢又扎了个包袱。恭恭敬敬送到门口,双手奉上。

辟邪见天色渐黑,催道:"这也算差事?眼看宫门要下匙了,师哥还是早回吧。"

如意笑道:"不瞒你说,皇上今夜宿椒吉宫,用不着我们。特地放了咱们哥儿俩一天假。明早再回也不要紧。"

辟邪听到椒吉宫三个字,脸色又是一白。如意已叫了车,拉着他上来道:"难得出来,喝杯酒去!"跟车夫耳语几句。马车便辚辚向北,从双秋桥过江。辟邪嗔道:"二师哥也是个自作主张的,这又是往哪儿去?"如意只管敷衍道:"到了就知道了。"马车已拐了几个弯。辟邪眼尖,望见前面牌楼上"兰亭"两个字,不由啐了一口:"早料二师哥不正经,我便不出来了。"

如意不由分说,拉他跳下车,"兄弟年纪不小了,也该出来玩玩儿。有什么要紧?"

吉祥见皇帝折子批得晚了,上前劝膳。皇帝扔下笔,笑道:"早上还说去椒吉宫的,不如在那儿晚膳。"

吉祥也替皇帝高兴,打发人去椒吉宫传信。命人备了轿子,张好雨篷,请皇帝移驾。椒吉宫在东六宫最北，沿途必经庆祥宫。皇帝想到从来都在庆祥门转入，念及往昔情分，不由要叹谊妃糊涂。到底吉祥善解人意，隔着轿帘道："万岁爷，前面就要过了庆祥宫了，听说谊妃昨儿起身子就不爽快……"

皇帝一声不吭，只从身上摘下折扇，隔着帘子递出来。吉祥连忙接过，小跑着交给庆祥宫门前的小太监，低声道："你去和谊妃娘娘说：万岁爷虽还有些个赌着气，到底和娘娘多年的情分；现下后悔昨儿的话说得过了，拿个信物来，要娘娘自己珍重身子；少了娘娘伺候，万岁爷也不高兴。"小太监大喜，忙拿着扇子奔进去。

吉祥又赶上皇帝銮驾，在椒吉宫门口唱道："万岁爷驾到——"

詠淑仪已经久候多时，此刻领着宫中人等叩首接驾，"臣妾慕氏恭迎皇上圣驾。皇上万福金安。"

皇帝早闻她容色过人，却从未留意看过。当下亲自上前扶了一把，"起来吧。"原本想叫她抬起头来看看，却觉手中纤细柔和的手腕正在战兢地发抖，心中怜惜，便没有勉强。

"传膳吧。"皇帝坐了，向吉祥点点头。这是嫔妃宫中的便膳，只上了十六道大小菜肴。吉祥笑盈盈托着只均净的玉杯来，才是合卺酒。皇帝接过来饮了一口，又授予詠淑仪。她微微抬头饮完。吉祥喝了声彩，说了些吉利话。皇帝笑道："坐。"

吉祥见詠淑仪惶恐不安，只是绞着手帕垂首侍坐，笑道："詠淑仪该不是怕见人吧？奴婢要是长成詠淑仪这样，还不整天在大街上逛悠，只怕别人瞧不见。"

皇帝笑道："不用你去臭美，满京城的人谁不知道你是个没皮没脸的。"

詠淑仪这才抬起头来一笑，艳丽容颜顿令华室失色。皇帝一时炫目，竟是怔了半晌，还过神来才觉喜出望外，叹道："难怪……"

吉祥一笑，悄悄退出。詠淑仪更觉局促，飞红了脸，丽色更是浓到化不开。皇帝看着她，饮了杯酒问道："宫里还住得惯么？"

"还好。"詠淑仪的语气倒是温柔大方。

"想家了吗？"

"有时会惦记。"

"哦？你也是官宦人家的女儿？父亲任职在哪里？家里还有什么人？"

"臣妾的父亲曾是震北大将军司马，十多年前便辞官回乡。如今父母俱在堂上，还有一个兄长。"

"你还有一个兄长？叫什么名字？任什么职？朕今后留心着，也好提携他。"

詠淑仪却莞尔一笑，道："臣妾的兄长名灿，字离姿。臣妾也不知兄长现在何处。臣妾的父亲从前托故人照应他做官，他却不要，一怒之下出走。六七年了也不见回来。现在想是在哪里从军。"

皇帝笑道："姓慕，慕灿，慕离姿，听起来倒是女子的名字。照你这么说，你兄长却是个有骨气的好男儿。"

詠淑仪忙道："兄长的名字虽有些柔弱，却是一位高人送的。那道士看了兄长的面相，言道他命中金气大胜，性格刚硬，必有兵戎之灾。名字里要有火，才能克制。"

"原来你父亲也信这个的？"

"臣妾父亲原是不信。后来见兄长果然喜好个武艺兵法，模样虽然不难看，却是生性刚烈，好比金刚转世，才顿足捶胸地后悔，早知如此当初就该起名叫炭，字火烧便了。"

"慕炭，慕火烧？"皇帝不由哧地一笑，"那么你呢，在家里名字叫什么？"

詠淑仪脸又红了红，"臣妾小名徐姿。"

"慕徐姿……"皇帝只觉这名字和她脉脉婉转的风韵极是般配，心里感叹了一声。此刻心神所属全在她身上，随便吃了些饭菜，牵住她的手慢慢往寝宫而去。每走一步，便觉慕徐姿的手便凉了一层。坐到床沿上，将她的手捂在怀中，笑道："好些了么？"

慕徐姿眼中尽是恐惑神色。十六岁天真的少女尚不知承欢作态，只是双唇颤抖着道："没有。"

※第36章 花幕先生※

刘思亥被围时，洪定国一部正悄然撤退。远处杀声尚闻，可说与匈奴人擦肩而过。艾生是他用惯的参将，从多峰一直追随至塞外，为人心肠软，催马上前低声问道："世子爷，被围的是凉州兵马。我们不救，如何向凉王交代？"

"有什么可交代的？自有震北军接应他。"洪定国道，"这个刘思亥与姜放沆瀣一气，不把凉王的旨意放在眼里，只知道耗尽凉州兵力。难道要洪州子弟陪着他们送命不成？"

"话虽如此……"艾生喃喃道。见洪定国目光转来，便不敢再劝。

回至洪州大营，李呈等候多时，疾步上前挽住洪定国的缰绳，问道："世子爷没伤着吧。"

"没有。"洪定国跳下马来，"今日未曾交战。"

"没有交战？"李呈笑道，"那就好，那就好。幕先生问了几遍了，请世子爷快过去吧。"

"是。"洪定国抛下头盔，整了整铠甲。

洪定国寝帐对面开得似锦的繁花。其中一座帐篷灰蒙蒙不甚起眼，似乎是仆人的住所。洪定国在帐门前看了看地上的花盆，振作精神入内。帐中幽香的清凉，让他不禁放轻了脚步，躬身行礼，又道："怎么搬进来好些花？"

"有些花多晒会焦。"帘内的声音苍老有度，似乎微微含笑，"今日战况如何？"

"未遭遇敌军，不曾交战。"

"是吗？"

叮叮咚咚的，是浇花的水声。洪定国耐心地等着，半晌，那老者才用遍布皱纹的手指隔帘递出一封信来。

洪定国看了看，笑道："总是懒懒散散的不成话，他这信已晚了。"

那老者施施然道："不算太晚，看了便知。"

"是。"洪定国认真看了两遍，不敢妄做论断。听那老者问"如何"，才回道："他信中所言若属实，景仪和杜闳便无勾结之虞。杜闳回黑州原来出于无奈。"

"很险了。"那老者道，"若无那人夜半出手杀了祝纯，只怕景仪不会死心。"

洪定国道："想来是姑母座下的高手。"

"不是。"那老者断然道，"此人杀人无形，武功极高，却有见机行事、当机立断的生杀大权。无论放在何处，都是雄霸一方的豪杰。信中说，在京畿，这等人物从所未见。"

"那便是从别处来的。"洪定国受他启发，道，"应当是尾随东王进京的。"

"正是。"老者语气中已带赞许之意，"你说会是哪路人？"

洪定国想了想，"寒州黑州一带能称得上人物的，只有寒江承运局那众水匪。"

"说得不错。"老者道，"吴十六、李双实，都是十多年前突然冒出来的强人。在那之前，我印象里江湖上从未有这等人物。要说是皇帝栽培起来的，真正是牵强附会。不过三年前，宫里却派人下过寒州。"

"处心积虑布了个大局呢。"洪定国道，"记得那时下寒州的就是那个小太监辟邪。此人不除，难免是个后患。"

老者哼哼地笑起来，"你急什么？有人比你更着急要这位内廷将军的命，不过是一两年间的事罢了。"

"是。"洪定国躬身道，"先生说得是。如今杜闵已回黑州，先生看他会兴兵造反么？"

"杜桓父子的反意昭然若揭。太后和景仪不会轻易放他们出寒江。就是吴十六等江湖人，既然给朝廷做事，定有他们自己的一套。洪州在少湖的人可按兵不动。"

"姑母会不会行一招果决简单的手段？"洪定国问。

那老者叹了口气，"那便是她自己的事了。"

"幕先生，世子爷。"李呈撩开帐帘，急急地道，"凉州那处传来消息，刘思亥战死了。"

"战死了？"帘内的老者一怔，"今日不是未曾交战么？"

洪定国缄口不语，那老者喝了一声，"说话！"

李呈只好道："刘思亥被围，震北军来援。大多精锐得以脱险，只是刘思亥中箭身亡。"

"你知道么？"

幕先生的眼睛似乎在帘后灼灼放光。洪定国吸了口气，慢吞吞道："知道的。"

"为什么不加援手？"老者的声音愈加威严。

洪定国抬不起头来，低声道："刘思亥与姜放交情太深，放在凉州军中会对大局不利。既然要除他，何不假匈奴之手。"

"呵呵呵。"幕先生苦笑起来，"傻孩子，你自己又何尝不是把刀？皇帝将刘思亥战死的过错推在你的头上，令凉州人人都恨你，你却还在暗道侥幸。"

"这……"

"幕先生，"李呈道，"世子爷年轻，犯错总有补救的法子。"

"补救的法子？"幕先生叹道，"必隆明日就到出云了，你和他商量补救的法子去罢。"

凉王必隆到了出云，才知道刘思亥阵亡，大惊之后问明实情，一时茫然坐于马上，竟忘了悲恸。迎他入营的乌维见他神色越来越难看，握着马鞭的手不住颤抖，连忙滚下马来，抱住必隆的腿，叫道："王爷！息怒，息怒！"

"息怒？"必隆俯下脸来看着他，"乌维，你的王爷十几年前就是由刘护军扶上战马打的第一仗。你的王爷由他从乱军中背出来逃得性命。你的王爷将几万凉州子弟交给他看顾，如同看顾你的王爷一般……"他抽了口气，咬起牙来忍住浑身不住的颤抖，片刻后便慢慢平静。

乌维见他沉思不语，左右看了看，道："王爷……"

"此事不是你说得这般简单。"必隆道，"刘思亥身经百战，不是这么容易便死。唯今之计，先会晤了洪家的人再说。"

"是。"乌维放松了双臂，"王爷明白了就好。"

"赤胡呢？"必隆问，"他血战夕桑有功，我要见他。"

赤胡提马奔过来行礼。必隆见他无恙，道："你辛苦了。听说出了个内廷将军，极是了得……"

"王爷！"赤胡却高叫了一声，将必隆的话当头截断。

"你跟着我。"必隆一怔之下回过神来。

赤胡贴着必隆的马，极快地低语。必隆垂首听着，猛然抬起目光，"不可能！"

赤胡想了想，"臣是这么觉得的。王爷见他比臣见得多，一切要王爷看过才知道。"

必隆仰头回想，叹道："很久了，那时王妃还在世呢……"

"大将军姜放接出来了。"乌维因姜放和刘思亥的交情好，故此对他很客气。

必隆是见过姜放的，客套了一番。见他身后跟着两个内臣，不由回头看了赤胡一眼。赤胡微微摇头。那内臣已上前道："尚宝太监吉祥，奉旨迎接凉王。"

"是。"必隆下马谢恩。这一路的繁文缛节，直到晋见了皇帝，赐下座位才完。

皇帝笑道："凉王来得有些突然，朕两个时辰前才知道的。"

"臣听闻努西阿渡口有变，便即从凉州出发。到得是有些突然了。"

问及景佳公主和小世子多兴平安，接着要说的不外乎几件日前的大事。皇帝先讲到刘思亥，劝必隆节哀；必隆自然要说皇帝领兵有方，坚守出云与将士同甘共苦是何等的英明，姜放必定不负圣望云云，最后便问到了内廷将军。

"原来就是皇上身边最伶俐的辟邪。"必隆笑道，"早有耳闻，想不到已被皇上调教成了一员大将。"

皇帝道："什么大将？不过运气好，有凉王麾下的赤胡将军相助，才没有断送他的性命。"

"上回就没有见到，"必隆很有分寸地往皇帝身后打量，"今日似乎也不在吧。"

皇帝对吉祥道："叫辟邪出来，叩见凉王。"

吉祥笑道："皇上忘记了，辟邪一早去了京营里面，尚未回来。"

"哦。"必隆恍然，"辟邪已领京营，定是少在御前。看来皇上身边人人出力，匈奴大军压境，也不足虑。臣虽不才，仍望为皇上分忧，统领凉州数万骑兵，为皇上先锋。"

皇帝一笑，"这是自然的。朕先前就在想请凉王回军前来，只是不知凉王伤势如何，不敢妄加军令。如今有凉王在左右行军，中原大军岂不是如虎添翼？"

君臣二人相视而笑，一派祥和喜乐。

必隆惦记凉州子弟，又稍坐了一会儿便告退回凉州军营。皇帝携着他的手送出行鸾，看他远去不见，方才转来。

午后小顺子从辟邪处回到行鸾，御前禀道："师傅骑马太久，旧伤不太好，已叫了太医来看。过会儿就来叩见皇上。"

"原打算让他去见凉王的。既如此，就由他歇着吧。"皇帝道，"太医看完了，将伤情禀报朕知。"

小顺子笑嘻嘻答应，溜回书房对辟邪道："皇上让师傅歇着，哪里都不用去。"

辟邪已宽了衣裳，这时坐起来问："可说了什么让我见凉王的话？"

小顺子扁了扁嘴，"说了。"

"哎……"辟邪很难得地叹气。

"师傅怕凉王？"小顺子讶然道。

辟邪一笑，"极怕。"

"为什么？"小顺子抱着头，躲过辟邪抄手过来的一扇子，口中还是念念有词，"奇怪，奇怪。"

"你去打听好凉王的动静，若他出了凉州大营，我们倒可去会会他。"

"师傅这是在唱哪一出啊？"

辟邪摇着扇子，"空城计。"

这场戏不到一个时辰便开了锣，小顺子回禀凉王出了大营，往洪州兵营去了。

"这可要赶紧。"辟邪笑道。

他和小顺子禀告过皇帝，要了马，驰往凉州军营。到营门前，遇见的却是洪定国。

"世子爷怎么有暇到这里来。"辟邪一怔。

营门前的凉州军人对洪定国都是冷眼相看，无人上前引路。洪定国脸色不太好看，道："刘护军为国捐躯，我来祭一祭。小公公呢？听说小公公伤重，长远未见，如今可好了？"

"好得大概，多蒙世子爷挂记。"辟邪道，"奴婢过来拜会凉王。"

"凉王出营去了。"营门的守军对辟邪却十分殷勤，"将军来得不巧。"

"真是不巧。"辟邪笑道，"烦军爷回禀凉王知道，御前的辟邪来磕头，既然王爷不在，只得日后再来拜见。"

"那便后会有期。"洪定国冷冷看了他一眼，拂袖径直入营去了。

小顺子却盯着他的背影摇头，喃喃道："奇怪。"

辟邪一笑，兜转马首，与他并骑回程时，才悠然问道："你说奇怪，是为了什么？"

小顺子盘算了盘算，道："凉王去了洪州大营，自然是去见洪定国的。洪定国怎么会跑到这里来？走岔了？"

"就怕不是走岔了呢。"辟邪道，"你有此一问，可见不但是个聪明的小子，还用了心。"

"师傅这么觉着？"小顺子受他夸奖，两眼放光，提马跑得更近些，凑在辟邪面前道，"师傅才知道我是个有用的人才吧。"

"非但是有用，而且现在就要用。"辟邪笑道，"你在此给我独当一面，弄清楚他们搞的什么名堂。"

小顺子对"独当一面"这句话喜不自抑，心甘情愿地守到夜里，转来回禀辟邪道："师傅，这回可让我查得明明白白啦。凉王申初出的大营，咱们是申正时和洪定国一同到的；洪定国待了一会儿便走了，那时大约在申正三刻。而凉王却是在戌正时就回来了。"

辟邪微笑道："你说呢？"

小顺子一本正经皱着眉，"我看……凉王出营不久便遇上洪定国。他没有同洪定国一起折返回来，自己去了洪州大营；在那里坐了一个多时辰，却不待洪定国回营，又掉头回来……照这么说来，必隆去洪州大营，见的却不是洪定国？"他抬起头来，"师傅，怎么会？"

"那便要去看一看了。"辟邪道，"拿衣裳和剑来。"

他说着起身，小顺子却一动不动。

辟邪忍不住笑道："你要说的我都知道。可惜我是师傅你是弟子，你再劝也是没用，不想找打就乖乖地服侍。"

"好吧。"小顺子突然施施然地道，"我算想开了，要怪就怪自己，是个没用的废物。不然替师傅去一趟，省却多少口舌。"

辟邪放声大笑，"你这般说话倒有些仗义爽快的模样，渐渐地也似条汉子了。"

他持剑飘摇出帐，自震北军马厩越过营栏，潜入洪州军中。在洪州军营中行走远比宫中更难些。洪州骑兵军纪严整，遍地都是巡哨。辟邪无奈，只能贴着士卒营帐穿行，煞是艰难。耳听三更敲过，距洪定国大帐仍是遥远，便横下心来，登于营帐上倏然飞奔。他的身法极快，一路无人察觉。到中军时俯低身躯，藏身营栏之后，向内遥望。却见火烛通明，人员整备，便不能再如此行险。而洪定国寝帐门前只有守卫在火把下肃立，里面却黑沉沉的没有动静。

"难道已睡了？"

辟邪暗道，便想冒险入帐。刚要起身，忽听洪定国低低的声音道："幕先生早歇吧。"见他高挑的身影从对面矮帐中出来，在门前还躬身施礼。一时寝帐中的灯火也点着了，洪定国松了松领口，仔细在凉风里透了口气，才低头入帐休息。

那矮帐遮得极严实，明知其中有人居住，却不见丝毫灯光透出。辟邪不明其中底细，不敢妄入。稍等了一会儿，寝帐中也熄了灯。中军营盘里只有帐外火光在夜风中飘摇，映着守军忽明忽暗的脸，一派肃杀。灰蒙蒙的矮帐却如神龛，其中的神祇在这寂静夜中也是不眠不休，其隐隐的威严正笼罩在整个洪州军营头上。辟邪的心怦怦跳得厉害。不知缘何，肺中的真气又沸腾鼓噪起来。他压抑着咳嗽，手心里静静出着冷汗。

沙沙几声脚步，是李呈幽灵般从矮帐前走过。他左右看了看，似乎巡视。最后悄悄撩起洪定国的帐帘入内，想来是在世子身边值夜。

太过安静了——辟邪倾听着矮帐中的声息——竟无一点平常细微的人声。他紧了紧手中的剑，才突然发现自己出了一身的冷汗，不由惊异。何以如此踌躇，如此惊恐，甚至萌生退意？他一声嗤笑，疑惑中生出倔强的执念来：那矮帐中是什么神魔鬼道，倒要一看究竟。

辟邪轻身跃出，贴着阴影缓缓绕到矮帐之后，窥视泥塑般立于洪定国帐前的守军。见他目光游离，知道那守军已是困顿，趁火光摇离他眼前，闪身挑高帐帘，从底下的缝隙里无声滑入。

这帐中竟是惆怅的沁香。在这沙场之上，这一丝游魂般透人心肺的芬馥，让辟邪也生出些忧郁来。他贴于地上，奇异身周无半点声响。花香倒似小小的神灵歌唱，在狭小的帐中穿梭不已。辟邪在寂静中慢慢地移动指尖，翻动靖仁剑，转到他觉得舒服的位置。冰冷的剑身紧贴着他的胸膛，随心跳起伏，辉映垂帘后支离破碎透来的幽光。

他努力睁大双目，想要涌身再进，却发现身体就像挽弓力尽时的弓弦，跟着花叶扑簌簌喧嚣起来的私语颤抖不已。

就在此时，一道沉重的阴影挟着迟钝的风声缓慢地划过穹顶。他一惊而起，断鹞般在狂风中折了出去。摧裂山河般的杀气在他飞掠之际，切断他的衣摆，又将矮帐一挥为二。身着翡翠色战袍的老者一如玉塑的神像，手持人高的斩马钢刀仰头望来。

辟邪这一刻魂飞魄散，惊呼脱口而出："洪王！"

"谁能料到多峰这只饵，钓出了洪王这条大鱼。"姜放听完辟邪的话，不禁笑道，"他不放心儿子，竟自己跟到出云。"

"谁能料到呢？"辟邪垂目看着自己的手仍在微微发抖，避开姜放的目光，轻轻地笑，"回去的路上，一定是热闹的了。"

"洪王父子、东王父子、皇帝兄弟，再加上主子爷……"姜放抱着肩摇头，"就算大败了匈奴，这战果又有多少人等着分呐。"

洪州军营里的喧哗渐渐透了过来，门前小校来报："大将军，洪州营中出了刺客，已搜到震北军营边了。"

"震北军也跟着搜罢。"姜放说着出帐，在外吩咐人调兵。

辟邪收了剑，趁着震北军中还未戒严，潜回行銮。撩开书房的帐帘，却见皇帝正披着衣裳坐在灯光下读书。

他一怔之间，皇帝已随手将书扔在桌上，转头望来。

"外面这么吵，难道祸是你闯的？"皇帝道。

辟邪忙抛下剑，跪在皇帝脚前。正想请罪，皇帝却按着他的肩膀，打量着他的神色。

"撞见什么了，吓成这样？"

辟邪蓦地扬起苍白的脸来，心底里未曾挥去的恐惧正在皇帝目光下变成惭愧，渐渐抹红了他的面颊。他心中无数念头翻滚而过，不知点头还是摇头，一时无话可回。皇帝抽回手，重新拿起书，定心看了下去。

"皇上……"辟邪拽了拽皇帝的袍角，低声道，"奴婢是让皇上吓着了。皇上饶了奴婢擅作主张。"

皇帝笑了笑，"你潜入洪州大营，自然有你的道理。朕不问，你有一天也会告诉朕。"

"皇上在生气。"辟邪道。

皇帝摇头，"朕记得从前身边的小太监说故事给朕听，说是游侠有神兵，能自己脱鞘，取人首级于千里之外，最后都是'白光一道闪回剑匣里，竟不沾一滴鲜血'。"

辟邪扑哧一笑，道："总是这样的。"

皇帝道："朕今天却忽然想，有一天这剑飞出去了，再也不回来，会是什么光景？"

辟邪思量着皇帝的话，道："奴婢在皇上身边才觉着安宁，无论去到哪里，遇到什么事，都会急着赶回皇上身边。"

他见皇帝不置可否，再想别的话劝解，却发现心中空明，能说的话，就这么一句之间说尽了。

皇帝嘴角终于浮上淡淡笑意，"辟邪，你在说真话么？"

"奴婢对皇上一直说真话。"辟邪道。

"胡说，这便是句瞎话。"皇帝不知为什么，越发高兴起来，一把将辟邪挽起身，又道，"虽说是行军，有时也不妨偷着寻些开心。喝一杯压压惊吧。"

"是。"辟邪环顾帐中，道，"不过，奴婢可没有私藏着酒。"

皇帝笑道："你大师兄是个无酒不欢的人，定是有的。朕叫他。"

"不必了。"辟邪将角落里的书箱拖出来。那箱盖上一层尘土，似乎从来没有人翻动过的样子。

"这里有？"皇帝问道。

"怎么没有。"辟邪将箱子打开，从上面抱走了几摞书，果见下面藏得好好的三坛子酒。一坛已喝了大半，还有两坛没有开封。

皇帝喜道："你怎么知道在这里？"

辟邪道："奴婢小时就总瞧见吉祥和如意偷酒吃。他们藏酒的花样，无外乎这几个。"

皇帝提出那半坛酒来，席地而坐，看了看道："应是不错吧？"

"奴婢师哥喜欢状元红，多半就是了。奴婢拿酒碗来，皇上尝尝便知。"辟邪从里面翻出干净茶盏，给皇上斟满。

皇帝饮尽了一杯，点了点头，"吉祥是个会享福的。"他自己动手斟了酒，授予辟邪。辟邪想称谢，却咳了几记。待他嗽停了，皇帝又已干了一盏，把着空杯，枕着旧书，仰望穹庐。

辟邪抿着甘苦交加的醇酒，想和皇帝说说话，又懒得开口奉承，一样看着帐顶不语。灯光下白色的帷幕迷离成一片，像是黑暗的视野里突然炸开白昼的阳光，巨大的斩马刀在刺目的光芒中顿于青石地上。大地震了震，颜王府长史的尸身便血蝴蝶般地飘得到处都是，粘在自己脸上。

"咳。"辟邪猛地惊醒。耳畔惊呼退去，"空空"作响的，只是皇帝闲极无聊，拿脚拨弄着空酒坛的声音。

洪王世子遭人行刺一事次日里才传过来让凉王知晓，必隆没有太多的讶异。他很清楚洪州中军的底细。即便见皇帝仍是没有丝毫察觉的样子，暂时也不敢轻举妄动，多往洪州营中行走协商。只是在晋见皇帝之后，才不经意似的同洪定国走在一处，拱了拱手道："兄长受惊了？营中可有人受伤？"

毕竟必隆是亲王的身份，洪定国忙还礼不迭，"多谢垂问。那刺客不及出手，便被识破，吓得慌忙逃窜，不曾伤人。"

"这就好。"必隆笑道，"洪州大营的守卫比凉州军营还严上三分，竟还被人潜入中军。若那刺客行刺的是小弟，只怕这条性命已然交代给他了。赤胡——"他转首道，"你可要替我好好把住门呐。"

"那是自然的。"赤胡道。

"有些事防不胜防。凉王不是不知道，我中军是如何的戒备森严。若非……"洪定国不动声色地环顾左右，压低声音在必隆耳边道，"若非老人家自己察觉，只怕已是得手了。"他叹了口气，挺直了身子接着道，"花幕刀法凉王不是没见识过，极少有一击失手的时候。那刺客一掠而去，没有伤到分毫，武功又是高到什么地步？"

必隆想了想，"听兄长的口气，似乎知道那刺客是谁了？"

洪定国正要说话，见姜放和一干内臣已簇拥着皇帝出来，便收住语声。

皇帝过来向他们颔首道："朕去京营巡视，两位爱卿同行如何？"

"是。"必隆和洪定国都不便推辞，跟在皇帝身后上了马。

洪定国道："皇上有辟邪监军京营，还有什么不放心，定要辛苦这一趟？"

皇帝笑道："朕哪里不知道偷懒，不过最近辟邪精神不好，少当差。怎么说京营还是朕的亲兵子弟，只得朕和姜放去看看。"

"哦……"必隆暗道不巧，想来又是见不到了。

他随驾而行，将出行銮时，忍不住回首相望，却见一袭蓝衫在御帐一侧心不在焉地静静停驻，抚在胸前的手在阳光下透不出血色，竟比他指间的衣襟更白些。

马蹄掀起的烟尘朝那无瑕的少年掩盖去。他慢慢躬起背咳嗽起来。烈日在他脚下投出狭小的影子，仿佛是他身体消融时淌下的一泓冰冷清水。似乎感受必隆注目，他有点狼狈地喘着气抬起头望来。纯粹而平静的眼神，迎着必隆的目光，没有些微波澜。

"就是他。"赤胡用极低的声音对必隆道。

"不。"必隆不假思索地摇头。

赤胡问道："王爷觉得不是？"

"不知道。"必隆直望到那少年踱着懒洋洋的步子转得不见，才道，"太久了，也太不一样了。"

赤胡反而迷惑起来，"臣觉得很像。"

必隆笑了笑，"哪里像？亲王的王子即便贬为奴婢，还会有些傲气贵气在，不是这样的。"

"这样的，又是什么样？"赤胡锲而不舍地追问，提高了声音。

皇帝和洪定国都听见了，回过头来。

"凉王在说什么？"皇帝问。

"臣没说什么。"必隆回道，又狠狠瞪了赤胡一眼。

赤胡嘿嘿地笑，连忙躲到必隆马后去了。

必隆想着赤胡的问题。那青衣少年在他脑中只留下苍白的一团影子。那种洁白和安静，让他觉得刚才从眼前飘然而过的，只是一个孤独的鬼魂罢了。

京营里洋溢的却非一般的整肃杀伐。自军官乃至士卒，人人秉持的骄傲，甚至比洪州军更胜几分。说到这种气派，自然无人可比黎灿。当他甩脱头盔，从枪阵中张扬跋扈地出来，在御前带着些散漫气度行了个礼，必隆便忍不住揣测什么样的主帅才能容得这样骄傲的人物，这样的人物又会在什么样的主帅面前低一低头。

黎灿却注意到必隆正若有所思，于是上前笑道："凉王有什么指教？"

必隆道："将军教练的枪阵已演得气势如虹、出神入化，小王哪有什么指教可言？"

"王爷过谦了。"黎灿道，"夕桑河谷一役，臣与凉州骑兵并肩作战。凉州骑兵的骁勇，臣很钦佩。"

必隆看出他的真心诚意，很高兴地道："将军神勇，只怕海内难逢敌手。得蒙将军嘉誉，凉州军甚觉脸上有光。"

黎灿见洪定国在一旁似乎不以为然，笑道："早闻洪州骑兵也是极英勇的。可惜夕桑河谷之际，臣没机会见识；京营中的陆过前一阵做洪凉两军的接应，本是有机会与世子共事的，却受罚回了京营，可惜可惜。"

他几声"可惜"说得凉州将领都是大快，有人已忍不住窃笑。洪定国倒很沉得住气，"陆过是十几年才出得一个的武状元，从此不能军前领兵，确实可惜了。凉王那边也一样。"他神色不动地向必隆道，"就算这次匈奴溃退，今后凉州的驻防少了刘护军，仍不啻于断去凉州一臂。"

姜放充耳不闻，看来正睁着眼睛白日做梦。皇帝却正巧在喝茶。吉祥殷勤地询问茶是不是凉的，要不要换一杯。等忙完了，皇帝回过头来，黎灿已接着道："也不见得，皇上兴师动众地亲征在此，自然是要永绝匈奴大患。所谓凉州的驻防，今后也轻松多了。"

"正是，正是。"必隆道，"几代凉王都为匈奴大患困扰，忧虑成疾，夜不安寝。皇上亲征，竟成全臣做了个逍遥王爷。"

皇帝道："凉王说笑了。洪凉两州是中原重镇，即便匈奴绝迹，凉王的担子也不轻。朕年轻，往后的国事都要仰仗两位亲王。"

附和之声顿时闹哄哄响成一片。洪定国咬了咬嘴唇，便不再说话。

皇帝对黎灿道："黎卿的枪法教练京营将士绰绰有余。朕侍卫营中缺你这样的骁将，不如挪到御前侍卫里当差。"

黎灿笑道："皇上身边高手已极多了。臣不过枪法出色些，只合适在尘土堆里打滚。更愿意替皇上在沙场立下功劳，将贼寇远逐于千里之外，令四海之内无人不以皇上为尊。皇上受万万百姓爱戴仰慕，无处不可安寝。那时只怕连侍卫也没有什么用武之地了。"

任这番话说得胸襟广阔高远，却一样拒绝了皇帝提拔的美意，周围的人都倒抽冷气。只有皇帝不以为忤。想到若黎灿说的情景成真，为君者又是如何得意气风发，俯瞰天下，因而道："黎卿志向高远，朕岂能小觑英杰。谕京营领军辟邪，擢升黎灿为铁枪营参将。"

"臣谢恩。"黎灿磕了个头，潇洒告退。

洪定国忍住气，与必隆一同回营时，道："只要是讥嘲藩王，说藩王的不是，无论是谁，皇帝都欢天喜地地给他加官进爵。长此以往，朝野必被他助长出个倒藩风气来。"

必隆道："若贪图一官半职，就敢踩着四大亲王的肩膀往上爬的，多半是乌合之众。皇帝招揽多少，也不足惧。"

"凉王说得有理。"洪定国笑道，"老人家想见见凉王，什么时候方便过我营中去？"

必隆不是很情愿。但洪定国亲自说出口，不能拒绝，便大大方方道："是。既然花幕先生相邀，晚辈自然是要去的。就是今日吧。"

他两人快马驰回洪州大营，径直往洪定国中军。原先的矮帐被撤，又重新搭过。簇新的洁白帐篷反而有些扎眼的尴尬。洪定国撩起帐帘来请必隆入内。幕先生一贯是不愿见人的，看着凉王必隆行子侄之礼，只是在垂帘后欠了欠身。

"难为凉王这种时候还过来。"幕先生道。

必隆忙道："幕先生受惊，晚辈未曾过来省视问候已是不恭敬。幕先生这么说，晚辈无地自容。"

洪定国道："先生，我才刚和凉王说到那晚的刺客。"

幕先生的笑声从里面传来。老者淡淡的人影似乎在摇头，"不要再说那是刺客了。穿的是宫里的衣裳，想必是皇帝身边的人，不过来看个究竟罢了。"

"原来如此。"必隆道,"先生看清楚了是谁么?"

"身法太快,没有看真切,只是身材并不高大。"幕先生道,"说到宫里的太监,能有这种手段的,只是七宝太监那一门的人。"

"七宝太监的徒弟中跟过来的就是吉祥和辟邪。先生和我的意思是辟邪无疑。"洪定国对必隆道。

"果然是他!"必隆忙问,"他可认出先生来了么?"

洪定国摇着头。幕先生也在帘后沉默。

必隆望着洪定国,道:"难道他已识破幕先生的身份?"

洪定国道:"在他一掠而去之际,先生听他叫了一声什么,却不是很真切。"

"且慢。"必隆皱眉,脱口道,"若他当真认出先生,皇帝那边为何一点动静也无?再者,先生最后一次进京是近十年前的事了。他年纪轻轻,什么时候见过先生。"

"这正是我疑惑之处。"幕先生道。

必隆垂下头想了想,笑道:"话说回来,皇帝大婚,晚辈也随祖父在京。那时七宝太监得太后宠信,正值权盛。与王侯往来出入时总有一干小太监服侍,或许见过先生。"

"是么?"幕先生灼灼目光猛地从帘后透了出来,落在必隆脸上。必隆丝毫没有躲闪的意思,迎着他的注视回望过来。幕先生终于叹了口气,"或许吧。"

"不过,"洪定国道,"皇帝倒似真的没有察觉。"

"皇帝年纪虽然不大,但装聋作哑的定力还是有的。"必隆道,"兄长何以得知皇帝尚未察觉先生在此?"

"办法多的是,至少皇帝还未有将先生和我分隔的打算。"洪定国笑道,"不怕一万就怕万一。先生请凉王过来,就是拜托凉王为先生留一条退路。"

"先生要回凉州,晚辈自当鼎力相助。这条线上有晚辈在,万无一失。先生打算什么时候启程?"

幕先生道:"还不到这一步。最要紧是说走就能即刻动身。"

"是。晚辈回去就安排。"

洪定国知道必隆实在不便久留,既然他打了保票出来,便不再挽留,将他送至营门前方才告别回来。李呈手中拿着信件迎面过来请安，道："少湖水寨的人通报寒州消息。"

"是吗？"洪定国接过来，"怎么不是黑州的消息？"他匆匆读完，又拿去给幕先生看，道："寒州布政使蔡思齐上折子说，成亲王遣出的御使下寒州查办于步之贪污受贿罪状，他布政使衙门才知于步之连同家眷一齐畏罪潜逃多日，叩请朝廷降罪。看来景仪绝不会同杜家共事，只怕杜桓要自己动手。先生看西王会蹚这趟浑水么？要不要有人去那边看看？先生？"

洪定国不见帘中幕先生动静，上前轻呼了一声。

"杜桓授意白东楼经营苗疆这么多年，不会放着不用。要起兵造反，少不了白东楼那几万兵马。"幕先生道，"不过白东楼也是个老奸巨猾的。东王的兵马不出寒江，他是不会轻举妄动的。更何况皇帝已送了一位公主在大理，怎么会做赔本的买卖？"他说着忽而叹了口气。

"是。"洪定国不禁疑惑，"可先生为何叹息？"

幕先生道："一出戏这么多人来唱，我只怕最后定是乱成一团。"

洪定国笑道："东王、西王的举动早在先生预料中，我觉得还好。"

"不然。"幕先生道，"乱世里人人都有自己的野心，却不是你想得周全的。"

洪定国仔细想了想，"先生在说谁？"

幕先生依旧是叹息，"且不要说那个小太监背着皇帝在做自己的勾当，就是必隆这个孩子，也忽然有了自己的心思了……"

阅读评价

一般权谋文章多以王侯将相开篇立命，王者可于四海之内扬名立威、在丹青册上开列传；权臣可在内阁朝堂笔墨动政论，长袖善舞伴君侧；将相则在疆场之上洒热血，与三军将士共死生。而《庆熹纪事》中，扬名朝堂拨弄后宫的却是一位小太监。青袍总管一步步行棋落子，穿梭在内务外政。越是反差，越是出其不意，最后给读者一个惊喜。读至最后，喜欢上一个小太监仿佛成了作者布局中的一环一样，中了作者红猪侠的圈套，成了她笔上江山的又一个战利品。

在宫斗小说蹿红市场之际，记得有采访问作者是不是也见识过这女人间的弯弯道道，竟懂得这些明里暗里的"飞刀暗剑"。这当然是玩笑话。不过对于女人间的惊心动魄，也许女性作家更能写出那几分的味道来。大概文人的笔，就是这样让人捉摸不透的。到了权谋文的场子里，设局布局、暗里埋线、明里收网，难度比起宫斗来更甚。网文发展到今日仍是鱼龙混杂，以量取胜的潜规在大批写手间横行，可在权谋圈子里出一篇作品真不是易事。想圈钱的大概也不会在这种需要提纲挈领、瞻前顾后的路子里耗费心力。而要想在权谋里胜人一筹，更需要出众的本钱。

本书作者红猪侠身在上海，在字数不多的百科介绍中引人注意的倒是"武侠作家"的名号。之前的《神州铁捕系列》也不是权谋圈子里的作品，《庆熹纪事》的故事带有一些侠气和江湖气也就不足为奇了。在大众印象里，上海人一般给人一种精明的感觉，但是红猪侠的文字却不止于精打细算，大开大阖的豪情壮志也实为出彩。

在女性网络小说圈里，海晏所著《琅琊榜》在 2015 年影视化后大获成功。但以我看来，虽然《琅琊榜》中亦有不少篇幅描写江左盟琅琊阁的江湖刀剑，但海晏的文字比起红猪侠还是少了一股侠意恩仇。当然，《琅琊榜》里的赤子之心和家国情怀并不逊色，可《庆熹纪事》自有另一番风味。红猪侠自有的武侠味道和怀揣血海深仇搅弄风云的男主角碰撞，焕发的是青袍总管辟邪的胸中沟壑。梅长苏固然可惜，颜久小王爷化身辟邪的故事严谨刺激也不曾落于下风，甚至可说是更胜一筹。

题外话讲得太多，恐怕会有人忍不住发问"到底这《庆熹纪事》好看在哪儿？"是啊，《庆熹纪事》讲了一个什么故事，这个故事如何做到了引人流连？

第一好看点：点到为止的情节展现

文章以七宝太监开场，可惜真正的主角却是那个伏在他身后的清瘦内官辟邪——身为七宝太监的第六个徒弟，在皇宫大内当差，却身负一家全军血海深仇，原是一个忍辱负重的"基督山总管"。其父颜王既已奔赴九泉，他却得含血蛰伏，为的是那惨死当年的父兄，也是那立功天下的遗志。昔日的颜九小王爷，今日净身之后的辟邪小公公。在护佑其多年的七宝太监告老而去后，挑拨当今圣上和太后的关系，在削藩和平定匈奴的绸缪里潜行出入。既要面对杀父仇人洪王世族和太后的明枪暗箭，还要在自家七个师兄弟的猜忌联合中斡旋，期间还有北边屈射的南下骚扰，四大藩王的虎视眈眈。

血雨腥风，朝堂战场，只不过是字里行间，翻手覆手之际。这张网，张得既大而又有力。众生群像，为名为利或为执，都是绚烂一场。拼了心机，尽了身后命，为这权谋下一大盘棋，不白负使命一场。剧本有看点，逻辑有层次，《庆熹纪事》已然做到了。不过复仇故事古往今来不计其数，要讲好要技术。否则任你滔天血仇，恨海怒波，到最后平添讥笑。

讲故事和导演异曲同工。故事里的人就是导演手下调派的演员，演员要出好戏忌讳自怜。讲故事也不能去踩这个雷池。演员自怜带着情绪就会毁了那幕戏，小说里的角色若是带了自怜就会毁了故事气氛。三流写手下笔控制不住笔下分寸，往往笔下的人物就会破了气场，徒增自怜，不再得立。就像人物提前得知了自己的结局，情绪游走失了控制，大喜大悲，大怒大恨。情绪爆发容易刻画，但喷出去的人物形象再收回来就难了。

有幸红猪侠处处留心，不多写一分不合人物的失态，不多费一笔无关的伤春悲秋笔墨。辟邪的魅力不在于他凄惨的身世，在于他丝丝扣扣流露的风采。身处深宫内院的谨慎，遣兵调将瞻前顾后，不是让他惊愕暴怒体现，而是于一言一行处窥见细节。

三师兄招福陷害他不成反倒被挫骨扬灰一节里，从辟邪和大师兄吉祥、二师兄如意二人吃酒静等消息这一出，就足以管窥见之。昔日恩仇，一时阴阳之隔，既不是以悲泣伤泪收场，也不是画上畅快淋漓分割清晰的结局，只是小师弟康健念佛声里附上去的一句偈句罢了。而在权谋线里纠缠的一些情感线也做到了克制细微。辟邪和淑仪之间、辟邪和明珠之间、陆远和李怒之间、引人遐想的太后和颜王之间，包括成亲王的断袖之癖，语焉不详处的韵事留白，比起露骨低俗的黄色情愫，赢就赢在了这下笔时的分寸。肥了就是腻味，读过就没了捉摸的必要。瘦了则柴，让人摸不着头脑。

李怒绯红脸庞上漆黑的眼睛慢慢抬起来的那瞬，陆过就知道，今天必定要醉了。烈酒烧喉，心痛欲裂……

陆过才知道辟邪在飘夏楼所说的"忙"是什么意思。出得宫来，牵了马缓行，摸着马颈光滑如丝的鬃毛，心里有些感激辟邪为皇帝拟定的那个名单——他实在不愿再回到那片夕阳如画的草原上去。虽然此时相伴自己左右的，是李怒出嫁时的座马，但自己总在拼命遗忘那艳夺明霞、美目飘飞的一刻。白羊的草原，他怕了。

陆远和李怒的故事停在这里。陆远在怕什么，是草原还是那双眸子？故事里的缝隙留下来，不光让陆远心有戚戚，我们这种读者也会答复一声唏嘘。留情却不滥情，怅惘却不悲苦，这便是高明之处。

第二好看点：精彩纷呈的众生群像

辟邪是复仇的主角，贯穿全文。作者借他的手带起一片有血有肉的配角天下。他的师父，七宝太监，可谓是全书第一能人。出场早、出宫也早。人不在大内皇宫，可惜大内皇宫处处皆是他的影子。江湖上也没少留他的名声，来历神秘，去向也不明。手下吉祥、如意、招福、进宝、驱恶、辟邪、康健七个徒弟，正应他这七宝大名。出宫前已是风云暗浮，出宫后翻天覆地里，还处处可见他早年手笔。几近多智近乎妖了，偏偏还习武能文。比起辟邪，他就是输在了年纪太大出场太少。而他的七个徒弟个个不是省油的灯。招福、进宝和辟邪的旧怨、驱恶和辟邪的一命相连，乃至康健被辟邪设计左右的棋招，大内深宫，能人不少。

一人横行无阻的主角对读者并不友好。如果一切都被主角玩弄于股掌之中，权谋文就没了它的意趣。作者辛辛苦苦营造出来的紧张局势，也是拉大旗的假行当，重要的还有要给主角找一个厉害的对手。书中的太后不是什么善茬，也不是宫斗局中静观其变没什么用的最终大杀器。她自开始就是作为主角杀父仇人的形象出现。在和辟邪夺取影响皇上的主动权上，从来没有不堪一击。杀机之中潜藏的爱子之情,以及对洪王的兄妹之情,哪怕是对颜氏一族的暧昧不清,错综复杂间可见人物之立体。

皇上无奈和抗争。身为皇室子弟自有猜忌和恋权。他既是辟邪妄图复仇的棋子,辟邪又何尝不是他龙爪之下的玩物。

二十六岁的皇帝正在重新估量辟邪的力量。帝王权术的天性使他从木偶般的假面下挣脱——有什么东西终于摆脱了控制,纷乱地向自己扑来——辟邪第一次觉得有一种力不从心的惆怅让胸口隐隐痛了起来,脱口而出:

"他有我出谋划策,我需他安身立命。各有牵制,他才不会吃亏。"

以上列举种种,可见一斑。好玩的是,红猪侠连载期间的章节题目几乎都是人物的名字,新的人物争先恐后地冒出来。从宫闱里的淑仪皇后到举子士族,烟花柳巷也好,江湖风雨也罢,为名的有、为利的有、为情的有、为仇的有——辟邪身处漩涡,见天下群像,也饱我等读者口眼之福。

群像出彩,既能服务于情节推动,也有利于对主角的拔高塑造。写配角往往是抓取部分出彩的特点着重描写刻画就能成事,但贯穿全文的主角既需要清晰的行事路线,也需要慢慢成长合理转变的心志态度。辟邪作为《庆熹纪事》阴谋家第一人,他的行为逻辑在配角烘托下未有出格,其后动摇又坚定的复仇态度也和李师明珠等人密不可分。和配角之间的互动过招、互相牵制,让主角脱离上帝视角,给我们的带入感和惊险感才更真实。

第三好看点:笔走龙蛇的精湛文笔

虽说第一主角辟邪已经堪当大任,一身青袍在宫廷大风里舞动不俗,而其他配角可爱的也不在少数。但歌者均成对于《庆熹纪事》而言,实在是不得不提的夺目焦点。已出的《庆熹纪事》分为上下册,在上册均成未出场时,作者已借辟邪等人之口多次提及均成大名,但只闻其名不见其人,吊足了大家胃口。在下册,红猪侠大笔一挥给了三章细细刻画了均成一生荣辱。上册的故弄玄虚在均成出场后变成了理所应当。可以说,其他配角的出场最多只是做到了优秀,歌者均成的存在做到了惊艳。没有均成这三章的惊喜,此书最多四星,均成一人足以再加一星。

作者在均成这三章中也付出了极大的心血。均成的三章分标题即是均成一生重大转折点。天水、断琴、贺里伦。从天水人牲祭祀唱出第一首嘹亮歌曲的均成开始成长,捧着的那碗酒里照见了蓝天白云,还有他颤抖的身影。以奴隶的身份,却俘获了姑娘的心。遇到在车琴王国那片澄澈湛蓝的湖水里为忽勒屈射王捕捉的车琴公主时,他动了欲望。征灭贺里伦,是为了战场生死与共多次的兄弟夺琦。可屠刀挥过之后,冷箭也熄灭了他蓝眼睛的光彩。他原以为他是屈射的英雄,可至死那刻他才记起来他第一首歌是唱的贺里伦的赞歌。天水那碗酒里不光倒映出了他滑稽的歌手妆容,还写着命运。

英雄赞歌的三章,一改之前描写中原地区时含蓄克制的笔风,红猪侠应该还查据调用了一些少数民族的资料。像均成三个时期唱的歌,都带着不同时期的色彩。语调句式都是异域风格,配合均成人物的刻画,十分精彩。

> 屈射!百万贵胄居安乐,居百万里,未见山峨。屈射!千万牛羊饮敕勒,饮千万日,未有干涸。地之广,大王一臂所长。海之远,大王双臂所长。天之高,大王展臂所长。屈射王,福寿绵长。

赞颂屈射王的丰功伟绩,为王唱响战胜之后的凯旋之歌。

> 抛出我白云织成的细白绳套,只套蛟龙变的骏马。愿你越过它野狼般的肩膀;愿你擦过它俊美的脊梁;愿你掠过它乌黑的胸椎;愿你飞过它秀丽的鬃毛;愿你冲过它剪刀般的耳朵;愿你闪过它平直的下巴;愿你扣住它钻柄似的脖颈。小母马啊,生格子小母马……

这是和车琴公主在碧湖畔的纠缠挑逗,欲望拔高之前的调情互动。

生于贺里伦，融雪淙淙濡我草芳；长于贺里伦，山峦迭迭驰我牛羊；成于贺里伦，黄草瑟瑟饲我马壮；死于贺里伦，白冰皑皑为我尸床。莫断肠！天极夜夜指故乡。儿郎！归来战北方……

魂归之前的故土旋律伴着他的出生也伴着他的死亡，均成的一生就是歌者的奇迹。和辟邪的故事形成鲜明对比。这一插叙既合上了上册营造的悬念，又钓起了后面的故事开篇。

此外，作者对于仇恨的探讨还留有余地。辟邪在复仇中途仍有疑虑，为颜王一家冤魂动荡天下，究竟是对是错。复仇，以伤害别人放弃自己为代价，是否又真的值得。爽文是没有这种踌躇的，但只有思考，才能走向深刻。

有此几点，《庆熹纪事》的实力已不言而喻。不过此书也并非是经典神文，无可指摘。辟邪虽为太监身份，却并不少杰克苏光环。心志过人，少年征战战场，如今潜藏皇宫；文出国策，武胜状元；举子侍卫为他所用，商人旧部为他马首是瞻；一曲琵琶塞上曲，满宴宾客尽动容，最重要还皮相精致。笔墨给的他还是过于完美了，对故事的精彩反而有所削弱，故事被人抢了风头。

遗憾的是此作连载几年后无疾而终，小太监差点成了真太监文。上古神坑之一，却因为影视版权卖出而终于完本。到底红猪侠会给青袍总管七宝太监一个什么样的结局，小说中更多的迷局最终又会怎样揭开？还请各位读者拭目以待吧！

本篇执笔：踩月亮的豆子/中国青年智库论坛网生评论家

下卷·阅论

从『阅读网文』
到『阅读中国』
的全球『网络』小说
正在形成而尚未完成
中国本身就是一部

这是一个伟大的时代，也是一个激烈变革的时代。

2018 年，北上广深四大一线城市的 GDP 总量已经全部超过了香港；到 2020 年，将有重庆、苏州、天津三个二线城市的 GDP 总量有望超过香港。

2018 年，中国大陆有 8 个省份 GDP 总量超过中国台湾；2020 年，中国大陆有 13 个省份的 GDP 总量，将有望超过中国台湾。

2020 年，广东、江苏两省的 GDP 总量即将超过韩国。

2020 年，预计中国有五个省，共 1.8 亿人，将进入发达国家的收入水平……

似乎中国的经济总量超过日本，还不过是昨天的新闻；但在 2018 年年底，中国的经济规模总量已经超过了日本、德国、法国、英国、印度五国之和。

中华民族的伟大复兴，无疑是当今世界最重要的"主线剧情"。当中国不断创造出向上攀升的经济奇迹时，在这个经济基础之上的文化实力，也自然而然产生了巨大的变化。

中国的游戏已经不仅远销于东南亚地区，还在游戏产业极为发达的日韩霸榜；中国庞大的电影受众和市场，也在不断挑战着全球霸主好莱坞的地位，迫使好莱坞故事越来越向中国需求和中国元素倾斜；在距离我们更近的地方，中国大陆与中国港台地区之间，我们更加能感受到那种力量上的潜移默化——直至某日回首，突然发现："华人文艺潮流和主流"，已然换了新天。

如 20 世纪八九十年代，中国大陆流行的武侠小说，曾有"金古梁黄温"五大家的说法。除了中国台湾的古龙之外，金庸、梁羽生、黄易、温瑞安都是在中国香港进行创作。而在言情小说界，港台亦有琼瑶、亦舒、三毛、张小娴等通俗作家，大陆作者则只能追随于后。

然而世易时移，如今大陆的网络小说，已经用一种几乎不可阻挡的趋势，渗透到了台港澳青年的日常生活之中；台港澳的年轻人们甚至开始不自觉地使用起了大陆网络小说中的种种流行语，在阅读潮流和精神审美上，与大陆的青年同胞们同呼吸、共潮流。

全球华语文学的重心重新回到中国大陆，是整个中国在伟大复兴过程中相伴而生、自然而然的趋势、过程和结果。这个正处在人类历史上最宏大、最快速的工业化、城镇化、信息化过程中的国家，日益产生出一种博大的牵引力，像一个"旋转的中心"一样，将整个东亚、整个亚洲乃至于整个世界，都牵吸在它的"中国力场"里面——我们对欧美发达国家/地区的读者们疯狂膜拜中国网络小说的心情，从不可思议到惊讶惊喜，再从惊讶惊喜到平淡无奇，渐次印证着：这块有着上下五千年文明的热土，正在发生着怎样惊天动地的变化。

中国网络小说的发展，与中国的发展，始终是同频共振，甚至是一体化的："文运同国运相牵，文脉同国脉相连。"作为和社会经济基础联系最为紧密的新兴文艺类型，网络文学傲立于时代的潮头浪尖，在狂飙前进的中国力量之中，完完全全地"解放生产力"、"变革生产关系"、"创新着上层建筑"——从大众审美趣味到国民价值观重塑。

因此，我们提出了"中国本身就是一部正在形成而尚未完成的全球'网络'小说"的命题——思考从"网络文学"阅读中国、认识中国、理解中国、创造中国和形塑中国的理念与路径：

阅读网络文学，就是在阅读中国；

创作网络小说，就是在接续文脉、重系国运；

中国这部正在形成而尚未完成的全球"网络小说"，是由十三亿中国人——特别是以四亿中国青年为主角——共同创作和创造的。通过和全球青年互动、交流和融合，"众创"中国这部正在形成而尚未完成的全球"网络小说"，成为下一个长征路的新征程、新责任和新使命。

第一章　网络文学阅读关键词：

中国、时代、青年

这是我们在 2017 年至 2019 年间，关于网络文学发展和中国波澜壮阔的社会现实生活与大时代关系的"核心观点"，并在不同的场合和发表平台，不停地进行阐述。

2017 年 7 月 4 日，我们在《【中国网络文学词典（开篇词）】中国本身就是一部正在成形的小说》之中，第一次旗帜鲜明地提出"中国本身就是一部正在形成而尚未完成的'网络小说'"的观点：

"文运同国运相牵，文脉同国脉相连。"

改用《霍普金斯文学理论和批评指南》中的一句话来说，中国"本身就是一部正在成形的小说——一种尚未充分认识自身力量和性质的文本。"

中国网络文学正是认识"中国这部正在成形的小说"的最佳文本；"中国网络文学词典"正是帮助"中国"以及"网络文学"充分认识"自身力量和性质"的方法。

但比这更重要的，中国本身其实就是一部正在形成的"网络"小说——网络小说一切核心元素（幻想、主角为王、寻梦、追爱和奋斗），也正是中国故事的核心元素。

从文学到时代，从文脉到国脉，从文运到国运……我们试图勾勒出这样一种独特的文学实践、创新风潮、重大理论和评论评价构建问题的轮廓和路径。

文学是时代的风向标。筑就中华民族伟大复兴的文艺高峰时代，开创中国国家治理体系现代化和全球治理体系变革、重建世界新秩序的中国好时代，"作品为世界立法"，中国网络文学或许就是一个"入口"和"风口"。

提出这个命题，旨在解读、诠释和构建"中国、网络文学、时代、青年"四者之间的关系：

一时代有一时代之文学，一代人有一代人的文学。

划重点的话，就聚焦在四个方面。

其一，这是一个什么样的时代？聚焦时代背景，亦即不同的时代、不同的背景，自然会产生出迥异于以往的不同的时代文学土壤。

为什么会是这个时代，诞生出网络文学这样奇特的时代文学？小说映照现实、重组现实甚至创造现实，那么，网络文学映照了什么样的时代，重组重塑什么样的时代，创造甚至开创（预演或设定）什么样的"未来时代"？

其二，聚焦于"青年"的主体群体：谁写，写谁，为谁写？"人变"，必然会带来"物变"和"作品之变"。我们将网络文学的发展轴线之一，概括为"人口周期运动之中的中国青年年轻世代更迭与需求嬗变潮流"。如从 85 后至 90 后的世代更迭之中，读者群体的口味会变化，知识结构会变化，阅历见闻也会变化——伴随着这些变化，读者本身，便成为让文学发酵出不同口味的"需求特质催化剂"。

新受众、新需求，催生新文学、新类型、新潮流。如果说网络文学是中国青年特别是"网络青年"的新青年、新受众、新需求驱动而生、而变、而发展嬗变，那么，从当下到未来——网络文学的三"谁"之主体，到底是什么样的青年？

其三，自然是聚焦于"网络文学"自身上面：网络文学到底是一种什么样的"文字"？是商业时代、消费社会、互联网快消经济中的娱乐文学，甚至是快乐文学（快感娱乐文学）？还是所谓传统时代延续至网络文学的大众文学、通俗文学、类型文学、草根文学……一系列概念与要求下的网络变体与衍生体？抑或是互联网时代"作品、产品和'人'品（形塑某种特定受众的品质、品味和品格）"聚合连接的新物种？

文学，这一人类最伟大、最恢宏甚至于最神圣的"词语"（包括但不限于艺术形态、类型题材和精神财富），在不同条件的时代土壤和需求催化剂的培植下，当然更是在创作者们手中"妙笔生花"，从而永远能散发出最夺目璀璨和耀眼的时代精神与文艺光辉——当这样特别传统的"文学"描述与语汇，突然接入"网络"这样全新的信息与产业革命之中时，"网络文学"是否还能用传统文艺话语体系进行定义、定性和定位，或者进行评选、评论和评价？比如，从文艺作品的"形态"出发，以思想性、艺术性和观赏性为标尺，而不用考虑它的媒介"形态"、行业"业态"和产业"生态"系统？

其四，最重要的是，"网络文学"和"中国"是什么样的关系？一个国家最好的形象，是通过文艺作品塑造出来的；与同时期其他文艺"形态"相比，网络文学这种"形态"，塑造出的"中国形象"到底是怎么样的？特别是中国网络文学海外传播和国际竞争战略之中，网络文学如何主动担当、有所作为，不但"脑中有脑洞"，还能"胸中有格局"，做到"笔下有乾坤""网络塑中国"？

这些都是网络文学切身相关的重大问题。面对"中国""时代""青年"三个关键词所面临的庞大格局，中国网络文学或许就是一个"众创中国本身这部正在形而尚未完成的全球'网络小说'"的"入口"和"风口"：我们现在亟需通过"网络文学"这一系列的产品，构建起一个从切入点到时代风口的"中国路标"和"全球路径"。

一时代有一时代之文学，一代人有一代人的文学。

面对『中国』『时代』『青年』三个关键词所面临的庞大格局，中国网络文学或许就是一个『众创中国本身这部正在形而尚未完成的全球网络小说』的『入口』和『风口』。

第二章 中国好时代：

新时代、新文艺、新网文

当今世界处于百年未有之大变局，一场席卷中国和全球"网络青年"的新文艺潮流、新文创符号、新文化运动，已经、正在和即将袭来。

网络文学，其实就是新时代、新文艺之中的新文学。

那么，新时代、新文艺、新文学，到底"新"在何处？

不同的评论家们自有一套不同的说辞和理论。但就从流行性和商业性来讲，中国当代的网络文学，几乎可以说达到了一个前无古人的程度。它以一种狂飙猛进的惊人态势，仿佛暴风骤雨一般席卷而过——本身进化的速度，甚至超过了读者阅读和理解的速度。

在网络修真小说之中，常常有今不胜古的时代感慨——古代仙器法宝的价值和内涵力量，往往超过较近的时代；可对于网络文学本身来讲，却是古不胜今。

现在再回首，看看十五年前、十年前，甚至是三四年前的作品，都会感到——哪怕作者在文笔、内涵、火候等方面的深厚程度，不亚于甚至超过现在顶级的网络小说创作者，可在创作的类型和形式上，却已经只能用"时代的眼泪"这个词汇来形容了。

电子产品行业中有一个"摩尔定律"——这是 1965 年英特尔联合创始人戈登·摩尔提出来的，意指：集成电路上可容纳的元器件的数量，每隔 18 至 24 个月就会增加一倍，性能也将提升一倍。但据说摩尔定律过去是每 5 年增长 10 倍、每 10 年增长 100 倍。而如今，摩尔定律每年只能增长几个百分点，每 10 年可能只有 2 倍。因此有不少人已经断定，电子产业行业的摩尔定律结束了。

但中国网络小说的"摩尔定律"不仅没有结束，而且还呈现出一种愈发加速的趋势，甚至超越了 21 世纪最初那几年网络小说黄金时代的演化速度——随着

2012 年以来"超级 IP 时代"的到来，得益于文娱行业的深度介入，网络文学发展演化的速度，像是按下了一个十倍的加速按钮一样。我们完全可以说，现在的中国网络小说，正处于它最好的时代，也是最有挑战的时代——或许可以用"白金时代"这个对网络小说创作者来说比较熟悉的词语来命名。

新的时代力量和平台力量，将不同领域的文学资源重新聚合了起来，并通过一种最符合市场经济的结构，形成了一种山洪暴发一样、裹挟一切的强大合力。在这种时代力量下，文学资源的重新聚合，正在达到甚至超过近现代文学初创时期的那种超强生命力，甚至攀越并"超维"中国历史上最伟大的古典小说时代——获得比明清时代更高维、更多场景的孕育文学生命之力。

话说回来，明代通俗小说的兴盛与雕版印刷业的发展有重要关系；民国时期现代文学的普及与发展，也同现代工业条件下印刷出版业的变化有很大关系……这种时代和平台的变革，是文学形态本身创新的一大主要推动力。互联网时代的平台变革力量和出版行业环境的整体变化，同样对网络文学的发展和变革，起到了非常大的影响。

甚至，再往前追溯——自古以来，小说本身的兴盛和时代背景、平台条件有极大关系。石昌渝先生曾经评论说："小说具备大众文化的品格，必须依赖商品化的印刷出版物作为它的载体方能达成。中国书籍形制，从甲骨、钟鼎、竹简到丝帛，都不可能，也不屑于承载供人们消遣的俚俗的白话小说。它们的材料和书写成本都太昂贵……只有在印刷术发明之后，而且是在印刷业发展到商品化程度较高，一般出版物可以为社会有闲阶层购买而出版者又有利可图的时候，白话小说的写作和出版才能成为一种文化产业。"

明代文学家叶盛《水东日记》卷二十一"小说戏文"载："今书坊相传射利之徒伪为小说杂书，南人喜谈如汉小王光武、蔡伯喈邕、杨六使文广，北人喜谈如继母大贤等事甚多。农工商贩，钞写绘画，家畜而人有之；痴呆女妇，尤所酷好，好事者因目为女通鉴，有以也。"他虽然带着一种清高文人居高临下的态度，抨击明中叶以后小说俗文的流行，但也不得不承认，"书坊相传"影响愈来愈广了。

到了清初的金圣叹年代，本被清高文人们视为难登大雅之堂的"小说俗文"

如《水浒传》等作品，已经能够入堂堂之室，成为文人墨客争相阅读谈论的作品。到了《红楼梦》时，评价就已经是"书中无一正笔，无一呆笔，无一复笔，无一闲笔"了。"小说俗文"的力量，就此勃发喷涌，最终促成了中国文学在一个时代里彻彻底底的更新换代。

从历史来说，文学，特别是通俗文学的发达和兴盛，往往同社会经济的高度发展存在着正相关的关系。社会经济基础的兴盛，是通俗文学勃发的根本基础。时代背景、经济基础和平台条件……构成文学"形态"、行业"业态"以及产业"生态"系统重塑的核心力量。再加上我们所说的受众需求如网络青年"心态"、从媒介之变到网络连接的"状态"——这"五态"就构成了考察"新时代、新文艺、新网文"发展态势的最好景框。

从我们身处的时代环境来看，正是我们脚下这块土地，正在发生中的剧变，赋予了中国网络小说一种最根本的生命力。中国的时代背景、经济基础和产业平台，正赋予网络小说一种独一无二的"五态"。

反过来，亦是如此。正是这"五态"的发展演变，让我们可以看到网络文学的心态、形态、状态、业态和生态系统的发展、变化与趋势，何以成为映照"中国好时代"的最佳文本、故事和影像。对于当今时代的网络小说来说，最大的幸运，或许就是身处在这个正在促成中国文学再度更新换代的大时代之中吧，并且成为映照、重组甚至开创这个"中国好时代"的最佳故事。

当下，"重新认识"中国网络文学，是定义、定性和定位"中国这部正在成形的小说"的所有关键；

一如我们卷首语所说，中国本身就是一部正在成形的"网络"小说——阅读网文，就是在阅读中国；阅读中国，就是在阅读世界。

我们通过"中国网络文学"对过去的梳理和总结，就是着眼于从当下出发，发现和发掘出入口与路径，去预测和创造未来：

"得年轻人得天下"，得草根得天下，得网生代得天下，得W概念股（年轻女性）得天下，得下一个全球世代得天下……

这对我们每一个人都是巨大的契机与挑战。我们梳理"中国网络文学"的行为本身，也是中国网络文学"书写"的一部分。"书写"网络文学，亦是在书写我们的"自我"，书写我们的"第二人生"，书写这个属于"我"们而不是别人的"中国好时代"。

因为，中国本身就是一部正在成形的"网络"小说，每一个人都是中国好时代的书写者！下一个最佳男/女主角，就是——你——吗?!①

回到开头吧——一代人有一代人的文学；我们这个时代的土壤，孕育出了这样的创作者和读者群体；然后又是这些创作者和读者们，一起完成了这些精彩的作品；更进一步，最终则是这些作品将培植出更多、更丰富、更有价值的时代土壤来，为今后的来人佳作，铺垫一条康庄大道。

网络小说的伟大，就在于它讲述的是独一无二的"中国故事"。只有正处于人类历史上最大规模现代化、工业化、信息化的伟大国度，只有这个国度中充溢乐观主义精神、深信人类的创造力和理性可以建立一个理想世界的伟大国民，只有直面这个变化中的中国、变化中的世界、变化中的时代……才能讲述出这样独一无二的"中国故事"来——从这个意义上说，我们才说，中国本身也是一部正在形成的"网络小说"，一部最具美感、最具爽感也最具创造力的"全球网络小说"。

---

① 第一届中国网络文学+大会策划的内部方案、文案建议与意见，未公开发布。参见庄庸、王秀庭著《国家网络文艺战略研究：中国文化强国新时代》，福建教育出版社，2018 年 9 月，第 3 章 "中国'网络文学+'发展战略：中国本身就是一部正在形成的'网络'小说"，P75~110。

第三章 时代课题：

从"重大现实攻关问题"到"未来发展趋势问题"

以此为轴心观点，应组委会邀请，我们在为第一届中国网络文学+大会的相关方案与文案，咨政议言、提建议意见时，提出一系列包括但不限于如下的思路与理念：

第一届中国"网络文学+"大会，应该提"时代之问"，发"时代之声"，引"时代之潮"，聚"天下英才"于一堂，纳千顷之汪洋，开寰宇之格局，探讨当下中国网络文学发展进程中最紧迫的"时代课题"，聚焦重大现实攻关问题和未来发展趋势问题，以在中国网络文学发展史上构筑具有重要意义的里程碑。

"一个时代有一个时代的文艺，一个时代有一个时代的精神。……广大文艺工作者要把握时代脉搏，承担时代使命，聆听时代声音，勇于回答时代课题。"

我们当前面临的最紧迫的中国网络文学"时代课题"是什么呢？就是："网络正能量文学新高峰！"——而这，正是首届中国"网络文学+"大会的重大主题：引导网络文学正向发展，构建网络文学发展生态圈，高擎民族精神火炬，吹响时代前进号角，创造中华民族新史诗，筑就中华民族伟大复兴的文艺高峰时代。

一分部署，九分落实。值此首届中国"网络文学+"大会召开之际，我们倡议：

1. 回应这个时代最关切的问题。问题就是时代的口号。我们要立足于时代去解决特定的时代问题，感国运之变化、立时代之潮头、发时代之先声，创作属于这个时代、又有鲜明中国风格的优秀作品。

2. 坚持以人民为中心的创作导向。为人民抒写、为人民抒情、为人民抒怀；

观照人民的生活、命运、情感，表达人心的心愿、心情和心声；弘扬主旋律，传播正能量，追求真善美，让自己的心永远随着人民的心而跳动。

3.探索文学、文艺和文化的创新创造路径。探索中华优秀传统文化的创造性转化和创新性发展；探索中华民族最基本的文化基因同当代中国文化相适应、同现代社会相协调；探索与世界和人类一切优秀文明的互鉴、交流和融合。

4.建设网络文学行业有序发展的业态生态环境。协商解决"版权"这个核心竞合和争端源，着眼于下一个网络文学发展的黄金时代，重构版权新机制体制；自觉抵制盗版行为，共同打击违法侵权行径；提倡包容发展，为各种类型、题材和形态的网络文学作品，拓展多层次、多元化、多样性的生存和发展空间；在商业化、主流化、海外传播化浪潮中，让更多有益于中国网络文学可持续发展的力量进场，并发挥积极作用。

5.推动合作共赢、跨界整合、文化与科技融合创新的发展新模式。推动网络文学与影视、动漫和游戏等产业链的融合发展；推动网络文学发掘与人工智能、虚拟现实等科技文化融合创新发展的新形态；推动网络文学主动介入以互联网为核心的新一轮科技和产业革命发展趋势，探索和实践"人类深度科技化前景下"的新思想、新话语、新故事。

6.共谋中国网络文学"北京共识、中国故事、世界道路"的发展大局。推动京津冀协同发展，抓实抓好北京文化中心建设……在北京建设全国文化中心的首都发展新思路新道路新战略定位之中，寻找中国网络文学发展整体业态生态系统重塑的"北京共识"（北京实践/北京模式），创造面向世界、面向现代、面向未来讲述好中国故事、传播好中国声音、阐释好中国特色的"中国故事世界IP"，为推动中国国家治理体系现代化和全球治理体系变革的"世界道路"，提供"讲故事的中国方案"。

我们认为，在此"时代课题"的框架之下，中国网络文学+大会应立足于时代，战略性、全局性、前瞻性、系统性、可操作性地探讨"建设什么样的中国网络文学，怎样发展中国网络文学"的三大核心问题。

第一，学习、贯彻、落实治国理政新理念新思想新战略，中国网络文学"北京共识"应该是什么？

第二，从"砥砺奋进的五年"，到"两个奋斗一百年"，中国网络文学基于二十多年的发展事实、成就和特点，应该选择什么样的新思路、新出路和新道路，在文化自觉和文化自信之中承担起更重大的责任与使命？

第三，在"推动京津冀协同发展，建设世界级城市群，统筹推进大运河文化带、长城文化带、西山永定河文化带，抓实抓好北京文化中心建设"的北京首都新发展道路之中，如何提供重塑中国网络文学发展业态生态系统的"北京模式"（北京实践）？

问题就是时代的口号。提出好的问题，就是成功了一半。以这种"好问题"为旋转的轴心，我们认为，中国网络文学+大会应高屋建瓴，统一思想，凝聚共识，有利于整个中国网络文学朝着正确的方向和道路前进；并且切中肯綮，整合产业链，跨界融合，重塑业态，促进中国网络文学+商业、行业和产业"泛文化娱乐全产业链"的快速融合发展……最终，从网络文学出发，从北京出发，从此时此会、此地此事出发——让我们一路同行，砥砺奋进，在两个一百年奋斗目标和中华民族伟大复兴的世纪之旅中，亲历、见证和创造我们的美丽新世界、中国好时代！①

---

① 内部方案与文案建议与意见，未公开发布。参见庄庸、王秀庭著《国家网络文艺战略研究：中国文化强国新时代》，福建教育出版社，2018 年 9 月，第 3 章"中国'网络文学+'发展战略：中国本身就是一部正在形成的'网络'小说"，P75~110。

问题就是时代的口号。提出好的问题，就是成功了一半。

一个时代有一个时代的文艺，一个时代有一个时代的精神。……广大文艺工作者要把握时代脉搏，承担时代使命，聆听时代声音，勇于回答时代课题。

第四章　阅读网文潮流：

在阅读中"阅读中国"和"阅读时代"

以此为框架、思路和逻辑，我们创建了中国青年阅读指数，以四亿中国青年的阅读指数"标尺"，去衡量"中国网络文学阅读潮流"中的青春需求、舆论情报和思想生态：网络文学成为一个切口，让我们可以在"阅读"中阅读中国，阅读时代，阅读全球化的潮流。

如本书收录了不少近年来声名鹊起的网络小说名家名作，其中自然不乏一些有着充沛"时代特色"的作品。这种"时代特色"，并不是那种流于表面的、描写社会风貌的作品，而是内蕴于涵、从旁面写出的风格——阅读"网文特质"，就是在阅读这种鲜明的"时代特色"。

就像《水浒传》写的是宋朝事，《西游记》写的是海外异域、鬼神大荒之事，可它们却最能反映出元明时人的精神世界和社会风貌来。网络小说，侧写的，就是网络时代的"精神世界与社会风貌"。

比如，网络小说的读者受众，本身是一个比较特别的群体。这种特殊性，并没有随着读者群体规模的急剧扩张而降低，反而在群体规模扩大数十倍后，还在继续提高——这一点本身就非常特别。网络文学的创作者群体和读者群体包括了大量不同行业的资深人员，文史、化工、机械、纺织、军事……几乎无所不包，特别明显地体现出了网络文学超乎一般人想象的时代特征，如：借鉴诸家之长，成就自身文艺魅力——奉行"拿来主义"，融会贯通，铸成新的"时代作品"。

正如鲁迅先生在《拿来主义》中所论述的："没有拿来的，人不能自成为新人；没有拿来的，文艺不能自成为新文艺。"网络文学其实就是中国—全球—人类优秀文明交流、互鉴、融合而生的"新文艺"。

以本书收录的《琥珀之心》为例，它讲述的故事建构于一个完全虚幻，而且是近于欧式风格的奇幻世界之中，但它的内核却是一种最切中中国互联网发展特征与趋势、最符合中国类型文学细分市场领域的内核。

《琥珀之剑》的作者绯炎最初赖以成名的作品《迦南之心》，实际上化用了欧美非常流行的奇幻游戏《龙与地下城》的背景和规则。《迦南之心》比之《琥珀之剑》而言，传阅度和人气事实的差距还是非常明显的。虽说《龙与地下城》游戏的世界背景塑造得极其精妙，但在中国却缺乏足够的土壤。采用了原版《龙与地下城》背景的几款游戏，都相对冷门，更别说以其世界和设定为基础的网络小说了——但《迦南之心》能够成为绯炎的成名作，其实也映射了网络文学发轫时代，深受"全球网络潮流"的影响。

《琥珀之剑》却是汲取了卡牌游戏的精华作为创作素材——这里，我们不想讨论《龙与地下城》这样的桌面角色扮演游戏，和《万智牌》《炉石传说》这样的卡牌游戏，孰高孰低的问题；只是想探讨这种事实和现象——卡牌游戏的独特表现方式，匹配移动互联网在中国突飞猛进的普及速度，产生了惊人的吸引力。

《琥珀之剑》正是基于中国游戏行业的变革和创新之上的创作，并在更深层次、更本质的层面上，是建基于中国移动互联网发展大为成功的基础和基石之上。网络时代的力量，促成了文学创作形式的变革与创新。这种时代力量，就如《琥珀之剑》与游戏和移动互联网之间的关系一样，是可以拓宽到方方面面的。它的影响力，是隐藏在海面下的冰山，比大多数人想象得到的，要庞大无数倍。

互联网平台带来的大爆炸是如此可怕。就在我们阅读这段文字的同时，正有数百本新的网络小说作品被创作出来。根据相关的统计数据，从 2017~2018 年度网络文学所谓"白金时代"大爆发以来，每年都有多达数万部的新作诞生，并且这个数据还在日复一日，用一种更为惊人的速度增长——甚至于网络小说的增长量，正在向它自身的存量逼近。

曾有经济学家评价说，中国过去八年的经济增长量，相当于再造了一个日本、两个法国和英国；对于中国的网络文学来说，就要来得更加夸张一些了。它的增量，不仅正在再造相当于多个国家创作总数的小说存量，而且还在向自己二十多年积累下来的庞大的自身存量发起挑战。在这样浩瀚如烟海一般的创作数量中，在这样喷薄如火山一般的创作欲望中，我们完全可以期待看到中国网络小说诞生出更多佳作——这种非线性爆发的"增量"，浓缩和映射了整个中国、整个世界、整个人类从线性增长向指数发展转变的"爆发历程"。

因此，阅读网络文学，并不仅仅是阅读"文学作品"；"作品"，只是阅读网文的第一个层面——如果只是限于"作品"层面进行考察，网络文学也会遵循"练笔作品、精品、经典（伟大作品）"的诞生、积累和增长历程。就像前文引用的明代文学家叶盛所评论的那样，在文学创作形式被时代力量推动变革的最初，诞生的作品确实不乏一些庸常俗文。像法国的十八、十九世纪，诞生的那批文豪，如雨果、巴尔扎克、大仲马等，简直是人类文学史上群星最为闪耀的时刻；但在当时，他们的文字也不过多数刊载在一些通俗报刊的小豆腐块上，也是那些所谓"小说俗文"的庸常文学之一而已。只是法国大革命以来，精神上激增的创作欲望和物质上迅猛发展的印刷出版条件，让所谓的庸常文学席卷过境；当海潮退去以后，自然就在沙滩上留下了许许多多足以在人类数千年数万年精神财富创造史上留名的"名作遗贝"了——当下，网络文学正处于"码字、精品和经典"的进化与进阶、进击与进取之旅中。

阅读网文的第二个层面，就是"产品"——"产品思维"其实是网络时代最为典型的"时代思维"。当代的网络文学创作和生产者，实在是处在一个极好的"产品时代"里。在这个产品主导的"白金时代"里，作者们的创作欲望和灵感爆发，直追网络小说刚刚诞生时的那个以"作品"为导向的"黄金时代"，可作者们享有的产品形态、行业业态和产业生态系统则远胜之。不管是创作者们获得的实际收入，还是社会回馈的评价，都比以作品为导向的"黄金时代"好得多——这当然同越来越庞大的"消费者和需求潮流"有着极大的关联。

毋庸置疑，文学作品创作的两大中心，一是创作者，二便是阅读者；而产品生产的两大轴心，一是创生者（创作与生产者），二便是消费者（及其庞大的需求潮流）……网络小说是作品和产品二合———读者进化成了更为发达的"消费者"。其"消费者群体"已经发展到了什么样的一种规模呢？

根据相关数据，网文产业的读者、作品、作家激增；二十多岁的网络文学正迎来成长的爆发期，读者数量日渐增多；庞大的消费需求，成为网络小说向更多细分类型和领域发展并站稳脚跟的最佳利器。

这一点也可以从《琥珀之剑》上得到印证。《琥珀之剑》依托的卡牌游戏和欧美奇幻背景，都属于相对而言比较细分的领域，但它却赢得了千万级别的阅读量。这充分说明，伴随着网络文学消费群体的不断增长，网络小说足够吃下更多细分领域市场。这些细分领域，也正是因为日渐成长起来的、可以支撑起成熟文学商业市场的消费者，正在孕育着未得到满足或未得到充分满足的新需求和细分需求暗流。

需求决定供给。以时下讨论度极高的二次元经济来讲，网络小说在早年间受到日本ACG文化很大的影响。可以说，在其初生的"黄金时代"，就有相当多二次元风格的佳作。但最后从"黄金时代"留下的名作，大多是类型受众更加广泛的修真、玄幻题材作品。这说明在当时国内的二次元题材小说的读者群体也好，创作者群体也好，都尚未发展到成熟的地步。

但现在网络小说已经有了不少像《异常生物见闻录》这样叫好又叫座的二次元题材作品了。实际上，《异常生物见闻录》不仅吃的是二次元经济，还同样吃科幻的读者与受众群体。放在早些年来说，二次元也好，科幻也好，自身规模都不算太大；细分到网络小说的读者群体里，那受众就更少了。可随着这些年来网络文学受众群体的急剧扩充，二次元经济的业态和生态重塑，二次元与科幻的消费受众需求，已经可以支撑起大量佳作"产品"的产生和推广了。

像《异常生物见闻录》成为爆款以后，很快便迎来了动画和漫画的改编，其IP衍生作品和周边的质量也都非常高；在读者与受众群体里的反响，更是好评如潮。

最重要的是，像《异常生物见闻录》这样的网络小说，结合了很多科幻文学的元素，建立了足够庞大和自治的世界观。它把科幻小说里才有的那种对于技术的想象和思考，打造成了一种超越作品和产品的"新阅读体验卖点"——形塑特定受众的审美趣味、消费特性和价值取向，我们将之概括为"人品"：以人为中心的品质、品味和品格。阅读作品，阅读产品，阅读网文指向了阅读

"人品"。

《异常生物见闻录》中有一段故事，讲述作为文明审查官的主角们，将整个文明所有的成就，一个文明无数年来积累的全部资料——包括他们从刻石记事以来至今所能搜集到的全部信息——都"存储在这里"：它们的文字、艺术、历史、哲学，他们关于宇宙和自身的思考，都被浓缩在一起——浓缩就是精华。这里有着无以计数的影视资料和珍贵的绘画影本，也有无数代科学家总结出的公式和对世界的认知——整个文明都被压缩在这里，存储、保存、留传，像火种一样。

《异常生物录》这种思考，让我们看到了《2001 太空漫游》片头那段画面的精髓——一群人猿，在广袤的非洲沙漠里，初次见到黑色石板。

很多科幻小说对这种问题的思考都极具深度。这种深度赋予读者的震撼和冲击本身，也是阅读体验的一部分。像《异常生物见闻录》这样的网络作品，就是化用了科幻小说里的这种震撼体验感，把它打磨成了一种更精细的阅读体验感：作品、产品、人品"三品合一"，阅读网文，就变成了阅读整个中国、整个世界、整个人类"优秀文明"互鉴、交流和融合的"文明共同体"——这是网络文学真正的"文品"。

网络文学成为一个切口，让我们可以在「阅读」中阅读中国，阅读时代，阅读全球化的潮流。

这种「时代特色」，并不是那种流于表面的、描写社会风貌的作品，而是内蕴于涵、从旁面写出的风格——阅读「网文特质」，就是在阅读这种鲜明的「时代特色」。

第五章　中国网络文学+发展报告：
从文艺"形态"到"生态"系统

正确阅读网络文学的"姿态"，不应该仅仅局限于网络文学作家作品的文艺"形态"上，而应该从形态、业态、状态、心态和生态等我们所概括的"五态"框架之中，跨界、转场、升维，全面、系统、深入地"阅读"网络文学真正的"文品"——从作品到产品，从"人品"到"文品"，要正确品读网文，不得不"+"。

以"五态"为框架和方法，以"3+1品"为理念和思路，以"+"为连接接口（网络+文学，以及网络文学+），2017年我们第一次编撰"出品"了《中国网络文学+发展报告（2017~2018）：中国本身就是一部正在成形的"网络"小说》，原拟在首届中国网络文学+大会（2017年8月）上，以此为题，进行主题阐述，未成。

后来，在"网络文学人才论坛"上，以《网络文学人才培养前瞻：从"中国故事家"到"叙事战高手"》为题，进行了简明扼要的观点阐述。同月，在贵州少数民族网络文学论坛上，第一次以此为题目，进行了摘要描述。

最终，这个题目以及内容，在《中国出版》发表的文章和庄庸、王秀庭著《国家网络文艺战略研究：中国文化强国新时代》中，才得以完整呈现。

这是一部由中国青年出版总社"中国青年智库论坛"智造出品的"第一份"中国网络文学+年度发展报告，旨在对2017~2018年度中国文学发展的整体态势进行全景测量，研判大势，预判趋势，抉择形势，为决策层/管理层、业界、学界以及社会公共舆论界，正确把握中国网络文学现状以及未来发展趋势，提供一份有益、有趣和有用（有料）的"中国青年智库报告"。

1.中国网络文学 2017~2018 年度整体发展态势：盘整。

本报告从生态、形态、业态、状态、心态等"五态"，全面勾画了中国网络文学＋发展的整体态势，并用一个词进行概括："盘整"。

积累数年之功的 IP 化进程的网络文学红利将释放殆尽，大泡泡即将膨胀至顶点，或者被主动捅破，从而寻找和酝酿下一个"估值"大泡泡的吹胀路径；但比这更紧迫的，却是寻找"决策和公众"的代言人。

顶层设计对网络文学的俯瞰也趋向"摩顶"——亦即将其限定在一定的高度进行审视，预留出充足的空间：网络文学亟需重新寻找自身的定义、定性和定位，从而融入顶层设计的思路、逻辑和智慧之中。

所有"理论突破性、决策参考性、现实针对性"的网络文学研究课题与智库立项，也都达到"天花板"——其问题和结论都是在以往和既有数年建构起来的框架体系之下生成，甚至尚未完全消化，目前暂无余力把目光投至当下和未来的前沿与趋势之中。

种种因素合力，造成 2017 年 6 月之后，网络文学忽然断崖式地形成一个"U形"盘整洼地。但我们研判和预判，这个盘整的周期不会太长，基本会在年底攀升。

由此，将会带来一个全新的时代课题：中国网络文学能否重构一种基于当下和未来，而不是过去与历史的新理念新思想新战略？这将决定中国网络文学未来的位置和道路：新思路决定新出路，新出路决定新道路。

也就是说，中国网络文学亟需在这个盘整期结束之前或结束之后的黄金窗口期内，找到"新"的东西，来开创未来的格局、理念和道路。

2.重新发现和发掘网络文学的价值与意义：中国本身就是一部正在形成的"网络"小说。

"文运同国运相牵，文脉同国脉相连。"

本报告遵循"小切口，大格局，好杠杆"的方法和逻辑，重新发现和发掘中国网络文学在整个中国国家治理体系现代化、全球治理体系变革、世界新秩序重建等大视野之中，"作品为世界立法"的重要价值和意义——并把它提炼成一句话：中国本身就是一部正在形成的"网络"小说。

这一句话，可以包含三层意思：

第一，中国本身就是一部正在形成的小说——网络小说是充分理解这个"文本"的入口和切口。也就是说，中国网络文学也正是认识"中国这部正在成形的小说"的最佳文本；从文学到时代，从文脉到国脉，从文运到国运……正是帮助"中国"以及"网络文学"充分认识"自身力量和性质"的方法。

第二，中国本身就是一部正在形成的"网络"小说——网络小说一切核心元素（幻想、主角为王、寻梦、追爱和奋斗），也正是中国故事的核心元素。这想从根本上解决网络小说的"三统三性"问题：合法性（法统），传统性（传统）和正统性（正统）。

第三，中国这部小说，处于一种全球、人类和世界的"网络"之中——它成为整个地球旋转的轴心；这对于全球"网络"来说，到底意味着什么？对这个问题如何回答，决定了中国这部未完成的作品最终将如何成形，也将决定中国网络小说的"整体发展脉络"。

比如，我们一直强调中国这部正在形成的"网络"小说，最核心的主题、主调和主线就是追求中华民族的伟大复兴：国家富强、民族振兴、人民幸福；

但是，对于全球来说，中华民族复兴之后呢，对整个世界到底意味着什么：全球、世界、人类新的发展理念？

对于国民、公民、居民等个人来说，又意味着什么：个人、社群、民族/国家认同感？

这其实正是中国"网络"小说，要致力于解决的"讲故事"重点和难点：如何形成"命运共同体"全新的时代哲学和理念？

3.网络文学人才培养：作品为世界立法——打造"下一代智识阶层"。

本报告基于上述大势研判，趋势预判，认为未来三到五年，一场新文艺的大变局势在必行：大力发展互联网＋新文艺，重塑主流新文艺时代，以网络文学为重要抓手，将成为基本的国家战略。

在此大背景下，各地、各高校、各产业链如何接受和应用"互联网＋"战略，抓好网络文艺，抓好新文艺群体，培养网络文学人才，特别是"紧缺的、亟需的、核心的"的全球型、全价值链"中国故事家"，成为大势所趋，当务之急——本报告将其概括为"作品为世界立法——培养下一代智识阶层"。

当下，三大国家重大议题——国家执政根基的基础重建与角色重塑，中国国家治理体系和治理能力现代化，全球治理体系变革——均指向"中国青年方案"。中国青年能否通过"网络文学人才培养"，"作品为世界立法"，创造"美丽新世界"，重建"世界新秩序"，从而为自己、为中国、为全球、为人类"书写"出一个更美好的未来？

互联网+新文艺时代，网络文学人才培养，就是要直接面向中国青年，培养下一个"中国智慧：下一个全球大脑"的智识阶层：从中国国家治理体系现代化到全球治理体系变革，"作品为世界立法"，重建"世界新秩序"。

得年轻人得天下，得草根得天下，得 W 概念股（年轻女性）得天下；得网生代得天下，得九千岁得天下，得星生代得天下……得下一个全球世代得天下。

今天，我们为中国青年提供什么样的"培养模式"；明天，他们就会为整个世界讲述什么样的"中国故事"。

这是本报告认为"网络文学人才培养"必须把握的"轴心"。

2017 年 11 月，在参加中国作协举办的"网文界学习十九大精神座谈会"时，我们在发言之中，进一步阐述了这个"命题"。

中国网络文学本年度发生的诸多重大事件，都与中国这部正在形成的"网络"小说休戚相关。飓风起于青蘋之末，时代发轫于萌蘖之初。调查中国网络文学 2017~2018 年度的大事件小变革，置身于"新时代，新思想"的大格局之中，可以研判和预判中国这部"网络"小说形成的变化轨迹；中国这部"小说"在全球"网络"之中正在成形的现状和趋势，也可为我们提供思路、逻辑和智慧，重新"定义、定性和定位"中国网络文学，研判和预判其在"中国新奋斗时代"中的自我意识、身份和位置。

新时代，新思想，新文艺，新奋斗，中国网络文学正在从宰制二十年发展史的"爽点时代"，被裹挟进时代的巨大"拐点"之中，一脚踩在中国新奋斗时代的历史"新起点"上，倒逼从"如其所是的发展"到"理应如是的发展"，亟需新定位、新发展，孵化新物种，创造新世界。

这就是我们为"学习贯彻十九大精神，重塑中国网络文学发展战略"提炼的八个"新"关键词：新时代，新思想；新文艺，新奋斗；新定位，新发展；新物种，新世界。

2017年12月3日，"志愿新时代·共筑中国梦"高峰论坛分论坛暨2017年志愿服务学术年会之"志愿服务与志愿文学"论坛在成都举行。我们以《中国青年志愿文学"新奋斗时代"："众创"中国这部正在形成尚未完成的"网络"小说》为题，发表了主题演讲：十九大为中国青年构建了一个全新的奋斗谱系：新的奋斗目标、奋斗精神、奋斗路径……中国青年应在十九大开启的新奋斗时代里，书写青春奋斗的第二人生，众创中国这部正在形成尚未完成的"网络"小说。

从"伟大中国三部曲"的新目标新愿景新任务，到"命运共同体三部曲"的新理念新思想新战略……一种全新的"新奋斗主义"时代哲学和中国思想理论体系正在"形成"之中——它是中国这部正在形成的"网络"小说全新的时代创作哲学。

这是一条新长征路。每一个中国人都是主角。每一个人都是这部中国"网络"小说的书写者。所以，中国这部正在形成的"小说"，就是一部中国人集体创作的"众创"小说。

这是一条新长征路。每一个中国人都是主角。每一个人都是这部中国"网络"小说的书写者。中国这部正在形成的"小说"，就是一部中国人集体创作的"众创小说"。

在全新的"伟大中国三部曲"和"命运共同体三部曲"的"新奋斗主义"创作哲学指引之下，中国将会形成一部什么样的"网络"小说？

特别是4亿中国青年成为"下一个伟大时代的中国主角"，他们将众创出一部什么样的中国故事、时代作品、世界超级IP？ ①

---

① 参见庄庸、王秀庭著《国家网络文艺战略研究：中国文化强国新时代》，福建教育出版社，2018年9月，第3章"中国'网络文学+'发展战略：中国本身就是一部正在形成的'网络'小说"中国"网络文学+"发展战略：中国本身就是一部正在形成的"网络"小说，P75~110。

　　我们认为：问题就是时代的口号——现在，青春是拿来奋斗的……这种全新的"奋斗理念"，将塑造崭新的"新奋斗青年"。它重新定义了中国青年运动的时代主题，并将重塑中国青年志愿服务和志愿文学的时代课题：新时代，新思想，新青年，新奋斗……从中国造富时代到中国造福时代，与国家一起奋斗，与民族一起奋斗，与人民一起奋斗，也与人类一起奋斗；为国家、民族、人民和整个人类的"伟大梦想"而奋斗，也为自己的"美好生活"而奋斗。这就是中国新奋斗青年的新奋斗主义、新奋斗观和新奋斗运动。①这就是中国青年志愿文学的"新奋斗时代"，"众创"中国这部正在形成尚未完成的"网络"小说。

---

　　①　参见庄庸、王秀庭著《国家网络文艺战略研究：中国文化强国新时代》，福建教育出版社，2018 年 9 月，第 3 章"中国'网络文学+'发展战略：中国本身就是一部正在形成的'网络'小说"中国"网络文学+"发展战略：中国本身就是一部正在形成的"网络"小说，P75~110。

第六章 众创中国这部"网络"小说：
从思想新范式到发展新范式

2018 年第二届中国网络文学+大会，在长达大半年的筹备期中，在参加了无数次的策划会、座谈会、咨询会之际，我们继续思考和完善"中国本身就是一部正在成形而尚未完成的'网络小说'"命题，并进一步与中国网络文学区域发展的"××模式"——特别是一南（杭州的中国网络文学周）一北（北京的中国网络文学+大会）——结合起来，探索和实践众创中国这部网络小说的"新时代、新发展、新范式"。

犹如我们给杭州提交了一份《国家网络文艺发展战略（三卷本）》的课题立项报告，包含了《国家网络文艺战略研究：新时代网络文艺"浙江发展新范式"》的研究计划；同期，我们也给北京提供了一份《关于"中国网络文学+北京发展新范式"（智库研究、产业政策和城市发展决策）的立项建议》的草案：研判大势，预判趋势，我们强烈建议第二届中国网络文学+发展大会，能够立项"中国网络文学+北京发展新范式"的智库研究，启动中国网络文学+发展产业政策的调研制订，探索新时代中国城市发展的北京新范式。

从中国网络文学发展二十年，到未来两个奋斗十五年和两个一百年奋斗目标，中国网络文学在 2018 年面临的第一根本问题，是"发展新范式"的构建问题：既有的模式已经遇到瓶颈，新的思路、出路和道路是什么？

北京作为"对标"之地，能否汇聚群力，达成共识，提出：新时代中国网络文学+发展"北京新范式"？

问题倒逼供给侧的结构性改革——这构成中国网络文学+大会求解此问题的必要性：

从如其所是（野蛮生长）到理应如是（应该这样发展），"新时代，新发展，新范式"成为中国网络文学"第一根本问题"。这也是从顶层设计到基层创新，从决策层、管理层到执行层，从政界到产业界、学界和公共界……大家都关注、并迫切需要群策群力、建言献策，共同研讨和解决的第一根本问题。其他所有的问题，如内容创生引导机制体制、评论评价体系、IP化等，都是围绕这个根本问题，而生长出来的。

中国网络文学+大会，应该高屋建瓴，聚焦并求解这一根本问题——因为，并没有一家峰会，来求解这个问题。北京，应该率先垂范，引领从中国网络文学发展到整个新时代中国城市发展的新趋势。

以此倒逼，第二届中国网络文学+大会事实上要提出并求解三大时代之问：

1. 在全国各地纷纷推出"中国网络文学发展××模式"（如浙江模式、上海模式）时，北京能不能作为"对标"之地，率先探索：新时代中国网络文学+发展"北京新范式"？

2. 新时代中国城市区域发展"科技+文创IP+旅行"三核驱动渐成雏形，北京能否作为"龙头"，率先以中国网络文学+为小切口，构建起三核驱动的全行业链、全产业链和全价值链好杠杆，撬动京津冀协同发展、一带一路等国家发展战略的大格局？

3. 在新时代"城市+IP化+青年"已经成为中国城市发展的金三角时，北京能否通过"中国网络文学+"，重塑"城市+IP化+青年"的形态、业态和生态系统，构建把北京建设成全国文化中心和网都的新引擎，并为全国各地和整个中国探索赢取青年（构建中国青年强国一代社交/社群/社区，掌握舆论权、话语权和文化领导权）、文化强市/强国和提升国家文化软实力（阐述北京特色、讲述中国故事、打造世界IP）的"新时代北京发展新范式"？ ①

2018年12月2日，围绕"青春志愿行奉献新时代"主题，中国青年志愿者

---

① 庄庸：《关于"中国网络文学+北京发展新范式"（智库研究、产业政策和城市发展决策）的立项建议》，2018年5月2日，未公开发表，仅在小范围内进行交流。核心内容拟收入庄庸、王秀庭著《中国网络文学发展新时代：从"现实题材"到"书写新史诗"》（暂定名）。

协会主办了 5 个专题的学术年会。在"志愿文学与志愿文化专题论坛"上,我们做了《书写青春新史诗:中国青年"志愿文学"发展新时代》的主题演讲,非常明确地研判与预判道:现实题材、英雄重塑、书写新史诗,将成为未来三到五年"国家文艺三大关键词",成为"新主流文艺"重塑,甚至整个新时代中国特色社会主义文艺发展趋势的轴心;新时代中国青年志愿文学发展新范式,要抢占战略制高点,最佳的路径就是从一开始,将创造的权力交给青年。因为中国青年由此引发的文化逆袭、文化自觉、文化自信运动,正在宰制文化强市、文化强省、文化强国的下一轮文化崛起潮流。

志愿文学是中国青年"青春众创、区域发展、中国故事、世界IP"的富矿,应该有机地融入中国各地城市发展的"超级IP时代":从文学主题创作,到影视剧本重点扶持,到把"整个城市当作一个超级IP去打造"。

比如,北京正在着力打造的"一城三带"(全国文化中心城市建设,长城文化带、大运河文化带、西山文化带),启动网络文学主题出版和重点影视项目扶持计划……从根本上说,就是要把北京整座城市打造成一个超级IP。①

于是,落脚点就又回到了"青年"这个主体上。一代人有一代人的文学,网络文学是互联网时代的"新青年"文学——新的读者群体诞生,特别是中国青年年轻世代的更迭与需求嬗变,对网络小说产生的反馈影响是极其重大的。他们塑造了"网络文学何为网络文学"。

德国文艺理论家、美学家汉斯·罗伯特·姚斯和康斯坦茨学派的代表人物之一沃尔夫冈·伊瑟尔曾经提出过接受美学的概念。接受美学的文艺理论认为,文学作品的被接受与被消费的这个历史互动过程,才是文艺理论家们最应该去研究的一样东西。

姚斯指出:"在这个作者、作品和大众的三角形之中,大众并不是被动的部分,并不仅仅作为一种反应;相反,它自身就是历史的一个能动的构成。一部文

---

① 庄庸:《书写青春新史诗:中国青年"志愿文学"发展新时代》,2018 年志愿服务德阳交流会"志愿文学与志愿文化专题论坛"主题发言,2018 年 12 月 2 日,未公开发表。

学作品的历史生命，如果没有接受者的积极参与，是不可思议的。因为只有通过读者的传递过程，作品才进入一种连续性变化的经验视野。"

互联网时代，中国青年对于网络小说，不仅仅是去消费，而且是去"阅""读"——这里说的阅读，并不是一种单方面的行动，而是一种阅读、接受、反馈的互动性过程。对于中国网络小说来说，一部小说不仅只是包括作者写出来的那些文字了；读者的阅读过程、读者阅读后的感受……这种体验和互动，也已经成为作品的一部分。而且网络小说由于青年群体"交互阅读"（如毒舌、吐槽、弹幕等）的行为表现方式，有一种更加直观的表达，例如耿直的撕与膜拜，带有恶搞性质的同人创作和吐槽……读者的这些互动和感受，最终就都成为了作品构成的一部分。

要理解这点，可以看《红楼梦》和红学的关系。常有人吐槽，红学家对《红楼梦》的研究过分了，将简单的文字赋予过于深奥和复杂的内涵。这也时常出现在对鲁迅小说的吐槽里面，"鲁迅写两棵槐树的时候，你怎么知道他想了那么多？"……

但实际上，当作者创作的文字被读者阅读以后，读者阅读后的这种互动，本身也是文学创作的一部分。而且网络小说由于其平台和读者群体"年轻化、网络化和社群化"的特殊性，更是放大了这种互动，让作者和读者间的关系亲密到了一种特别高的地步。

从年龄上来看的话，网络小说的读者受众确实普遍比较年轻。就大数据统计来看，十五岁到三十五岁的人群，占据了绝对主流。不过比起传统出版小说的十岁到五十岁"年龄区间"来说，网络小说的读者受众群体呈现了一个很特别的特点，就是：在年龄的上限上比较低，但在年龄的下限上又比较高；简而言之，网络小说的读者受众，其实都聚焦在了青年的主体年龄区间：市场化、全球化、网络化程度特别高——所以，我们概括为"网络青年"。

从受教育程度上来看的话，大学专科和本科所占比例是 65%，相对的大学以下学历只占据了百分 25%，可见网络小说受众文化程度相对较高。这点可能比较"反直觉"，和部分评论家直观的感受不同。但其实也并不奇怪，换一种说法来说，就是网络小说的受众群体一大核心是青年学生——"青年学生"成为阅读主体和新主流受众。有没有联想到五四新文化运动？它就是由“青年学生”作为新青年先锋者发动的。

从“新青年”到“网络青年”，新时代网络文学的发展，就面临着一种特别的时代命题。一如我们前面所述：网络和青年是新时代国民思想生态重塑的两大焦点；网络文学又是将网络和青年这两大焦点“连接”成一个整体的新文学。

这不仅仅是重大的理论问题，也是重大的现实和政治问题。

新时代中国青年志愿文学发展新范式，要抢占战略制高点，最佳的路径就是从一开始，将创造的权力交给青年。

中国青年由此引发的文化逆袭、文化自觉、文化自信运动，正在宰制文化强市、文化强省、文化强国的下一轮文化崛起潮流。

第七章　书写新史诗：

从"新青年"到"网络青年"

2019 年，是五四新文化运动 100 周年，亦是中国网络文学发展新时代的开局之年。我们围绕着"众创中国这部正在形成而尚未完成的全球'网络小说'"的核心命题，做了三方面的规划与筹备。

第一方面，就是直接切入现实、理论和政治重大问题，推动"思想新范式、研究新范式"的理论体系建构。

从五四"新青年"，到新时代"网络青年"，需要进行三个层面的系统梳理：造词论——从新白话运动、语言革命到中国话语体系构建研究；青春世纪——从新青年、二十世纪到二十一世纪的青年世代到网络青春；从思想革命、主义潮流到社会革命/改革实验田，以及社会治理体系、国家治理体系现代化和全球治理体系革命……旨在为"新时代中国网络文学发展新范式"，构建一个新的研究框架体系。

中国网络文学研究，成为"小切口，好杠杆，大格局"重要抓手、切入点和着力点。网络文学从量变到质变的核心驱动力，从"人口红利"逐渐让位于"价值红利"。网络文学"量变"关键因素是中国网民"人口红利"；但网络文学"质变"关键因素，却是承载中国主流价值观念"价值红利"，特别是四亿中国青年的新主流价值红利：众创中国这部正在形成而尚未完成的全球"网络小说"，连接世界、连接时代、连接未来，书写"为了美好生活而奋斗、构建人类命运共同体的新史诗"。

科学、系统和有预见性的中国网络文学研究，是促成这种大转折的关键：中国特色社会主义进入新时代，繁荣发展新时代中国特色社会主义文艺，推动中国网络文学业态、形态与生态重塑，以网络文学为重要抓手，尤其需要具有"决策参考性、现实针对性、理论突破性"的新中国网络文学研究成果，回答新时代中国特色社会主义文艺"为人民美好生活而奋斗、构建人类命运共同体、书写新史诗"的重大现实攻关问题、时代课题和未来发展趋势问题。

新时代，直面社会需求并适应时代未来发展趋势，从中国特色社会主义文艺到中国网络文艺，特别是中国网络文学，亟需供给侧结构性改革，寻找新时代发展新范式——其落脚点必然在于强化顶层设计思路、逻辑和智慧，直面再全球化（中国和世界对话新视角）、世界秩序重组、网络空间战和国家文化安全战略等全球新浪潮新趋势，对接人工智能、虚拟现实、量子技术等新一轮重大科技和产业革命，及 90 后、00 后等人口周期运动中的年轻世代更迭与需求升级，推动每个中国人特别是 4 亿青年成为"下一个伟大时代中国主角"，众创中国这部本身正在形成而尚未完成的"网络小说"，为美好生活而奋斗、追求中华民族伟大复兴和构建人类命运共同体，书写新史诗。[①]

第二个方面，面对这种连接世界、连接时代、连接未来，为美好生活而奋斗、构建人类命运共同体、书写新史诗的大格局，我们也在从理论到实践，寻找各种切入点和着力点能够撬动大格局的"好杠杆"：《关于中国青年网络文艺智库 & 中国青年网络文艺生态城：——"把成都当作一个新时代超级 IP 去打造"共建与规划方案》，就是这样一种设想、设计和设定。

为学习贯彻落实习近平新时代中国特色社会主义思想，实施"国家网络强国战略"和"全球网络青年制脑权之战"，以新时代"网络文艺"企业、行业与产业协同发展、城市—青年—科技文旅等形态、业态和生态系统重塑为抓手，探索和实践"把成都（四川）当作一个超级 IP 去打造"的新时代城市发展新范式，贯通成都题材—天府文化—中国故事"金熊猫文化大使"和网络青年—华语编剧—世界 IP"雄狮少年"的新文娱全产业链、大文创全业态链和网络青年全价值链，拟由中国青年出版（总）社和 ×× 倡导与主办，联合产学政研用等关键环节

---

① 参见皮钧、庄庸著《中国青年期盼美好生活走进新时代的指数逻辑》，《中国共青团》，2017 年第 12 期。

中的战略合作方，共建研究成果领先、跨界资源整合、战略卡位的"中国青年网络文艺智库"，众创成都新时代的"中国青年网络文艺生态城"。

本项目的核心是打造"成都（四川）超级IP"众创珠峰：从"少年强则国强"的雄狮少年文学院，到"把成都（四川）当作超级IP去打造"的金熊猫文创主题工程——以成都（四川）战略发展规划中的"关键性问题"为导向，把整个成都（四川）当作一个超级IP去打造，启动"雄狮少年·金熊猫新文化大使"青少年网络文学（动漫、影视等）中长期超级IP主题创作与出版、孵化和运营项目，持续打造成都题材、天府文化、中国故事、华语编剧、世界潮流——以贯通企业、行业和产业，重塑形态、业态和生态系统，探索和实践"网络青年—城市—科技文旅IP"等融合发展新范式和试点样本，构建新时代成都发展新范式和战略制高点：以四亿中国青年为主角，形塑"少年强则国强"的强国少年（雄狮少年&金熊猫新文化大使），打造"新成都、新天府、新IP"，众创中国这部正在形成而尚未完成的全球"网络"小说，书写为人民美好生活而奋斗、构建人类命运共同体的新史诗。[①]

第三方面，由中国青年出版总社和名赫集团有限公司联合主办的"华语国际编剧节"，于2019年6月20日的"华语编剧之夜"上，正式启动"华语国际编剧节影·城计划"：爱上一个人，恋上一座城，创造一部影——城市就是一个"人"，也需要"人设"；当我们把整座城市当作一个IP去打造时，其实就是通过"城影故事"，让"华语编剧"和"中国城市"羁绊起来。没有"情感的羁绊"，我们如何能够"创造"出那个独一无二的"城"——"我"的城?!"城"就那个我众里寻它千百度的"人"——"我"恋上了那座"城"。"我"要为它创造一个独一无二的"人设"和"故事"。

1. 大势：新时代，新城市，新形象。

整个世界正在发生新一轮"人口重心"大挪移。这将造成新的国际中心城市

---

① 庄庸：《关于中国青年网络文艺智库&中国青年网络文艺生态城：——"把成都当作一个新时代超级IP去打造"共建与规划方案》，2019年3月，内部方案。

与城市群。中国城市直面构建人才新磁场的重大契机与挑战。

整个中国当下发生新一轮"抢人大战"。这将造成新一、二、三线城市群与国家中心城市序列的变化。

"城市形象"成为中国当下城市与城市群，以及中国在全球软硬实力竞争的新焦点——中国城，世界影。

2.趋势：从"城市电影"到"城宣广告影视"再到"城·影IP新时代"。

2.1 从世界经典电影《罗马假日》，到潮流爆款《非诚勿扰2》，"一部电影带火一座城"已证明为成功定律：看了一部影，爱上一个人，恋上一座城——带来一群人（文旅经济）。

2.2 "未来城市广告影视"已经成为当下"大城市宣传"的重点和焦点：以影视作品塑造城市形象，讲述城市故事，传播城市魅力。

2.3 我们正在进入"城·影IP"新时代："把整座城市当作一个超级IP去打造"，解放影视行业生产力，重塑城市文化创意产业形态、业态与生态系统，重建新时代中国城市发展新范式。

3.时势：从"百年家·国成就大史记"到"'层叠城市'影像进行时"再到"网络青年·连接世界'未来双城记'"。

3.1 百年家·国成就大史记

从五四新文化运动100周年、改革开放四十周年、建国100周年，到建党100周年（2021）、全面建成小康100周年、两个奋斗100周年……"中国城市形象在银幕上的百年变迁"，是这个国家、这个民族、这个城市取得伟大成就的最好视觉见证；也是一个人、一个家、一个社区/街道等空间居住生态变化的影像轨迹。

3.2 "层叠城市"影像进行时

当下，不同的人和族群，对同一城市的"影像拍摄"，处于一个层叠空间之中，并且产生新主流（如4Z女孩的新主流影像和泛文娱消费潮流）、次元化/社群化（如90后00后第二代独孤世代的趣缘影像）和"沉默的基本面"（如拼多多、抖音和快手式的土、白、酷消费文化）三大影像形态与业态和生态系统。谁将进行次元碰壁、穿越圈层，将它们连接在一起？

3.3 网络青年·连接世界"未来双城记"

从罗马到长安，从北京到纽约，从头号玩家的虚城人生到中国的未来智能之城……中国—全球青年被"网络"在一起，永远处于国内国际、虚拟—现实的"双城记"，新一轮的新文艺潮流、新文创符号、新文化运功正在发轫之中。未来的"青年双城记"，将会制造出什么样的新主流影视、新城市电影、新时代城影 IP？我们又何为？①

2019 年 8 月第三届中国网络文学+大会，我们也拟联合主办"网络文学+影视论坛"，将继续探索和研讨："把北京当作一个超级 IP 去打造——新时代中国特色社会主义文艺发展趋势&中国网络文学+北京'发展新范式'战略研究"。

从改革开放四十年到中国特色社会主义新时代，中国城市发展正在进入"超级 IP 时代"。

同时，超级 IP 时代也正在经历 1.0 独体 IP、2.0 IP 集群、3.0 设定 IP 世界体系的进化史。

两种趋势合流，中华传统优秀文化就是一个巨大的 IP 库；故宫、长城、敦煌……成为 IP 集群，甚至 IP 产业群落；北京、西安、成都等城市和新城市群本身，就被视为一个可以打造的超级 IP。

然而，所有城市 IP 化，都有一个根本性的发展瓶颈需要突破。就像北京是个独一无二的城市文化 IP，但这个城市 IP 如何打造？新时代，北京能为中国城市甚至整个中国和世界，提供什么样的"发展新范式"？

从中国网络文学+北京发展新范式为小切口，直面北京新时代发展的时代之问，我们认为，以"中国青年强国世代众创北京这座曾经、现在和未来之城"为切入口，构建"把北京整座城市当作中国标本、世界 IP 去打造"的好杠杆，从而撬动"新时代北京发展新范式构建：从全国文化中心和网都，到京津冀城市群同发展新引擎，再到一带一路奋斗共同体、文明共同体和命运共同体发动机"的大格局。

---

① 庄庸：《关于"华语国际编剧节·华语编剧'影·城'神灯计划项目方案（第 1 版）"的思考》，2019 年 5 月 25 日，内部方案。

如何做？我们基于自身的IP估值体系、资源禀赋和操作能力，提出了"羁绊""网络青年""众创"三大切入点和着力点，启动北京IP化路径：挖掘北京城市独特的传统文化基因，构建"城市—IP化—青年"三核驱动，在城市群、生活圈和文化经济带中，打造中国青年强国少年、海内外龙的传人以及全球命运共同体世代的社交、社群和社区时代版图（从云图、星图到脑图），重建"科技－文创－旅游"的全行业链、全产业链、全价值链，重塑大北京城市发展的形态、业态和生态系统，从而让北京真正成为中国青年众创美好人生、讲述中国故事、打造世界IP的未来之城——每个诗人都把长安当作自己生命的故乡，所有青年均把北京众创成朝觐的梦想之地。

于是，中国网络文学+发展，已经不仅仅是企业、行业、产业发展的问题，也不仅仅是主流化、IP化、次元化等金三角所能概括的发展思路，而是变成了从"大文创时代"到"强国奋斗文化"跨界、转场和升维，重塑形态、业态和生态系统，众创中国这部正在形成而尚未完成的全球"网络小说"，为美好生活奋斗、构建人类命运共同体、书写新史诗的重大现实攻关问题、时代课题和未来发展趋势问题。①

新时代、新城市、新史诗，的确需要新的发展范式——新发展范式，必然需要新研究范式和新思想范式；而新思想范式，需要也将推动新一轮的新文艺潮流、新文创符号和新文化运动。

曾有人说，处在一个文学创作形式变革与创新时代的读者是最幸福的：像活在欧洲启蒙时代的读者，随便买一份刚刚流行起来的报纸，读到的小豆腐块，都是出自雨果、大仲马、爱默生、雪莱、济慈、拜伦等"大师之手"；又如处在五四新文化运动的那个时代，连校园文学社团出的期刊，上面作者的名字，都是鲁迅、陈独秀、郁达夫、郭沫若和田汉……这是何等荣光，何等骄傲。

从某种程度上来讲，我们所处的这个时代，其实也是这样一个文学创作形式在狂飙猛进之中，以前无古人之速变革和创新的时代。处在这样的时代中，对我

---

① 参见庄庸、王秀庭著《中国网络文学发展新时代：从"现实题材"到"书写新史诗"》（暂定名）相关章节内容，拟于2019年12月出版。

们来说，不能不感到一份荣幸——这种幸运，是出于我们正站在时代的左右甚至左右着这个时代，见证、亲历和创造着"这一时代之文学"——推动四亿中国青年众创中国这部正在形成而尚未完成的全球"网络小说"，书写"为美好生活而奋斗、构建人类命运共同体"的新史诗。

（本卷执笔：庄庸　吴金梅　安迪斯晨风）

庄庸：中国青年阅读指数首席阅读专家，中国青年智库论坛执行秘书长，中国文艺评论家协会网络文艺委员会秘书长；

吴金梅：大连大学文学院副教授，"华语网络文学智库丛书"执行副主编。

安迪斯晨风：知名网生评论家，"首届华语网络文学年度TOP100盘点"执行主编，"华语网络文学智库丛书"执行副主编。